Marcos Parga

UNA RELACIÓN CONFLICTIVA
Superstudio y la desaparición del arquitecto

Parga, Marcos
Una relación conflictiva. Superstudio y la desaparición del arquitecto / Marcos Parga - 1ª ed . - Ciudad Autónoma de Buenos Aires : Diseño, 2023.
  548 p. ; 21 x 15 cm. - (Textos de arquitectura y diseño / Camerlo, Marcelo)

  ISBN: 978-1-64360-743-6

  1. Arquitectura . 2. Historia. 3. Teoría.
  CDD 720.1

Textos de Arquitectura y Diseño

Director de la Colección:
Marcelo Camerlo, Arquitecto

Diseño de Tapa:
Liliana Foguelman

Diseño gráfico:
Cecilia Ricci

Imagen de portada: *"Il Monumento Continuo (Sur le lac du Canada)"*. Superstudio, 1969. Fragmento, imagen invertida.

Hecho el depósito que marca la ley 11.723

La reproducción total o parcial de esta publicación, no autorizada por los editores, viola derechos reservados; cualquier utilización debe ser previamente solicitada.

© de los textos, Marcos Parga
© de las imágenes de las páginas: 139, 202, 224, 226, 233, 234, 236, 241, 248, 251, 257, 258, 271, 274, 316, 320, 328, 332, 350, 368, 386, 390, 392, 396 y 402, C. Toraldo di Francia
© del resto de las imágenes, sus autores
© 2023 de la edición, Diseño Editorial

ISBN: 978-1-64360-743-6
ISBN EBOOK: 978-1-64360-744-3

Mayo de 2023

Marcos Parga

UNA RELACIÓN CONFLICTIVA
Superstudio y la desaparición del arquitecto

diseño

UNA RELACIÓN CONFLICTIVA
SUPERSTUDIO Y LA DESAPARICIÓN DEL ARQUITECTO

A Tristán, por su curiosidad innata.
A Ira, por su inagotable y contagiosa búsqueda intelectual.
A Asunción y Eleuterio, por su apoyo ilimitado.

Una Relación Conflictiva ha sido financiado y apoyado por:
Syracuse University School of Architecture Faculty Research Grants.

ÍNDICE

8	**INTRODUCCIÓN**
9	Sobre un fenómeno umbral
18	Italia y el compromiso radical
27	Constelación Superstudio
50	**LA REVOLUCIÓN (DE LOS OTROS): INGREDIENTES PARA UNA REACCIÓN**
53	Revelar el mundo
61	Dinamita *pop*
69	La *Orquesta de Viena*, o los jóvenes artistas (y arquitectos) salvajes
80	La deriva francesa: hacia una forma casual de lo social
89	La rebelión cotidiana: Hans Hollein y la arquitectura ampliada
95	Italia: nuevo paisaje doméstico
121	Revolución en el *night-club*
128	**ARQUITECTURA PARA CAMBIAR EL MUNDO: PROYECTAR SIN LÍMITES**
134	*Pop my religion!*
150	Habitando zonas intermedias
153	El interior como campo de batalla (Mobiliario=Arquitectura)
170	Arquitectura eléctrica (o el interior expandido)
189	Estrategias para la acción: autoanálisis, reevaluaciones y catálogos

206	**EL FIN DE LA FANTASÍA: UNA DESAPARICIÓN PROGRAMADA (HACIA UNA ARQUITECTURA NO-FÍSICA)**
211	Las *tumbas* de los arquitectos
261	Un monumento ambiguo
308	Invisible
336	**LA SALVACIÓN DE LO COTIDIANO: VIDA=ARQUITECTURA**
337	Imaginando un mundo sin edificios
370	Redención metafísica en *Cinco Actos*
404	Procesos de reinserción: del desencanto a la docencia
430	**EPÍLOGO**
442	**MATERIA PRIMA**
443	Cronología de trabajo manipulable
536	**BIBLIOGRAFÍA**

INTRODUCCIÓN

Sobre un fenómeno umbral

En Noviembre de 1968 el incombustible Arthur Drexler, Director del Departamento de Arquitectura del Museo de Arte Moderno de Nueva York durante casi 30 años, anuncia el nombramiento de un joven Emilio Ambasz como nuevo Director Asociado del Departamento de Diseño del museo.

Bajo el impulso de esta importante responsabilidad y estimulado por el entusiasmo propio del recién llegado, el nuevo director consigue involucrar al MOMA y al recientemente creado IAUS[1] en la puesta en marcha de una plataforma desde la que estudiar y reflexionar críticamente sobre las tendencias contemporáneas dentro de la cultura del diseño[2], presentando a principios de los 70 la que será su gran apuesta como comisario: *"Italy: the new domestic landscape. Achievements and Problems of Italian Design"*.

Concebida inicialmente como un gran escaparate donde mostrar al público americano las últimas creaciones del codiciado producto *Made in Italy*[3], Ambasz, más interesado en mostrar el "caso italiano" como un modelo experimental en el que convivían diferentes actitudes con las que abordar los procesos de diseño[4], se las ingenia para colocar junto

---

[1] IAUS, *Institute for Architecture and Urban Studies*, New York (1967–1984).
[2] Desde el principio el joven comisario decide emprender un ambicioso y agresivo programa de renovación dentro del área de la institución que le habían encomendado, llevando a la práctica teorías personales que reflejaban una visión claramente post-industrial del mundo, en la que el diseñador debía involucrarse a una "escala territorial ampliada" donde los limites tradicionales establecidos entre diseño y arquitectura se diluían, para pasar a formar parte de lo que más tarde definiría como "diseño ambiental". Este concepto dará nombre a la plataforma ("Programa de Diseño Ambiental") que difundirá sus investigaciones aprovechando el emergente poder mediático de las pequeñas publicaciones, convertidas desde principios de los años 60 en altavoces imprescindibles de las propuestas minoritarias y fundamentalmente teóricas de las neo-vanguardias.
[3] La muestra del MOMA es prácticamente financiada en su totalidad por capital italiano, incluido el gobierno, que la entiende como una gigantesca y sutil campaña de promoción de la emergente industria vinculada al diseño nacional.
[4] *"(...) in Italy there are three prevalent attitudes toward design: the first is conformist, the second is reformist, and the third is, rather, one of contestation, attempting both inquiry and action."* AMBASZ, Emilio. Introducción en *"Italy: The New Domestic Landscape. Achievements and Problems of Italian Design"*. New York: The Museum of Modern Art, 1972. Pág.19.

a figuras consagradas como Zanuso, Colombo o Bellini, las propuestas anti-sistema de un grupo de "activistas" que criticaban abiertamente el abrazo por parte de la profesión del consumismo capitalista, defendiendo una "tercera vía" que, como apuntaba Giulio Carlo Argan, pasaba por recuperar la función social del objeto de diseño[5].

En consonancia con las experiencias llevadas a cabo por estos pequeños grupos anti-diseño durante la segunda mitad de los 60, Ambasz defiende que más allá de crear objetos que se adaptaran discretamente a la esfera doméstica, ahora el diseñador debía erigirse como el nexo de unión entre disciplinas, pasando a convertirse en el responsable de la planificación del entorno a través de nuevas herramientas y métodos conceptuales que le iban a permitir multiplicar exponencialmente el número de actividades a abordar.

Es evidente que el joven comisario había detectado en el trabajo de estos grupos una inusual y refrescante capacidad subversiva para diluir – y cuestionar - los límites disciplinares tanto de la arquitectura como del diseño, ámbitos que ahora empezaban a ser percibidos no como medios diferentes, sino como transmisores operando dentro de sistemas ambientales y de información más amplios.

Tal y como apunta Felicity Scott, esta sería la causa por la que durante estos años ambas disciplinas comienzan a reaccionar ante los nuevos formatos y medios de comunicación, las nuevas materialidades y procesos, las nuevas lógicas institucionales, e incluso ante las nuevas relaciones que afectaban al ser humano[6], un nuevo escenario emergente que trataba de reflejar la ambiciosa exposición.

---

[5] Giulio Carlo Argan sugiere que, frente a la separación entre el objeto y su contexto que supone la producción en masa, algunos diseñadores italianos exploraron una "tercera vía" donde la investigación no se centraba en el objeto en sí, sino en su papel como signo (vínculo entre el hombre y su entorno) y su capacidad para definir su contexto. ARGAN, Giulio Carlo. *Ideological development in the thought and imagery of italian design*. En *Italy: The New Domestic Landscape. Achievements and Problems of Italian Design"*. New York: The Museum of Modern Art, 1972. Pág.360.
[6] SCOTT, Felicity. *Architecture or Techno-Utopia: Politics After Modernism*. Cambridge: MIT Press, 2007. Págs.89-90.

No por casualidad, la mayoría de estos agitadores que reclaman la atención de Ambasz provienen del –como veremos muy agitado– mundo de la arquitectura, casi todos ellos operaban dentro de pequeños grupos surgidos durante un periodo muy corto de tiempo de forma independiente y en distintas ciudades italianas, y aunque sus propuestas surgen de mundos diferentes - y a menudo opuestos - compartían, por un lado, su rechazo a las estructuras, certidumbres y falso optimismo heredados de la modernidad clásica, y por otro su intención de "demoler" la disciplina para dar paso a un periodo de reflexión total[7].

La exposición del MOMA, por tanto, supone el reconocimiento internacional y la apoteosis de la ramificación italiana de aquel movimiento que un año antes había sido bautizado por el influyente historiador y teórico Germano Celant como *"Architettura Radicale"*[8] con la intención de unificar el trabajo de un heterogéneo y atomizado grupo de arquitectos principalmente europeos comprometidos con el replanteamiento total de la definición y objetivos de la arquitectura.

Sin embargo, paradójicamente, el evento provoca al mismo tiempo una reacción decisiva por inesperada: la del comienzo de su declive, ya que, para sus integrantes, participar en aquella gran puesta en escena, implicaba la renuncia a las formas marginales de poder que les habían mantenido alejados de las "corruptas" instituciones cómplices de aquella disciplina que pretendían refundar, y al mismo tiempo ponía de manifiesto la peligrosa capacidad del sistema para integrar sus críticas.

---

[7] *"El fin último de la arquitectura moderna es la eliminación de la propia arquitectura"*, ARCHIZOOM en la introducción de NAVONE, Paola; ORLANDONI, Bruno. *Architettura Radicale*. Milán: Documenti di Casabella, 1974.

[8] En 1971 el influyente crítico e historiador italiano Germano Celant colabora en el número 2/3 de la revista *IN, Argomenti e Immagini di Design* con el artículo *Senza titolo*, en el que por primera vez se utiliza el término *architettura radicale* para designar el trabajo de los grupos contra-culturales de la segunda mitad de los años 60. En aquel momento Celant ya se había convertido en una figura muy influyente y activa dentro del debate cultural del país, siendo también responsable del término *Arte Povera*, acuñado en 1967 con motivo de la inauguración de la exposición veneciana del mismo nombre y utilizado para sintetizar el trabajo de artistas como Mario Merz o Michelangelo Pistoletto generado a partir de un modelo de extremismo operacional basado en valores marginales y "pobres" que recuperan sin complejos factores como la creatividad y la espontaneidad.

Su presencia en el MOMA ponía el hipotético punto final a un corto pero intenso periodo en el que se generó la que podría ser considerada la última arquitectura con aspiraciones sociopolíticas y filosóficas, responsable de un intenso legado de experimentación y especulación teórica que proclamaba la vuelta a las raíces[9] olvidadas de la disciplina, y que se mostraba más preocupada por reflexionar sobre sus fundamentos que por perpetuar la práctica de un oficio ahora puesto en crisis.

Pronto se hizo evidente que acababan de participar en el ceremonioso acto que certificaba su propia muerte[10], no sin antes dejar un residuo fértil rescatado y analizado a lo largo de esta investigación.

Entonces, ¿por qué mirar hacia atrás y fijar la atención en la actividad –fundamentalmente teórica– de un grupo de arquitectos que aparecen en escena 50 años atrás y desaparecen 10 años más tarde engullidos por la llamada al orden del Posmodernismo?

Andrea Branzi, cofundador de Archizoom y principal teórico de la "revolución", nos da algunas pistas:

"En efecto, siempre ha sido difícil definir nuestro movimiento: no tenía un lenguaje único y había desarrollado diferentes temas de investigación. Pero estas diferencias eran una novedad importante con respecto a las vanguardias históricas, las cuales eran reconocibles por su lenguaje y programa común. Nuestro movimiento fue de hecho un fenómeno 'umbral': existió entre la era de la vanguardia histórica (expresión de las minorías creativas) y las neo-vanguardias, en las que toda la sociedad estaba compuesta por un número infinito de 'minorías' que trabajaban dentro de un mercado saturado, en el que cada

---

[9] *"Radical, el término plantea de inmediato una cuestión de origen, la de una relación con los principios primeros, con las raíces olvidadas de la práctica arquitectónica (...)"*. MIGAYROU, Fréderic. *Radicalismos europeos*. Catálogo de la exposición *Arquitectura Radical*. Centro Andaluz de Arte Contemporáneo, Sevilla 2003. Pág. 2.
[10] *"In reality, the exhibit did more to seal the radical movement's fate than present anything at the time that could still be considered cutting edge or seriously experimental. In other words, Ambasz didn't discover Radical design, he basically wrote its requiem"*. LANG, Peter. "Superstudio's Last Stand, 1972-1978". En BYVANCK, Valentijn. *Superstudio: The Middelburg Lectures*. (Middelburg: De Vleeshal and Zeeuws Museum, 2005). Pág.46.

tipo de objeto tenía que ser una excepción nacida de los métodos creativos propios de las vanguardias.
'Normalidad', racionalismo, la idea de un 'futuro en Orden' estaban desapareciendo, y el movimiento radical se dio cuenta de esto y articuló un trabajo que hablaba de posmodernismo, unos diez años antes del nacimiento de la palabra en sí."[11]

Las palabras de Branzi nos descubren la complejidad y trascendencia de un fenómeno que se sitúa en el interior de un movimiento más amplio dominado por un debate de ideas tensado desde ambos lados del Atlántico que recorre de forma plural las diferentes disciplinas a partir de los años 50 hasta mediados de los 70[12], un fenómeno que se convierte en protagonista de ese momento-bisagra, ese agitado periodo de transición en el que una generación estaba dando paso a la siguiente a través de la sustitución de los principios doctrinarios heredados de la modernidad por una jugosa incertidumbre desmitificadora ligada a una nueva realidad –económica, política y social– que marcaría los inicios de la posmodernidad.

Dos años después de la exposición del MOMA, los jóvenes arquitectos Paola Navone y Bruno Orlandoni publican en 1974 el libro *Architettura Radicale*[13] con el objetivo de mostrar una clara y objetiva reconstrucción de la historia de un movimiento que, teniendo en Italia sus focos de actividad más intensa –fundamentalmente Florencia, Turín y Milán– también se propaga de manera simultánea por varias ciudades europeas –especialmente activas Viena y Graz– entre las que en un primer momento no se producen relaciones de intercambio y debate.

---

[11] BRANZI, Andrea. *Radical Notes*. En COLES, Alex; ROSSI, Catharine. *The Italian Avant-Garde, 1968-76*. EP Vol.1. Berlin: Sternberg Press, 2013. Pág. 180.
[12] En el Apartado 2 de esta investigación se abordan las conexiones de este fenómeno con la revolución pop iniciada en Gran Bretaña en la segunda mitad de los años 50, y con los impulsos creativos y existenciales expresados de un modo conceptual en los EE.UU a principios de los 60.
[13] El libro de Navone y Orlandoni, junto con *Arthropods: new design figures* (Jim Burns, 1971) y el artículo *L'antidesign* (Almerico de Angelis, 1973), supone uno de los más lúcidos momentos de análisis de la última vanguardia radical. NAVONE, Paola; ORLANDONI, Bruno. *Architectura Radicale*. Milán: Documenti di Casabella, 1974.

El minucioso *diccionario* radical de Navone y Orlandoni dejaba claro que la cuestión fundamental que dificultaba una lectura global de este fenómeno era que sus dispersos protagonistas, aunque deudores del mismo contexto, articulaban la crisis de la modernidad desde mundos dispares e incluso opuestos, reaccionando de manera individual (y no como grupo) ante los diferentes estímulos.

El libro trataba de recoger esta disparidad de respuestas con el fin de acabar funcionando como un marco de referencia que ayudara a interpretar ciertos fenómenos que en aquel momento todavía resultaban incomprensibles para la mayoría –en ocasiones catalogados como explosiones aisladas de locura– e incluía desde propuestas de los optimistas predecesores ingleses (Price, Archigram) y seguidores (Street Farmer), hasta las respuestas articuladas por la *orquesta* de Viena (Pichler, Peintner, St. Florian, Hollein, Abraham, Coop Himmelblau, Haus-Rucker-Co, Missing Link) y el bando italiano (Sottsass, Archizoom, Superstudio, Dalisi, Buti, Ugo La Pietra, Mendini, 9999, Pesce, Pettena, Gruppo Strum, UFO, Zziggurat), sin olvidar la presencia testimonial de las ramificaciones americanas (Ant Farm, Einsenman).

En el caso de los radicales italianos – posiblemente los más enérgicos y relevantes - este hipotético aislamiento es precisamente el rasgo que reviste de un aura "suicida" su actividad inicial. Conceptualmente celosos de su independencia y dispuestos a alejar cualquier sombra de corporativismo en sus escritos, los italianos se muestran a la vez paradójicamente dispuestos a utilizar la estructura de grupo como modelo particular para la acción.

Al analizar estos repetidos impulsos de agrupación y compartida actitud corrosiva se observa que desde el principio todos ellos asumieron el mismo compromiso con un tipo de actividad desestabilizadora que borraba las distinciones entre política y práctica y promovía la inteligencia no-violenta como única herramienta no neutralizable por el sistema. En este sentido algunos grupos, influidos por las propuestas de la izquierda extraparlamentaria, defendían que un cambio en el campo de la arquitectura y el diseño debía ir acompañado de un giro significativo en los comportamientos y estructuras sociales[14] impuestas por el asumido paternalismo oficial.

Posteriormente el mismo Andrea Branzi, tratando de compatibilizar autonomía intelectual con pertenencia al grupo, zanjaba la cuestión en uno de sus acertados ejercicios metafóricos asociando el término Arquitectura Radical, más que a un movimiento unitario, a un *"lugar cultural, una tendencia energética"*[15] que había aceptado las condiciones de una realidad *mediocre* para rechazar la posibilidad de un destino glorioso, y cuyos *practicantes* se mostraban menos interesados por la práctica del oficio que por hacer una reflexión sobre las bases y principios de la arquitectura.

Esta es otra de las cuestiones clave que aborda por esta investigación, con la intención de descubrir cómo, porqué y con qué resultados, durante este corto periodo de tiempo, más influyente que cualquier proyecto individual, fue la idea de que la labor del arquitecto podía ser conceptual y teórica, apostando por la crítica cultural y política antes que por la producción de edificios:

> *"Para mí, la arquitectura radical tiene el gran mérito de nunca haber construido nada (era el menor de nuestros problemas), pero dejó su marca en una generación entera (...). Los radicales nunca produjeron un lenguaje formal. Produjeron, a través de una investigación continua, un nivel crítico, una crisis del proyecto, de las certezas de la modernidad"*[16].

---

[14] *"(...) in our present situation, it was impossible to begin any architecture without first having changed the structures of the society. And this is what people are saying in our universities at the moment... On the other hand, the social "system" in which we live is strong enough to incorporate and use every gesture and product of ours. The only product which it will not be able to absorb is violent revolution or non-violent intelligence. The ways of non-violence in culture resemble guerrilla warfare: they are underground, they change their objectives, are mobile and incomprehensible"*. NATALINI, Adolfo. *Inventory, Catalogue, Systems of Flux ... a Statement*. Conferencia impartida en la AA School of Architecture, Londres, 3 de Marzo de 1971. Reproducida en LANG, Peter; MENKING, William. *Superstudio: Life without objects.* Milan: Skira, 2003. Pág. 164.

[15] BRANZI, Andrea. *La arquitectura soy yo*. Catálogo de la exposición *Arquitectura Radical*. Centro Andaluz de Arte Contemporáneo, Sevilla 2003. Pág. 20.

[16] BRANZI, Andrea. Entrevista en COLOMINA, Beatriz; BUCKLEY, Craig. *Clip Stamp Fold. The radical architecture of little magazines 196X-197X* , M+M Books, Princeton University. Actar 2010, p. 251.

Esa realidad *mediocre* que apuntaba Branzi comienza a vislumbrarse a principios de los años 50 en el Reino Unido con la aparición de los primeros trabajos del recientemente creado *Independent Group*, una fluctuante amalgama de artistas, críticos, diseñadores y arquitectos que a través de sus propuestas trataban de establecer una base intelectual para entender el diseño de los años posteriores a la II Guerra Mundial.

Durante estos años la expansión de la influencia estadounidense en Europa en términos económicos –gracias al Plan Marshall– también se había traducido en un nuevo "imperialismo" que supuso la importación de su invasiva cultura de masas –basada en el deseo insaciable de productos con los que expresar las recién halladas identidades y aspiraciones de sus ciudadanos– lo que aprovecharon Paolozzi y compañía para investigar sobre las relaciones entre esta nueva "cultura popular" y el arte, la ciencia, la tecnología y el diseño de productos.

Ante semejante avalancha de estímulos procedentes del otro lado del Atlántico el I.G. detecta la aparición de un nuevo modelo de diseño centrado en los valores "irracionales" del mercado y en la carga emocional del consumo, que ante la imposibilidad de aplicar a productos complejos surgidos de las nuevas industrias la filosofía racional defendida por el movimiento moderno bajo la máxima "la forma sigue a la función", termina por seducir a los jóvenes creadores emergentes invitándoles a caer en brazos del placer y lo instantáneo.

El auge de esta nueva cultura material[17] desencadena una serie de reacciones paralelas que se podrían enmarcar en un amplio movimiento vinculado a la cada vez más incuestionable necesidad de revisión de los fundamentos teóricos heredados, afectando de manera trascendental a todas las disciplinas en un momento de agitación política y social motivada por la demanda de cambios que culminará con la puesta en escena de Mayo del 68 francés.

Se empieza a configurar así el ambiente en el que se formaron y maduraron los futuros protagonistas del movimiento radical, enfrentados y

---

[17] Para más información sobre el nacimiento y expansión de la "era pop" ver el artículo de Hal Foster *Image building* en *Radical City 01*, Archphoto 2.0, 2011.

claramente condicionados por operaciones desestabilizadoras procedentes del mundo del arte, la literatura y también de la propia arquitectura que modelaron su posterior actitud de rechazo.

Entre las más provocadoras y determinantes podríamos destacar desde la revolución que supusieron las propuestas tempranas de Pinot-Gallizio, Tinguely y Manzoni en contra del concepto de gusto, y en general la irrupción del arte conceptual y su eliminación consciente de los límites disciplinares, la aparición de la Internacional Situacionista y su rigor ideológico, la defensa de la obra de arte como acontecimiento en el *Coole Manifest* (Manifiesto Frío) del Wiener Gruppe primero, y en las propuestas de los Accionistas Vieneses y artistas americanos después[18], y la apuesta neo-dadaísta de George Maciunas y Fluxus, por citar algunas, hasta la experimentación más radical llevada a cabo por el grupo literario neovanguardista Gruppo63, la ruptura promovida por las posturas críticas defendidas en el seno de los CIAM por el recién creado Team X, los acertados escritos de Reyner Banham y Venturi-Scott Brown, las primeras experiencias tecnófilas de Archigram y los impulsos metabolistas y megaestructurales japoneses surgidos bajo la atenta mirada de Kenzo Tange[19], sin olvidar las teorías sobre comunicación visual que Umberto Eco aplicará a través de su actividad docente en la Facultad de

---

[18] En 1954 Oswald Wiener, miembro fundador del *Wiener Gruppe* y que más adelante se convertiría hasta cierto punto en el cerebro estético y teórico de los Accionistas Vieneses, declara en su *Manifiesto Frío* que la producción artística debía desligarse de los objetos para centrarse en la obra de arte como acontecimiento, anticipando así la profecía formulada por Kaprow en su ensayo *El legado de Jackson Pollock* (1956).

[19] En 1959 Kenzo Tange, antes de iniciar su periodo docente en el MIT (Massachussets Institute of Technology), encarga a su mano derecha en Tange Lab, Takashi Asada, buscar a jóvenes y prometedores arquitectos y diseñadores japoneses para participar en la World Design Conference que iba a tener lugar al año siguiente en Japón. Con la ayuda de Noboru Kawazoe reúne a un grupo de talentos emergentes que estará formado por él mismo, Kisho Kurokawa y Kiyonori Kikutake, que junto a Fumihiko Maki y Masato Otaka redactarán el manifiesto "*Metabolism 1960: The Proposals for New Urbanism*", con el que se dan a conocer en dicho congreso y que constituirá el germen del grupo Metabolista. Para profundizar en la historia de este movimiento ver KOOLHAAS, Rem; OBRIST, Hans Ulrich. *Project Japan. Metabolist talks*. Taschen, 2011.

Arquitectura de Florencia[20] y que culminarán en 1966 con la apoteosis de la arquitectura entendida como lenguaje[21].

Todo ello –y mucho más– va construyendo el agitado escenario donde, como bien apunta la profesora Dominique Rouillard, se va a representar el paso de una arquitectura fundamentada en la necesidad y la construcción, a una arquitectura donde las referencias son la inmediatez y el consumo, el paso de una arquitectura pensada en términos de progreso social y felicidad humana, a otra que trata de revelar el mundo existente[22], aquel en el que pronto entrarían en escena los nuevos radicales.

Italia y el compromiso radical

El "caso italiano" requiere una atención especial, no solo por ser el país –y más concretamente la ciudad de Florencia– en el que como veremos se forman los protagonistas de esta investigación y futuros integrantes de Superstudio, sino también por la singularidad e intensidad del clima socio-político, económico y cultural que inunda este escenario durante los años de posguerra, cuyas consecuencias determinan los trascendentales acontecimientos que tendrán lugar durante la primera mitad de los

---

[20] En 1966 Umberto Eco se convierte en profesor de *Comunicación Visual* en la Facultad de Arquitectura de la Universidad de Florencia, curso en el que defenderá la figura del *"diseñador semiológicamente consciente"*, y la idea de arquitectura como *"continuo cromático"* de códigos visuales. Un año más tarde recogerá los fundamentos del curso en *Appunti per una semiología delle comunicazioni visive*, donde ya se observa que su ininterrumpido contacto con los círculos intelectuales franceses – en especial con las ideas de R. Barthes - modifica sus trabajos tempranos, produciéndose el cambio desde la pre-semiótica *Opera aperta* (1962) a la primera teoría sistemática sobre semiología. Tanto las enseñanzas de Eco como los *appunti* serán el detonante para los posteriores trabajos de los agitadores anti-diseño florentinos.
[21] *"En el mismo año de 1966 aparecen dos referencias fundamentales de la teoría arquitectónica, Rossi publica "La arquitectura de la ciudad" y Venturi "Complejidad y contradicción en arquitectura". El primero abordaba la arquitectura desde una estricta semiología y el segundo desde una jugosa hermenéutica. Con estas dos obras se llega a la apoteosis de la arquitectura entendida como lenguaje".* ESPUELAS, Fernando. *Un futuro sin memoria.* DC Papers nº 24, Dic. 2012.
[22] ROUILLARD, Dominique. *Superarchitecture. Le Futur de l'architecture 1950–1970.* Paris: Editions de la Villette, 2004. Pág.16.

años 60 a todos los niveles, y que a su vez suponen el caldo de cultivo para el desarrollo de la arquitectura experimental de la segunda mitad de la década.

A finales de los años 50 y principios de los 60 Italia experimenta un gran crecimiento económico que supone el paso de una estructura eminentemente rural a otra fundamentalmente industrial, donde las grandes migraciones sur-norte precipitan la aparición de grandes aglomeraciones urbanas habitadas principalmente por trabajadores no cualificados procedentes del campo.

Instigados por las nuevas desigualdades sociales y geográficas, los movimientos obreros adquirieron un protagonismo social sin precedentes, basando su actividad reivindicativa en teorías marxistas redescubiertas por revistas como los *Quaderni Rossi* (1961-65) de Mario Tronti o la escindida *Classe Operaria* (1963-66), cuyo grupo editorial estaba íntimamente ligado a la *Lega Architetti Studenti* de la Facultad de Florencia, en la que participaban varios de los futuros protagonistas radicales.

La idílica y tradicional capital Toscana se convierte así en el primer escenario de una progresiva politización[23] que primero impregna el mundo universitario, en el que los estudiantes reclaman la renovación de un sistema educativo anclado en el conservadurismo de unas metodologías didácticas basadas en planteamientos neo-racionalistas, y que más tarde guiará el desarrollo de la arquitectura experimental italiana hasta mediados de los 70.

Dos jóvenes profesores florentinos, Leonardo Savioli y Leonardo Ricci, convencidos del poder de la contaminación de pensamientos y la complementariedad de las artes, deciden desarrollar desde una perspectiva disidente nuevos métodos de trabajo aprovechando la Universidad como plataforma para fomentar la creación colectiva y abrir los campos de referencia a experiencias venidas del exterior.

---

[23] Para profundizar en las relaciones entre arquitectura y política en este periodo ver AURELI, Pier Vittorio. *The project of autonomy. Politics and architecture within and against capitalism*. Princeton Architectural Press, 2008.

Ambos integran en sus cursos el estudio de las nuevas tecnologías asociadas a los medios de comunicación, el acercamiento a las megaestructuras como experimentos para la transformación utópica de la vida –influenciados por las noticias que llegaban de Londres– y las nuevas ideas de Eco sobre comunicación visual, imprimiendo también un nuevo sesgo político a sus enseñanzas para diferenciarse del obsoleto "modelo oficial".

A través de sus clases se convertirán en inspiradores de una docena de arquitectos que algunos años después, conscientes de la crisis que atravesaba la arquitectura y ante la falta de expectativas profesionales, deciden "vaciar" la disciplina[24] para alcanzar un "grado cero" desde el que re-construir un universo formal nuevo.

A partir de aquí, como bien apuntaba Ugo la Pietra varios años después, los jóvenes y comprometidos arquitectos italianos tenían tres caminos que podían seguir: la *"auto-castración"*, renunciando a diseñar para una sociedad equivocada a la espera de una sociedad diferente (estos arquitectos no hicieron nada); la *"evasión"*, trabajando para una sociedad que no existía en busca de posibles extrapolaciones sugeridas desde lo conceptual; y por último la *"militancia"*, operando dentro de la sociedad pero en contra de ella a partir de estrategias de oposición que resaltaban los errores y peligros de la maquinaria consumista[25].

Para entender esta escasez de opciones operativas a la que premeditadamente se sometieron los nuevos protagonistas anti-diseño, es interesante releer el artículo escrito por Germano Celant para el catálogo de la exposición diseñada por Ambasz para el MOMA, donde este resume de manera lúcida el contexto teórico que provocará la aparición del fenómeno *radical* en Italia, y apunta algunas de las circunstancias que convirtieron al país en un intenso foro de debate sobre el devenir de la disciplina:

---

[24] *"Queríamos vaciar la arquitectura de todo valor arquitectónico, es decir, convertirla en algo más. Queríamos vaciarla de su identidad disciplinaria y llenarla de vida"*. DEGANELLO, Paolo. Cita en MENKING, William; KAZI, Olimpia. *Radical Italian Architecture Yesterday and Today*. Architectural Design, Volumen 77, n° 3. Mayo/Junio 2007. Págs. 99-101.
[25] Entrevista de Olympia Kazi en COLOMINA, Beatriz; BUCKLEY, Craig. *Clip Stamp Fold. The radical architecture of little magazines 196X-197X*. Princeton University: M+M Books. Actar 2010. Ugo la Pietra fue el único exponente milanés del movimiento radical, que adquiere una mayor relevancia al convertirse en el fundador de dos de las revistas – *IN* e *INPIÙ* - más implicadas en la difusión de la arquitectura experimental italiana.

"La idea de dar al diseño una nueva dimensión ideológica y operativa, con la intención de que este ya no estuviera disponible para servir como instrumento para la infiltración neocapitalista, se ha transformado en una "socialización" populista de la misma idea. (...) En los últimos años, tanto el diseño como la arquitectura solo han triunfado en su empeño por ampliar los límites de sus técnicas y producción (una expansión que en Italia por supuesto ha coincidido con el auge del consumo y de la construcción especulativa), sin cambiar sus metas y actitudes. La función y actitud del diseño, al igual que en la arquitectura, se han mantenido inalterados, sin abordar cuestiones ideológicas o filosóficas.

Todo ha tenido lugar a un nivel superficial, el nivel de la industrialización, el 'neorevival', el estilo, las consignas populistas, y la sociedad de consumo de la clase media."[26]

Aunque una década atrás Italia empezaba a ser considerada como el escenario perfecto para la explosión y desarrollo de una innovadora producción en el ámbito del diseño, por diferentes razones empezaba a ser evidente que ese desarrollo no había sido finalmente acompañado por una revisión global de los objetivos de la disciplina.

Según Celant, esa indudable despreocupación mostrada por los diseñadores italianos respecto a la necesidad de llevar a cabo un replanteamiento de los fundamentos de su actividad venía provocada por su habitual tendencia a enfatizar como único objetivo de su trabajo, no la idea ni el proyecto, sino la realización de ese proyecto, fuera como fuera, un enfoque que conducía inexorablemente a la aceptación de una visión muy reducida respecto a los límites de la propia disciplina.

Frente a este conformismo imperante, el crítico destaca y a la vez defiende la irrupción de los arquitectos *radicales*, convertidos en agitadores necesarios de este panorama tan poco alentador gracias a su innegociable tendencia a privilegiar la idea por encima del producto final -a menudo rechazado en favor del puro concepto.

---

[26] CELANT, Germano. *Radical Architecture*. En *Italy: The New Domestic Landscape. Achievements and Problems of Italian Design*. New York: The Museum of Modern Art, 1972. Pág.380.

Siguiendo el ejemplo de aquellos arquitectos soviéticos que a principios de los años 20 –activados por el efervescente ambiente generado tras la Revolución– sustituyeron la producción de un diseño o la construcción de un edificio por planificación y concepto, los jóvenes *rebeldes* focalizaron su actividad en la comprensión de las condiciones sociales y económicas que impedían el desarrollo de la creatividad del usuario, con el objetivo de desarrollar esquemas alternativos que reactivaran el funcionamiento de la vida cotidiana.

Como veremos a lo largo de la investigación, el trabajo de la mayoría de los nuevos radicales muestra también como uno de sus principales objetivos el de ayudar a ese hipotético usuario a ser plenamente consciente de su entorno, para así convertirse en actor principal en la configuración del mismo, algo que muy acertadamente señalaba Almerico de Angelis en su artículo *Anti-design* de 1973, donde definía la figura del nuevo diseñador como aquel *"que se mueve al mismo tiempo en un plano dialéctico y formal, y estimula patrones de comportamiento que contribuirán a una conciencia total, que es la única premisa necesaria para un nuevo equilibrio de valores y finalmente para la evolución o, si se quiere, la recuperación del hombre mismo."*[27]

Básicamente esto es lo que conecta el trabajo en paralelo de actores tan dispares como Superstudio, Archizoom o el Gruppo Strum en Italia, Hans Hollein o Haus Rucker-Co en Austria, Ant Farm en Estados Unidos, o incluso los impulsos iniciales de Archigram en Inglaterra. Todos ellos entendían su arquitectura como un agente desestabilizador más, integrado en un ataque mucho más amplio dirigido hacia las costumbres culturales establecidas que debía afectar al conjunto de la sociedad para conseguir, no solo que la gente pudiera vivir sus vidas de un modo completamente diferente generando nuevos usos para edificios y espacios públicos, sino también provocar una reflexión crítica sobre la disciplina.

---

[27] *"(...) the new designer is no longer the artist who helps us to make our houses more beautiful, because they will never be more beautiful, but the individual who moves on a dialectical as well as formal plane and stimulates behavioural patterns which will contribute to full awareness, which is the sole premise required for a new equilibrium of values and finally for the evolution or, if you will, the recovery of man himself."* DE ANGELIS, Almerico. *L'antidesign*. Op.Cit. n° 26, 1973.

A lo largo de este proceso de reflexión, por tanto, la Arquitectura Radical deberá atravesar un periodo de rechazo extremo articulado, por un lado, en torno a la sustitución de los medios habituales de producción a través de los que se expresaba la arquitectura –dibujos, planos y maquetas– por otros hasta ahora ajenos a la disciplina –mobiliario, publicaciones, fotomontajes, instalaciones, películas, etc.– y el manejo inteligente de las implicaciones derivadas de su nuevo uso[28], y por otro, en un intento por *"escapar del efecto alienante de la producción y comercialización de las propias ideas"*[29], mediante la renuncia al edificio como fin último para adoptar la fórmula del "silencio absoluto":

> *"Negarse a convertirse en presa fácil de la comercialización y el engaño de la producción también podría suponer un cambio radical en la actividad de la arquitectura y el diseño; un silencio en nuestro trabajo, la no realización de ideas y proyectos. Sólo esto puede llevar a la arquitectura y el diseño a salir de su vertiente institucional y comercial, e incorporarlas a la verdadera revolución cultural, basada en ideas y acciones dirigidas a subvertir el sistema existente. Tal silencio no constituiría una predisposición al letargo, la inmovilidad y la abstención, sino más bien hacia el deseo de aclarar, filosófica e ideológicamente, lo que el diseño y la arquitectura deben ser y hacer. Esta clarificación se volvió irrelevante cuando la estética y la producción socavaron la ideología y la filosofía de la profesión."*[30]

Este silencio operativo inspirado en las estrategias de "rechazo" de algunos activistas políticos contemporáneos[31], permite al arquitecto radical

---

[28] En este sentido Celant opinaba que cualquier consideración relativa a la arquitectura y su naturaleza era en si misma una forma de arquitectura, y que precisamente en aquellos procesos ideológicos, filosóficos y conductuales que precedían a la acción productiva se encontraba el núcleo de la disciplina, aquellas bases teóricas susceptibles de materializarse de múltiples formas mas allá del acto constructivo – tal y como se encargaron de demostrar los jóvenes radicales.
[29] Ibid. Pág.381.
[30] Ibid. Pág.382.
[31] Los escritos de Mario Tronti son especialmente decisivos en la actitud inicial de los jóvenes arquitectos italianos descontentos con el sistema en el que les ha tocado trabajar. En particular las "estrategias de rechazo" defendidas por el activista político en *Operai e capitale* (1966) serán el germen de las futuras posiciones de "silencio absoluto" o retirada de la actividad convencional practicada por grupos como Archizoom y Superstudio.

crear una hipotética *tabula rasa* desde la que articular un nuevo programa para la arquitectura, liberándolo al mismo tiempo de las demandas del mercado —y de otros actores externos como clientes ó políticos— para alcanzar una posición de relativa autonomía.

La actitud radical se convierte así en una especie de postura ética[32] que, en consonancia con lo que significaron los movimientos de protesta estudiantiles activos en las principales ciudades italianas y las revueltas de Paris y Berkeley, abogaba por reflexionar sobre los comportamientos sociales como paso previo e imprescindible para que en el futuro la arquitectura fuera capaz de generar edificios y objetos liberados de la evidente comercialización y alienación que en aquel momento dirigían sus procesos de producción. Según Celant:

> *"La nueva arquitectura italiana —Archizoom, Superstudio, etc.— ha demostrado que sus objetivos son conceptuales y conductuales. Tras autoproclamarse como radical, ya no desea ser comercializada o alienada, o renunciar a sus propias ideas y actitudes expresivas. Esta es una arquitectura que no tiene intención de servir al cliente o convertirse en su herramienta; sólo ofrece sus actitudes ideológicas y de comportamiento. No pretende producir o terminar objetos o edificios, sino que prefiere proceder a través de comportamientos y acciones ideológicas que perturben aquellas arquitecturas y diseños del pasado. Su importancia radica en la atención sistemática que muestra, no hacia lo que puede ser producido, sino hacia una ética absoluta y operativa."*[33]

Atrapados en lo que percibían como una encrucijada intelectual y contagiados por aquella efervescencia prodigiosa e inconformista de la segunda mitad de los años sesenta, los teóricos de la nebulosa radical empujan hasta el paroxismo los límites de la investigación en ámbitos como el diseño, la arquitectura y el urbanismo, valiéndose de un enfoque interdisciplinar y experimental que les permitirá encontrar nuevos idiomas con los que negociar su existencia continuada durante un corto pero intenso

---

[32] *"It has been said that one can find some of architecture's meaning by looking not at what architects do, but at what they refuse to do."* AURELI, Pier Vittorio; NAUTA, Jan. *Dogma 95: Architecture Refuses.* AA Media Studies, 2009.
[33] Ibid. Págs.382-383.

periodo de actividad, y abrir una senda crítica que equipará al arquitecto posmoderno con nuevas herramientas modeladas y adaptadas para actuar y profundizar en el complejo tejido de una sociedad en crisis.

Con el objetivo de ensayar un análisis abierto y una relectura crítica de las resonancias experimentales de este periodo de investigaciones y procesos operativos resumidos bajo el término de "radicales", el presente libro acota este corto periodo de actividad tomando como referencia el marco temporal propuesto por Navone y Orlandoni en su libro *Architettura Radicale* citado anteriormente, comprendido entre los años 1964 y 1974.

Esta mirada atrás nos permitirá evaluar hasta qué punto las vanguardias surgidas en esta época sentaron las bases para algunos movimientos actuales, y de qué forma continúan afectando al pensamiento arquitectónico-urbano y a los comportamientos sociales de hoy en día.

Profundizar en sus causas y descubrir o avanzar sus consecuencias extrapolándolas en el tiempo puede ayudarnos a demostrar lo cíclico de las conductas humanas y, como consecuencia, de las problemáticas sociales, culturales, políticas y espaciales.

Al mismo tiempo el libro abre la experiencia radical al territorio de lo práctico, mediante una reconstrucción minuciosa de aquellas actitudes aparentemente nihilistas que nos permitirá descubrir sus intrincadas relaciones con los acontecimientos que las envuelven y que en muchas ocasiones las explican. Rescatando sus aciertos y aprendiendo de sus errores el texto pretende inflamar teóricamente el actual panorama arquitectónico, y a la vez revelar paralelismos inesperados.

Este libro, por tanto, revisita la historia del momento *radical* asumiendo su complejidad e incorporándola como premisa de partida, recuperando la capacidad de sus actores para avanzar nuevos y singulares modelos visuales aplicados al discurso arquitectónico. Esta práctica programática constante a lo largo de su obra destaca por sus numerosas y complejas intersecciones con la filosofía, el pensamiento político y la acción, así como – evidentemente - con las artes visuales y el diseño.

Paralelamente será este conjunto dispar de relaciones dinámicas el que actúe como catalizador de la investigación que desencadena el libro, inicialmente activada mediante el análisis "interesado" de la cronología (maravilloso recurso inagotable) correspondiente al periodo de estudio y cuyo proceso de disección se muestra en el apartado **MATERIA PRIMA**.

Este minucioso análisis de partida nos ha permitido detectar la peculiaridad del grupo florentino Superstudio, uno de los actores más representativos de esta etapa surgido tras la devastadora crecida del Arno de 1966, cuyo impacto sobre los jóvenes fundadores –Adolfo Natalini y Cristiano Toraldo di Francia– y coincidencia con la celebración de la exposición seminal *Superarchitettura* organizada en colaboración con los recién creados Archizoom, actúan como detonantes para el comienzo de un fugaz pero comprometido proceso de divorcio de lo que los integrantes del colectivo percibían como una disciplina corrupta. Este proceso de ruptura será escenificado por medio de un claro acto político: la retirada consciente de la producción como táctica de insurrección, pero permaneciendo dentro de la arquitectura como un virus capaz de operar en los lugares, en las condiciones y dentro de los sistemas y estructuras tradicionales para perturbarlos.

Lo contemporáneo de sus teorías sobre el impacto ambiental de la arquitectura y sobre las consecuencias negativas de la tecnología, sus denuncias ante la incapacidad de los políticos para abordar problemas sociales complejos, su uso consciente de la semiología y la pasión que demostraron por sus efectos de final abierto, sus exploraciones antropológicas, su interés y efectividad operativa para adoptar y aplicar multitud de medios y actividades no-tectónicas al campo de la arquitectura y la facilidad con la que expandieron sus límites, su implicación docente, su capacidad de difusión mediática, su cuestionamiento razonado de la "obligación" de construir, y la dualidad característica de su trabajo –por un lado melancólico-trascendental y serio, y por otro lúdico y ocurrente– que cargaba sus propuestas con las dosis necesarias de ironía y ambigüedad para evidenciar uno de los síntomas intrínsecos a una sociedad que estaba experimentando la transición desde el rígido concepto moderno a la complejidad posmoderna, los convierten en un ejemplo paradigmático de esa actitud experimental y contestataria que caracteriza este particular periodo, propiciando todo ello la decisión de convertir su actividad en el centro alrededor del cual construir el relato de "lo radical", y a la vez ordenar el flujo de la investigación para obtener una lectura reveladora de sus aportaciones.

Constelación Superstudio

Con **ARQUITECTURA PARA CAMBIAR EL MUNDO: PROYECTAR SIN LÍMITES** comienza un profundo 'viaje' para analizar el revelador y, en algunos casos, esquizofrénico trabajo de Superstudio, colectivo cuyo nacimiento en Florencia en noviembre de 1966 coincide con la devastadora crecida del Arno que arrasa gran parte de la ciudad.

Entre otras muchas cosas, la crecida destruye el estudio de un joven Adolfo Natalini, por aquel entonces arquitecto recién licenciado y pintor *pop* ligado a la denominada Escuela de Pistoia[34], su ciudad natal, episodio catártico que le obliga a buscar un nuevo lugar para trabajar en la parte alta de la ciudad junto a su amigo y compañero de estudios Cristiano Toraldo di Francia. Este se licenciará un año más tarde en la misma Facultad de Arquitectura, escenario convulso que durante la década de los 60 se verá sometido a importantes y decisivos cambios.

Esta circunstancia, unida al clima de reivindicación social que durante estos años recorría las principales ciudades del país, marcará definitivamente el ambiente en el que se forman, no solo los futuros integrantes del grupo florentino, sino también varios de sus compañeros que se convertirán en protagonistas de la arquitectura radical italiana, un periodo formativo que en gran medida explica su posterior actitud crítica e inconformista.

Durante los primeros años 60 la Facultad asiste a la erosión progresiva de su relevancia en el ámbito público, motivada tanto por la deriva conservadora que marcaba los pasos de una intratable administración central, como por el carácter retrógrado de un gobierno local que se mostraba reacio a la puesta en marcha de medidas progresistas apuntadas desde los ámbitos académicos en relación con los inevitables procesos de modernización de la ciudad.

---

[34] Durante los estudios universitarios Natalini comienza paralelamente su carrera como pintor que lo lleva a formar parte del grupo de la *Scuola di Pistoia*, integrado por Gianni Ruffi, Roberto Barni y Umberto Buscioni, todos desarrollando variaciones interesantes sobre el *Pop Art*. Ver SACCÀ, Lucilla. *La Scuola di Pistoia. Natura e oggetto*. Pacini Editore, 2004.

Mientras las facultades de arquitectura de ciudades como Roma y Milán se involucraban activamente en los procesos de reconstrucción puestos en marcha tras la guerra, los arquitectos florentinos eran marginados por unas autoridades locales que permanecían fieles a un plan de actuación inmovilista que pretendía conservar el esplendor renacentista de una ciudad en la que cada edificio debía reflejar su gloria pasada.

En consecuencia, la Facultad florentina empieza a ser vista desde otras ciudades italianas, cuyas escuelas se encontraban en la vanguardia de la enseñanza arquitectónica, como un remanso rural y provinciano donde los arquitectos más destacados eran ninguneados, lo que genera una tensa situación que aprovechan los estudiantes para dar un paso al frente adoptando un papel activo en el replanteamiento de su propia formación.

Esta circunstancia inédita desemboca en la segunda mitad de los años 60 en una progresiva *militarización* estudiantil articulada en forma de sucesivas manifestaciones y actos de protesta coordinados por los recién creados grupos de debate y comités políticos, que demandaban la participación de los propios estudiantes en los procesos de toma de decisiones relativos a los programas de estudio.

Así, en la primavera de 1964 –posiblemente inspirados por la exitosa protesta estudiantil que bajo el nombre de *Free Speech Movement* tenía lugar el mismo año en la Universidad de Berkeley para reclamar la eliminación de la prohibición de las actividades políticas en el campus, y el reconocimiento del derecho de los estudiantes a la libertad de expresión y la libertad académica– un numeroso grupo de estudiantes de arquitectura, entre los que se encuentran varios de los futuros protagonistas radicales[35], deciden tomar el despacho del Rector. Esta acción, fundamentalmente simbólica, da como resultado multitud de pequeñas victorias escenificadas durante los años inmediatamente posteriores, que despiertan a la Facultad de su inmovilismo y complacencia y que progresivamente se hacen evidentes en forma de cambios relacionados

---

[35] En varias entrevistas con miembros de Archizoom y SUPERSTUDIO, Marie Theres Stauffer sitúa a Branzi, Corretti, Deganello y Toraldo di Francia como integrantes del grupo que tomó la oficina del Rector.

con el programa y la orientación académica, alentando a varios profesores a alinearse con la causa estudiantil e involucrarse activamente en el proceso de cambio.

Los primeros en aprovechar este nuevo escenario son Leonardo Savioli y Leonardo Ricci[36], dos jóvenes profesores florentinos de gran vocación que, como ya se apuntaba anteriormente, reorientan sus cursos para integrar aquellas cuestiones que más interesaban a sus estudiantes, alentándolos a reflexionar sobre el modo en que las nuevas tecnologías y los medios de comunicación estaban afectando a la práctica del diseño y la arquitectura.

Savioli además introduce en sus cursos –en los que varios miembros de Superstudio participan como asistentes– un intencionado sesgo político que le permite, por ejemplo, explorar las implicaciones de una incipiente cultura popular utilizando los nuevos *Piper*[37] como laboratorios experimentales estilísticos y funcionales capaces de generar modelos para un nuevo orden social ligado al entretenimiento. Esta experiencia será el germen del posterior *fenómeno Piper* que tendrá lugar en Italia en los tres años posteriores, y que abordará la necesaria implicación del arquitecto en el diseño de espacios que promovieran el comportamiento libre y la flexibilidad a través del movimiento, fomentando una nueva relación entre el usuario y su espacio, y a la vez rescatando zonas sometidas a la uniformidad de la rígida escenografía urbana.

Savioli también será el primero en contaminar su labor docente con interferencias procedentes de otras disciplinas ajenas a la arquitectura, inoculándola por ejemplo con la vehemencia de las artes visuales que más tarde germinará, por una especie de principio natural, en la conexión con el *Pop Art* inglés y americano. Esta provocadora introducción de

---

[36] Ver BARTOLOZZI, G. *At school with the two Leonardos*. En *Radical City 01*, Archphoto 2.0, 2011. Pág. 11.

[37] *Piper* fué el término utilizado en Italia para designar a los primeros clubs nocturnos que emergieron a mediados de los 60 en ciudades como Roma, Turin, Florencia, Rimini, etc., y está vinculado a la figura de la cantante Patty Pravo, que comenzó su carrera en la discoteca de Roma representando "*The Pied Piper*", convertido en himno *yé-yé* de los veinteañeros italianos. Este fenómeno del *Piper Club* será abordado por primera vez por el crítico Pierre Restany en su artículo "*Breve storia dello stile* YÉYÉ", Domus 446 (1967).

teorías importadas desde ámbitos ajenos a la disciplina se convertirá, años después, en un rasgo característico de la nueva arquitectura experimental italiana.

En medio de este agitado ambiente, seis alumnos de la Facultad de Florencia –los recién titulados Andrea Branzi, Gilberto Corretti, Paolo Deganello, Massimo Morozzi y Adolfo Natalini, y el todavía estudiante Cristiano Toraldo di Francia– coincidiendo con la devastadora crecida del Arno de 1966 y utilizando esta catástrofe como episodio catártico, organizan la exposición *Superarchitettura*.

El evento supone un punto de inflexión en la vida de estos jóvenes arquitectos que, inmersos en un ambiente de profunda frustración por la falta de oportunidades profesionales pero movidos por una inquebrantable actitud crítica adquirida durante sus años de formación, deciden - con una alta dosis de cinismo - convertirse en SUPER:

> *"La Superarchitettura è l'architettura della superproduzione, del superconsumo, della superinduzione al consumo, del supermarket, del superman e della benzina super (...)", "La Superarchitettura accetta la logica della produzione e del consumo; e vi esercita un'azione demistificante."*[38]

La exposición, con la que pretenden desmitificar la nueva sociedad altamente orientada hacia los medios y el consumo a través de la celebración irónica de la abundancia, tiene lugar en dos actos, en las ciudades de Pistoia y Módena y, aunque solo las separan unos pocos meses, consiguen pasar de un uso casi imitativo de la figuración *pop* en la primera –nueva iconografía todavía vacía de significado abrazada por Natalini a través de su actividad pictórica– a la cuidada elaboración de un manifiesto para la

---

[38] Proclama que acompañaba la exposición *Superarchitettura* de 1966. Reproducido en: TORALDO DI FRANCIA, Cristiano. *Superstudio & Radicals*. Japan Interior Inc., 1982. En relación a esta introducción Deganello, en una nota manuscrita durante la preparación de la muestra de Módena, afirmaba que habían propuesto *"la más exhaustiva y al mismo tiempo la más "vulgar" definición que jamás se hubiera dado de la arquitectura"*, confirmando el uso intencionado de la incipiente cultura de masas como parte de la crítica incisiva de los nuevos *superarquitectos*. Citado en GARGIANI, Roberto. *Archizoom Associati 1966-1974. Dall'onda pop alla superficie neutra*. Milano: Mondadori Electa S.p.A, 2007. Nota 46 en pág. 43.

segunda, que reorienta su definición inicial de la *Superarchitettura* incluyendo potentes consideraciones sobre comunicación visual aplicadas en forma de estrategias "agit-pop"[39] claramente enfrentadas al sueño *pop* y al optimismo despreocupado de sus colegas británicos.

Se cuestionan así el impulso inicial que supusieron la llegada a Italia de los primeros panfletos de Archigram, al considerar su trabajo como una mera fascinación por las posibilidades técnicas ahora disponibles, pero sin un vínculo con una visión sociopolítica que desafiara el orden social establecido, algo que para estos resultaba imprescindible en su manera de entender la nueva labor del arquitecto.

Ambas exposiciones también servirán como actos fundacionales de dos de los grupos más influyentes de este periodo, Archizoom y Superstudio, que a partir de esta experiencia conjunta comenzarán a trabajar de manera independiente - aunque sin perderse de vista mutuamente, en un clima de recíproca y fructífera competencia - e irán abandonando gradualmente su inicial actitud militante para empezar a trabajar pensando en otra sociedad, una sociedad intelectualizada representada por mundos "mejores" cargados de ironía que finalmente situarán sus propuestas en el segundo grupo apuntado anteriormente por La Pietra.

En el caso de Superstudio, el comienzo de una actividad profesional estable vinculada al espacio alquilado en la colina de Bellosguardo, inmediatamente activa el crecimiento del estudio. Con el ejemplo cercano de los *archizoomers* –pero de un modo más heterogéneo[40]– en 1967 el

---

[39] *"Agit-pop"* es una derivación del término *"Agit-prop"* (agitación y propaganda) de la Rusia bolchevique, y designa actitudes que espoleadas por la revolución del *Pop Art* se nutren también de posiciones socialmente responsables.
[40] Contrariamente a lo que había sucedido con la formación previa de Archizoom, a partir de un grupo compacto de compañeros y amigos con muchas cosas en común, los seis futuros componentes de Superstudio no compartían un trasfondo ideológico ni pertenecían a las mismas organizaciones políticas, y tampoco existía entre ellos una especial vinculación a un grupo o profesor. Por estas razones Peter Lang acertadamente apunta que el colectivo se forma justo como su nombre indica: como una "super-oficina" heterogénea donde la disparidad de caracteres les dotará con un profundo y premonitorio sentido de la historia y actitud beligerante. LANG, Peter. *Suicidal desires*. En LANG, Peter; MENKING, William. *Superstudio: Life without objects*. Milan: Skira, 2003. Pág. 33.

dúo de fundadores inicia su progresiva transformación hacia la estructura de grupo.

La primera incorporación es la de Roberto Magris, diseñador e *interiorista* con cierto prestigio en la ciudad que compatibilizará esta actividad profesional con los estudios de arquitectura (comienza la carrera un año más tarde para terminarla en 1975), una actividad que le permite además captar nuevos clientes adinerados para el colectivo recién creado. Su formación como diseñador le lleva a concentrarse en los proyectos vinculados al diseño industrial que representan la actividad principal del grupo durante los primeros años.

Un año más tarde se incorpora Gian Piero Frassinelli, justo después de presentar su proyecto de *Tesi di Laurea*. Su particular interés por otras disciplinas como la semiología y la antropología le llevan a colaborar durante sus estudios con los departamentos de estas materias dentro de la Universidad, trabajando para integrar estos campos en sus diseños como estudiante al tiempo que mejoraba sus habilidades para la escritura. Este enfoque personal le permite entender el diseño de edificios desde un punto de vista sociológico, incorporando a las investigaciones del grupo la transcendencia de la arquitectura local sobre las poblaciones existentes y convirtiéndolo en una figura clave en las exploraciones posteriores sobre el impacto del diseño en las experiencias cotidianas.

En 1970, serán Alessandro Magris y Alessandro Poli los últimos en incorporarse al grupo, el primero como nuevo socio, y el segundo como la figura que permitirá al colectivo ir más allá en sus investigaciones en torno a la arquitectura de la vida cotidiana[41]. Poli será el único que abandone el grupo tras una corta colaboración de solo dos años.

Como veremos a continuación, esta incorporación progresiva de nuevos miembros produce periódicamente sutiles cambios ideológicos y programáticos que afectarán a los proyectos críticos abordados por el grupo, cambios que irán habitualmente acompañados por el uso de diferentes

---

[41] Se podría decir que cada uno de los miembros de Superstudio se especializaba en un aspecto de la producción técnica y creativa del grupo, lo que se traducía en una cuidada y medida efectividad.

medios en muchas ocasiones todavía inexplorados. Cada uno de estos medios será explotado con el fin de cuestionar y al mismo tiempo encontrar una salida operativa a la disciplina una vez comprobado el agotamiento de la era Moderna y el fracaso del modelo heredado.

Como otros muchos colegas, Natalini y compañía, atrapados en aquella paradójica situación que afectaba especialmente a Italia y en la que por un lado pretendían intervenir en el replanteamiento de una cultura arquitectónica obsoleta, y por otro trataban de evitar al mismo tiempo la complicidad con unas instituciones que consideraban corruptas y que no generaban nuevas oportunidades, deciden finalmente abstenerse de la práctica constructiva e iniciar un intenso proceso de revisión teórica cuestionando los cimientos de la propia disciplina:

> *"Si el diseño no es más que un incentivo para consumir, entonces debemos rechazar el diseño; si la arquitectura no es más que la codificación de los modelos burgueses de propiedad y sociedad, entonces debemos rechazar la arquitectura; si la arquitectura y el urbanismo no son más que la formalización de las actuales divisiones sociales injustas, entonces debemos rechazar el planeamiento y sus ciudades... hasta que todas las actividades relacionadas con el diseño estén dirigidas a satisfacer las necesidades primarias. Hasta entonces, el diseño debe desaparecer. Podemos vivir sin arquitectura."* [42]

Con esta declaración, pronunciada por Natalini en el marco de una conferencia celebrada en la AA de Londres en 1971 con el objetivo de mostrar al público inglés el trabajo de Superstudio, el líder del grupo resume las razones básicas que explican su mediática retirada del ejercicio de la profesión unos años atrás.

Natalini aclaraba que, como disciplina que activamente apoyaba y perpetuaba la división social en términos económicos, el diseño –incluida la arquitectura– era una actividad que, según ellos, debía ser reformulada y

---

[42] Conferencia que bajo el título *"Inventory, Catalogue, Systems of Flux ... a Statement"* Adolfo Natalini imparte en la AA School of Architecture de Londres el 3 de Marzo de 1971. Reproducida en LANG, Peter; MENKING, William. *Superstudio: Life without objects*. Milan: Skira, 2003. Pág. 164.

reorientada para satisfacer las "necesidades primarias" del ser humano y convertirse así en una tarea adecuada. Hasta que eso no sucediera, Superstudio renunciaría a su práctica.

Pese a esta clara renuncia al ejercicio activo de la profesión para la que se habían formado, el grupo había producido hasta ese momento una sorprendente variedad de objetos e imágenes cuidadosamente insertadas en revistas, galerías, museos y tiendas de diseño. Muchas de sus piezas de mobiliario e iluminación eran expuestas en pequeñas galerías florentinas, revistas como Casabella y Domus periódicamente publicaban sus provocativas ilustraciones, sus propuestas más radicales se mostraban en exposiciones monográficas organizadas por instituciones italianas y europeas, y sus películas se proyectaban en museos de todo el mundo.

Sorprende por tanto comprobar cómo, al mismo tiempo que proclamaban su rechazo a una disciplina que consideraban adulterada, se deleitaron con la puesta en escena de un espectáculo extravagante en torno a su retirada, sustituyendo edificios por un exceso de medios ajenos a la arquitectura que intencionadamente descentraban la disciplina y hacían más difícil detectar su núcleo.

En la misma conferencia Natalini, parafraseando a Vittorio Gregotti, argumentaba que "*no podemos planear una revolución CON la arquitectura, pero es nuestro deber plantear una revolución EN la arquitectura*"[43], lo que podría ayudarnos a entender por qué Superstudio utilizaba las estructuras que sustentaban la profesión al mismo tiempo que se abstenían de la actividad constructiva: planificaron con extrema precisión el uso de las redes de exhibición y comunicación como medios a través de los cuales publicitar su "desaparición", de forma que cada trabajo funcionase como un acto de insurrección con el que criticar diferentes aspectos de la cultura arquitectónica.

A lo largo de la tesis demostraremos cómo esta estrategia operativa desarrollada por los miembros de Superstudio, que, en paralelo a la de sus colegas radicales, asumía y explotaba el carácter "infiltrado" de aquellas actividades resumidas por Dick Higgins en 1966 bajo el término de

---

[43] Ibid. Pág. 164.

Intermedia[44], permitió abrir un campo ilimitado de posibilidades en el que los nuevos medios alternativos fueron capaces de alterar radicalmente la disciplina, y conseguir que esta cambiara –o se actualizara– de la mano de –y en respuesta a– las nuevas tecnologías aplicadas a la comunicación de masas.

Su renuncia a la actividad constructiva les permitirá, por tanto, denunciar la pasividad de la arquitectura ante los nuevos estímulos que la sociedad no paraba de producir, alimentando de paso el continuado interés de la profesión por la importación de ideas, medios y soportes detectados más allá de sus fronteras, y cuestionando así – tal y como reclamaba Celant - sus autoimpuestos límites profesionales. Pero, más importante si cabe, también les garantizaba una envidiable autonomía crítica:

> *"(Un) tipo de acción es aquella que rechaza toda participación, permaneciendo aislado y al margen, mientras se continúa produciendo ideas y objetos tan intencionadamente diferentes que son inutilizables por el sistema sin involucrarse en una feroz autocrítica. (...) Para nosotros, la arquitectura es siempre opuesta al edificio."*[45]

Su modo de operar explora un camino –el de la "desaparición" constructiva, pero permaneciendo de alguna manera ligados a la arquitectura– que, como apuntaba el historiador del arte Michael Newman, era habitualmente frecuentado entre los protagonistas de las vanguardias

---

[44] En 1966 Dick Higgins, compositor y poeta - y uno de los primeros artistas integrantes de Fluxus - en un ensayo publicado bajo el mismo nombre en el primer número de *Something Else Newsletter* (New York, 1966) acuña el término "Intermedia" para describir su actividad artística. Con este término trataba de describir las a menudo confusas actividades interdisciplinares que tenían lugar entre las disciplinas o géneros predominantes en los 60. Así, aquellas áreas comprendidas entre el dibujo y la poesía, o entre la pintura y el teatro, eran descritas como INTERMEDIA. Finalmente, estos nuevos géneros entre géneros podían desarrollar sus propios nombres, como por ej. poesía visual o arte *performativo*.
[45] Parte de la conferencia que bajo el título *"Inventory, Catalogue, Systems of Flux ... a Statement"* Adolfo Natalini imparte en la AA School of Architecture de Londres el 3 de Marzo de 1971. Reproducida en LANG, Peter; MENKING, William. *Superstudio: Life without objects*. Milan: Skira, 2003. Pág. 164.

históricas y las neo-vanguardias[46], y que nos lleva a preguntarnos: ¿hacia dónde se dirige la disciplina cuando el arte o los edificios desaparecen?

Tal y como apunta el profesor Ross Kenneth Elfline, en un sentido amplio, el trabajo de Superstudio trató de desaparecer en *"las vísceras de lo cotidiano, donde los individuos-usuarios serían advertidos de sus propias capacidades para alterar su entorno"*[47], una empresa con claros tintes políticos y revestida de cierta intención democratizadora e igualitaria que irán implementando a lo largo de sucesivas y complementarias fases.

La primera de estas fases coincide con la gran apuesta inicial del grupo, que les lleva a sustituir en un primer momento los edificios por mobiliario para así evidenciar la impotencia de la disciplina a la hora de producir un cambio real en los modos de habitar.

Convierten así el interior en el nuevo "campo de batalla" en sintonía con la idea de que la revolución cultural comenzaba en el entorno doméstico, trasladando su atención desde una arquitectura de la atmósfera a una arquitectura de la experiencia vital estimulados por el trabajo de Ettore Sottsass Jr., el "hermano mayor" que desde su revista *Pianeta Fresco* [48] aposta-

---

[46] NEWMAN, Michael. *After Conceptual Art: Joe Scanlan's Nesting Bookcases, Duchamp, Design and the Impossibility of Disappearing*. En *Rewriting Conceptual Art*. Londres: Ed. Michael Newman & Jon Bird. Reaktion Books, 1999. Págs. 206-221.
[47] ELFLINE, Ross Kenneth. *Superstudio and the staging of architecture's disappearance*. University of California, 2009. Pág. 18.
[48] En 1967 Ettore Sottsass Jr. funda la revista autopublicada Pianeta Fresco con Nanda Pivano (la crítica literaria que tradujo y dio a conocer a la generación beat en Italia) y Allen Ginsberg. Pivano fue nombrada *"responsable de la redacción"*, mientras que Allan Ginsberg asume el papel de *"irresponsable de la redacción"* y Sottsass Jr. el de *"guardián de los jardines"*. Esta revista, publicada e impresa por los mismos autores, defiende lo que el grupo llama *"cultura del autogobierno"*. Con un formato y una composición multicolor única para cada página, explora una amplia gama de temas, de la poesía a la psicodelia, del pacifismo a las prácticas artísticas emergentes. Pianeta Fresco puede entenderse como un proyecto artístico autónomo y a la vez como una innovadora plataforma intelectual. La publicación promovía *"los caminos del placer"* y sus colaboradores luchaban de forma creativa a favor de la *"no-violencia"*. Cada tarde a las seis, un grupo de jóvenes se daba cita en el apartamento de Pivano y Sottsass Jr. En el seno de este colectivo contracultural, entre palabras y volutas de humo, cobra vida la revista. Se trata de un proyecto colectivo en el que participan artistas, arquitectos y colaboradores, amigos de la pareja.

ba por un diseño donde el objeto se convertía en el mágico y en ocasiones misterioso vehículo en el que el ritual de la vida cotidiana se condensaba[49].

La figura del diseñador milanés y su acercamiento al ambiente florentino a través de su trabajo para Poltronova, fue decisivo para muchos investigadores de la ciudad –que todavía dudaban entre el campo profesional y el campo teórico– ya que su actividad representaba la posibilidad de coexistencia sosegada y nada dramática de dos modos de hacer aparentemente antitéticos.

Decididos a seguir los pasos de Sottsass Jr., los integrantes de Superstudio comienzan a producir objetos pensados para funcionar a modo de virus inoculados en el sistema –pero nunca con el objetivo de ser absorbidos verdaderamente por el mismo– que potenciaran lo que en uno de sus primeros ensayos denominaron "diseño de evasión", aquel que frente al "diseño de invención" asumía lo irracional como método para superar la monotonía diaria:

> *"Nuestro problema es seguir produciendo objetos, de colores brillantes engorrosamente útiles y llenos de sorpresas, para vivir y jugar con ellos juntos y siempre encontrarnos tropezando con ellos hasta llegar al punto de tirarlos a la basura dándoles una patada, (...) pero de ninguna manera será posible ignorarlos. Ellos exorcizarán nuestra indiferencia."*[50]

El objeto de diseño se convierte así en catalizador de acciones futuras, ya que a partir de la activación sensorial del usuario y, ocasionalmente la provocación de su ira, este podría desencadenar la deseada reconsideración de su entorno doméstico. A lo largo de los cuatro años siguientes el grupo probará diferentes tácticas con las que luchar contra aquella peligrosa indiferencia, primero produciendo sutiles luminarias que recreaban una atmosfera vinculada al placer, y más

---

[49] RAGGI, Franco. *Radical story*. Casabella 382. Octubre 1973. Pág.38.
[50] SUPERSTUDIO. *Design d'invenzione, Design d'evasione*. Domus n° 475, (Junio, 1969). Versión inglesa en OCKMAN, Joan. *Architecture Culture 1943-1968. A Documentary Anthology*. New York: Columbia Books of Architecture/Rizzoli, 1993. Págs. 437-41; y en LANG, Peter; MENKING, William. *Superstudio: Life without objects*. Milan: Skira, 2003. Pág. 117.

tarde apostando por llamativas y estridentes piezas de mobiliario que explotaban lo *kitsch* como arma para la rebelión estética con las que irrumpían de manera directa en el debate italiano agitado por Eco sobre el *"buon gusto"*[51].

Sin embargo, el grupo no tarda en darse cuenta de su incapacidad para actualizar o recuperar el sistema a través del diseño.

En **EL FIN DE LA FANTASÍA: UNA DESAPARICIÓN PROGRAMADA** se analizan las razones que llevan a Superstudio a embarcarse en un proceso de reducción general, previsiblemente motivados – entre otras cuestiones - por la reducción semiótica –cualitativa y cuantitativa- llevada a cabo con anterioridad por los artistas minimalistas[52].

El resultado inmediato fue el lanzamiento del *Catalogo degli Istogrammi di Architettura,* un antídoto contra el desorden comercial impulsado desde el objeto con el que denuncian los excesos del diseño "pop" y con el que ponen en marcha una nueva línea de investigación focalizada en la esencia del propio objeto con la intención de restringir el diseño y la arquitectura a la simple manipulación tridimensional de superficies, anulando así el impacto de la creatividad artística y reduciendo al mínimo la expresión individual, para alejarse de la figura del diseñador como proveedor de estatus. El críptico mensaje no deja lugar a dudas: los asépti-

---

[51] Eco defendía el kitsch como *"Un tipo de trabajo que trata de justificar sus términos más provocativos asumiendo la apariencia de una experiencia estética haciéndose pasar por arte"*. En ECO, Umberto. *The Structure of Bad Taste.* Dentro del libro *The Open Work.* Cambridge: Harvard Univ. Press, 1989. Pág 203. Ensayo original: *La struttura del cattivo gusto.* En ECO, Umberto. *Apocalittici e integrati: comunicazioni di massa e teorie della cultura di massa.* Milán: Bompiani, 1964. Los integrantes de Superstudio también terminan adoptando ese *kitsch* defendido por Eco, utilizándolo como herramienta provocadora con la que crear objetos ahora entendidos como insurgencias físicas y barreras visuales explosionadas dentro de los hogares burgueses.
[52] Tanto las propuestas del Minimal Art como del Land Art deslumbraron e influyeron de manera determinante en el trabajo que el grupo desarrolla durante los últimos años 60 y principios de los 70. La pérdida progresiva de interés por parte de estos artistas en el aspecto físico de la obra, que les conduce hacia la desmaterialización del arte como objeto en favor de las fases de su constitución, se traslada a los integrantes del grupo florentino, que con una intención claramente crítica tratarán de desmaterializar la arquitectura despojándola de su componente constructivo.

cos diagramas serán convertidos en los primeros monumentos de celebración programada del fin o la muerte del arte y la arquitectura, siendo automáticamente bautizados como "las tumbas de los arquitectos".

La operación de los *Histogramas* también nos descubre una nueva forma de universalidad que no persigue la creación de un "estilo" sino que debe ser entendida como un intento de reducción formal de todos los objetos a superficies anónimas, envolventes neutras y flexibles –malla negra sobre fondo blanco homogénea, isótropa y transportable, combinada en nueve series de objetos que ilustran diferentes modificaciones sobre una forma básica– que aceptan las deformaciones producidas al aplicar los programas deseados.

Con cada operación formal se propone un nuevo "modelo" arquitectónico sin un programa previamente asignado, de manera que la concepción del objeto/proyecto se produce de forma independiente a la escala o el uso, ya sean edificios o mobiliario, dando como resultado lo que los miembros del grupo definían como arquitectura "disponible", aquella que transforma el concepto de escala para afirmar el valor de una nueva "envolvente" ahora provista del automatismo derivado de la lógica de la cuadrícula, capaz de generar de igual modo y sin esfuerzo objetos y arquitectura.

Como continuación de esta nueva línea de trabajo, a partir de 1969 el grupo desarrolla paralelamente la serie de mobiliario "reductivo" *Misura* –comercializada por Zanotta bajo el nombre de *Quaderna*[53]– y dos proyectos "arquitectónicos" que serán la base de varios trabajos posteriores con los que tratarán de demostrar las potencialidades y efectividad del nuevo método para alcanzar sus cada vez más evidentes aspiraciones a un "diseño único", un único gesto demiúrgico: el *Catalogo di Ville* –arquitectura autista, diseñada en serie y voluntariamente sin carácter ni simbolismo– y el trascendental *Monumento Continuo*.

---

[53] *Quaderna* es la palabra en italiano utilizada para describir las típicas libretas de hojas cuadriculadas utilizadas por los escolares de aquellos años. De todas las piezas inicialmente diseñadas, solo la mesa sigue actualmente en producción.

Con este último Superstudio da comienzo a un nuevo viaje con un destino incierto, activado por el proyecto de una extraordinaria estructura monolítica que recorre y configura toda la superficie terrestre mostrando una masa blanca y fría, cubierta por la malla cuadriculada característica de los *Istogrammi*, que se impone y empequeñece al resto de elementos que aparecen en la imagen, un *monumento* resultado de la fusión cultural global que trata de convertirse en refugio para toda la humanidad, dejando el resto de la Tierra deshabitada, como un telón de fondo post-nuclear, preparada para un desarrollo natural liberado de la intervención del hombre, en el que las viejas ciudades serán conservadas como vestigios de la naturaleza humana[54].

El *Monumento Continuo* es presentado como una continuación de la arquitectura universal de los grandes monumentos, una construcción simbólica que conecta sociedades diferentes reflejando lo que es común a la humanidad más allá de los valores culturales y políticos y las leyes locales, incitando al hombre a contemplar y reflexionar sobre la esencia de la vida.

Esencialmente la propuesta, apropiándose una estrategia de aproximación distópica, pretende ofrecer, al menos teóricamente, una alternativa a la trama urbana de la ciudad contemporánea cuyos problemas de lenta adaptación a la implacable realidad todavía no habían sido solucionados. En el *Monumento Continuo* la ciudad capitalista desaparece bajo la presencia "monstruosa" de una arquitectura sin atributos que al abandonar el "corrompido" tejido urbano se reconcilia con la naturaleza proponiendo un nuevo orden simbólico, una irónica "solución final" indiferente ante ese entorno que ni se molestan en borrar para potenciar el mensaje de que es precisamente el espectador el que debe cambiar.

Efectivamente, Superstudio presenta aquí su primera metáfora urbana surgida a partir del procedimiento *"demonstratio per absurdum"*, introduciendo la teoría de la utopía negativa o anti-utopía como línea extrema de pensamiento con la que trataban de perturbar la experiencia arquitec-

---

[54] Las primeras imágenes del proyecto recuerdan a las recreaciones realizadas por Piranesi dos siglos antes de una Roma antigua, monumental y ecléctica en constante lucha con una exuberante vegetación que aparece en sus grabados pertenecientes a la *Prima parte di Architettura e Prospettive* (1743).

tónica convencional a través de la ironía satírica, pero operando siempre dentro de una zona ambigua entre esta y la crítica social.

A partir de ahora, cualquiera de los proyectos del grupo –por trascendentales que sean– invariablemente contendrán una componente de ironía, lo que hace que no podamos entenderlos en un sentido literal, sino asumiendo que su objetivo era la exploración, no la realización.

El nuevo método del grupo no consiste en superar los límites impuestos por el Movimiento Moderno sustituyéndolos por otra ficción, sino en seguir la lógica de su discurso hasta una conclusión paradójica que no puede ser entendida más que en términos negativos, es decir, como una *distopía*.

Se trataba de poner en cuestión estas doctrinas heredadas mediante un proyecto convertido en hipérbole de la estética *ahistórica* del movimiento y de sus ambiciones utópicas, superponiendo sobre paisajes reales un extraño monumento –impecable y nefasto– a la desilusión y aculturación, al minimalismo y a la funcionalidad, señalando los errores de la Modernidad al mismo tiempo que encontraban una plataforma ideológica sobre la que desarrollar aún más su particular forma radical de re-imaginar la producción arquitectónica.

Lugares tan dispares como el desierto californiano o la ciudad de Nueva York, y monumentos tan reconocibles como el Taj Mahal o el Coliseo romano, serán invadidos por la fría estructura reflectante que al mismo tiempo inundará las páginas de revistas especializadas de varias partes del mundo, mostrando su paradójica naturaleza: estar en todas partes a la vez y sin embargo en ningún lugar en concreto.

Esta buscada característica inmaterial se alejaba conscientemente de la *firmitas* vitrubiana sobre la que durante muchos años la arquitectura se había sustentado, y que ahora era obviada por aquel *Monumento* que sólo existía como imagen y como texto, para reforzar la intención del grupo de cuestionar la insistente fijación de la disciplina en el edificio construido. La producción de todas aquellas imágenes y la elaboración de los textos que las sustentaban nos hablan de *otra arquitectura*, una "arquitectura de papel" definida no por su solidez, sino por su habilidad para comunicar, transformando la revista en una poderosa herramienta crítica.

Durante los años posteriores Superstudio utilizará esta herramienta global como soporte para iniciar una serie de proyectos "didácticos" –como los denomina Natalini– en los que utilizan la arquitectura como herramienta de autocrítica, con el objetivo de representar de manera lúcida y precisa su nueva "consciencia cósmica" de la disciplina, procediendo más allá del ansia por el monumento para cuestionar así la consistencia física de sus imágenes anteriores.

Siempre tras el nuevo objetivo de alcanzar la disolución de la iconografía arquitectónica convencional y de sus límites físicos, el grupo trabaja entre 1970 y 1971 en la *Architettura Riflessa*, la *Architettura Nascosta* y la *Architettura Interplanetaria*, tres investigaciones en torno a la arquitectura no-física que dan paso a las *12 Città Ideali* (1971), propuesta que abre una nueva etapa en el proceso de extrapolación lógica de la realidad urbana en el que las doce metáforas resultantes –o diseños críticos– evidencian las contradicciones de la ciudad contemporánea y la incapacidad del planeamiento que las dirige para resolver los problemas de su nueva naturaleza cambiante. Cada cuento *distópico* se convierte en una indagación ficticia sobre un futuro que bien podría ser un pasado lejano, donde el avance tecnológico extremo es acompañado por una progresiva reducción de la vida humana a su esencia biológica - paso previo para el desarrollo de su trabajo posterior y más extremo de los *Actos Fundamentales* (Julio 1972).

Las doce hipotéticas situaciones urbanas suponen una visión satírica de la búsqueda del modo de vida perfecto a través de una amarga reflexión sobre el pensamiento utópico, desde la Ilustración hasta las fantasías tecnocientíficas de los años 60, representando cada una de ellas –más o menos explícitamente– un modelo reconocido de organización de la ciudad, pero extendiendo su lógica hasta una inquietante, y a menudo horrible, conclusión.

Almerico de Angelis, en su ya citado artículo de 1973 *L'antidesign,* definía acertadamente estos últimos trabajos textuales del grupo como tentativas extremas de ironía y agresión al espectador, dirigidas a provocar y activar en este una constante capacidad crítica sobre el sistema. De Angelis veía esta inquietante producción como fruto de una *utopía pura*, acompañada de una causticidad insistente y sutil necesaria para subrayar las contradicciones de la sociedad que desde el principio trataron de cuestionar[55].

A partir de 1972, y coincidiendo con la participación del colectivo en la trascendental exposición del MOMA *Italy: The New Domestic Landscape* con la que arrancaba esta introducción, el trabajo de Superstudio experimenta un importante cambio de rumbo que será abordado en el apartado **LA SALVACIÓN DE LO COTIDIANO: VIDA=ARQUITECTURA** para cerrar el libro.

La aportación del grupo a la exposición comisariada por Emilio Ambasz, además de algunas de sus lámparas diseñadas durante los primeros años, incluía una instalación multimedia en la que se representaba un mundo desprovisto tanto de edificios como de objetos.

Bajo el nombre de *Supersuperficie*, el proyecto mostraba al espectador una forma radicalmente nueva de vivir, en la que los supuestos habitantes, dispuestos a recuperar la capacidad de "diseñar" sus propios comportamientos[56], habían adoptado una vida nómada desplegada sobre una malla tecnológica equipada que cubría la superficie habitable del planeta.

---

[55] DE ANGELIS, Almerico. *L'antidesign*. Op.Cit. n° 26, 1973. En el artículo, uno de los momentos más lúcidos en el análisis del fenómeno radical, De Angelis dividía el modo de operar de sus protagonistas en tres categorías: un neotecnicismo cargado de implicaciones socio-políticas representado por Archizoom; una búsqueda en el ámbito del conductismo y de las experiencias sensoriales representada por Ugo la Pietra; y un uso de la ironía y de los sueños no confesados de tipo humanístico como elementos recurrentes y muy presentes en el trabajo de Sottsass Jr. y Superstudio, que compartían una común investigación sobre el elemento mágico, aquel tan presente en los instintos primarios del individuo.
[56] Estas ansias de libertad del individuo y capacidad de adaptación del entorno urbano que ya manejaba Constant como características funcionales de su *New Babylon*, también las encontramos en propuestas contemporáneas como la *Do-It-Yourself City* (1969) de B. Tschumi y F. Montes, donde se primaban las conexiones entre los tres elementos básicos que componían la ciudad – personas/ideas/objetos – para garantizar una movilidad y cambio constantes a partir de las decisiones individuales. Para ellos, en consonancia con las experiencias seminales de Archigram (*Plug-in City, Computer City*, ambas de 1964), en esto consistía el éxito urbano.

El hipotético paisaje que nos presentan existiría una vez que aquellos cambios fundamentales demandados en sus proyectos anteriores hubieran alterado las rígidas estructuras sociales, ampliamente ridiculizadas en las *12 Ciudades,* convirtiéndose también en el instrumento elegido por el grupo –tras una atenta relectura de McLuhan[57]– para abordar las ventajas intuidas de un mundo basado en la movilidad extrema, en el libre desplazamiento de las personas y en la distribución expandida de información: la malla evita la parcelación especulativa del espacio, facilitando la circulación de los individuos que la utilizan libremente. Pero a la vez, su ubicuidad e hiper-tecnificación nos muestra – mucho antes de que *Internet* se convirtiera en la trascendental herramienta comunicativa que es hoy en día – cómo esta versión de una arquitectura desmaterializada se transforma en vehículo conceptual que permite un mayor acceso a la información, y por extensión, al conocimiento.

Los integrantes de Superstudio dejaban claro que la vida recreada en la *Supersuperfície* no pretendía proponer un marco definitivo para el futuro del planeta, sino sólo un ejercicio de liberación momentánea, un acto efímero de libertad con el que responder a la llamada del comisario Ambasz invitando a los participantes a proponer nuevas ideas que abordaran la necesaria reelaboración de la vida cotidiana como anticipo de un nuevo

---

[57] Se puede detectar aquí un cambio importante en el acercamiento de Superstudio a la tecnología, ya que frente al rechazo de las propuestas tecnófilas de sus colegas de Archigram escenificado unos años antes para criticar aquellos trabajos ostensiblemente inspirados en visiones futuristas vinculadas al auge de la ciencia-ficción, ahora el grupo opta por el abrazo McLuhaniano de la tecnología como medio para liberar al sujeto, aquel optimismo tecnológico expresado por el gurú de los medios en su influyente *Understanding Media: The Extensions of Man* (1964) [CR.419]. Curiosamente, en el libro McLuhan dedica un apartado a *La automatización: aprender a vivir,* donde detalla cómo los mecanismos computerizados servirán para liberar al hombre de su apego a las tareas mundanas y repetitivas asociadas a la industrialización, y describe al nuevo sujeto 'conectado' como un nómada: *"De repente, el hombre se ha convertido en nómada recolector de conocimientos, nómada como nunca, mejor informado que nunca, más libre que nunca de la especialización fragmentaria, aunque implicado como nunca en el proceso social total, ya que, con la electricidad, extendemos globalmente nuestro sistema nervioso central y lo relacionamos instantáneamente con toda la experiencia humana."* MCLUHAN, Marshall. *Comprender los medios de comunicación. Las extensions del hombre.* Barcelona: Paidós, 1996. Pág. 362.

programa arquitectónico. Los florentinos incluso van un poco más lejos, cuando defienden que la redefinición del modo en que vivimos implicará una nueva forma de hacer arquitectura más adecuada, que debería encontrar sus principios básicos en la vida misma:

"La vida será el único arte ambiental."[58]

En los meses posteriores a la exposición y hasta la disolución del grupo en 1978, Natalini y compañía pondrán en marcha una serie de procesos e iniciativas con las que explorar las implicaciones de considerar las actividades cotidianas como arquitectura, una arquitectura del día a día que supondría el estadio definitivo en el que alcanzarán la simbólica – y perseguida – desmaterialización como paso previo para la elaboración de una propuesta definitiva de refundación filosófica y antropológica de la propia disciplina.

Así, en la última etapa de su carrera profesional, Superstudio se adentra en un territorio todavía más abstracto y desmaterializado en el que a través de la secuencia de historias de los *Atti Fondamentali* (1972-73) tratarán de disolver la arquitectura en el flujo de la vida diaria, llegando a declarar que *"La nostra unica architettura sarà la nostra vita"*[59] para ratificar su retirada definitiva del criticado proceso de diseño.

Evidentemente, esta síntesis reduccionista conduce a la disciplina a un callejón sin salida para el que paralelamente el grupo busca posibles alternativas: había llegado el momento de poner en marcha un proceso de 'reconstrucción', que en este caso no sólo debía ocuparse de regenerar operativamente una disciplina profundamente cuestionada, sino que también se enfrentaba al reto de mantener vivo un movimiento que en la última década había dinamitado el panorama arquitectónico con multitud de propuestas experimentales, generando la última arquitectura con aspiraciones socio-políticas responsable de un vibrante legado teórico

---

[58] SUPERSTUDIO. *Description of the Microevent/Microenvironment.* En *Italy: The New Domestic Landscape. Achievements and Problems of Italian Design.* (1972). Pág.248.
[59] SUPERSTUDIO. *Vita, Educazione, Cerimonia, Amore, Morte. Cinque storie del Superstudio. Morte.5.* Casabella n° 380-381, Agosto-Septiembre 1973. Pág.49.

que debía ser gestionado, pero que ahora había entrado en una fase de involución teórica que nadie parecía poder detener.

A partir de la exposición del MOMA se suceden varios intentos de 're-animación' colaborativa vinculados básicamente a la búsqueda de una actividad docente alternativa, que coinciden con una vuelta progresiva de algunos miembros de Superstudio a la Universidad - de la que se habían mantenido alejados durante sus años más productivos -, donde tratarán de aplicar como profesores sus últimas y conocidas teorías sobre un tipo de arquitectura radicalmente abierta e inclusiva.

El más relevante será la creación de *Global Tools* en enero de 1973, un sistema alternativo de laboratorios fundados en Florencia bajo el impulso de Alessandro Mendini - por aquella época director de la revista Casabella – que integraba a los miembros más destacados de la neo-vanguardia italiana en una aventura docente inspirada en los proyectos experimentales de Riccardo Dalisi en torno a la *"Tecnica Povera"* y en el *Whole Earth Catalog* de Stewart Brand. El experimento educativo estaba destinado a fomentar y estimular el libre desarrollo de la creatividad individual y la comunicación espontánea, rescatando el concepto de "hombre no-intelectual" y su antiquísima sabiduría innata, unas facultades creativas que pensaban habían sido atrofiadas por la actual sociedad del trabajo.

Por diferentes razones la iniciativa no llega a consolidarse y desaparece dos años más tarde, pero las exploraciones conjuntas activadas durante su puesta en marcha sientan las bases para una profunda reevaluación final del trabajo del grupo, que les lleva a sustituir los métodos manifiestamente discontinuos utilizados hasta el momento para 'perturbar' la disciplina[60] por un enfoque más antropológico vinculado al campo de los estudios culturales con el que sienten que pueden avanzar en sus investigaciones en torno a la relación entre el entorno construido y la vida diaria.

---

[60] Métodos a los que el historiador Filiberto Menna se refería como la estrategia del '*movimiento del caballo*', para incidir sobre la naturaleza discontinua y cambiante del trabajo de Superstudio, según la cual, por ejemplo, un proyecto podía reaccionar críticamente contra el anterior. MENNA, Filiberto. *A design for new behaviours*. En AMBASZ, Emilio. *Italy: The New Domestic Landscape. Achievements and Problems of Italian Design*. The Museum of Modern Art, New York, Mayo-Septiembre de 1972. Págs. 405-07.

Natalini aprovecha el curso que dirige en la Facultad de Arquitectura de Florencia entre 1974 y 1983 para poner en marcha un exhaustivo trabajo de investigación sobre las sociedades campesinas primitivas, ejemplos de aquella cultura 'inferior y marginada' que ofrecerá a Superstudio los contra-modelos a partir de los cuales imaginar una forma de vida alternativa basada en el establecimiento de *"relaciones no alienantes"*[61] activadas por la participación y la experiencia compartida, que según sus investigaciones ayudaban a desarrollar metodologías simples a menudo económica e inteligentemente creativas en el multiuso de materiales reciclados, la conservación y ahorro de energía y la distribución de recursos.

La Coscienza di Zeno (1978), *La memoria invece* (1978) y *Cultura Materiale Extraurbana* (1983) serán los últimos trabajos conjuntos presentados por los miembros de Superstudio, y suponen uno de los más ingeniosos intentos llevados a cabo por un grupo conceptual o colectivo artístico de salir airosos del 'enredo' filosófico-metafísico que ellos mismos habían creado, justo antes de acabar paradójicamente engullidos por aquello contra lo que tanto habían luchado: la poderosa y convencional cultura arquitectónica que, pese a todos sus esfuerzos, se mantenía –y se mantiene– fiel a conceptos como la solidez y la permanencia.

Este proceso de reabsorción disciplinar plantea múltiples interrogantes en torno a la coherencia y coexistencia entre teoría y práctica dentro de nuestra compleja profesión que, aunque seguro desencadenan reflexiones relevantes, no forman parte del presente libro al adentrarse en una fase diferente del trabajo, ya independiente, de los miembros del grupo, y por lo tanto alejarse del propósito del mismo.

---

[61] NATALINI, Adolfo; POLI, Alessandro; TORALDO DI FRANCIA, Cristiano. *Viaggio con la matita tra gli artefatti del mondo contadino*. En la revista *Modo* n°7, Marzo 1978. Págs. 49-53.

NOTA.
Organización del libro:
niveles de información

Este libro apuesta por desgranar y entrelazar la historia del fenómeno radical y la del grupo florentino, con la intención de afianzar la experiencia de Superstudio como un producto de su tiempo.

En consecuencia, la "cronología de trabajo" elaborada a partir de sus experiencias como colectivo se convierte en **MATERIA PRIMA** en constante alteración a partir de la incorporación de datos sobre el trabajo de otros operadores. Sometida posteriormente a sucesivos procesos de análisis, esta cronología ha permitido ir generando aproximaciones a la estructura definitiva del texto, apareciendo recogida en el **MATERIA PRIMA**, ordenada por años según el siguiente formato con el que a la vez se incorporan referencias a la misma a lo largo del texto:

[**CR.163**]

CR.: CRONOLOGÍA

163: numeración del dato o evento recogido. Esta clasificación no corresponde a criterios cronológicos ni de relevancia, ni hace referencia al momento de su descubrimiento, sino que se refiere al orden en que estos han sido incorporados al flujo de la investigación.

Código País: hace referencia al país al que se vincula el dato o evento.

Italia: [■CR.163]

Inglaterra: [◆CR.163]

Austria: [▲CR.163]

USA: [●CR.163]

Francia: [★CR.163]

Otros: [❖CR.163]

Por lo tanto, y como reflejo de esta estrategia, en el texto general conviven varios niveles de información acompañados por un discurso visual paralelo que permite generar y entrelazar conexiones transversales entre la historia envolvente, el caso particular de Superstudio y las intenciones finales de este libro que trata de arrojar luz y sacar conclusiones operativas, a la vez que activa posibles reflexiones futuras sobre el agitado y sorprendentemente fértil periodo *radical*.

LA REVOLUCIÓN (DE LOS OTROS): INGREDIENTES PARA UNA REACCIÓN

MATERIA PRIMA: Italia: [■CR.163]; Inglaterra: [♦CR.163]; Austria: [▲CR.163]; USA: [●CR.163]; Francia: [★CR.163]; Otros: [❖CR.163]

Para empezar a entender la relevancia del trabajo desarrollado por Superstudio –que podría ser enmarcado en un intenso y corto periodo de 10 años– y por extensión el de sus colegas "radicales", es necesario abordar primero una serie de cuestiones importantes tales como su educación universitaria y las enseñanzas y orientaciones recibidas de los distintos profesores; el ambiente social y cultural florentino –ciudad en la que varios de los fututos componentes del colectivo habían estudiado al menos durante el periodo universitario; los nuevos modelos y lenguajes arquitectónicos y artísticos que llegaban de fuera, desde el ámbito nacional o internacional– analizados y utilizados por el grupo durante su fase de formación; el panorama político contemporáneo, no sólo en cuanto a lo que supuso el agitado ambiente de los años 60 en términos artísticos y arquitectónicos, sino también y sobre todo incorporando la narración de aquellos acontecimientos que convirtieron la Italia de aquellos años en un hervidero social cuyo impacto influye de manera determinante sobre varias generaciones de artistas y arquitectos expuestos a los rigores de esta electrizante década.

Como ya hemos visto, la mayor parte de los protagonistas vinculados a la arquitectura experimental italiana, que florece durante la segunda mitad de la década de los años 60 y recorre parte de los 70 integrada en un movimiento más amplio bautizado por el influyente crítico e historiador italiano Germano

Celant como *Architettura Radicale*[1] [■CR.155], comienzan sus estudios universitarios en los primeros años 60.

Celant acuña el término "radical" con la intención de unificar el trabajo de un variado y atomizado grupo de arquitectos –principalmente europeos– comprometidos con el replanteamiento total de la definición y objetivos de la disciplina, para los que sus años de formación resultan decisivos en la configuración de aquella actitud subversiva con la que los futuros operadores radicales, en menos de 10 años, consiguen demostrar que el ejercicio de la arquitectura y su aplicación docente podía ser ética y políticamente relevante.

Emprenden así una senda crítica ya percibida en su heterogéneo periodo de maduración durante el que se verán envueltos en un ambiente de vibrante experimentación y especulación teórica tensada desde ambos lados del Atlántico entre Europa y Estados Unidos –que recorre de forma plural las diferentes disciplinas– con la que se trataba de poner fin a las certezas heredadas de la modernidad, sustituyendo sus principios doctrinarios por una jugosa incertidumbre desmitificadora ligada a una nueva realidad –económica, política y social– que marcará los inicios de la posmodernidad.

Andrea Branzi, uno de los principales teóricos de la "revolución", describe así ese momento en el que una generación estaba dando paso a la siguiente:

[1] En 1971 sale a la venta el mítico numero 2/3 de la revista IN editada en Milán por Ugo La Pietra y Pierpaolo Saporito para dar visibilidad a las grandes voces del debate internacional del momento. Celant colabora en este número con el articulo "*Senza titolo*", en el que por primera vez se utiliza el término "arquitectura radical" para designar el trabajo de los grupos contra-culturales de la segunda mitad de los años 60.

Fig. 01. Cuatro miembros del Independent Group (Peter Smithson, Eduardo Paolozzi, Alison Smithson y Nigel Henderson) fotografiados en el barrio londinense de Chelsea para el catálogo de la exposición 'This is tomorrow' de 1956.

"En efecto, siempre ha sido difícil definir nuestro movimiento: no tenía un lenguaje único y había desarrollado diferentes temas de investigación. Pero estas diferencias eran una novedad importante con respecto a las vanguardias históricas, las cuales eran reconocibles por su lenguaje y programa común. Nuestro movimiento fue de hecho un fenómeno "umbral": existió entre la era de la vanguardia histórica (expresión de las minorías creativas) y las neo-vanguardias, en las que toda la sociedad estaba compuesta por un número infinito de "minorías" que trabajaban dentro de un mercado saturado (...)"[2].

Revelar el mundo

Una nueva cultura material

Esta nueva realidad, a la que también alude Branzi, comienza a vislumbrarse en el Reino Unido a principios de los años 50 coincidiendo con la aparición de los primeros trabajos del recientemente creado *Independent Group*[3] [◆CR.001], una fluctuante amalgama de artistas, críticos, diseñadores y arquitectos (Fig.01) que a través de sus propuestas trataban de establecer una base intelectual para entender el diseño de los años posteriores a la II Guerra Mundial. Durante estos años la expansión de la influencia

---

[2] BRANZI, Andrea. *Radical Notes*. Introducción en COLES, Alex; ROSSI, Catharine. *The Italian Avant-Garde, 1968-76*. EP Vol.1. Berlin: Sternberg Press, 2013. Pág. 180.

[3] En 1952, bajo el impulso del artista Eduardo Paolozzi, se celebra la primera reunión del Grupo Independiente en Londres, constituido por una variopinta colección de jóvenes artistas y críticos como Richard Hamilton, Nigel Henderson y Lawrence Alloway, guiados por jóvenes arquitectos e historiadores como Alison y Peter Smithson y Reyner Banham, todos ellos ligados al Institute of Contemporary Arts (ICA).

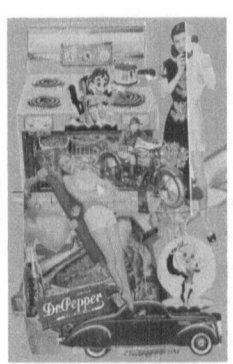

Fig. 02. 'Dr. Pepper'. Eduardo Paolozzi, 1948.

Fig. 03. 'Cualquiera que sea el clima debemos movernos juntos'. Cartel creado para promover el Plan Marshall en Europa, 1950.

estadounidense en Europa en términos económicos también se había traducido –por obra y gracia del *Plan Marshall* (Fig.02)– en un nuevo "imperialismo" que conllevaba la importación de su invasiva cultura de masas –basada en el deseo insaciable de productos con los que expresar las recién halladas identidades y aspiraciones de sus ciudadanos[4]– lo que aprovecharon Paolozzi [♦CR.427] (Fig.03) y compañía para investigar sobre las relaciones entre esta nueva "cultura popular" y el arte, la ciencia, la tecnología y el diseño de productos.

Ante semejante avalancha de estímulos procedentes del otro lado del Atlántico que desembarcan en un país sometido en esos años a rígidas políticas de austeridad, el I.G. detecta la aparición de un nuevo modelo de diseño centrado en los valores "irracionales" del mercado y en la carga emocional del consumo, que ante la imposibilidad de aplicar a productos complejos surgidos de las nuevas industrias la filosofía racional defendida por el movimiento moderno bajo la máxima "la forma sigue a la función", termina por seducir a los jóvenes creadores emergentes invitándoles a caer en brazos del placer y lo instantáneo.

El auge de esta nueva cultura material[5] que ofrecía potencialidades emotivas más ricas y vitales, y que estaba siendo redefinida por lo efímero, la atracción popular y el deseo, configura un nuevo diseño "POP" asumido como expresión de las nuevas tecnologías elaboradas dentro de los nuevos modos

---

[4] BOORSTIN, D.J. *The image*. London: Weindenfeld & Nicholson, 1962. Pag.186
[5] Para más información sobre el nacimiento y expansión de la "era pop" ver el artículo de Hal Foster *Image building* en *Radical City 01*, Archphoto 2.0, 2011.

de existencia. Esta circunstancia desencadena una serie de reacciones paralelas que se podrían enmarcar en un amplio movimiento vinculado a la cada vez más incuestionable necesidad de revisión de los fundamentos teóricos heredados, afectando de manera trascendental a todas las disciplinas en un momento de agitación política y social motivada por la demanda de cambios que culminará con la puesta en escena de Mayo del 68 francés.

Se empieza a configurar así el ambiente en el que a partir de los primeros años 60 se formaron y maduraron los futuros protagonistas del movimiento radical, enfrentados y claramente condicionados por operaciones desestabilizadoras procedentes del mundo del arte, la literatura y también de la propia arquitectura, que modelaron su posterior actitud de rechazo a partir de la cual generaron la última arquitectura con aspiraciones filosóficas convertida en herramienta para la crítica social.

Grupos de presión

Estos años previos a la explosión del fenómeno radical se caracterizan por la aparición de numerosas figuras asociadas, en muchas ocasiones, en torno a colectivos que en las distintas disciplinas escenifican la ruptura con los modelos establecidos. Debemos citar aquí algunos ejemplos que marcarán decisivamente el clima de cambio posterior, empezando por la actividad seminal del ya citado *Independent Group* a principios de los años 50 y su compromiso con la nueva cultura de masas; la fundación en 1957 de la Internacional Situacionista[6] [✦CR.007] y su rigor

---

[6] En 1957 un grupo de filósofos, arquitectos, pintores, críticos y activistas políticos, encabezados por Guy Debord y entre los

Fig. 04. Pinot-Gallizio, Simondo, Verrone, Bernstein, Debord, Jorn y Olmo fotografiados en 1957 durante el acto fundacional de la Internacional Situacionista.

Fig. 05. 'Pittura industriale'. Giuseppe Pinot-Gallizio, Turín, 1958.

Fig. 06. 'Meta-Matic n°17'. Jean Tinguely, Paris, 1959.

Fig. 07. 'Merda d'artista' y 'Scultura vivente'. Piero Manzoni, 1961.

ideológico a través del que cuestionan insistentemente el orden social desde una perspectiva radicalmente crítica e inconformista (Fig.04); la revolución que supusieron las propuestas tempranas en contra del concepto de gusto de finales de los 50 y principios de los 60 de Giuseppe Pinot-Gallizio y su "pintura industrial" [■CR.010] (Fig.05), el arte cinético de Jean Tinguely [✤CR.275] (Fig.06) y las provocaciones de Piero Manzoni [■CR.267] (Fig.07), y en general la irrupción del arte conceptual y su eliminación consciente de los límites disciplinares –lo que Lucy Lippard denominó como "la desmaterialización del objeto artístico en busca de algo más esencial"[7] (Fig.08)– ; la defensa de la obra de arte como acontecimiento en el "Manifiesto frio" de 1954 del Wiener Gruppe [▲CR.458] primero, y en las propuestas de los Accionistas Vieneses y artistas americanos después[8] –con Alan Kaprow y sus "*18 Happenings in 6 parts*" de 1959 [●CR.456] a la cabeza (Fig.09)–, y la apuesta neo-dadaísta de George Maciunas que

que se encontraban Gianfranco Sanguinetti, Asger Jorn, Raoul Vaneigem y Constant Nieuwenhuys, fundan la Internacional Situacionista como fusión del "Movimiento Internacional por una Bauhaus Imaginativa", la "Internacional Letrista" y la "Asociación Psicogeográfica de Londres". Azote del urbanismo funcionalista promovido en los CIAM y uno de los movimientos más comprometidos políticamente de la posguerra, abordaron el interrogante del papel del hombre y la cultura en la sociedad de consumo de postguerra.

[7] LIPPARD, Lucy. *Six Years: The Dematerialization of the Art Object from 1966 to 1972: A Cross-Reference Book of Information on Some Esthetic Boundaries*. New York: Praeger, 1973.

[8] En 1954 Oswald Wiener, miembro fundador del *Wiener Gruppe* y posteriormente convertido hasta cierto punto en el cerebro estético y teórico de los Accionistas Vieneses, declara en su «*Manifiesto Frío*» que la producción artística debía desligarse de los objetos para centrarse en la obra de arte como acontecimiento, anticipando así la profecía formulada por Kaprow en su ensayo *El legado de Jackson Pollock* (1956), en KAPROW, Allan. *Essays on the Blurring of Art and Life*. Berkeley, CA: University of California Press, 1993. Págs. 1-9.

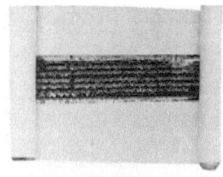

Fig. 08. 'Tire print'. Robert Rauschemberg, 1953.

Fig. 09. '18 Happenings in 6 parts'. Allan Kaprow, Reuben Gallery N.Y., 1959.

Fig. 10. Manifiesto Fluxus, 1962.

toma forma con la creación en 1962 del movimiento internacional Fluxus[9] [●CR.025] con el objetivo de desafiar la definición de arte focalizado en el objeto (Fig.10), por citar solo algunas operaciones vinculadas al siempre hiperactivo mundo del arte, hasta la experimentación más radical llevada a cabo por el grupo literario neovanguardista italiano Gruppo63[10] [■CR.037] a través de las propuestas de renovación de la forma y el contenido del lenguaje literario de varios de sus componentes como Umberto Eco o Edoardo Sanguineti (Fig.11); el trascendental trabajo de Marshall McLuhan, por aquellos años empeñado en avanzar las implicaciones de una nueva sociedad de la información[11] mediante el análisis del

[9] En 1962 George Maciunas crea Fluxus, movimiento artístico nacido en EEUU que se desarrolla también en Europa y que promueve la experimentación artística mezclada con el activismo político y social. Interesados en lo espontáneo y el humor, sus miembros evitaron cualquier teoría del arte limitadora, y rechazaron los objetivos puramente estéticos. Sus actividades se materializaron en diversos eventos o situaciones, a menudo denominadas "acciones", que desafiaban la definición de arte focalizado en el objeto, como performances, teatro callejero, conciertos de música electrónica, etc.

[10] Para un mejor acercamiento a la actividad del Gruppo 63 ver MORONI, Mario; CHIRUMBOLO, Paolo; SOMIGLI, Luca. *Neovanguardia. Italian experimental Literature and Arts in the 1960s*. Toronto: University of Toronto Press Incorporated, 2010.

[11] En 1964 Marshall McLuhan publica *Understanding Media: The extensions of man* [●CR.419], libro en el que entre otros temas aboga por "*el retorno a una forma no especializada de hábitos y espacios, a la búsqueda de más usos para la habitación, las cosas y los objetos, en una palabra: a lo icónico.*" También en este libro introduce una de sus célebres frases: "*The medium is the message*", entendiendo que la forma del medio se incorpora en el mensaje y crea una relación simbiótica según la cual el medio condiciona como el mensaje es percibido. La frase (ligeramente modificada a causa de un "error tipográfico") también dará título a su libro de 1967 [●CR.505].

Fig. 11. Miembros del Gruppo 63 (Aldo Palazzeschi, Edoardo Sanguineti, Umberto Eco, Nanni Balestrini, Giorgio Manganelli y Elio Pagliarani entre otros) fotografiados en la primera reunión celebrada en el Hotel Zagarella (cerca de Palermo) en Octubre de 1963.

Fig. 12. Portada del libro 'Understanding Media: The extensions of man'. Marshall McLuhan, 1964.

espacio visual [●CR.029] (Fig.12); la ruptura promovida por las posturas críticas defendidas en el seno de los CIAM [✤CR.326] (Fig.13) por el recién creado Team X [✤CR.002] –con las que trataban de superar el funcionalismo rígido y reduccionista del Movimiento Moderno– capitaneado por los omnipresentes Alison y Peter Smithson (Fig.14); los acertados escritos en torno a la nueva estética popular de Reyner Banham[12] [◆CR.412] y de Robert Venturi, cuyo ensayo "Complejidad y contradicción en la arquitectura"[13] de 1966 [●CR.066] supone el primer intento de aportar una estructura teórica al cambio de valores que se había producido en la arquitectura y el diseño por la influencia de la cultura popular a partir de la década de los cincuenta, sin olvidar las teorías sobre comunicación visual que Umberto Eco aplicará a través de su actividad docente en la Facultad de Arquitectura de Florencia[14] [■CR.363] –que constituirá la base de su trascendental "Opera aperta" de 1962 [■CR.024]– y que culminarán en 1966

[12] BANHAM, Reyner. *A Throw-away Aesthetic*", 1955; "*Vehicles of desire*", Art n°1, 1955; "*Theory and Design in the First Machine Age*", London: Architectural Press, 1960.
[13] VENTURI, Robert. *Complexity and Contradiction in Architecture.* New York: Museum of Modern Art, 1966.
[14] En 1966 Umberto Eco se convierte en profesor de "Comunicación Visual" en la Facultad de Arquitectura de la Universidad de Florencia, curso en el que defenderá la figura del "diseñador semiológicamente consciente", y la idea de arquitectura como "continuo cromático" de códigos visuales. Un año más tarde recogerá los fundamentos del curso en "*Appunti per una semiología delle comunicazioni visive*", donde ya se observa que su ininterrumpido contacto con los círculos intelectuales franceses –en especial con las ideas de R. Barthes– modifica sus trabajos tempranos, produciéndose el cambio desde la pre-semiótica *Opera aperta* (1962) a la primera teoría sistemática sobre semiología. Tanto las enseñanzas de Eco como los *appunti* serán el detonante para los posteriores trabajos de los agitadores anti-diseño florentinos.

Fig. 13. Manifiesto de Doorn (1954) revisado por Peter Smithson para su publicación en la segunda edición del 'Team Ten Primer', MIT Press, 1974 (primera edición publicada en 1968).

Fig. 14. El Team Ten reunido en el jardín de la casa de Aldo van Eyck en Loenen aan de Vecht, 1974.

con la apoteosis de la arquitectura entendida como lenguaje[15]; las primeras experiencias tecnófilas de Archigram [★CR.022] y los impulsos metabolistas japoneses surgidos bajo la atenta mirada de Kenzo Tange[16] [❖CR.015] (Figs.15,16), precedentes de la posterior experimentación megaestructural[17] [❖CR.048] con la que muchos ambicionan superar el funcionalismo sociológico del Team X para convertirlas en las utopías urbanas de mediados de siglo.

Todo ello y mucho más va construyendo el agitado escenario donde, como bien apunta la profesora Dominique Rouillard, se representa el paso de una arquitectura fundamentada en la necesidad y la construcción a una arquitectura donde las referencias son la inmediatez y el consumo, el paso de una arquitectura pensada en términos de progreso

[15] *"En el mismo año de 1966 aparecen dos referencias fundamentales de la teoría arquitectónica, Rossi publica La arquitectura de la ciudad* [■CR.072] *y Venturi "Complejidad y contradicción en arquitectura"* [●CR.066]. *El primero abordaba la arquitectura desde una estricta semiología y el segundo desde una jugosa hermenéutica. Con estas dos obras se llega a la apoteosis de la arquitectura entendida como lenguaje".* ESPUELAS, Fernando. *Un futuro sin memoria.* DC Papers n° 24, Dic. 2012.

[16] En 1959 Kenzo Tange, antes de iniciar su periodo docente en el MIT (Massachussets Institute of Technology), encarga a su mano derecha en Tange Lab, Takashi Asada, buscar a jóvenes y prometedores arquitectos y diseñadores japoneses para participar en la *World Design Conference* que iba a tener lugar al año siguiente en Japón. Con la ayuda de Noboru Kawazoe reúne a un grupo de talentos emergentes que estará formado por él mismo, Kisho Kurokawa y Kiyonori Kikutake, que junto a Fumihiko Maki y Masato Otaka redactarán el manifiesto *Metabolism 1960: The Proposals for New Urbanism*, con el que se dan a conocer en dicho congreso y que constituirá el germen del grupo Metabolista. Para profundizar en la historia de este movimiento ver KOOLHAAS, Rem; OBRIST, Hans Ulrich. *Project Japan. Metabolist talks.* Taschen, 2011.

[17] BANHAM, Reyner. *Megaestructuras: futuro urbano del pasado reciente.* Barcelona : Gustavo Gili, 1978.

Figs. 15,16. Noboru Kawazoe, Kisho Kurokawa y Kiyonori Kikutake en 1959, y cartel del 'World Design Conference' celebrado en Tokio en 1960.

social y felicidad humana a otra que trata de revelar el mundo existente[18].

Este escenario, que aunque esencialmente europeo encuentra alguno de sus detonantes al otro lado del Atlántico, se irá intensificando de forma paralela en países como Inglaterra, Austria, Francia e Italia, pudiéndose detectar entre las diversas estrategias operativas ciertas convergencias y convicciones comunes, pero también progresivas distinciones motivadas por el desarrollo relativamente autónomo que experimenta cada país en el que se manifiesta, resultado de la falta inicial de conexiones y relaciones de intercambio entre los focos más activos, más allá de las informaciones que aparecen en las revistas especializadas.

Tal y como argumenta Gianni Pettena –protagonista "radical" y al mismo tiempo avezado analista del movimiento–, aunque los diferentes operadores, insatisfechos con la profesión y sumidos en la correspondiente crisis de identidad, compartan "la conciencia del fin de todo formalismo estilístico y la ruptura de la unidad disciplinar, el interés por la obra abierta y por la forma indeterminada, y una particular sensibilidad hacia el tema del movimiento de la persona en el espacio, que contribuye a hacer arquitectura incluso con la propia fisicidad", las diferentes respuestas se articularán principalmente bien a través de una actitud irónica y desacralizante de clara influencia pop, o bien a través de la actitud opuesta que "más próxima al arte conceptual tiende a desmaterializar la forma en favor de la proposición teórica"[19].

---

[18] ROUILLARD, Dominique. *Superarchitecture. Le Futur de l'architecture 1950–1970*. Paris: Editions de la Villette, 2004. Pág.16.
[19] PETTENA, Gianni. *Design, Arte Ambientale, Architettura: interrelazioni contemporanee* (2005). En el catálogo de la exposición

Dinamita *pop*

Superficialidad operativa

Así, enlazando con las reflexiones iniciales de este capítulo, por un lado en Inglaterra, y en concreto en la efervescente Londres de los años 60, el nuevo "idioma pop" vinculado a la reciente e invasiva cultura comercial, se convierte en detonante de una gradual reconfiguración del espacio cultural gracias principalmente al trabajo del *Independent Group* mostrado en sus exposiciones seminales de la segunda mitad de los años 50 –como *"Parallel of Life and Art"*[20] [◆CR.394] de 1953 o la mítica *"This is Tomorrow"* [◆CR.005] concebida por el crítico Theo Crosby tres años después– y a la intensa actividad teórica e investigadora de sus integrantes, en particular los influyentes escritos de Reyner Banham y Alison & Peter Smithson en torno a la revolución que a todos los niveles estaban suponiendo la importación de la potente cultura de masas procedente de América y los nuevos avances tecnológicos.

El primero ya en su ensayo de 1955 *"A Throw-Away Aesthetic"* ("Una estética desechable") [◆CR.412] trataba de describir la nueva estética popular en términos de caducidad y prescindibilidad:

> *"Vivimos en una economía de usar y tirar, una cultura en la que la clasificación más fundamental de nuestras ideas y posesiones mundanas es en términos de su*

Radici Radicali. 1965-1975 comisariada por Enrico Pedrini en la Galleria il Ponte Firenze. Febrero-Abril 2009. Pág.17

[20] Debemos citar aquí el paralelismo entre el fondo conceptual de esta exposición y lo que 30 años atrás reclamaban los componentes del movimiento artístico De Stijl que en su manifiesto de 1922 abogaban por "el final de la división entre arte y vida".

Fig. 17. Publicidad del Buick Super de 1955.

prescindibilidad relativa. Nuestros edificios pueden sobrevivir durante un milenio, pero su equipamiento mecánico debe ser reemplazado después de cincuenta años, y su mobiliario de veinte."[21]

Banham reconoce aquí la gran división existente entre los ideales del movimiento moderno y la nueva realidad del diseño comercial, comparando un Bugatti Royale con un Buick para señalar cómo este tipo de objetos complejos iban en contra de la sencilla fórmula de "la forma sigue a la función", negando cualquier vínculo intrínseco entre la simplicidad geométrica y la susodicha función. El mismo año y sobre el mismo tema Banham publica "*Vehicles of desire*" ("Vehículos del deseo") [◆CR.412] (Fig.17), donde de nuevo utiliza el diseño de coches, pero ahora para reclamar la necesidad de integrar la dimensión consumible y desechable de la arquitectura y así exponerla a esa nueva estética "de usar y tirar":

"Este es el tipo de cosas con las que con el tiempo se generó la estética de la prescindibilidad. Incorpora el sentido y el dinamismo de esa extraordinaria continuidad de la ingeniería-emocional-por-consenso-público que permite a la industria del automóvil crear vehículos de deseo palpablemente cumplido. ¿Puede la arquitectura o cualquier otro reclamo artístico del siglo XX

---

[21] BANHAM, Reyner. *A trow-away aesthetic*" (1955), en *Reyner Banham: Design by Choyce*. London: Penny SPARKE (Ed.), Academy Editions, 1981.Págs. 90-93. Este artículo fue escrito originariamente en 1955 y publicado en "*Industrial Design*" en 1960 bajo el título *Industrial Design and Popular Art*. En esta línea John McCale, también integrante del Independent Group, en 1959 publica *The Expendable Icon* (*El icono prescindible*), un interesante análisis libre de juicios de valor sobre la cultura popular contemporánea. McCALE, John. *The Expendable Icon*. Londres: Architectural Review, 1959.

haber hecho tanto? Y, si no, ¿tienen algún derecho real a quejarse?"[22]

Banham dejaba claro por tanto que si la arquitectura pretendía expresar el mundo de aquella Segunda Era de la Máquina[23] (o Primera Era Pop[24] [♦CR.411]) debía por un lado reflejar las nuevas tecnologías elaboradas dentro de los nuevos modos de existencia, y por otro asumir la visualidad extrema que ahora lo dominaba, aceptar las conceptos consumistas de superficialidad y serialidad –de los signos y de los objetos– , e incorporar el diseño de lo prescindible en un sentido funcional y estético, es decir, tenía que convertirse al POP.

En esta misma línea de experimentación en torno a la contaminación *pop* de la disciplina, Alison & Peter Smithson , a raíz de su participación en la legenda-

---

[22] BANHAM, Reyner. *Vehicles of desire*. Art nº1, Septiembre 1955. Pág 3.

[23] En 1960 Banham publica *Theory and Design in the First Machine Age*, en el que aborda el progreso del pensamiento moderno, es decir, la formación de actitudes, formas y temas característicos de los artistas y arquitectos europeos que, entre 1900 y 1930, vieron su trabajo confrontado con los nuevos adelantos tecnológicos de la primera era de la máquina. El estudio pretendía entender las fuerzas abstractas que ocasionaban que tantos arquitectos y diseñadores revisaran las bases filosóficas y estéticas sobre las que ejercían, y a la vez avanzar sus ideas sobre la nueva arquitectura pop entendida como una actualización radical del diseño moderno bajo las nuevas condiciones de una "Segunda Era de la Máquina" en la que la "capacidad de crear imágenes" ("*imageability*") –o representación óptica de la tecnología– se convertía en el criterio principal. BANHAM, Reyner. *Theory and Design in the First Machine Age*. London: Architectural Press, 1960.

[24] En su artículo *On the First Pop Age* Hal Foster se refiere a la "*Segunda Era de la Máquina*" de Reyner Banham como la "*Primera Era Pop*". FOSTER, Hal. *On the First Pop Age*. NLR (New Left Review) nº19. Enero-Febrero 2003. Págs.68-87.

ria exposición de Theo Crosby "*This is tomorrow*" [◆**CR.005**] de 1956 (Figs.18 y 19), publican tres meses más tarde el articulo "*But today we collect ads*"[125] ["*Pero hoy coleccionamos anuncios*"] [◆**CR.359**] en el que llamaban la atención sobre cómo la publicidad de masas estaba creando un lenguaje común entre los consumidores que rápidamente contextualizaba las innovaciones surgidas en torno a productos domésticos incluso antes de que estos llegaran al mercado británico. Los Smithson creían que ese nuevo lenguaje publicitario era mucho más efectivo penetrando y conformando los deseos de la cultura popular que el arte o la arquitectura contemporáneos:

> "*Gropius escribió un libro sobre silos, Le Corbusier uno sobre aviones, y Charlotte Perriand traía un objeto nuevo a la oficina cada mañana, pero hoy coleccionamos anuncios.*"[126]

Figs. 18 y 19. Montaje de la exposición 'This is tomorrow'. Whitechapel Art Gallery (Londres, Agosto 1956) y uno de los carteles publicitarios que reproducía el famoso collage de Richard Hamilton 'Just what is it that makes today´s homes so different, so appealing?' (1956).

En este sentido los anuncios eran particularmente interesantes ya que por un lado proporcionaban a artistas, arquitectos y diseñadores una valiosa información sobre la vida contemporánea, y por otro mostraban un posible camino a seguir al resaltar cómo los vendedores no solo estaban ofreciendo productos novedosos, sino que sobre todo trataban de transmitir al comprador las emociones y los estados de ánimo que estos productos podrían inspirar[27]. Las nuevas estrategias de venta desarro-

---

[25] SMITHSON, Alison & Peter. *But today we collect ads*. Ark n°18, Nov. 1956.

[26] Ibid. Pág.50.

[27] Esta no era una idea totalmente nueva, ya que unos años antes ya había sido sugerida en sicología a través del trabajo de Sigmund Freud, y aplicada al mundo de los negocios a través de la adaptación que de los principios de Freud había realizado su

lladas en Estados Unidos se habían alejado de las primeras campañas directas de posguerra –donde los productos se vendían en base a sus méritos y características– para incorporar narraciones mucho más estimulantes y sugerentes que sólo tangencialmente incluían cuestiones relativas al valor de uso. El trabajo de los nuevos directores de marketing, representantes de la emergente sociedad "liquida"[28], consiste en tratar de que nos identifiquemos con los objetos y sus anuncios. Para los Smithson esta nueva visión de la cultura del consumo masivo resultaba tan excitante y liberadora que llegaron a defender que la innovación en arquitectura pasaba por aprender, ajustarse o ser reemplazada por los avances de la producción en masa.

Esta lección esencial heredada del POP supone el primer paso que conduce a la disciplina a entrar en un proceso, definido acertadamente por Dominique Rouillard como de autodestrucción doctrinal[29], que progresivamente revela la expansión del propio dominio de la arquitectura: el diseño, la moda, el

sobrino "americano" Edward Bernays durante sus investigaciones sobre el poder de la opinión pública y sus consecuencias. Ver BERNAYS, Edward L. *Crystallizing Public Opinion*. New York: Liveright Publishing Corporation, 1923.
[28] Parte de las investigaciones de Zygmunt Bauman, sociólogo, filósofo y ensayista polaco, giran en torno a la forma habitual de vivir en nuestras sociedades contemporáneas, que termina por definir como "la vida líquida", una vida caracterizada por no mantener un rumbo determinado, por no presentar mucho tiempo la misma forma. Según Bauman ello hace que nuestras vidas se definan por la precariedad y la incertidumbre. Así, nuestra principal preocupación es no perder el tren de la actualización ante los rápidos cambios que se producen en nuestro alrededor y no quedar aparcados por obsoletos. BAUMAN, Zygmunt. *Liquid Modernity*. Cambridge, 2000.
[29] ROUILLARD, Dominique. *Superarchitecture. Le Futur de l'architecture 1950–1970.* Paris: Editions de la Villette, 2004. Pág.175.

Fig. 20. 'Amazing Archigram/Zoom'. Archigram Magazine n°4, Space Comic/Science Fiction Issue, Primavera-Verano 1964.

arte, el cine, la literatura, los espectáculos sonoros de grupos de rock, la ciencia-ficción, o las técnicas de simulación virtual son varias de las "formas" que ya empiezan a mezclarse en el proceso de "fabricación" del proyecto, quedando claro por tanto que la nueva "utopía arquitectónica no tenía forma"[30].

Archigram y el optimismo despreocupado

Así lo entienden los jóvenes Peter Cook y Michael Webb, cuando en mayo de 1961, recién licenciados, publican el primer número de la revista auto-editada *Archigram* [◆CR.022] (Fig.20) y posteriormente se agrupan bajo el mismo nombre con Warren Chalk, Ron Herron, Dennis Crompton y David Greene[31].

Formados en la órbita de la Architectural Association de Londres[32] e influenciados por los recientes

---

[30] Ibid. , pág. 176.

[31] El primer número de la revista *Archigram*, en mayo de 1961, surge de una iniciativa conjunta entre Peter Cook y Michael Web, dando este último por terminada su colaboración con la revista estudiantil *Polygon* en la Regent Street Polytechnic de Londres donde había estudiado. Es precisamente Web quien presenta a Cook a David Green, y unos meses más tarde, en abril de 1962, se publica *Archigram* n°2, número que marca la fusión entre estos tres y W.Chalk, R.Herron y D.Crompton, que ya trabajaban juntos en el London County Council (LCC). El primer trabajo para el grupo llegará ese mismo año cuando el ICA (Institute of Contemporary Arts) de Londres, por recomendación de Theo Crosby, les encarga la exposición "*Living City*" que finalmente tendrá lugar en 1963.

[32] Peter Cook estudia los dos últimos años de la carrera en la Architectural Association de Londres, escuela privada fundada a mediados del siglo XIX que se convierte en estos primeros años 60 en punto de encuentro y experimentación gracias a la contribución de docentes como Peter Smithson, Reyner Banham, Cedric Price o Joseph Rykwert, cuyas enseñanzas se centraban en la búsqueda de nuevas metodologías visuales y de comunicación que mediaran entre las investigaciones llevadas a cabo

trabajos de los Smithson y Reyner Banham que les acercan a las experiencias americanas, recogen el testigo de sus antecesores más cercanos (principalmente los Brutalistas y el Team X) para dejar atrás el orden idealizado del Estilo Internacional e incorporar a su trabajo las nuevas realidades vinculadas a la tecnología y al consumo[33].

Tomando prestado el formato del cómic, la imaginería futurista de la ciencia-ficción alimentada por la inminente carrera espacial[34] y las nuevas estrategias publicitarias, las páginas de los sucesivos "panfletos" –9 números entre 1961 y 1970– recogen referencias constantes a los placeres efímeros que la cultura de masas podía proporcionar, enfatizando las nuevas habilidades de la arquitectura para ofrecer entretenimiento además de protección y cobijo. Su incuestionable confianza en los avances tecnológicos como motores del cambio hacia una vida mejor, compartida por su mentor Banham, y su optimismo despreocupado, les lleva a producir una arquitectura tecno-utópica y *"popera"* que, aunque pretendía diferenciarse estilísticamente de sus modernos predecesores, compartía con ellos esa convicción inquebrantable sobre el poder de la tecnología para

por otras disciplinas y su aplicación a la arquitectura. Varios de los futuros integrantes de Archigram coincidieron trabajando en el Departamento de Arquitectura del *London County Council* (LCC), cinco años después de que lo hicieran los Smithson.
[33] Para una mejor comprensión del fenómeno Archigram ver SADLER, Simon. *Archigram: Architecture without Architecture.* Cambridge: MIT Press, 2005.
[34] En 1961, año de lanzamiento del primer número de la revista *Archigram*, el cosmonauta soviético Yuri Gagarin protagoniza el primer vuelo espacial a bordo de la nave Vostok 1. Cuatro años antes la Unión Soviética se adelantaba a Estados Unidos poniendo en órbita el primer satélite artificial, el Sputnik 1, y un mes más tarde el Sputnik 2 con la perra Laika, primer ser vivo en surcar el espacio [✦CR.276].

Fig. 21. 'Plug-in City'. Peter Cook (Archigram), 1964.

conducir a la humanidad a una fase más evolucionada. Su "*Plug-in City*" [◆**CR.532**] de 1964 (Fig.21) se convierte en la primera expresión –y posiblemente el manifiesto– de aquella tendencia de las neo-vanguardias de los años 50 a centrar su atención en los nuevos sistemas de producción avanzados, los medios de comunicación, el movimiento y sobre todo en el mundo de lo cotidiano y lo ordinario. Diseñada como un hábitat contemporáneo que incorporaba diferentes fases de uso (tres años para los pequeños elementos espaciales, cuarenta años para la estructura urbana) y "espacios reservados" para hacer frente a lo imprevisible como sistema de adaptación a los futuros cambios sociales y culturales, utilizaba la tecnología y la cultura de masas como los medios aplicados para proporcionar un entorno capaz de integrar las nuevas "representaciones" arquitectónicas.

Se presentan así como los primeros en emprender el camino hacia una nueva metodología del proyecto contaminada por los múltiples estímulos importados de la floreciente cultura material, pero al mismo tiempo permanecen dentro de las estructuras de esa metodología heredada, lo que a ojos de muchos críticos los convierten en "los últimos vitalistas de un medio ya desvitalizado"[35]. De hecho, como veremos más adelante, para las generaciones inmediatamente posteriores el trabajo de Archigram será al mismo tiempo catalizador e irritante: catalizador por su permisividad salvaje y sensación liberadora –esa actitud *desacralizante*

---

[35] PETTENA, Gianni. *Arquitectura Radical*. Catálogo de la exposición *Arquitectura Radical*. Centro Andaluz de Arte Contemporáneo, Sevilla, 2003, p. 30.

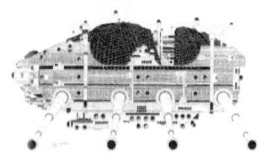

Fig. 22. 'Walking City'. Ron Herron (Archigram), 1964 [◆CR.531].

a la que se refería Pettena– y exasperante por su fe obstinada e ingenua en la utopía tecnológica (Fig.22).

La *Orquesta de Viena*[36], o los jóvenes artistas (y arquitectos) salvajes

Al mismo tiempo en Austria la rebelión contra el fracaso de la arquitectura se producía, sin embargo, desde ámbitos más cercanos a la reflexión y la teoría[37]. Así, inesperadamente, la reacción comenzaba en Viena a finales de los años 50 a partir de lo literario con la aparición simultánea en 1958 de tres manifiestos [▲CR.448] que desde diferentes perspectivas se mostraban críticos con el funcionalismo: "*Vescimmelungs-manifest*" ["Manifiesto del enmohecimiento"] de Hundertwasser, "*Architektur mit den Händen*" ["Arquitectura con tus manos"]

---

[36] Recuperamos aquí el título del artículo de Franco Raggi publicado en Casabella 392-393 (Pág.62) en 1974 bajo el título *Vienna Orchestra*, en el que analizaba el trabajo de jóvenes arquitectos radicales austriacos.

[37] Es interesante reproducir aquí parte de un artículo de Franco Raggi en el que se intuye esa tendencia histórica de los austriacos al ejercicio teórico heredada también por las principales voces de los primeros operadores radicales : "*The voices are strangely detached and almost isolated, at times they seem unaware of one another's existence, but there is a homogeneity about them that reveals their common matrix, with a tendency to turn in on themselves, on the values of a culture undergoing a crisis, listening, so to speak, to the heartbeat of an apparently healthy society and discovering prophetically instead its death throes. There is an attitude of ancient refiexion, of children's wisdom, an archaic quest for the meaning of one's existence, of human action, of architecture, and of history*". Raggi, Franco. *The Vienna Orchestra* (1974). En PORSCH, Johannes. *The Austrian Phenomenon. Architektur Avantgarde 1956-1973*. Wien: Architekturzentrum, 2010. Pág. 131.

de Arnulf Rainer y Markus Prachensky, y *"Incidental architecture"* ["Arquitectura incidental"] de Günter Feuerstein. Los caminos abiertos por estos tres escritos sirven de referencia para el posterior manifiesto *"Absolute Architektur"* [▲CR.028] con el que en 1962, tras una breve aventura americana[38], los jóvenes Hans Hollein[39] y Walter Pichler reclamaban la vuelta a un anti-funcionalismo total y a la comunicación simbólica que consideraban habían sido aniquilados por el Movimiento Moderno:

> *"En arquitectura no estamos interesados en la belleza. Si la buscamos entonces queremos que sea menos forma o proporción que una belleza sensual de un poder fundamental. (...) La forma del edificio no se desarrolla al margen de las condiciones materiales de su propósito. Un edificio no mostrará su propósito. No es una expresión de la estructura y la construcción, no es un recinto o refugio. (...) Un edificio es en sí mismo. (...) La arquitectura no tiene propósito. (...) Lo que construimos encontrará su utilidad. (...) La forma no sigue la función. La forma no origina nada por sí misma. Es la gran decisión del hombre de hacer un edificio en un cubo, una pirámide o una esfera. (...) Hoy, por primera vez en la historia de la humanidad, en este momento en que la ciencia inmensamente desarrollada y la perfeccionada tecnología ofrecen*

---

[38] Tras terminar sus estudios en la Academia de Bellas Artes de Viena Hans Hollein, acompañado por sus colegas Friedrich St Florian y Raymund Abraham, viaja a Estados Unidos en 1958 para completar su formación en Chicago y Berkeley, regresando a Austria dos años más tarde. Esta experiencia le permite conocer de primera mano el ambiente socio-cultural del país y volver a Europa influido por la efervescencia asociada a la emergente cultura de masas.

[39] Para una lectura más exhaustiva sobre Hollein y el ambiente artístico en el que operaba ver PETTENA, Gianni. *Hans Hollein opere 1960/1988*. Milano, 1988.

los medios, estamos construyendo lo que queremos, haciendo una arquitectura que no está determinada por la tecnología, pero que utiliza la tecnología, una arquitectura, más bien, que es pura y absoluta. Hoy en día, el hombre domina el espacio infinito."[40]

Gebilde

Expuestos a la cruzada anti-cultural iniciada como grupo por los Accionistas Vieneses ese mismo año[41] [▲CR.454], cuyas críticas golpean a todo patrón cultural establecido con la intención de aniquilar el arte para crear algo nuevo[42] y activar la re-ritualización

---

[40] HOLLEIN, Hans; PICHLER, Walter. *Architecture* (1963). Texto reproducido en PORSCH, Johannes. *The Austrian Phenomenon. Architektur Avantgarde 1956-1973*. Wien: Architekturzentrum, 2010. Pág. 35.

[41] La *performance* conjunta de Nitsch, Mühl y Frohner titulada *Die Blutorgel* (*El órgano sangriento*, 1962) supone el acontecimiento fundacional del Accionismo Vienés. Su formación, como la de casi todas las actividades artísticas de posguerra, se produce al enfrentarse por un lado a las ruinas de la vanguardia europea y por otro a la fuerza abrumadora de la neovanguardia americana, en emergencia durante el periodo de reconstrucción europea. Sus primeros pasos se dirigen hacia la completa destrucción de la pintura de caballete, lo que suponía la destrucción del lienzo y la espacialización del proceso pictórico. Ver FOSTER, Hal; KRAUSS, Rosalind; BOIS, Yve-Alain; BUCHLOH, Benjamin H.D. *Arte desde 1900. Modernidad, Antimodernidad, Posmodernidad*. Madrid: Ediciones AKAL, 2006. Págs. 464-469.

[42] Otto Mühl, el miembro más veterano del grupo, a partir de 1963 se identifica únicamente como «poeta y director», declarando que su proyecto artístico es el *destructivismo* (presumiblemente, por oposición con el Constructivismo), y anuncia que su dogma, anarquista y nihilista, consiste en *"la revuelta absoluta, la total desobediencia y el sabotaje sistemático [...] Todo el arte será destruido, aniquilado y exterminado, y emergerá algo nuevo"*. En FOSTER, Hal; KRAUSS, Rosalind; BOIS, Yve-Alain; BUCHLOH, Benjamin H.D. *Arte desde 1900. Modernidad, Antimodernidad,*

Fig. 23. 'Die Blutorgel'. Adolf Frohner, Otto Muehl y Hermann Nitsch, 1962.

Fig. 24. 'Ohne Titel'. Günter Brus, 1965.

Fig. 25. 'Kunst und Revolution'. Günter Brus, Otto Muehl, Peter Weibel y Oswald Wiener. Universidad de Viena, 1968 [♦CR.355].

Fig. 26. 'Endless House'. Frederick Kiesler, 1950-1960.

de las prácticas artísticas [▲CR.457] (Figs.23-25), Hollein y Pichler, también influidos por el trabajo de sus compatriotas Frederick Kiesler (Figs.26,27) –con sus investigaciones en torno a una arquitectura "sin fin" que supuso una crítica precoz al funcionalismo– y el escultor Fritz Wotruba –en especial por las cualidades tectónico-masivas de su Iglesia de la Santísima Trinidad de Viena concebida en 1964[43] (Fig.28)– se ven inmersos en una breve etapa simbólico-metafórica a través de la cual pretenden romper con la oscuridad y la segregación autoimpuesta de las disciplinas, defendiendo, como apuntaba Franco Raggi, que la arquitectura, la escultura y el diseño no estaban unidas en una síntesis banal de las artes, sino en una dimensión global relacionada con el comportamiento hacia el proyecto entendido como algo que tenía incluso la posibilidad de transformar significativamente los entornos físicos[44] (Figs.29,30).

Posmodernidad. Madrid: Ediciones AKAL, 2006. Pág. 466. Esta postura recuerda a las propuestas situacionistas de algunos años antes que defendían la superación del arte a partir de la supresión de este, o lo que es lo mismo, de su realización en la vida a través del "urbanismo unitario" entendido como "*construcción concreta de los ambientes momentáneos de la vida y su transformación en una cualidad afectiva superior*". Ver DEBORD, G. *Informe sobre la construcción de situaciones y sobre las condiciones de la organización y la acción de la tendencia situacionista internacional*. En *Potlatch. Internacional Letrista (1952-1959)*. Madrid 2001. Pág. 154. Publicado como texto independiente en París, 1957.

[43] El trabajo de Wotruba supone el renacimiento de la tradicional afinidad de la arquitectura con la escultura en Viena, gracias a cualidades tectónicas del mismo, y tiene como punto culminante el proyecto para la Iglesia de la Santísima Trinidad en el distrito 23 de Viena, una polémica obra que habiendo sido proyectada en 1964 no comienza su construcción hasta 1974 para terminarse en 1976, un año después de la muerte del autor.

[44] RAGGI, Franco. *The Vienna Orchestra* (1974). En PORSCH, Johannes. *The Austrian Phenomenon. Architektur Avantgarde 1956-1973*. Wien: Architekturzentrum, 2010. Págs. 131-132.

Fig. 27. 'Schnitt durch die Stadt'. Hans Hollein, 1960.

Fig. 28. Iglesia de la Santísima Trinidad de Viena. Fritz Wotruba, 1964-76.

Fig. 29. 'Stadt'. Hans Hollein, 1962.

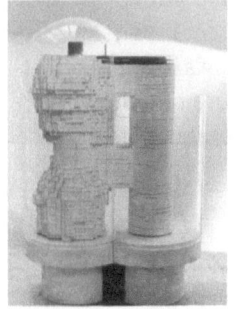

Fig. 30. 'Compact City'. Walter Pichler, 1964.

Esta tendencia aglutinadora empieza a insinuarse en el pensamiento de Hollein unos años antes durante la preparación de su tesis Fin de Máster en Berkeley entre 1959 y 1960, en la que bajo el título *"Plastic Space"*[45] negaba la existencia de materiales específicamente arquitectónicos y usaba el término *Gebilde* –que podría traducirse como "lo que sea"– para referirse a aquellas "cosas" que según él no pertenecían a una disciplina en particular pero que podían al mismo tiempo aplicarse a todas ellas, abriendo una nueva forma de pensar en arquitectura:

"La razón por la que utilicé el término Gebilde para estas cosas es que no veo ninguna frontera entre arquitectura y escultura... Yo no quería llamar a estas cosas... 'arquitectura' y 'escultura'. Quería utilizar un término más general... La mayoría de los arquitectos consiguen ideas arquitectónicas fuera de otra arquitectura. Pensé que este era un proceso equivocado. Quiero decir, debería ser parte de su educación, pero... pintores... no sólo se deberían obtener ideas sobre el arte mediante el estudio de pinturas antiguas. De repente se enfrentan con alguna experiencia o hecho, y algo completamente nuevo tiene lugar."[46]

Estas investigaciones tempranas que buscaban respuestas artístico-escultóricas para sus preguntas, estaban relacionadas –aunque finalmente difieren de ellas– con un tipo de proyectos que tras

---

[45] Tesis Fin de Máster desarrollada en el College of Environmental Design, University of California en Berkeley presentada en Junio de 1960 y depositada en la Biblioteca de la Universidad ese mismo año.

[46] Citado en LEFAIVRE, Liane. *Everything is Architecture*. Harvard Design Magazine, Spring/Summer 2003, nº18. Pág.4.

el momento brutalista-funcionalista de los años cincuenta ejemplificado en las propuestas de André Bloc y Jacques Couëlle, ó en la nueva plástica de Le Corbusier para Ronchamp, triunfa entre algunos arquitectos en la segunda mitad de los años 60 como Claude Parent y Paul Virilio que desarrollan sus proyectos megaestructurales a partir de la imagen tectónica más abstracta del bunker[47]. Michel Ragon utilizará la expresión "arquitectura-escultura"[48] para designar este trabajo en torno a la expresión plástica y monolítica vinculada a la técnica escultórica, heredero de las experiencias ineludibles de Gaudi y del expresionismo de Hermann Finsterlin asociados a las búsquedas "sin fin" sobre el espacio "psíquico" de Kiesler.

Pero es en 1962, en una conferencia ofrecida en la comprometida Galería Nächst St. Stephan[49] [▲CR.224] bajo el título *Zurück zur Architektur (Regreso a la Arquitectura)* [▲CR.033], cuando Hollein expande el concepto *Gebilde* y en un claro intento por recuperar las cualidades fundamentales de la arquitectura ante la *"necesidad de crear construcciones físicas para la gente, imbuidas de significado trascendental"*, reclama una arquitectura que debía ser, entre otras cuestiones por lo general contradicto-

---

[47] *Bunker archéologie*. Exposición del trabajo de C.Parent y P.Virilio en el Centro Pompidou, 1975.

[48] Michel Ragon, escritor y precursor en 1965 del GIAP (Groupe Internacional d'Architecture Prospective), reivindica la paternidad de la expresión "arquitectura-escultura" utilizada en su libro *Où vivrons-nous demain?* (¿Dónde viviremos mañana?), Robert Laffont, Paris, 1963. Pág. 109.

[49] En 1954 Monsignore Otto Mauer funda la galería Nächst St Stephan en Viena, espacio cultural de referencia que pronto se convertirá en dinámico refugio del arte contemporáneo y donde tendrán lugar multitud de eventos comprometidos con una actitud inconformista y experimental.

Fig. 31. Bienal Trinacional TRIGON'63. Graz, 1963.

rias, "espiritual", "mágica", "erótica", "colaborativa", "individual", "resolutiva", "ordenada", "abstracta", "sexual", "sagrada", "estructural", "tetradimensional", "sucia", "inclinada" y "plástica", y apuntaba:

"¿Lo que distingue a la arquitectura de la escultura? En mi opinión, las distinciones clásicas entre las artes ya no son válidas, ya que las artes se fusionan. Se convertirán en estructuras que dan forma al mundo y las vidas humanas, en las que es posible vivir como uno desea y crea conveniente"[50].

En este sentido Hollein se preguntaba, cuestionando el papel de la tecnología, si en aquella *Segunda Era de la Máquina* era posible hacer arquitectura que incorporara ese significado trascendental, para lo que proponía encontrar nuevos estándares relacionados con el paisaje, la visualización de los nuevos entornos metropolitanos y el desarrollo urbano que evolucionaran a partir del significado de los medios de comunicación y del mundo de los objetos cotidianos.

Un año más tarde, en 1963, se inaugura el escenario donde se dará respuesta a esta demandada necesidad de contaminación entre disciplinas, celebrándose en Graz la primera edición de la *Bienal Trinacional* (Trigon'63) **[▲CR.223]** (Fig.31), que con la participación de Austria, Italia y Yugoslavia se convierte en un importante marco periódico de confrontación de investigaciones de variado origen cultural y en un eficiente catalizador de interferencias y conexiones entre materias.

---

[50] HOLLEIN, Hans. *Back to Architecture* (1962). En PORSCH, Johannes. *The Austrian Phenomenon. Architektur Avantgarde 1956-1973*. Wien: Architekturzentrum, 2010. Págs. 32-33.

Fig. 32. Architektur. Work in progress. Hans Hollein y Walter Pichler, 1963.

Trigon consigue además poner en contacto a arquitectos y artistas de diferentes países que hasta ese momento todavía trabajaban relativamente aislados, lo que junto con la maduración coetánea del exitoso pop inglés y americano, y el emergente poder mediático de las pequeñas publicaciones –convertidas desde principios de los años 60 en altavoces imprescindibles de las propuestas minoritarias y fundamentalmente teóricas de las neo-vanguardias[51]– nos permite entender algunas de las cuestiones claves del nacimiento de los futuros radicales, fundamentalmente austriacos e italianos.

También en 1963 y de nuevo en la Galería Nächst St. Stephan, Hollein y Pichler presentan los trabajos realizados durante su periodo simbólico-metafórico en la exposición *Architektur. Work in progress* (Fig.32), donde se evidencia cierta proximidad con el *underground* artístico vienés y un fructífero conocimiento de la escena pop británica que se traducen en el tono provocador de las propuestas presentadas. La exposición tiene un efecto catalizador en el ambiente arquitectónico de la ciudad al mostrar dibujos y maquetas que evocaban monumentos arquetípicos, estructuras urbanas abstractas e infraestructuras sin escala ni función que con una potente imaginería mostraban una arquitectura iconoclasta y visionaria. Destaca el impacto que producen las "*Transformation Series*" de Hollein [⊠**CR.390**], entendidas como claros exponentes de un monumentalismo compacto que parodiaba el concepto *corbuseriano* de arquitectura como objeto

---

[51] Para un mejor análisis del trascendental papel de las "*little magazines*" durante la década de los 60 ver COLOMINA, Beatriz; BUCKLEY, Craig. *Clip Stamp Fold. The radical architecture of little magazines 196X-197X*. M+M Books, Princeton University. Actar, 2010.

Fig. 33. 'Monument for the Victims of the Holocaust'.
Hans Hollein,
'Transformation Series',
1967.

Fig. 34. 'Aircraft-Carrier-City Enterprise'.
Hans Hollein,
'Transformation Series',
1964.

en el paisaje (Figs.33,34). A través de disparatados collages en los que objetos singulares fuera de escala se insertaban en diferentes entornos para generar imágenes cargadas de significados que provocaban múltiples asociaciones, Hollein mostraba un nuevo intento por recuperar y explotar el carácter simbólico de la arquitectura y así poder considerarla a la vez como obra de arte, como portadora de significado o como metáfora, pero también como una realidad social. Varios años más tarde Banham recordaba así estas primeras propuestas:

"(...) Hollein fue más sutil y persuasivo: su idea de magnificar vulgares elementos de transporte, como vagones de tren, hasta una escala casi irreconocible, y de situarlos en algún inofensivo paisaje rural centroeuropeo, alcanzo singular resonancia arquitectónica. (...) Imaginar tales buques encallados en tierras de secano con fines polémicos tenia, naturalmente, un respetable precursor en la obra de Le Corbusier, pero está claro que Hollein apuntaba hacia otros objetivos. (...) la silueta que aflora en la superficie es a todas luces lo que inspiró a los megaestructuralistas (...). Sin embargo, la versión del casco enterrado tiene otras resonancias; la presencia oculta del casco sumergido queda revelada por una sección vertical que corta el suelo y el buque, poniendo de manifiesto sus complejidades internas, asi como otra importante analogía: el enorme buque como continente de una comunidad humana completa y autosuficiente." [52].

El gesto figurativo, la ironía, los monumentos, lo sagrado, la ambivalencia de los signos, la violenta colisión entre el objeto transformado y su entorno,

---

[52] BANHAM, Reyner. *Megaestructuras: futuro urbano del pasado reciente*. Barcelona: Gustavo Gili, 1978. Págs. 20-22.

la generación de nuevos entornos autónomos, son todos elementos ya presentes en esta serie de fuerte impacto expresivo que Hollein seguirá aplicando en su trabajo posterior para sugerir que detrás de las formas acechaba algo más que la función, invitando al mismo tiempo al redescubrimiento del nomadismo y de una nueva dimensión ecológica.

Embarcado en esta crítica a todo orden establecido y dispuesto a encontrar una nueva definición de arquitectura, Hollein no duda en apuntar hacia el influyente y decisivo mundo editorial.

Consciente del poder de transmisión de las publicaciones y, concretamente en Austria, de la relevancia adquirida por la revista *Der Bau* asociada a la *Zentralvereinigung der Architekten Österreiches* (Asociación de Arquitectos Austriacos), se une a Günther Feuerstein en las críticas a la línea editorial de la revista que consideraban anclada en retrógradas actitudes modernas y que por tanto no respondía a una nueva realidad cambiante.

A raíz de estas críticas y apoyados por sus propuestas para la reinvención de la revista son nombrados directores en 1965, formando parte también del consejo editorial Sokratis Dimitrou, Gustav Peichl y Walter Pichler [▲CR.053]. Inmediatamente la revista Bau[53] activa el lento despertar del acomodado panorama arquitectónico en Austria para convertirse en portavoz de las nuevas tendencias arquitectónicas en todas sus "formas" y contaminaciones, dedicando –a modo de evidente declaración de intenciones– la

---

[53] La primera decisión que toman los nuevos directores es cambiarle el nombre a la revista, eliminando el articulo masculino *der* para centrarse en BAU (edificio). Seguirán al frente de la misma hasta su desaparición en 1971.

Fig. 35. Portada de la revista BAU nº1, 1965.

cubierta del primer número (Fig.35) a una colección de imágenes aparentemente inconexas –el puente Verrazano, un detalle de "Whaam!" de Roy Lichtenstein, las pirámides de Giza, el Auditorio de la TUDelft de Bakema y Van der Broek, el "Monumento a las víctimas del Holocausto" de las *"Transformation Series"* de Hollein, etc.– debajo de las cuales podían leerse subtítulos como *"Staat, gesellschaft und Architektur"* [*Estado, Sociedad y Arquitectura*], *"Funktion-Provocation"* [*Función-Provocación*] o *"Zukunft der Architektur"* [*Futuro de la Arquitectura*]. Este último anunciaba la publicación en ese primer número del artículo firmado por Hollein bajo el mismo título[54] que, a modo de eslogan, reordenaba la conocida expresión del proyecto visionario *"La Arquitectura del Futuro"* –surgida en torno a 1958 con intención de recuperar la vena futurista y expresionista de principios de siglo– para reclamar todo lo contrario: la vuelta a una arquitectura *"expresión de todo tipo de relaciones humanas, sus logros, sus emociones y pasiones"*, que demandaba edificios *"espacio-plásticos"* adaptables a las realidades de *"la ciudad y el entorno contemporáneos"*[55].

[54] HOLLEIN, Hans. *Zukunft der Architektur*. BAU 1, 1965.
[55] Arthur Drexler, Director del Departamento de Arquitectura y Diseño del MOMA durante casi 30 años, comisarió la exposición *"Architectural fantasies: Drawings from the Museum Collection"* de 1967, que incluía trabajos de Pichler, Hollein y Abraham, y sobre los que escribía: *"Their speculations about the future or architecture begin with a sense of the inadequacy of inherited forms – even "modern" forms – and they are fascinated by the complexity and scale of machines. In this respect they echo an enthusiasm of several pioneer architects of the modern movement, but with an important difference. While Sant'Elia and Le Corbusier sought to incorporate machine-age details into conventional architecture, Hollein and Abraham propose architecture made out of the machines themselves. They are fascinated by violent transformations and by what might be called architectural content"*. The Museum of Modern Art, New York. Press Preview: Wednesday, July 26, 1967.

La deriva francesa: hacia una forma casual de lo social

Provocación lúdica

Esta incipiente tendencia tecnófila con cierto compromiso místico-ecológico completado con una atracción por la movilidad vinculada a una nueva realidad social, ya aparece a finales de los años 50 asociada a las posiciones inconformistas de la Internacional Situacionista[56], aquel grupo de filósofos, arquitectos, pintores, críticos y activistas políticos que entre 1957 y 1972 plantearon desde diversas perspectivas y a través de técnicas diferentes el interrogante sobre el papel del hombre y la cultura en la sociedad de consumo de postguerra[57]. Guy Debord, uno de sus principales y más activos promotores, ya en 1955 reclamaba en sus escritos la reorientación de la vida cotidiana hacia fines más lúdicos, proponiendo una sustitución gradual de la monotonía asociada al trabajo alienante por un sentido más desestructurado de "tiempo libre" permanente, abogando por la "difusión, con un objetivo de provocación sistemática, de un conjunto de propuestas tendentes a convertir la vida en un juego apasionante, y el continuo menosprecio de todas las diversiones al uso, en la medida en que éstas no

---

[56] En 1957 se funda la "Internacional Situacionista" como fusión del "Movimiento Internacional por una Bauhaus Imaginativa", la "Internacional Letrista" y la "Asociación Psicogeográfica de Londres". Entre los promotores se encontraban Guy Debord, Gianfranco Sanguinetti, Asger Jorn, Raoul Vaneigem y Constant Nieuwenhuys.
[57] Para una mejor comprensión de las experiencias tempranas de la Internacional Situacionista ver VERDAGUER, Carlos. *Construir la revuelta. Contexto y orígenes de la Internacional Situacionista (1957-1971)*. BIS 24, otoño 1999.

pueden ser desviadas para servir a la construcción de ambientes más interesantes"[58].

Quedaba claro que, desde una actitud radicalmente crítica e inconformista, e inspirados por los escritos del filósofo de origen alemán Herbert Marcuse en torno a la liberación de los deseos naturales latentes en cada ser humano con fines más productivos[59], los situacionistas trataban de convertirse en el detonador de la revolución definitiva, interviniendo tanto en los elementos materiales como en los comportamientos. Su labor se convierte en el azote de la llamada "dominación capitalista", pero esta no tiene lugar en el campo de la *infraestructura* económica, sino más bien en el de la *superestructura* cultural, donde librarían su particular batalla contra el heredado funcionalismo alienante y anti-participativo que, en vez de considerar los deseos reales del individuo, estaba programado para manipular unas "necesidades abstractas" que poco tenían que

---

[58] DEBORD, Guy E. *Introducción a una Crítica de la Geografía Urbana*. Publicado el texto original en 1955 en la revista *Les Levres Nues* n°6 bajo el título *"Introduction à une critique de la géographie urbaine"*.

[59] Según Marcuse, la ideología asociada al capitalismo tardío trataba de canalizar las ansias del individuo para convertirlas en mano de obra altamente productiva, explotada para obtener beneficio. El resultado era una sociedad reprimida y alienada de trabajadores "autómatas" que habían perdido toda conexión con su propia naturaleza instintiva. *"Eros and Civilization: a Philosofical Inquiry into Freud"* (Boston: Beacon Press, 1955) [❖**CR.529**] supone el texto principal en el que Marcuse expone esta teoría de cómo el capitalismo había explotado la batalla librada entre el principio del placer y el principio de realidad, y la había transformado en fuerza productiva de mano de obra, preguntándose si sería posible "una civilización no-represiva, basada en una experiencia radicalmente diferente de ser, en una relación radicalmente diferente entre hombre y naturaleza, y en unas relaciones existenciales radicalmente diferentes".

ver con la auto-realización y si con la alienación que pretendían erradicar.

Desde el principio los integrantes de la I.S. consideraron la arquitectura y el urbanismo como campos cruciales en los que se podía intervenir para alcanzar la ansiada participación y auto-realización del individuo, tanto a través del cuestionamiento del orden social establecido como de la re-invención de la ciudad mediante la aplicación de aquello que denominaron "urbanismo unitario", definido como el "empleo conjunto de las artes y técnicas que concurren en la construcción integral de un medio en combinación dinámica con experiencias de comportamiento"[60].

Como veremos más adelante, muchas de las ideas de los movimientos participativos que arraigaron en la escena arquitectónica de finales de los años 60 y principios de los 70 son deudoras de estas demandas situacionistas que tuvieron su materialización más concreta en la *"New Babylon"* del artista holandés Constant Nieuwenhuys [✦CR.014].

En un concienzudo intento por concretar y dar forma material a aquellas construcciones integrales por las que abogaba el urbanismo unitario, en 1958 Constant, coincidiendo con su corto periodo como miembro de la Internacional Situacionista –apenas tres años, entre 1957 y 1960– comienza a trabajar en su proyecto utópico y megaestructural "Nueva Babilonia". Durante casi 20 años, y en paralelo a sus investigaciones sobre el urbanismo del futuro y el desarrollo concep-

---

[60] DEBORD, Guy E. *Informe sobre la construcción de situaciones y sobre las condiciones de la organización y la acción de la tendencia situacionista internacional*, en *Potlatch. Internacional Letrista (1952-1959)*. Madrid: 2001. Pág. 153. Publicado como texto independiente en París, 1957.

tual del urbanismo unitario[61], Constant consigue abrir la cultura del proyecto a otros territorios para reflejar su idea de diseño urbano entendido como escenario del movimiento nómada –paradigma de libertad al margen– y del juego masivo –Huizinga y la noción de lo lúdico[62]– en el que expone su crítica radical al urbanismo funcionalista sustituyendo la utilidad, la primacía del automóvil y otras nociones básicas de este, por la idea de la ciudad como espacio lúdico dinámico y cambiante cuyas estructuras serían transformadas colectiva y continuamente por sus habitantes para crear infinitos ambientes y situaciones en los que vivir la vida como un juego y en intensa interrelación social. La ciudad nueva deberá por tanto satisfacer a la emergente "raza de nómadas"[63], la juventud, que emplea su tiempo libre no en recuperar energías tras el trabajo, sino en crear una nueva pauta de comportamiento, un nuevo modo de vida a su gusto. La "Nueva Babilonia" se convirtió fundamentalmente en un ejercicio de creación de un nuevo espacio social.

Parece claro que la megaestructura tecnológica –o el "mundo del *Homo Ludens*"– de Constant se puede considerar dentro de una corriente más amplia de

---

[61] Constant fue el primer director de la Oficina de Urbanismo Unitario creada en Ámsterdam en abril de 1959.
[62] Para los situacionistas la sociedad futura que resultaría de la revolución estaría caracterizada por la conversión de todo tiempo en tiempo de ocio, puesto que la producción sería realizada por máquinas. Siguiendo al famoso sociólogo Johan Huizinga, el *homo ludens* sustituiría al *homo faber*. Ver Huizinga, J. *Homo ludens* (1938). Madrid, 1972. Uno de los primeros textos que Constant publica en el entorno situacionista es "El gran juego del futuro" (originalmente publicado en *Potlatch* 1, julio 1959) donde señala la necesidad de incluir lo lúdico en la vida social cotidiana y por lo tanto en el urbanismo.
[63] CONSTANT. *New Urbanism*. Buffalo: 1970. Publicado originalmente en *Provo* 9, 1966.

Fig. 36. 'Helix City'. Kisho Kurokawa, 1962.

Fig. 37. 'Plug-in City'. Peter Cook (Archigram), 1964.

Fig. 38. 'New Babylon'. Constant Nieuwenhuys, 1963.

los años sesenta y setenta caracterizada por "el tamaño colosal, la posibilidad de crecimiento e intercambiabilidad, y la multiplicidad de funciones y unidades, junto a cierto carácter lúdico y futurista"[64], representada principalmente por Archigram y los metabolistas japoneses (Figs.36,37). La "Nueva Babilonia" (Fig.38) comparte con estas propuestas su confianza ciega en el proyecto liberador de la megaestructura –infraestructura hipertrofiada que permite registrar cambios y mutaciones gracias a una sofisticada tecnología–, el rechazo a la ciudad del Movimiento Moderno, la utopía tecnológica, la apuesta por lo dinámico y lo nómada, la integración de lo lúdico, la confusión entre lo público y lo privado o la incorporación del usuario como creador de espacio, cuestiones que también actúan como detonantes para propuestas como la más realista "teoría de los soportes" de John Habraken[65] [✦CR.325] y su concepto de "open building" (Figs.39,40), o ciertas experiencias contemporáneas francesas.

Intensificar la vida

Así, con algunas de las ideas situacionistas (deriva, *détournement* o desvío, psicogeografía) y la enciclopédica "*New Babylon*" (Fig.41) como referencias continuas, surgen en Francia grupos como el GEAM (*Groupe d'Etude d'Architecture Mobile*) liderado por Yona Friedman [★CR.008], que en su manifiesto fundacional de 1958 "*L'architecture mobile*" apostaban por una arquitectura adapta-

---

[64] MONTANER, Josep María. *Después del Movimiento Moderno. Arquitectura de la segunda mitad del siglo XX*. Barcelona: 1993. Pág. 124.
[65] HABRAKEN, John. *De Dragers en de Mensen, het einde van de massawoningbouw*. Scheltema & Holkema, 1961.

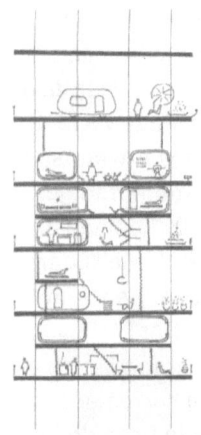

ble a las exigencias de movilidad física y social que reclamaba la sociedad contemporánea. Tanto Friedman como Eckhard Schulze-Fielitz –pionero en la investigación sobre morfología estructural en Alemania que se incorpora al grupo en 1961– trabajan en el diseño de sistemas de ocupación a partir de estructuras modificables de crecimiento indefinido que, inspirados en los diseños de Konrad Wachsmann para los hangares de la USAF de 1955 [●CR.277] (Fig.42), dan como resultado diferentes propuestas en torno al concepto de "ciudad espacial", como la "*Ville spatiale*" (1960)[66] [★CR.020] del primero o "*Raumstadt*" (1959)[67] [✦CR.220] del segundo (Figs.43 a 47).

También a principios de los años 60, Claude Parent y Paul Virilio forman Architecture Principe [★CR.046], grupo de trabajo que en la misma línea de búsqueda de una arquitectura dinámica, libre y participativa previa a su etapa "escultórica", les lleva a enunciar en 1964 su hipótesis de "la función oblicua"[68] [★CR.311], en la que proponen el plano inclinado y

Figs. 39,40. 'De Dragers en de Mensen, het einde van de massawoningbouw'. John Habraken, 1961.

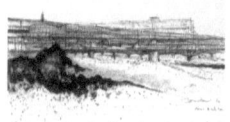

Fig. 41. 'New Babylon; Gezicht op een sector'. Constant Nieuwenhuys, 1959-60.

[66] El concepto de "Ciudad espacial" enunciado por Friedman combinaba varios de los principios básicos de su trabajo íntimamente ligados a la flexibilidad: la flexibilidad de la vivienda para mejorar la libertad de elección de la persona, el uso flexible y por capas del espacio de la ciudad y la comprensión de esta por parte de sus habitantes para que estos puedan darle sentido a su entorno. Ver FRIEDMAN, Yona. *L'Architecture Mobile. 10 principes d'urbanisme spatiale*. Paris : Les presses du Reel, 1960.
[67] "*At that time I was looking for something else. I was looking for a serial, open, flexible and multifunctional universal structure that allowed different figurations, fillings and spaces, versatile, mountable and demountable. I was looking for the laws of space. The result was the Raumstruktur in 1959*". Eckhard Schulze-Fielitz en una entrevista con Stephan Strauß, publicada en *Der Baumeister*, Septiembre 1999, p. 42.
[68] PARENT, Claude. *Vivir en lo oblicuo*. Barcelona: GGMínima, Ed. Gustavo Gili, 2009 (1964).

Fig. 42. Hangares para la U.S. Aircraft Corporation. Konrad Waschmann, 1955-56.

Figs. 43,44. 'Raumstadt'. Eckhard Schulze-Fielitz, 1959.

Fig. 45. 'Abstraktion und Suggestion einer Raumstadt'. Eckhard Schulze-Fielitz, 1961.

sus ilimitadas posibilidades de ocupación del espacio como soporte para el asentamiento humano, en contraposición a la horizontalidad de los desplazamientos en las ciudades contemporáneas y a la disposición vertical de nuestros espacios privados. Antes de conocer a Virilio, Parent ya estaba trabajando en un tipo de arquitectura elemental vinculada al desequilibrio, incorporando el concepto de "cuerpo en movimiento" a la función oblicua influenciado por el arte cibernético de Nicholas Schöffer [★CR.370] y otros artistas de los años 50[69]. Se trataba de cuestionar la hegemonía de la geometría cartesiana en la arquitectura moderna, partiendo de la base de que cada época poseía su definición espacial, es decir, su sistema de referencias geométricas sobre el que se desarrollaba la sociedad correspondiente. En este caso la pareja francesa abogaba por establecer nuevas referencias que permitieran crear espacios experimentables –edificios y su extrapolación urbana– a partir de la inclinación del plano, que obligaba al cuerpo a percibir físicamente el entorno y a no desvincularse del mismo, explotando –de manera un tanto rudimentaria– el hecho de que la pendiente implicaba esfuerzo para subir y suponía velocidad al bajar (Figs. 48,49).

[69] En abril de 1955 la exposición "*Le mouvement*" [★CR.453] celebrada en la galería parisina Denise René supone el lanzamiento del Arte Cinético o cinetismo. La exposición cuenta con la participación de los cuatro mosqueteros: Jesus-Rafael Soto, Yacov Agam, Pol Bury y Jean Tinguely, supuestamente liderados por Victor Vasarély. Diez años más tarde, la misma galería conmemoraría dicha exposición celebrando "*Mouvement 2*", que, aunque concebida como una celebración victoriosa, señalaría el principio del fin del Arte Cinético.

El *sueño* de Vaneigem

Figs. 46,47. 'Ville spatiale'. Yona Friedman, 1960.

Sin embargo será Raoul Vaneigem –junto a Debord el principal teórico del situacionismo al que se "incorporó" en 1961 y "practicó" durante una década– quien pocos años más tarde alcance un grado de reducción máxima al plantear un primer intento de refundación antropológica de la arquitectura –posteriormente asimilado por otros actores radicales– al declarar en su ensayo *"Traité de savoir-vivre à l'usage des jeunes générations"*[70] [★ CR.447] la necesaria superación del sistema "autoritario" capitalista a través de cambios revolucionarios en la vida cotidiana guiados por "la creatividad, el amor y el juego"[71]:

> *"Los que hablan de revolución y de lucha de clases sin referirse explícitamente a la vida cotidiana, sin comprender lo que hay de subversivo en el amor y de positivo en el rechazo de las obligaciones, tienen un cadáver en la boca".*[72]

Fig. 48. 'La fonction oblique'. Claude Parent y Paul Virilio, 1964.

Partiendo de premisas teóricas similares a las defendidas el mismo año por Debord en su libro *"La sociedad del espectáculo"* [★ CR.292] –dos de las publicaciones que proveerán de ideas y eslóganes a los estudiantes franceses en las revueltas de un año más

Fig. 49. Pabellón de Francia en la Bienal de Venecia de 1970. Claude Parent.

[70] VANEIGEM, Raoul. *Traité de savoir-vivre à l'usage des jeunes générations* (Paris: Gallimard, 1967) ; *The Revolution of Everyday Life* (London: Aldgate, 1983).
[71] En resonancia con el Homo Ludens de Huizinga, para el que Constant proyectaba su Nueva Babylonia, Vaneigem escribe: *"In its chaotic underground development, the new society tends to find practical expression as a transparency in human relationships which promotes the participation of everyone in the self-realization of everyone else. Creativity, love and play are to life what the needs for nourishment and shelter are to survival"*. Citado en HEYNEN, Hilde. *Architecture and modernity*. Cambridge: MIT Press, Massachusetts, 1999. Pág. 157.
[72] VANEIGEM, Raoul. *The Revolution of Everyday Life*. Londres: Left Bank Books and Rebel Press, 1994. Pág. 26.

tarde– pero expresándolas de manera más poética y comprensible, Vaneigem analizaba aquí cómo ese sistema capitalista estaba afectando a la vida cotidiana provocando, en su opinión, la reducción del mundo a mercancía, por lo que planteaba posibles vías para un cambio radical en la vida diaria tanto individual como colectiva, afirmando que el punto esencial de la emancipación no es otro más que cambiar la vida.

Esta nueva rebelión cotidiana estaba basaba por un lado en las ideas de Lautréamont, Céline, Artaud y Vaché, y por otro en figuras como el terrorista Ravachol[73] o el anarquista Max Stirner[74], y en las nuevas subculturas de delincuencia pop –*Blousons Noirs*[75], *mods* y *rockers*– en las que Vaneigem veía a un nuevo proletariado y a las que comparaba con los dadaístas al compartir con estos el mismo desprecio por el arte y por los valores burgueses, el mismo rechazo de las ideologías, la misma voluntad de vivir, la misma ignorancia de la historia, la misma rebeldía indumentaria y la misma ausencia de táctica[76].

---

[73] François Claudius Koënigstein (1859 - 1892), más conocido por Ravachol, fue un terrorista-anarquista francés que se hizo famoso por sus atentados perpetrados a finales del siglo XIX fruto del resentimiento social del cual aparentemente era víctima.

[74] Johann Kaspar Schmidt (Bayreuth, 25 de octubre de 1806 - 26 de junio de 1856), más conocido como Max Stirner, fue un educador y filósofo alemán cuyas posturas profundizaron en el egoísmo o solipsismo moral. Sus reflexiones filosófico-políticas sobre el individuo soberano sirvieron de base para al menos una parte importante del anarquismo.

[75] Los *Blousons Noirs* o Chaquetas Negras fueron una subcultura juvenil surgida en Francia en la década de los años 50 que vivió su apogeo entre 1958 y 1961. Heredera de una estética americana, su vestimenta estaba ligada al mundo del rock'n roll y su impacto social los convierte en la matriz original del movimiento yeyé y de prácticamente todas las modas juveniles posteriores.

[76] "*The only modern phenomena comparable to Dada are the most savage outbreaks of juvenile delinquency. The same contempt for*

La rebelión cotidiana: Hans Hollein y la arquitectura ampliada

Esta misma tendencia reduccionista y simplificadora será experimentada por los actores austriacos –aunque menos vinculada a reivindicaciones de tipo social y más comprometida con la adaptación a las nuevas formas de vida– tras su renuncia a la breve etapa simbólico-metafórica que les había llevado hacia el monumentalismo compacto utilizado como herramienta de recuperación simbólica, dando paso a todo lo contrario: la luz, lo flexible, transportable y provisional se convierten ahora en elementos imprescindibles para reflejar el espíritu de la sociedad moderna y hacer saltar por los aires el superado sentido de permanencia de la arquitectura.

Ya lo avanzaba Hollein en su artículo de 1965 "*El futuro de la Arquitectura*" donde, como veíamos anteriormente, reclamaba la vuelta a una arquitectura que expresara la complejidad de las nuevas relaciones humanas, pensada a partir de edificios adaptables a las realidades del entorno contemporáneo.

Inevitable Fuller, inagotable McLuhan (1)

Hollein continúa así su trabajo en torno a la expansión del concepto y los límites de la arquitectura, no solo incorporando otros medios a partir de una atenta lectura de las teorías contemporáneas de Marshall McLuhan, sino también trascendiendo su

---

art and bourgeois values. The same refusal of ideology. The same will to live. The same ignorance of history. The same barbaric revolt. The same lack of tactics". VANEIGEM, Raoul. *The Revolution of Everyday Life*. Londres: Left Bank Books and Rebel Press, 1994. Pág. 181.

propia cualidad física en un tecnificado entorno integrador e invisible influenciado por el trabajo de Buckminster Fuller. La figura de este último era percibida por los jóvenes activistas austriacos como la encarnación extrema del especialista ambiental en su vertiente científica –no cultural– asociado al papel del arquitecto como ingeniero inventor-diseñador[77], cuyo funcionalismo científico ya había sido destacado por Banham en su crítica al Movimiento Moderno desarrollada en el último capítulo –"*Functionalism and Technology*"– del libro "*Theory and Design in the First Machine Age*"[78] publicado en 1960 [◆CR.411].

Complementariamente las investigaciones inagotables de McLuhan eran intencionadamente "importadas" por Hollein al pensamiento arquitectónico por primera vez con motivo de la publicación en 1962 del libro "*The Gutenberg Galaxy: the making of typographic man*"[79] [●CR.029], primer ensayo que anuncia la llegada de la nueva "era de la información" en forma de "aldea global" alimentada por las nuevas tecnologías, y predice el profundo impacto que esta tendrá en la cultura verbal tradicio-

---

[77] Ver MCHALE, John. *R. Buckminster Fuller: Makers of Contemporary Architecture.* New York: 1964.

[78] En 1960 Reyner Banham publica su tesis doctoral "Teoria y Diseño en la primera era de la maquina", libro en el que aborda el progreso del pensamiento moderno, es decir, la formación de actitudes, formas y temas característicos de los artistas y arquitectos europeos que, entre 1900 y 1930, vieron su trabajo confrontado con los nuevos adelantos tecnológicos de la primera era de la máquina. El estudio pretendía entender las fuerzas abstractas que ocasionaban que tantos arquitectos y diseñadores revisaran las bases filosóficas y estéticas sobre las que ejercían. Ver BANHAM, Reyner. *Theory and Design in the First Machine Age.* London: Architectural Press, 1960.

[79] MCLUHAN, Marshall. *The Gutenberg Galaxy: the making of typographic man.* University of Toronto Press, 1962.

nal. Dos años después McLuhan vuelve al ataque con *"Understanding Media: the extensions of man"*, [●CR.419] libro en el que fundamentalmente afirma que, además de que el medio condiciona como el mensaje es percibido –el medio es el mensaje–, las nuevas tecnologías son prolongaciones de los sentidos –cuerpo, mente, ser– del hombre y además lo modifican:

> *"Tras tres mil años de explosión, mediante tecnologías mecánicas y fragmentarias, el mundo occidental ha entrado en implosión. En las edades mecánicas extendimos nuestro cuerpo en el espacio. Hoy, tras más de un siglo de tecnología eléctrica, hemos extendido nuestro sistema nervioso central hasta abarcar todo el globo, aboliendo tiempo y espacio, al menos en cuanto a este planeta se refiere. Nos estamos acercando rápidamente a la fase final de las extensiones del hombre: la simulación tecnológica de la conciencia, por la cual los procesos creativos del conocimiento se extenderán, colectiva y corporativamente, al conjunto de la sociedad humana, de un modo muy parecido a como ya hemos extendido nuestros sentidos y nervios con los diversos medios de comunicación"*[80].

Hollein, fascinado por estas predicciones y por el potencial artístico de los nuevos medios electrónicos, tratará en un principio de imaginar cómo podría afectar esta nueva "sociedad de la información" a la arquitectura, o como la arquitectura debía responder ante semejantes augurios, lo que da lugar a propuestas –también estimuladas por el éxito de la

---

[80] MCLUHAN, Marshall. *Comprender los medios de comunicación. Las extensiones del ser humano*. Barcelona: Ed. Paidós Ibérica, 1996. Págs. 25-26

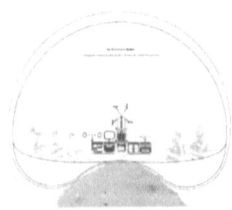

Fig. 50. 'A home is not a house'. Reyner Banham y François Dallegret, 1965.

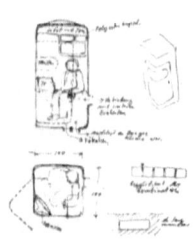

Fig. 51. 'Minimalumwelt. H. Hollein, W. Pichler y E. Graf, 1965.

Fig. 52. 'Mobile Büro'. H. Hollein, 1969.

cultura pop en los medios de comunicación masiva, la promiscuidad tecnológica de Archigram y la mediática carrera espacial– que generan entornos artificiales y dispositivos equipados con complejos sistemas de información sensible, que más que crear ambientes los estimulan cognitiva y sensorialmente.

En este proceso de transición el papel de la tecnología se ha mejorado: ya no funciona simplemente como proveedor de máquinas de fondo, sino como el medio decisivo y crucial para la consecución de un entorno controlado, en la línea que ya apuntara Banham en su artículo de 1965 "*A home is not a house*"[81] [◆**CR.327**] (Fig.50) donde, a través de su "burbuja ambiental" y poseído por una optimista visión liberadora, describía un hipotético entorno-equipamiento-casa totalmente determinado por sus servicios destinado a una sociedad ideal de individuos libres. Lo que Charles Jenks definió como "anti-casa" por aquel absoluto funcionalismo que eliminaba cualquier intención o pensamiento simbólico, sirve como referente para la nueva etapa emprendida por Hollein y Pichler, ejemplificada en la vivienda mínima desarrollada para la Bienal de París de 1965 [▲**CR.397**] (Fig.51) y completada durante los tres años posteriores con sus simuladores ambientales entendidos como proposiciones hipotéticas acerca del poder de este tipo de "recreaciones", como en las propuestas de Hollein para la oficina hinchable-transportable "*Mobile Büro*" (1969) [▲**CR.230**] (Fig.52), el entorno no-físico "*Architekturpille*" ("*Non-physical environment confort kit*", 1967), y la ampliación de la Universidad de Viena "*Erweiterung*

---

[81] BANHAM, Reyner; DALLEGRET, François. *A Home is not a House.* Art in America n°2, 1965.

Fig. 53. 'Erweiterung der Universität Wien'. H. Hollein, 1966.

Fig. 54. 'Grosser Raum'. W. Pichler, 1966.

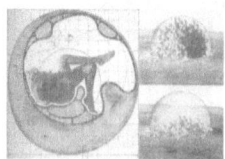

Fig. 55. 'Living Capsule'. R. Abraham, 1966.

der Universität Wien" (1966) [▲CR.523] (Fig.53), o las de Pichler "*Grosser Raum*" (1966) [▲CR.524] (Fig.54) e "*Intensive-Box*" (1967) [▲CR.525], y R. Abraham "*Living Capsule*" (1966) [▲CR.526] (Fig.55), más cercanas a las experiencias previas de los *archigrammers* Michael Webb y David Greene[82] y los experimentos pioneros de Ionel Schein[83] (Figs.56,57).

Estas experiencias iniciales sirven de referencia para los jóvenes participantes de los "*Klubseminar*" [▲CR.054] dirigidos por Feuerstein[84] durante la segunda mitad de los años 60 –lugar de encuentro y debate extra-universitario que se convierte en terreno abonado para la arquitectura no-convencional– en torno a los cuales se agrupan para formar algunos de los colectivos austríacos más activos de esos años, como Haus-Ruchker-Co y Coop Himmelblau, que instintivamente se unen a un movimiento integrado en aquella corriente de profecías tecnológicas que respondían directamente a la crisis cultural de la sociedad postindustrial, y que como veremos corren paralelas al despertar de los operadores radicales italianos.

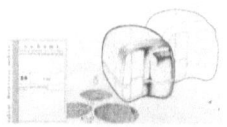

Fig. 56,57. 'Cabine Hôtelière Mobile'. Ionel Schein, 1956-58.

[82] En particular las propuestas de 1966 "*Cushicle*" [♦CR.522] y "*Suitaloon*" [♦CR.478] de M.Webb, y "*Living-pod*" [♦CR.442] de D.Greene.
[83] En particular su trabajo de 1956 "*Mobile Cabin Hotel*" presentado en el *Tercer Salón Internacional del Equipamiento Hotelero* (Paris), que giraba en torno al concepto de movilidad en arquitectura, desarrollado en paralelo a la "*Maison tout en plastique*" que avanzaba las propuestas posteriores sobre arquitectura prefabricada y modular [★CR.443].
[84] Entre 1964-68 Günter Feuerstein organiza en Viena los Klubseminar. Como resultado de estos encuentros se editan 10 números de la revista KLUB. En algunos seminarios participaron entre otros Laurids Ortner (que más tarde fundaría el grupo Haus-Rucker-Co [▲CR.083]) y Wolf Dieter Prix (co-fundador de Coop Himmelblau [▲CR.103]).

Todo es arquitectura

Es evidente que esta renovadas actitudes de Hollein y Pichler presentan ciertos paralelismos con las aspiraciones de un joven George Maciunas, artista de origen lituano afincado en Estados Unidos, que por aquellos años organiza junto a una veintena de artistas, arquitectos, compositores y diseñadores esparcidos por varios países del mundo, el movimiento Fluxus ("flux"=estado de cambio continuo) [●CR.025] para dar forma a una iniciativa internacional con reminiscencias dadaístas que buscaba difuminar los límites del arte con la vida misma para dejar de considerarlo como una práctica aislada, y así configurar un concepto «ampliado» del mismo abriendo el horizonte de la creatividad más allá del "ghetto" artístico. Denunciaban que el arte se había alejado de las necesidades del ser humano y sólo se había ocupado de innovaciones estilísticas y artísticamente inmanentes. Entre estos artistas se encontraban Joseph Beuys, quien unos años más tarde defenderá que "cada hombre es un artista"[85] ampliando definitivamente el campo del arte a la vida, y John Cage, quien en la misma línea asegurará que *"todo lo que hacemos es música"*[86].

Por su parte Hollein, ahora militante convencido de esta tendencia integradora, llegará a declarar en 1968 *"Todo el mundo es un arquitecto. Todo es arquitectura"*[87]

---

[85] BEUYS, Joseph, BODENMANN-RITTER, Clara. *Joseph Beuys: cada hombre, un artista: conversaciones en Documenta 5-1972*. Madrid: Editorial Visor, 1995.
[86] CAGE, John. *Everything We Do Is Music*. Entrevista con John Kosler, *Saturday Evening Post*, Octubre 1969.
[87] HOLLEIN, Hans. *Alles ist Architektur*. Bau 1/2, 1968. Págs. 1-32. [▲CR.104]. Para una lectura más en profundidad sobre este ensayo-manifiesto ver LEFAIVRE, Liane. *Everything is Architecture*. Harvard Design Magazine, Spring/Summer 2003, n°18.

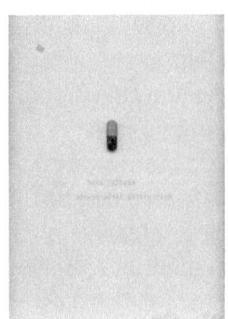

Fig. 58. 'Non-physical environment'. H. Hollein, 1967.

para denunciar que aquellas terminologías y definiciones tradicionales utilizadas en el ámbito arquitectónico ya no eran válidas, abogando también por una "arquitectura verdadera" que debía redefinirse como medio al mismo tiempo que expandía su campo de operaciones (Fig.58). Hollein ponía así de manifiesto que, más allá de la construcción tradicional, otros ámbitos se estaban apoderando de la disciplina, del mismo modo que muchos arquitectos se estaban empezando a mover hacia territorios antaño remotos, y sin saberlo estaba sintetizando lúcidamente el trabajo radical de aquellos años protagonizado por una fértil y heterogénea colección de "outsiders".

Italia: nuevo paisaje doméstico[88]

El "caso italiano" requiere una atención especial no solo por ser el país –y más concretamente la ciudad de Florencia– en el que se forman los protagonistas de esta investigación y futuros integrantes de Superstudio, sino también por la singularidad e intensidad del clima socio-político, económico y cultural que inunda este escenario durante los años posteriores a la 2ª Guerra Mundial, cuyas consecuencias determinan los trascendentales acontecimientos que tienen lugar durante la primera mitad de los años 60 a todos los niveles, y que a su vez suponen el caldo de cultivo para el desarrollo de la arquitectura experimental de la segunda mitad de la década.

---

[88] El título de esta sección hace referencia a la exposición que, como ya vimos en la Introducción, el joven Emilio Ambasz organiza en el MOMA bajo el título *Italy: The new domestic landscape*, y que supone, como veremos más adelante, la consagración y a la vez escenifica la muerte del recientemente bautizado movimiento radical. Ver AMBASZ, Emilio. *Italy: The New Domestic Landscape. Achievements and Problems of Italian Design*. New York: The Museum of Modern Art, 1972.

Desde mediados de los años 50 hasta principios de los 60 Italia experimenta un crecimiento económico sin precedentes basado en un nuevo sistema industrial ligado, por un lado, a una creciente demanda interna, y por otro a la exportación de bienes de consumo demandados por países industrializados de su entorno, que incluso llega a superar al tradicional comercio de textiles y productos de alimentación[89]. Bautizado como "Milagro económico" [■CR.472] este periodo de feroz incremento de la producción y la exportación también conlleva una intensa transformación social motivada por los desequilibrios que este crecimiento produce, ya que supone el paso de una estructura eminentemente rural a otra fundamentalmente industrial donde las grandes migraciones sur-norte precipitan la aparición de grandes aglomeraciones urbanas habitadas principalmente por trabajadores no cualificados procedentes del campo. Aunque la expansión económica llega más tarde que en otros países europeos el país adopta rápidamente los rasgos comunes de todo el occidente industrializado: los italianos son cada vez más móviles, más urbanos, cada vez más entregados al nuevo estilo de vida orientado hacia el consumo, lo que inevitablemente supone una ruptura progresiva con los hábitos tradicionales.

El milagro obrero

Esta modificación profunda de la estructura social del país motivada por la expansión y modernización de su modelo capitalista y la difusión del consumo de masas acentúa las desigualdades sociales y geográficas, lo que supone la aparición de nuevos retos

---

[89] GINSBORG, Paul. *A history of contemporary Italy: society and politics, 1943-1988*. Penguin UK, 1990. Pág. 214.

para una izquierda política que ahora se enfrenta al protagonismo social sin precedentes alcanzado por los movimientos obreros. La fábrica se convierte en el motor de una transformación alimentada por las huelgas protagonizadas por unos trabajadores que demandan cambios en un sistema productivo obsoleto que todavía reproduce modelos de producción y consumo heredados de estructuras pre-capitalistas.

En este contexto, un grupo de jóvenes "revolucionarios", originariamente militantes del PCI (*Partito Communista Italiano*) y del PSI (*Partito Socialista Italiano*), conscientes de que la respuesta ante los cambios que se estaban produciendo no podía surgir de la izquierda tradicional –partidos y sindicatos comunistas y socialistas– deciden basar su actividad reivindicativa en la recuperación de teorías marxistas como herramientas para la acción[90].

El primero de estos agitadores fue Raniero Panzieri, militante en el ala izquierda del PSI pero a la vez muy crítico con la visión que este partido defendía sobre el desarrollo de las fuerzas productivas y que en su opinión le llevaba a aceptar una idea de progreso favorable al desarrollo capitalista para desembocar en el apoyo implícito de políticas de colaboración institucional y la consiguiente burocratización. Este progresivo distanciamiento intelectual, que culmina con su expulsión del partido tras el congreso de 1959, y la influencia que sobre él

---

[90] Un joven Alberto Asor Rosa, escritor, crítico literario, historiador y político italiano de formación marxista y futuro colaborador de revistas como *Quaderni Rossi*, defendía la recuperación de la verdadera esencia del Marxismo *"despojándolo de la mistificación que un uso puramente filosófico había colocado sobre él y así poder volver a funcionar como una herramienta teórica para la acción"*.

Fig. 59. Maqueta del primer número de la revista 'Quaderni Rossi' dirigida por Raniero Panzieri, 1961.

ejerce la revista francesa *Socialisme ou Barbarie*[91], lleva a Panzieri a fundar en Turín, ciudad de la FIAT, empresa modelo del fordismo italiano, la revista *Quaderni Rossi* [■CR.038] (Fig.59), muy comprometida con el análisis del desarrollo capitalista en la postguerra y cuyo primer número se publica en 1961 con la colaboración de destacadas figuras ligadas al nuevo pensamiento marxista y al desarrollo de la tumultuosa política italiana de estos años, como los filósofos Mario Tronti y Toni Negri, el historiador Alberto Asor Rosa o el joven estudiante de filosofía y activista Massimo Cacciari.

La publicación del los *Quaderni Rossi* marca el comienzo del *Operaismo*, considerado el movimiento político más significativo de la oleada de luchas que caracteriza la historia de Italia en estos años y que, vinculado al poder activo de la clase obrera, actúa como motor del cambio ahora demandado por una sociedad en la que se había instalado un sentimiento de crisis –también extendido al mundo de la arquitectura y el diseño– y que tenía que ver con el colapso de las relaciones de producción y de las ideologías políticas y formales establecidas[92]. Se puede entender por tanto el *Operaismo* como el

---

[91] *Socialisme ou Barbarie* fue un grupo francés radical, socialista y libertario de influencia marxista que estuvo activo entre los años 1948 y 1965. Durante este periodo sus miembros –entre los que se encontraba Guy Debord– editaron la revista del mismo nombre.

[92] Para un mejor entendimiento de la politización de la arquitectura italiana de los años 60 y principios de los 70, y un análisis conciso y polémico de las intersecciones entre Operaismo y dos de las teorías contemporáneas más radicales sobre la ciudad: la redefinición de Aldo Rossi y la No-stop City de Archizoom, ver AURELI, Pier Vittorio. *The Project of Autonomy. Politics and Architecture within and against Capitalism*. Princeton Architectural Press, 2008.

Fig. 60. Manifestación de miembros del grupo político izquierdista y extraparlamentario Potere Operaio (1967-73) en Milán, 1968.

detonante necesario para la transformación de la sociología y prototipos mentales de un país entero mediante su proyecto de investigación *obrera*[93] que colocaba en el centro del debate la lucha, la clase y el movimiento (Fig.60) y cuyas acciones y resultados, como veremos más adelante, también inundan otros campos de la sociedad creando un cuerpo teórico-experimental que, como apunta el profesor Amit Wolf, trataba de desbancar las creencias, ilusiones e hipocresías construidas para proteger al políticamente dominante *centro-sinistra* y sus vínculos con la "reformista" arquitectura neo-racionalista[94].

Las teorías vinculadas al *Operaismo* tratan así de responder a las nuevas condiciones productivas mediante la revisión de las teorías marxistas y la redefinición de términos como "trabajo" y "clase trabajadora", un neocapitalismo[95] que incorpora cuestiones relativas a la producción en relación al consumo y la distribución. Así, mientras las teorías marxistas tradicionales defienden el proceso de producción industrial como parte del desarrollo continuo de la sociedad, los *operaistas* creen que

---

[93] TRONTI, Mario. *Nuestro operaismo*. Publicado en *New Left Review* n°73, 2012. Págs. 103-120.

[94] WOLF, Amit. *Discorsi per immagini: Of Political and Architectural Experimentation*. California Italian Studies Journal, Volume 3, Issue 2, 2012. Pág.4

[95] El término "neocapitalismo" es utilizado por las principales figuras de la izquierda italiana durante los años 60, y es definido por Aureli en contraposición a la tradicional y menos sofisticada forma de capitalismo basada solo en el beneficio, parafraseando a Adolf Berle cuando dice que *"la empresa neocapitalista se centra en la riqueza de la clase trabajadora porque esto también significa la riqueza de sus consumidores, lo cual también significa la riqueza de la sociedad en su totalidad"*. AURELI, Pier Vittorio. *The Project of Autonomy. Politics and Architecture within and against Capitalism*. Princeton Architectural Press, 2008.

Fig. 61. Primer número de la revista Classe Operaia, Enero 1964.

la producción, a través de su continuado desarrollo tecnológico, debe ser entendida como la base real de la dominación capitalista.

Sin embargo, sobre esta formulación general se construyeron interpretaciones distintas y se produjeron divisiones importantes que nos hablan del *Operaismo* como un movimiento heterogéneo cuya ruptura no tarda en llegar, motivada por las aportaciones teóricas de Tronti en los últimos números de los *Quaderni Rossi*, cada vez más alejadas de las posiciones defendidas por otros destacados *operaistas* como el propio Panzieri.

Estas divergencias motivaron en 1964 la separación de un grupo mayoritario encabezado por Mario Tronti, Toni Negri y Alberto Asor Rosa, quienes con otros intelectuales y militantes fundaron *Classe Operaia* [■CR.384] (Fig.61) como escisión de los *Quaderni Rossi* con la intención de crear una revista obrerista de perfil más activista que pretendía vincularse a los núcleos obreros más combativos.

En esta nueva etapa, menos ensayística y más centrada en la intervención política, destacan dos conceptos desarrollados por Tronti en varios de sus escritos que influirán de manera decisiva en algunos de los posicionamientos adoptados por la futura arquitectura experimental italiana: por un lado la lucha "contra desde dentro" y por otro la "estrategia del rechazo".

La noción de "contra desde dentro" se refiere a la habilidad para llevar a cabo la lucha contra el capitalismo, pero dentro del marco de las instituciones reconocidas –partidos políticos, sindicatos– y en último lugar, trabajar contra su criticada moderación impuesta por el propio sistema capitalista. Precisamente esta postura defendida por Tronti supone la primera de las diferencias que posteriormente surgen respecto a las ideas de Negri, que finalmente provocan la disolución de *Classe Operaia* justo dos años después de su nacimiento.

Al contrario que Tronti, confiado en que la moderación del PCI (*Partito Communista Italiano*) no era irreversible y además constituía el único camino que la clase trabajadora tenía para conseguir autonomía y eventualmente el poder[96], Negri entendía que los partidos y sindicatos, en particular el PCI, habían sido engullidos definitivamente por la maquinaria capitalista, derivando sus ideas hacia posturas posmodernas que exaltaban el camino hacia una sociedad posindustrial basada en la producción inmaterial, el desarrollo tecnológico como progreso hacia una sociedad liberada del trabajo alienado –el fin del trabajo– y la centralidad de la capacidad empresarial de los individuos -el empresario común. Sin duda ambas posiciones se antojan irreconciliables.

El segundo de los conceptos introducidos por Tronti que consideramos importante resaltar es el de la "estrategia del rechazo", que tiene que ver con la negación de la productividad por parte de los trabajadores con el fin de evitar el funcionamiento del capitalismo tal y como estaba establecido[97]. En su

---

[96] WRIGHT, Steven. S*torming Heaven: class composition and struggle in italian Autonomist Marxism*. Pluto Press. London and Sterling, Virginia. 2002. Pag. 71 .Wright dedica gran parte del capítulo sobre Classe Operaia a las ideas de Tronti sobre el uso de las estructuras institucionales en la lucha contra el capitalismo.

[97] Los escritos de Mario Tronti son especialmente decisivos en la actitud inicial de los jóvenes arquitectos italianos descontentos con el sistema en el que les había tocado trabajar, y en particular las "estrategias de rechazo" defendidas por el activista político

ensayo "*La strategia del rifiuto*" (1965) [*La estrategia del rechazo*] [■CR.388] Tronti, en el marco de su revocación de la relación entre el capital y la clase trabajadora, establece que el poder político de los trabajadores deriva en última instancia del poder productivo de la mano de obra, y este puede ser utilizado en contra del gran poder social del capitalismo, dándole así a los trabajadores el poder de alterar el funcionamiento de la sociedad a través del rechazo del trabajo dentro de la fábrica como tal. Se trataba de establecer las premisas para pensar un mundo en el que la igualdad y la justicia fueran fruto de la potencia de los sujetos productivos y no resultado de su explotación estructural, de manera que las formas inéditas de cooperación social de estos últimos indicaran el horizonte de los nuevos modelos políticos para las sociedades del futuro.

Militarización estudiantil

Pronto este agitado ambiente que rodea al mundo obrero inunda otros ámbitos de la sociedad, conduciendo al país a experimentar una "segunda revolución industrial" que también se deja notar en el ámbito universitario en forma de una progresiva masificación –durante los primeros años 60 el número de estudiantes en las universidades nacionales se duplica– que había impulsado la aparición de una nueva cultura estudiantil de masas[98]. Las primeras movilizaciones estudiantiles se convierten en caja

---

son el germen de las futuras posiciones de "silencio absoluto" o retirada de la actividad convencional practicada por grupos como Archizoom y Superstudio.
[98] GIACHETTI, D. *Anni Sessanta comincia la danza*. Pisa: BFS, 2002. Pág. 39.

Fig. 62. Manifestación estudiantil, Roma 1968.

de resonancia de aquellas luchas obreras, respondiendo a un entorno cada vez más radicalizado que había tomado las calles –en forma de manifestaciones– y polarizado a una opinión pública afectada por las innumerables huelgas - desde la que tiene lugar en la FIAT en 1962 hasta el otoño caliente de 1969 que pone fin al viejo orden político y social.

Las nuevas actitudes reivindicativas pronto encuentran eco en entornos universitarios (Fig.62) dando lugar a la aparición de movimientos que, tomando como referencia las figuras de la vanguardia política, surgen en varias ciudades del país para demandar la renovación de un arcaico sistema educativo que consideraban obsoleto [■CR.043].

Ocupaciones y huelgas comenzaron a ser habituales en las Universidades durante estos años en los que los estudiantes empezaban a ser conscientes de la incapacidad de la sociedad para ofrecerles un trabajo acorde con su formación cultural y académica, expresando al mismo tiempo –influenciados por el espíritu obrero y embargados por la atracción que sobre ellos ejercían sus máximas figuras– su rechazo a participar en un sistema opulento que solo parecía agravar las diferencias económicas y sociales entre sus ciudadanos. Ir a la Universidad en los años 60 se había convertido en un asunto de revolucionaria importancia, una experiencia que marcará profundamente a las jóvenes generaciones[99].

Las Escuelas de Arquitectura no fueron una excepción, especialmente la de Florencia.

---

[99] GRISPIGNI, M. *Generazione, politica e violenza. Il 68 a Roma*. En A. Agosti, L. Passerini, N. Tranfaglia Eds., *La cultura e i loughi del '68*. Milan: Franco Angeli, 1991. Pág. 295.

Contrariamente a lo que sucedía en otras facultades, esta permaneció durante varios años alejada de un privilegiado circuito académico activo e involucrado en el desarrollo educativo durante el periodo de posguerra entre las ciudades de Roma, Milán y Venecia.

En las dos primeras la reconstrucción tras la guerra se había llevado a cabo con la participación de sus docentes más destacados – vinculados al movimiento internacional de los CIAM - sin oposición por parte de la "vieja guardia" más tradicional, y poco a poco desaparecen los viejos moldes institucionales para dar paso a una nueva forma de enseñar arquitectura. De hecho en 1945 se funda en Milán el *Movimento di Studi per l'Architettura* (*MSA*) con el objetivo de oponerse a la educación académica tradicional, mientras en Roma Bruno Zevi, recién llegado de Harvard, dedica grandes esfuerzos a transformar la cultura arquitectónica del país y a dar un nuevo impulso a su arquitectura moderna fundando la "*Associacione per l'Architettura Organica*" (A.P.A.O), la primera "escuela orgánica" de Italia inspirada en su admirado Frank Lloyd Wright[100].

---

[100] Entre 1944 y 1945 un grupo de arquitectos encabezados por Bruno Zevi y entre los que se encontraban Luigi Piccinato, Mario Ridolfi y Pier Luigi Nervi, nace la A.P.A.O. como un intento de crear una escuela que representara la antítesis del modelo reaccionario del academicismo imperante en la *Facoltà di Architettura di Roma*. Muchos jóvenes arquitectos se unen a Zevi en sus intentos por re-evaluar y re-conceptualizar un estilo arquitectónico contemporáneo capaz de reconciliar la modernidad con la contaminación Neoclasica heredada del periodo fascista. En 1945 Zevi publica "*Verso un'architettura organica*", donde describe a su admirado F.L.Wright como "el precursor de la arquitectura moderna, el responsable de buena parte de su vitalidad actual y anticipa, en muchos aspectos, sus avances futuros". ZEVI, Bruno. *Towards an organic architecture*. Londres: Faber & Faber, 1950. Pág.100.

Al mismo tiempo en la IUAV de Venecia Giuseppe Samona, su director entre los años 1946 y 1971, trataba de convertir la Facultad en el más destacado laboratorio de pensamiento crítico arquitectónico en Italia, manteniendo un contacto continuo con las dos anteriores y una actitud de constante renovación.

Florencia: la ciudad dormida

Pronto la aislada escuela florentina empieza a percibirse desde otras ciudades italianas como un remanso rural y provinciano donde los arquitectos más destacados eran marginados y ninguneados por los poderes locales que rechazaban sus propuestas progresistas, primero las relacionadas con la remodelación de una ciudad dañada por la guerra y, posteriormente, las que tenían que ver con la rápida expansión de la periferia necesaria para acoger la masiva llegada de mano de obra procedente del campo.

La posición oficial había optado por permanecer fiel a un plan de actuación inmovilista que pretendía conservar el esplendor renacentista de una ciudad en la que cada edificio debía reflejar su gloria pasada. Ni siquiera la incorporación como profesores a mediados de los años 50 de tres trascendentales figuras como Adalberto Libera, Ludovico Quaroni y Leonardo Benevolo consigue situar a la escuela a la altura de Roma, Milán y Venecia, ya que la institución seguía respondiendo muy lentamente a las revisiones que sobre teoría y práctica arquitectónica se estaban llevando a cabo en otras universidades, y no acometía la necesaria renovación pedagógica que empezaba a ser demandada por sus estudiantes.

En pocos años la Facultad pierde a sus más destacados profesores: empezando por Giovanni Michelucci[101] [■CR.494] –figura incómoda y a la vez trascendental para entender las diferentes etapas de la Facultad a la que estuvo ligado más de 25 años– a finales de los 50, el propio Libera en 1962, al que siguen Quaroni y Benevolo un año más tarde.

Coincidiendo precisamente con este periodo de aparente "desbandada" general, entre los años 1959 y 1963 comienzan la carrera los jóvenes fundadores y futuros integrantes de dos de los colectivos más influyentes de la arquitectura experimental florentina y por extensión del movimiento radical italiano: Superstudio y Archizoom.

Adolfo Natalini (Pistoia, 1941), Cristiano Toraldo di Francia (Florencia, 1941) –fundadores del primero–, Gian Piero Frassinelli (Porto San Giorgio, 1939) – futuro integrante también del primero -, Paolo Deganello (Este, Padua, 1940) y Massimo Morozzi (Florencia, 1941) lo hacen durante el curso académico 1959-60, y Andrea Branzi (Florencia, 1938) y Gilberto Corretti (Florencia, 1941) –junto con los dos anteriores los fundadores del segundo– un año más tarde. Alessandro Magris (Florencia, 1941) lo hará durante el curso 1961-62 y Alessandro Poli (Fiesole, 1940) durante el curso 1962-63 –ambos futuros integrantes de Superstudio–, y un año más tarde entran en la escuela florentina dos incorporaciones tardías de Archizoom, Lucia Morozzi (Florencia, 1944) y Dario Bartolini (Florencia, 1943). El último en empezar sus estudios es Roberto Magris (Florencia, 1935), que lo

---

[101] Ver BELLINI, F. *Oltre Michelucci. Seduzioni della forma e ritiro culturale*. En DAL CO, F. *Storia dell'architettura italiana del secondo novecento*. Electa, Milano. 1997.

hace en el curso 1968-69, un año después de incorporarse a Superstudio[102].

Todos eligen estudiar en Florencia, más por razones geográficas –casi todos viven en la ciudad o en sus alrededores– que por su oferta docente, por lo que inician su formación en una Facultad que ahora podría parecer abandonada a su suerte tras la salida de sus grandes figuras, pero que pronto se convertirá en un escenario efervescente que marcará decisivamente sus posicionamientos futuros al frente de ambos colectivos fundados simultáneamente en 1966[103] para convertirse en los detonantes que marcan el inicio del momento radical.

Pero ¿qué es lo que sucede para que estos y otros estudiantes logren desarrollar un original e incisivo

---

[102] En 1967, año de su incorporación a Superstudio, Roberto Magris ya llevaba trabajando varios años como diseñador e interiorista con cierto prestigio en la ciudad, lo que le permite captar nuevos clientes adinerados para el colectivo recién formado.
[103] Más adelante se detallan las circunstancias que rodearon al nacimiento simultáneo de ambos colectivos con motivo de la celebración de la exposición *Superarchitettura* en la galería de arte Jolly 2 de Pistoia en diciembre de 1966 [■CR.078]. Como adelanto, solo decir que Adolfo Natalini –que había recibido el encargo por parte de la galería de organizar una exposición sobre su trabajo como pintor– decide modificar el contenido e intenciones iniciales del evento e invita a sus compañeros de universidad Branzi, Corretti, Deganello y Morozzi a organizar una muestra colectiva de arquitectura y diseño. De la experiencia (que tendrá una secuela pocos meses más tarde en la Sala Comunale di Modena [■CR.085]) surgen los dos colectivos: Archizoom (al que se unen en 1968 Lucia Morozzi y Dario Bartolini) y Superstudio (inicialmente compuesto por Natalini y Toraldo di Francia, pero a los que se unen en 1967 Roberto Magris (Florencia, 1935) –un año antes de entrar en la Facultad de Florencia–, en 1968 Gian Piero Frassinelli, y finalmente en 1970 Alessandro Magris y Alessandro Poli).

posicionamiento crítico que resultará tan trascendente durante los siguientes 10 años, cuando los arquitectos más influyentes –Vittorio Gregotti, Etttore Sottsass y Aldo Rossi en Milán, Manfredo Tafuri en Venecia o Bruno Zevi en Roma– estaban en otra parte?

Lega Architetti Studenti

La respuesta la encontramos en gran medida en la reacción estudiantil –y sus inmediatas consecuencias– que ante este panorama tiene lugar en la universidad florentina.

Conscientes de su posición marginal respecto a los procesos de toma de decisiones que afectaban a su educación, los estudiantes responden primero con la creación de sus propios grupos de debate y comités políticos, encargados de coordinar los actos de protesta y las manifestaciones.

Esta progresiva militarización estudiantil que tiene lugar entre 1963 y 1971 presenta –no de manera casual– ciertas similitudes con la actividad a nivel nacional que paralelamente llevaban a cabo los movimientos obreros agrupados, como ya hemos visto, en torno a figuras destacadas del *operaismo* como Tony Negri o Mario Tronti, y a revistas vinculadas a sus ideas como los "*Quaderni Rossi*" o la escindida "*Classe Operaria*". Precisamente el grupo editorial de esta última, en el que participaban el propio Tronti o Alberto Asor Rosa, estaba íntimamente ligado a la "*Lega Architetti Studenti*" [Liga de Arquitectos Estudiantes] [■CR.384], grupo estudiantil surgido en la Universidad de Florencia en el año 1963 que incluía a varios de los futuros miembros de Archizoom, que como ya hemos comentado será junto a Superstudio uno de los colectivos más activos y relevantes de la arquitectura radical italiana[104].

Al lado de los futuros *archizoomers* Massimo Morozzi, Paolo Deganello, Gilberto Coretti y posteriormente Andrea Branzi, en la *Lega* militaba también el activista político –al tiempo que estudiante de arquitectura– Claudio Greppi, figura clave para entender, por un lado, estos primeros intercambios y contaminaciones entre la Facultad y los movimientos de izquierda, y por otro, la consiguiente politización de los estudiantes –entendida como la aplicación de conductas políticas a la práctica arquitectónica– que finalmente desencadena conexiones productivas presentes en sus primeros trabajos convirtiendo arquitectura y política en el peculiar núcleo teórico de sus futuros empeños proyectuales[105].

Es Greppi quien conoce a Tronti en 1963 en una de las reuniones turinesas de "*Quaderni Rossi*", el mismo año que este es expulsado de su consejo editorial, y aprovechando esta circunstancia le ofrece un nuevo "hogar intelectual" en la recién fundada "*Lega Architetti Studenti*" florentina. La primera consecuencia de este encuentro fortuito fue la creación por parte de Tronti del "*Giornale*

---

[104] Uno de los primeros textos en resaltar la relación decisiva entre el *operaismo* y la arquitectura experimental italiana es "*Architettura Radicale*", escrito en 1974 por Paola Navone y Bruno Orlandoni con el objetivo de convertirse en una clara y objetiva reconstrucción de la historia del movimiento radical. En su introducción defienden que la politización de este movimiento está claramente ligada a su exposición y contacto con el mundo obrero y su poderosa relevancia social en aquellos años. NAVONE, Paola; ORLANDONI, Bruno. *Architectura Radicale*. Milán: Documenti di Casabella, 1974.

[105] Ver WOLF, Amit. *Discorsi per Immagini: Of Political and Architectural Experimentation*. eScolarship, University of California. 2012.

político degli operai di lotta" [Revista política de los obreros luchadores] y de la posterior y decisiva *"Classe operaia"*, cuyas reuniones tenían lugar en el estudio de Greppi:

> *"Era el segundo año de "Quaderni Rossi" (1962) cuando empecé a ir a Turín casi regularmente cada dos o tres semanas. Las reuniones del consejo editorial eran tremendas, nadie hablaba, eran tensas... Estaba claro que todo el mundo esperaba que ocurriesen cosas interesantes, pero no pasó nada, y el ambiente era sórdido, aburrido, de hecho, eran reuniones silenciosas... Por el contrario en Florencia fundamos un grupo... denominado "Lega Architetti Studenti"... Un enorme apartamento donde teníamos el estudio servía como base de operaciones... Las reuniones de "Classe operaia" tenían lugar habitualmente en este divertido estudio de arquitectura con enormes mesas de dibujo. Había una gran diferencia entre los "Quaderni Rossi", con sus tristes, institucionales y silenciosas reuniones en Turín y las reuniones florentinas de "Classe operaia" entre 1963-64, mucho más divertidas"*[106].

Este contacto directo con las incipientes actitudes reivindicativas protagonizadas por unos jóvenes políticos de izquierdas con gran tirón mediático pronto cala en los estudiantes florentinos y los empuja a la movilización. En la primavera de 1964 –posiblemente inspirados por la exitosa protesta estudiantil que bajo el nombre de *Free Speech Movement* tenía lugar el mismo año en la Universidad

---

[106] Entrevista a Claudio Greppi. Ver BORIO, Guido; POZZI, Francesca; ROGGERO, Gigi: *Futuro anteriore*. CD-ROM, 23 Sep. 2000. Para más información sobre las diferencias y divergencias entre ambas revistas ver GRANDI, Aldo. *La generazione degli anni perduti. Storie di Potere Operaio*. Eunaudi. 2003. Págs. 10-25.

Fig. 63. Marcha organizada por el Free Speech Movement en el Campus de la Universidad de California, Berkeley, 1964.

Fig. 64. Ocupación de una universidad italiana durante la segunda mitad de los años 60.

de Berkeley (Fig.63) para reclamar la eliminación de la prohibición de las actividades políticas en el campus, y el reconocimiento del derecho de los estudiantes a la libertad de expresión y la libertad académica [●CR.378]– un numeroso grupo de estudiantes de arquitectura entre los que se encuentran varios de los futuros protagonistas radicales[107], deciden tomar el despacho del Rector. Esta acción, fundamentalmente simbólica, da como resultado multitud de pequeñas victorias escenificadas durante los años inmediatamente posteriores que despiertan a la Facultad de su inmovilismo y complacencia, y que progresivamente se hacen evidentes en forma de cambios relacionados con el programa y la orientación académica, alentando a varios profesores a alinearse con la causa estudiantil e involucrarse activamente en el proceso de cambio.

Ese decisivo año de 1964 Vittorio Gregotti describía en Casabella-*Continuitá* el impacto y la trascendencia que en su opinión habían provocado estas revueltas (Fig.64), y sobre el panorama que se abría tras ellas:

> *"Creo que si nos paramos a reflexionar sobre el tema que nos ha ocupado, o mejor dicho, a donde los estudiantes de la facultad de arquitectura nos han llevado, en los últimos dos años, no podemos sino sorprendernos ante la amplitud del material y los debates librados, por su articulación progresiva y en profundidad, por su impulso político hacia la renovación concretamente sustentado en batallas precisamente elegidas, y sobre todo por la desarticulación irreversible que todo esto ha*

---

[107] En varias entrevistas con miembros de Archizoom y SUPERSTUDIO, la profesora Marie Theres Stauffer sitúa a Branzi, Corretti, Deganello y Toraldo di Francia como integrantes del grupo que tomó la oficina del Rector.

provocado dentro de la envejecida y académicamente rígida escuela de arquitectura."[108]

El *Eco* de los dos *Leonardos*

Los primeros en aprovechar este nuevo escenario son Leonardo Savioli y Leonardo Ricci[109] [■CR.492], dos jóvenes profesores florentinos de gran vocación, discípulos de Giovanni Michelucci[110], que combinaban sus clases –durante casi 40 años– con una actividad profesional oscilante entre arte y arquitectura (Figs.65-67). En un clima pesadamente dominado por la herencia *neoliberty*[111] [◆CR.012] y neohis-

Fig. 65. Interior de la iglesia de San Giovanni Battista a "orillas" de la Autostrada del Sole, a las afueras de Florencia. Giovanni Michelucci, 1960-64 [■CR.494].

Fig. 66. Exterior de la Villa Taddei. Leonardo Savioli, 1964-65.

Fig. 67. Perspectiva del proyecto de Viviendas Sociales en Sorgane, Florencia. Leonardo Savioli y Leonardo Ricci, 1962-80.

[108] GREGOTTI, V. *Facoltá del costruire*. Casabella-Continuitá nº 287. Milan, Mayo 1964. Pág. 19.

[109] Ver BARTOLOZZI, G. *At school with the two Leonardos*. En *Radical City 01*, Archphoto 2.0, 2011. Pág. 11.

[110] Ricci y Savioli estudiaron en la Facultad de Florencia durante la segunda mitad de los años 30 y los primeros años 40, asistiendo a las clases de Michelucci. Posteriormente la influencia del maestro también se puede encontrar en sus obras, tal y como defiende Tafuri, apuntando que ambos "transforman la *furia* de Michelucci en brutalismo estructural". TAFURI, Manfredo. *Storia dell'architettura italiana, 1944-1985* (1988), trad. *History of Italian Architecture, 1944-1985*. Cambridge: MIT Press,1989. Pág.78.

[111] El término Neoliberty adquiere relevancia con la publicación en 1959 del artículo de Reyner Banham "*Neoliberty. La retirada italiana de la arquitectura moderna*" en la revista británica *Architectural Review*. El articulo internacionalizaba el debate surgido principalmente en Italia y el Reino Unido en torno a la revisión del proyecto de la arquitectura moderna tras la Segunda Guerra Mundial, enfrentándose las propuestas italianas que pregonaban el retorno a la historia como fuente legitima para operar, con las defendidas por las principales figuras de la escena británica, que se mostraban más preocupadas por llevar a cabo una revisión vinculada a la sociología, a las nuevas formas de agregación urbana o a la producción tecnológica. Para una lectura más profunda sobre este episodio ver LÓPEZ, Manuel. *Neoliberty & co. The Architectural Review frente al historicis-

toricista, ambos representan una línea de fresca novedad directamente conectada con –y estimulada por– una nueva estética que va tomando forma a partir de las experiencias contemporáneas de los metabolistas japoneses, de Archigram y la cultura *beat* británica, de la "Orquesta de Viena"[112] y del Pop americano "descubierto" para Italia por Leo Castelli en la XXXII Biennale di Venezia de 1964 [■CR.051].

Cargados de referentes y convencidos del poder de la contaminación de pensamientos y la complementariedad de las artes, Savioli y Ricci deciden desarrollar desde una perspectiva disidente nuevos métodos de enseñanza más experimentales y permisivos aprovechando la Universidad como una ocasión óptima para fomentar la creación colectiva –que como veremos adelanta e inspira la posterior tendencia a la agrupación de los protagonistas radicales– y abrir los campos de referencia a experiencias venidas del exterior. Progresivamente van integrando en sus cursos el estudio de las nuevas tecnologías asociadas a los medios de comunicación, el acercamiento a las megaestructuras como experimentos para la transformación utópica de la vida [■CR.062] –influenciados por las noticias que llegaban de Londres–, e inoculando la arquitectura con la vehemencia de las artes visuales que más tarde germina, por una especie de principio natural, en la conexión con el *Pop Art* inglés y americano.

Es Savioli quien con más intensidad legitima esta conexión a través de su asignatura "*Architettura*

---

mo italiano de los años cincuenta. Madrid: CPA 04 Mayo 2014. DPA-ETSAM. Pág. 100.
[112] RAGGI, Franco. *The Vienna Orchestra* (Casabella 392-393, 1974). En PORSCH, Johannes. *The Austrian Phenomenon. Architektur Avantgarde 1956-1973.* Wien: Architekturzentrum, 2010. Pág. 131.

degli interni" –cursada durante el año académico 1966-67– dando validez teórica a la apertura experimentada hacia los lenguajes artísticos para ensayar un método pedagógico entendido como una nueva llamada a la reconciliación entre arte y arquitectura, sobre el que el alumno –y después asistente– Natalini escribía un año después:

> "La actitud pop de adhesión al mundo de las imágenes en el que estamos inmersos se traduce en un proceso creativo basado en la libertad de elección y la plena disponibilidad de confrontar los actuales roles de la sociedad de consumo (la crítica y la desacralización se producen desde dentro del sistema). Paralelamente, la actualización de las técnicas más avanzadas en el campo de las construcciones temporales (metal, plástico, inflables) reafirmaba el interés por la tecnología: no a través de la exaltación de la máquina, sino de la exaltación de su capacidad de producción; no enmarcando sus productos en una estética tradicional, sino identificando una nueva estética basada en diversos tiempos de uso y consumo. (...) Desorientación, transposición de escala, ensamblaje, montaje, descomposición, repetición, contaminación, son términos que se utilizaban de forma continua, y sobre todo se convirtieron en nuevos estímulos que imprimieron al proyecto el impulso necesario para pasar de la materia de estudio o de la rutina profesional a la acción creativa y activa. (...) Todos estos 'métodos de composición' comunes a las artes visuales y al diseño arquitectónico desarrollados durante el curso, nos permiten hablar de un 'proceso pop' en gran parte de los proyectos presentados"[113].

---

[113] NATALINI, Adolfo. *Arti visive e spazio di coinvolgimento*. Casabella XXXII n°326, julio 1968. P. 34-36. Libro escrito por Natalini a propósito de los cursos de Savioli *Architettura degli Interni* en los que participa como estudiante y posteriormente como asistente.

De esta manera Savioli, apropiándose en cierta medida de la efectividad operativa del *pop*, abría una senda crítica que recuperaba aquellos tres aspectos de las neo-vanguardias ya destacados por Elio Pagliarani en 1965 –en un breve ensayo presentado en la *Confenrenza* COMES[114]– que tenían que ver con la conciencia crítica de los *medios expresivos,* el replanteamiento de la función del operador y de la relación operador-consumidor, y la reflexión sobre la finalidad del trabajo y de la función del arte, tres aspectos que encontraremos en el núcleo de las posteriores investigaciones y expresiones radicales.

Este intencionado acercamiento al lenguaje artístico a través de un "proceso *pop*" de trabajo, desencadena paralelamente un intenso y trascendental debate sobre lingüística en el centro del cual aparece la decisiva figura del escritor y filósofo Umberto Eco, por aquellos años involucrado, entre otras muchas cosas, en el movimiento literario neo-vanguardista italiano Gruppo 63 [■CR.037], actividad que marcará decisivamente su carrera literaria – este colectivo es considerado por muchos precedente directo e inspirador de la posterior experimentación radical vinculada al mundo de la arquitectura[115].

---

[114] *"(1) critica consapevole dei mezzi espressivi in situazione; (2) critica, a tutti i livelli, della funzione dell'operatore e del rapporto operatore-consumatore; (3) critica della finalità dell'opera e|o funzione dell'arte".* PAGLIARANI, Elio. *Per una definizione dell'avanguardia.* Texto presentado en la *Conferenza COMES* (Oct. 1965) dedicada a las vanguardias [■CR.055].

[115] En octubre de 1963 se constituye en Palermo el movimiento literario Gruppo 63 que integraba a intelectuales italianos como Edoardo Sanguineti, Elio Pagliarani, Nanni Balestrini, Antonio Porta, Renato Barilli, Luciano Anceschi, Giorgio Manganelli, y Umberto Eco. Todos ellos compartían el deseo de promover una

Es Ricci, a principios de los años 60, el primero en invitar a Eco a participar en sus cursos para impartir varias de sus novedosas clases sobre semiótica, en paralelo a su primera etapa como profesor de Estética en el Politécnico de Milán, clases que constituirán la base de su trascendental "*Opera aperta*" de 1962 [■CR.024] –reeditada con ensayos adicionales en 1968–, convertida inmediatamente en un texto crucial dentro del debate que sobre semiótica comenzaba a producirse en Italia, y que tenía en Florencia al también profesor G. Klaus Koenig como uno de sus principales animadores.

En esta obra iniciática Eco trataba de describir y a la vez proporcionar el contexto político a una tendencia creciente en las artes visuales, literarias y escénicas hacia la producción de obras que estaban "abiertas" a múltiples interpretaciones y puntos de vista. Sin ir más lejos, la atenta mirada de Eco había detectado esta nueva actitud en propuestas aparecidas ese mismo año de 1962 –por citar solo algunas– como el artefacto hipertextual de Marc Saporta "*Composition* n°1" [★CR.530], la exposición "*Dylaby: Dynamic Labyrinth*" que Willian Sandberg bajo el influjo del "*Autotheatre*" de Jean Tinguely y Daniel Spoerri programa en el Stedelijk Museum de Amsterdam [❖CR.212], o el trascendental nacimiento del movimiento neo-dadaísta internacional Fluxus

ruptura radical con el presente conformista que se había instalado en la sociedad italiana tradicional, mediante la renovación de la forma y el contenido del lenguaje literario a partir de una investigación experimental. Muchos autores ven en esta actitud el precedente inmediato y directo de las experiencias radicales que surgieron en Italia 3 años después. Ver CHIESA, Laura. *Superstudio double-take: rescue operations in the realm of architecture*. En CHIRUMBOLO, Paolo; MORONI, Mario; SOMIGLI, Luca. *Neovanguardia. Italian Experimental Literature and Arts in the 1960s*. University of Toronto Press, 2010. P. 287.

[●CR.025] que bajo el impulso de George Maciunas promovía la experimentación artística sin límites mezclándola con ciertas dosis de activismo político y social.

En la misma línea que estas manifestaciones convenientemente alimentadas durante los años anteriores y explosionadas a lo largo de los posteriores, Eco iba más allá de la aparente capacidad de cualquier obra de arte para abrirse al libre flujo del análisis, para sugerir que cada vez más los "objetos" estéticos incorporaban tal ambigüedad en su ADN que reclamaban la participación activa del espectador para ser experimentados en su totalidad, para dejar de estar "inacabadas":

> "(...) obras como las de Berio o de Stockhausen son "abiertas" en un sentido menos metafórico y mucho más tangible; para decirlo vulgarmente, son obras "no acabadas", que el autor parece entregar al intérprete más o menos como las piezas de un mecano, desinteresándose aparentemente de adónde irán a parar las cosas"[116].

Paralelamente Eco también participa con diferentes artículos en el controvertido debate que rodea a la relación entre las nuevas vanguardias y el *kitsch*, íntimamente ligado con el auge de la cultura popular y la intelectualización que de la misma venían realizando los miembros del *Independent Group* desde mediados de los años 50 en Londres.

En *"La struttura del cattivo gusto"* [La estructura del mal gusto], artículo publicado primero en su libro de

---

[116] ECO, Umberto. *Obra abierta*. Barcelona: Ed. Planeta-De Agostini, 1992. Pág. 34.

1964 *"Apocallitici e integrati"*, Eco se sube al carro de aquellos que defendían el poder de la cultura de masas y, contrarrestando los argumentos de algunos autores acusados de esnobismo estético como Clement Greenberg, Theodor Adorno ó Dwight MacDonald, trata de buscarle un lugar apropiado dentro de la sociología estética sin olvidarse del *kitsch*. Aceptando la definición predominante del mismo como "*a kind of work that tries to justify its provocative ends by assuming the garb of an aesthetic experience, by palming itself off as art*"[117] admite de manera similar que las nuevas vanguardias son capaces de producir experiencias estimulantes y "poéticas" que desafíen las normas estéticas predominantes en aquel momento.

Estas teorías en torno a una estética general de la comunicación visual que abordaban la apropiación selectiva del *kitsch* para dotar de un nuevo significado a los iconos básicos y degradados de la agresiva cultura de masas, junto con aquellas que demandaban un nuevo papel más activo para el espectador, son integradas por Eco tanto en las conferencias impartidas en los cursos de Leonardo Ricci, como durante su etapa como profesor en la Facultad de Arquitectura del Politécnico de Milán en 1964, donde colabora con Vittorio Gregotti, otro destacado docente que estaba al cargo del curso de introducción *"Elementi di architettura"*[118], con el que

---

[117] "*Un tipo de trabajo que trata de justificar sus términos más provocativos asumiendo la apariencia de una experiencia estética haciéndose pasar por arte*". En ECO, Umberto. *The Structure of Bad Taste*. Dentro del libro *The Open Work*. Cambridge: Harvard Univ. Press, 1989. Pág 203.

[118] Gregotti describe su deuda con Eco en "*Il territorio dell' architettura*", un texto que resume la didáctica de su curso de introducción. Ver GREGOTTI, Vittorio. *Il territorio dell' architettura*. Milano: Feltrinelli, 1966.

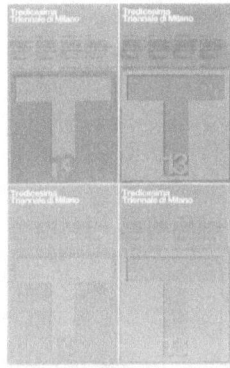

Fig. 68. Carteles diseñados por Massimo Vignelli para la Tredicesima Triennale di Milano, 1964.

diseña ese mismo año su trascendental trabajo de comisariado para la "*Sezione introduttiva a carattere internazionale*" de la XIII Triennale di Milano dedicada al tema del "*Tempo libero*" [119] [■CR.372] (Figs.68,69).

A partir de 1966 Eco se traslada a Florencia para impartir el curso de "*Comunicazioni visive*" en la Facultad de Arquitectura [■CR.362], el mismo año en el que aparecen dos referencias fundamentales de la teoría arquitectónica - *La arquitectura de la ciudad* de Aldo Rossi [■CR.072] y *Complejidad y contradicción en arquitectura* de Robert Venturi [●CR.066] - con las que se alcanza la apoteosis de la disciplina entendida como lenguaje[120].

Con el acicate de estas referencias y tras su experiencia milanesa defenderá, desde una posición de *outsider* ajeno a la arquitectura[121], la figura del

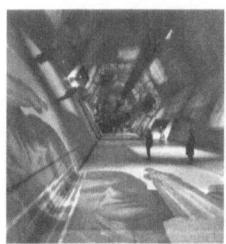

Fig. 69. Interior del 'Caleidoscopio', en el Salone d'Onore de la XIII Biennale di Milano. Instalación diseñada por V. Gregotti, G. Stoppino, L. Meneguetti y P. Brivio, 1964.

[119] Dentro de la Sección Internacional comisariada por Eco y Gregotti destaca la instalación del *Caleidoscopio* que el propio Gregotti diseña en colaboración con G.Stoppino, L.Meneguetti y P.Brivio. Se trataba de un monumental ambiente en forma de túnel de sección poligonal recubierto de espejos en los que se reflejaban las imágenes proyectadas sobre el suelo, acompañadas por música y diferentes sonidos. Para más información sobre las dos propuestas ver RINALDI, Marco. *La casa elettrica e il caleidoscopio: temi e stile dell'allestimento in Italia dal racionalismo alla neovanguardia*. Roma: Bagatto Libri, 2003.
[120] "*En el mismo año de 1966 aparecen dos referencias fundamentales de la teoría arquitectónica, Rossi publica "La arquitectura de la ciudad" y Venturi "Complejidad y contradicción en arquitectura". El primero abordaba la arquitectura desde una estricta semiología y el segundo desde una jugosa hermenéutica. Con estas dos obras se llega a la apoteosis de la arquitectura entendida como lenguaje*". ESPUELAS, Fernando. *Un futuro sin memoria*. DC Papers n° 24, Dic. 2012.
[121] Para una mejor comprensión de esta posición a modo de intruso ver su crítica temprana a la disciplina en "*Arte Programmata*" (escrito con Bruno Munari en 1962), o su discurso de los premios InArch en 1964 en Roma, donde se describía como un *avatar* moderno del diletante dúo flaubertiano *Bouvard et Pécuchet*.

"diseñador semiológicamente consciente" e invitará a los alumnos a pensar la arquitectura en términos mediáticos a través de la lectura astuta de las obras de Marshall McLuhan –que en 1967 son analizadas en varios artículos publicados en la revista DOMUS– además de desarrollar la idea de arquitectura como "continuo cromático" de códigos visuales, conceptos que un año más tarde recogerá en "*Appunti per una semiología delle comunicazioni visive*"[122] [■CR.363]. En esta obra ya se observa que su ininterrumpido contacto con los círculos intelectuales franceses –en especial con las ideas de R. Barthes[123] [★CR.383]– modifica sus trabajos tempranos, produciéndose un cambio progresivo desde la pre-semiótica "*Opera aperta*" a esta primera teoría sistemática sobre semiología que suponen los *Appunti*.

A lo largo de los próximos capítulos iremos descubriendo cómo las enseñanzas de Eco y sus *appunti* se convertirán en uno de los detonantes que desencadenan los posteriores trabajos de los agitadores anti-diseño florentinos.

Estas nuevas ideas de Eco sobre comunicación visual y el concepto de diseñador "semiológicamente consciente" permiten imprimir a los dos Leonardos un nuevo sesgo político a sus enseñanzas para diferenciarse del "modelo oficial". Ricci llega incluso un poco más lejos en su implicación con las demandas estudiantiles al presentar junto a Eco en

---

[122] ECO, Umberto. *Appunti per una semiología delle comunicazioni visive*. Milano: Bompiani, 1967.
[123] El campo estudiado por Eco en Florencia no es la arquitectura sino la semiología, la ciencia general de los signos postulada por primera vez por Ferdinand de Saussure en "*Cours de linguistique générale*" (1916) y revisada cincuenta años más tarde por Roland Barthes en "Éléments *de sémiologie*" (1964).

Fig. 70. 'The Exploding Plastic Inevitable'. Andy Warhol y The Velvet Underground. The Dom, N.Y.C. Abril 1966.

la asamblea general de la universidad un importante documento conocido como *Ricci-Eco Motion* aprobado por la Dirección de la Facultad tras la ocupación de 1968, documento en el que se reconocían las demandas de los estudiantes y la importancia de la creación de una asamblea general entendida como un lugar de intercambio y comunicación entre estos y los profesores. La iniciativa reconoce por primera vez a la Universidad como un "lugar abierto", en clara alusión a las ideas de Eco.

Revolución en el *night-club*

Por su parte Savioli, influido en gran medida por el debate surgido en Italia dos años antes con motivo de la celebración en 1964 de la XIII Triennale di Milano cuya "*Sezione introduttiva a carattere internazionale*", como ya hemos visto, había sido comisariada por Eco y Gregotti y dedicada al "*Tempo libero*", por las primeras teorías situacionistas de la segunda mitad de los años 50 y su materialización más concreta –la enciclopédica "*New Babylon*" de Constant[124]–, e incluso por el auge de los locales nocturnos en algunas ciudades de Estados Unidos a partir de mediados de los años 60[125] [●CR.385] (Fig.70)

---

[124] Para los situacionistas la sociedad futura que resultaría de la revolución estaría caracterizada por la conversión de todo tiempo en tiempo de ocio, puesto que la producción sería realizada por máquinas. Siguiendo al famoso sociólogo Johan Huizinga, el *homo ludens* sustituiría al *homo faber*. Ver HUIZINGA, J. *Homo ludens* (1938). Madrid, 1972. Uno de los primeros textos que Constant publica en el entorno situacionista es "El gran juego del futuro" (originalmente publicado en *Potlatch* 1, julio 1959) donde señala la necesidad de incluir lo lúdico en la vida social cotidiana y por lo tanto en el urbanismo.

[125] En especial en Nueva York, con la aparición en 1966 de míticos locales nocturnos como el club *The Cheetah* o el *Electric Circus*,

Figs. 71 y 72. Interior del Piper Pluriclub de Turín, 1966.

y su reflejo en las primeras experiencias turinesas del joven Pietro Derossi con su *Piper Pluriclub*[126] [■CR.232] (Figs.71 y 72), organiza el programa del nuevo curso académico de 1966-67 bajo el título "*Spazio di coinvolgimento. Piper, attrezzature per il tempo libero*" [Espacio de participación. *Piper*, equipamiento para el ocio][127] [■CR.492] eligiendo la tipología del *Piper*[128] o *night-club* como ejercicio final, mostrando así su interés en continuar desarrollando la línea de investigación abierta en la Triennale y aprovechar las experiencias de Eco.

El objetivo del curso era abordar la necesaria implicación del arquitecto en el diseño de espacios que promovieran el comportamiento libre y la flexibilidad a través del movimiento, fomentando una nueva relación entre el usuario y su espacio, y a la vez rescatando zonas sometidas a la uniformidad de la rígida escenografía urbana. Términos como, ensamblaje, montaje, flexibilidad, repetición ó interacción son

este último convertido en escenario de las primeras representaciones del espectáculo multimedia *Exploding Plastic Inevitable* (E.P.I.) de Andy Warhol.

[126] La inauguración en 1966 de la discoteca *Piper Pluriclub* en Turín, diseñada por Pietro Derossi en colaboración con Giorgio Ceretti y Riccardo Rosso, puede considerarse el detonante del "fenómeno *Piper*" que tendrá lugar en Italia durante los tres años posteriores. El espacio estaba programado para funcionar como un híbrido entre night-club, galería de arte, sala de conciertos y escenario para *happenings*.

[127] SAVIOLI, Leonardo. *Ipotesi de Spazio*. Florencia, 1972.

[128] *Piper* fué el término utilizado en Italia para designar a los primeros clubs nocturnos que emergieron a mediados de los 60 en ciudades como Roma, Turín, Florencia, Rimini, etc., y está vinculado a la figura de la cantante Patty Pravo, que comenzó su carrera en la discoteca de Roma representando "*The Pied Piper*", convertido en himno *yé-yé* de los veinteañeros italianos. Este fenómeno del *Piper Club* será abordado por primera vez por el crítico Pierre Restany en su artículo "*Breve storia dello stile YÉYÉ*", Domus 446 (1967).

usados continuamente durante el curso gracias, en gran medida, al interés de Savioli por el trabajo de Cedric Price[129] en torno a su revolucionario proyecto del *"Fun Palace"* [◆CR.339] (Fig.73), que desde 1961 y durante más de una década, bajo el impulso de la promotora teatral Joan Littlewood (Fig.74) –considerada la "madre" del teatro moderno y fundadora del *Theatre Workshop*[130]– , quiso convertirse en el gran "laboratorio de la diversión" resultado de la fusión entre ocio, aprendizaje y creación en un entorno en continua transformación auto-gestionado por los propios usuarios. Price, en colaboración con el cibernético Gordon Pask [◆CR.050], es el primero en "soñar" con un edificio completamente re-programable capaz de adaptarse a un uso (futuro) impredecible con la ayuda de sistemas informáticos interactivos diseñados para aprender e improvisar junto a los humanos.

Fig. 74. Joan Littlewood y Cedric Price con el actor Victor Spinetti en 1963.

Como veremos, las investigaciones de Savioli en torno al *Fun Palace*, considerado la representación del impulso lúdico a la creación que Marcuse había colocado en la base de su crítica a la sociedad totalitaria en su *Eros y Civilización*[131], resuenan constantemente en sus apuestas docentes y consecuentemente en la producción posterior vinculada a las neo-vanguardias –no solo en Italia– y abordan desde otra perspectiva muchas de las preocupaciones y demandas de sus protagonistas, convirtiéndose todo ello finalmente en el responsable de la nueva percepción que esos jóvenes estudiantes –arqui-

---

[129] Ver MATHEWS, Stanley. *From Agit-Prop to Free Space: The Architecture of Cedric Price*. Londres: Black Dog Publishing, 2007.
[130] Ver LITTLEWOOD, Joan. *Joan's Book: Joan Littlewood's Peculiar History as She Tells it*. Londres: Methuen Publishing Ltd., 1994.
[131] MARCUSE, Herbert. *Eros and Civilization: A Philosophical Inquiry into Freud*. Beacon Press, 1955.

tectos y diseñadores– italianos empiezan a tener respecto de los nuevos "palacios de la diversión", que ahora son observados como un laboratorio experimental estilístico y funcional capaz de generar modelos inspiradores de un nuevo orden social ligado al entretenimiento.

El curso queda documentado en un artículo publicado en Casabella en 1968[132] donde además de constatar las evidentes influencias procedentes del mundo de la arquitectura y de las enseñanzas paralelas de Eco –bien de manera explícita a través de la profunda alineación programática con los horizontes teóricos reflejados en su "*Opera aperta*", o bien implícitamente en los propios proyectos publicados, todos relacionados en mayor o menor grado con las técnicas y medios artísticos que previamente habían ocupado a Eco en Milán como teórico y promotor artístico– también se explica, tal y como apunta la profesora Laura Chiesa, cómo el proyecto trataba de incorporar a la propia arquitectura dos experiencias artísticas contemporáneas: el *Pop Art* (con su adhesión al "mundo de la imagen" y a la sociedad del consumo) y el *Arte Programmata* (con sus reflexiones sobre la reiteración, repetibilidad y seriación)[133].

Varios de los participantes en el curso, bien como alumnos o como asistentes, se convertirán en los futuros protagonistas del llamado "fenómeno *Piper*" que explotará las posibilidades del night-club como

---

[132] SAVIOLI, Leonardo. *Spazio di coinvolgimento*. Casabella 326,1968. P. 32-46. Su trabajo previo en el curso *Architettura degli interni 1º* se recoge en el catalogo de la exposición *Ipotesi di spazio*. Firenze: Centro Proposte di Firenze, 1966/1972.
[133] CHIESA, Laura. *Superstudio double-take: rescue operations in the realm of architecture*. En CHIRUMBOLO, Paolo; MORONI, Mario; SOMIGLI, Luca. *Neovanguardia. Italian Experimental Literature and Arts in the 1960s*. University of Toronto Press, 2010. P. 287.

Fig. 75. 'Marine City'. Kiyonori Kikutake, 1960 [✣CR.227].

Fig. 76. 'Highrise Building. Theodolite'. Hans Hollein, 'Transformation Series', 1964.

una vía más a desarrollar dentro de la intensa experimentación característica del movimiento radical.

Adolfo Natalini Cristiano Toraldo di Francia, Gian Piero Frassinelli, Paolo Deganello, Pietro Derossi, Dario Bartolini, Alessandro Poli, Alessandro Magris, Carlo Bachi (cofundador de UFO [■CR.093]), Alberto Breschi y Giuliano *Fiorenzuoli* (cofundadores del grupo Zziggurat [■CR.493]) o Paolo Galli y Fabrizio Fiumi (fundadores del grupo 9999 [■CR.125])[134] son solo algunos de los arquitectos florentinos que, de la mano de Savioli y Ricci, ahora (1966-1968) terminan la carrera y encuentran, al lado de las megaestructuras metabolistas (Figs.75) y de las propuestas tecno-utópicas de Archigram[135], los elementos teóricos e iconografía liberadores por un lado en la geometría abstracta y las focalizaciones obsesivas de los proyectos megaestructurales de Hollein y Pichler [136] (Figs.76) y en la inspiración ideológica que supusieron los nuevos espacios para la diversión, y por otro en el contacto bien con el Pop Art americano expuesto en la 32 Biennale di Venezia (1964), bien con las propuestas artísticas y arquitectónicas más experimentales difundidas en la ciudad por espacios como la galería ART/TAPES/22 –centro de video-producción fundado por Maria Gloria Bidocchi

---

[134] NAVONE, Paola; ORLANDONI, Bruno. *Architectura Radicale*. Milán: Documenti di Casabella, 1974. P. 25.

[135] Además de a través de los nuevos docentes que apuestan por abrirse a experiencias llegadas de otros países, los estudiantes florentinos encuentran un punto de contacto con el exterior en la emblemática librería *Centro Di*, donde por ejemplo a partir de 1964 pueden encontrar la revista de Archigram. Esta librería también edita y organiza exposiciones de arte y arquitectura durante los años 60 y 70.

[136] La revista californiana *Arts and Architecture* publica una reseña sobre la exposición de los últimos trabajos de Hollein y Pichler "*Architektur. Work in progress*" celebrada en Viena en 1963.

en 1962– o el *Centro Proposte* que desde 1965 y bajo la dirección de la historiadora Lara Vinca Masini[137] promovía la investigación visual más avanzada y las relaciones entre arte, música y teatro.

Todo ello permite a las nuevas generaciones, educadas en un agitado ambiente sociopolítico que les llevará a borrar las distinciones entre política y practica para desarrollar una conciencia crítica, entrar en contacto directo con estas experiencias promovidas también desde el ámbito universitario, invitándoles a hacer su propia lectura y posible extrapolación al ámbito arquitectónico.

El resultado inmediato fue la aparición de varias *Tesi di Laurea* (equivalente a nuestro Proyecto Fin de Carrera) de clara inspiración Pop y megaestructural, que en el caso de Adolfo Natalini se desarrolla de forma paralela a su actividad como pintor dentro de la conocida como Escuela de Pistoia[138] –grupo de artistas que habían abrazado la cultura Pop desde su desembarco en Italia– que marcará también sus primeros trabajos al frente de Superstudio.

En su proyecto final tutelado por Savioli y titulado "*Palazzo dell' arte di Firenze*" Natalini ya adelanta algunos de los temas recurrentes entre un determinado perfil de estudiantes y que serán desarrollados posteriormente por el grupo, como el interés por las superestructuras monumentales de geometrías "kahnianas" transformadas en clave pop, diseñadas

---

[137] "*Il Centro Proposte nasce con questa intenzione, come sede di incontro, di discussione, aperta ad ogni ricerca operativa sull'arte che si imposti con serietà di programma a livello di dialettica culturale*". Lara Vinca Masini en *Nac* nº1, 1973. Pág.12.
[138] En 1964 el crítico Cesare Vivaldi acuña el término *Scuola de Pistoia* para definir al grupo artístico de inspiración pop al que perteneció durante esos años Natalini.

con una clara vocación simbólica y llenas de referencias culturales al mundo maquinista y a la dimensión onírica y alegórica rescatada de la arquitectura parlante del periodo iluminista, y que ya empezaban a explotar las recientes reflexiones sobre el "tempo libero" y los nuevos espacios de liberación de la creatividad individual.

Savioli y Ricci se convierten así en inspiradores de una docena de arquitectos formados en la facultad florentina entre los que se encuentran los futuros integrantes de Superstudio, que como veremos en los próximos capítulos, pocos años después, cargados de compromiso ideológico y conscientes de la crisis que atravesaba la arquitectura, ante la falta de expectativas profesionales[139] deciden "vaciar" la disciplina[140] para alcanzar un "grado cero" desde el que reconstruir un universo formal nuevo[141].

---

[139] Entre 1965 y 1969 la industria de la construcción en Italia sufre una recesión importante, tanto en el sector público como en el privado.

[140] "*Queríamos vaciar la arquitectura de todo valor arquitectónico, es decir, convertirla en algo más. Queríamos vaciarla de su identidad disciplinaria y llenarla de vida*". DEGANELLO, Paolo. Cita en MENKING, William; KAZI, Olimpia. *Radical Italian Architecture Yesterday and Today*. Architectural Design, Volume 77, Issue 3, Mayo/Junio 2007.P. 99-101.

[141] TORALDO DI FRANCIA, Cristiano. *Memories of Superstudio*. En LANG, Peter; MENKING, William. *Superstudio: Life without objects*. Milan: Skira, 2003. P. 68.

ARQUITECTURA PARA CAMBIAR EL MUNDO: PROYECTAR SIN LÍMITES

MATERIA PRIMA: Superstudio Italia: [■CR.163];
Inglaterra: [♦CR.163]; Austria: [▲CR.163];
EE.UU: [●CR.163]; Francia: [★CR.163]; Otros: [❖CR.163]

En 1966 Adolfo Natalini, Andrea Branzi, Paolo Deganello y Gilberto Corretti terminan la carrera en la Escuela de Arquitectura de la Universidad de Florencia.

Cristiano Toraldo di Francia y Massimo Morozzi lo hacen un año después, pero los seis se forman en un efervescente ambiente universitario dominado por una intensa militarización estudiantil asociada a la lucha de los estudiantes por tomar el control de su propia educación, activando así una pequeña revolución que permitirá la aparición de varias figuras docentes imprescindibles para entender el trabajo futuro de estos jóvenes arquitectos y su contribución al desarrollo de la arquitectura experimental italiana de los 10 años siguientes.

Como ya hemos visto, la historia de la nueva arquitectura experimental en Florencia está íntimamente ligada a la Universidad, aquel lugar donde durante los tumultuosos primeros años 60 los futuros integrantes de la vanguardia florentina son expuestos a provocadores estímulos llegados desde el exterior. En este sentido, la decisiva actividad de Leonardo Savioli, Leonardo Ricci y Umberto Eco dentro de la facultad, junto con la prolongada lucha por la reforma educativa que proporciona una poderosa munición retórica posteriormente explotada por sus alumnos, convierten los cursos de estos tres profesores en el punto de convergencia de los máximos protagonistas de lo que años más tarde el influyente crítico e historiador italiano Germano Celant definiría como *Architettura Radicale*[1].

Las Tesis de Licenciatura de algunos de ellos –muchas dirigidas por el propio Savioli– configuran las primeras propuestas "radicales" que, aunque realizadas en el seno de la Facultad florentina, difieren claramente de la línea académica predominante y avanzan el sesgo experimental que tomarán sus carreras. Todas ellas, influidas por las ideas de sus profesores Savioli y Ricci, comparten su interés por las megaestructuras y las ciudades visionarias diseñadas por Kenzo Tange y sus discípulos Metabolistas, y por la imaginería maquinista y tecno-utópica de las propuestas de Archigram, e incluso por parte del trabajo de Louis Kahn que había sido analizado unos años antes por Vincent Scully en su ensayo de 1962[2] traducido al italiano como *"Architettura Moderna e Louis Kahn"* [●CR.473], donde la obra del arquitecto americano era presentada como reacción crítica al Movimiento Moderno, y como ejemplo de relación entre historia y proyecto a partir de la revisión del concepto de monumentalidad atemporal.

Al mismo tiempo, el acercamiento al mundo del arte –y en especial al emergente fenómeno *Pop* propiciado tanto por Savioli y Ricci como por Eco– introduce en estas primeras propuestas una clave pop que marca su proceso creativo para enlazar con un renovado interés por los "espacios de participación",

---

[1] *"...Radical architecture is born in the occupied university. One lives there and one-sleeps there ..."*. Piero Frasinelli citado en LANG, Peter. *Suicidal desires.* LANG, Peter; MENKING, William. *Superstudio: Life without objects.* Milan: Skira, 2003. Pág. 42.
[2] SCULLY, Vincent. *Louis I. Kahn.* New York: G. Braziller, 1962, traducción al itaiano Milano: il Saggiatore, 1963; Id., *Modern Architecture.* New York: G. Braziller, 1961, trad. it. *L'architettura modern.,* Milano: Rizzoli, 1963.

que en forma de mezcla multimedia de música, luces y cuerpos en movimiento habían sido detectados por Savioli en los nuevos *Piper*.

Motivados por todas estas ideas y armados con un inquebrantable compromiso social que habían interiorizado tras años de exposición al agitado ambiente socio-político del país durante su etapa de formación, estos jóvenes arquitectos italianos comienzan una actividad profesional que podía discurrir, según resume acertadamente Ugo la Pietra[3], uno de los protagonistas, a través de tres posibles caminos: la *"auto-castración"*, renunciando a diseñar para una sociedad equivocada a la espera de una sociedad diferente (estos arquitectos no hicieron nada); la *"evasión"*, trabajando para una sociedad que no existía en busca de posibles extrapolaciones sugeridas desde lo conceptual; y por último la *"militancia"*, operando dentro de la sociedad pero en contra de ella a partir de estrategias de oposición que resaltaban los errores y peligros de la maquinaria consumista[4].

En el tercer grupo podríamos enmarcar los primeros trabajos "militantes" de los seis amigos y antiguos alumnos de la Facultad de Florencia recién titulados citados al comienzo del capítulo (Andrea Branzi, Gilberto Corretti, Paolo Deganello, Massimo Morozzi, Adolfo Natalini y Cristiano Toraldo di Francia).

---

[3] Ugo la Pietra es el único exponente milanés del movimiento radical, que además de por su obra adquiere especial relevancia al convertirse en el fundador de dos de las revistas – IN e INPIÙ – mas implicadas en la difusión de estas propuestas.

[4] Entrevista de Olympia Kazi en COLOMINA, Beatriz; BUCKLEY, Craig. *Clip Stamp Fold. The radical architecture of little magazines 196X-197X* , M+M Books, Princeton University. Actar 2010. Ugo la Pietra fue el único exponente milanés del movimiento radical, que adquiere mayor relevancia al convertirse en el fundador de dos de las revistas – *IN* e *INPIÙ* - más implicadas con el mundo radical.

Los cuatro primeros comienzan a trabajar como colectivo en septiembre de 1966 bajo el nombre de Archizoom, palabra inventada que imita y a la vez parodia al importante grupo británico Archigram surgido a principios de los 60, sustituyendo el sufijo "gram" por "zoom" –usado por los ingleses en varias de sus revistas y en muchos de los cómics en los que se inspiran– y adoptando el rayo como logo [■CR.074].

Paralelamente, Natalini alterna su formación de arquitecto con su actividad como pintor integrado en la denominada Escuela de Pistoia[5], su ciudad natal [■CR.047]. Los primeros resultados de esta actividad cada vez más influida por el arte Pop americano y británico –mostrado al público italiano en la Bienal de Venecia de 1964[6] [■CR.051]– se exponen por primera vez en octubre de 1964 en la Galeria Jolly 2 de Pistoia [■CR.049].

Dos años más tarde la misma galería le invita de nuevo a mostrar sus últimos trabajos, programando una segunda exposición que tendría lugar en Noviembre de 1966. Natalini, ahora arquitecto recién licenciado, acepta la invitación pero en esta ocasión considera más estimulante organizar una exposición sobre arquitectura, su nueva vocación y futura profesión, optando por colaborar para el diseño con sus compa-

---

[5] Durante los estudios universitarios Natalini camienza paralelamente su carrera como pintor que lo lleva a formar parte del grupo de la Scuola di Pistoia, formado por Gianni Ruffi, Roberto Barni y Umberto Buscioni, todos desarrollando variantes interesantes sobre el Pop Art. Ver SACCÀ, Lucilla. *La Scuola di Pistoia. Natura e oggetto*. Pacini Editore, 2004.

[6] En 1964 se celebra la XXXII Biennale di Venezia, que supone la consagración del Pop Art a nivel internacional. Robert Rauschenberg obtiene – no sin polémica - el Gran Premio de la muestra, en la que también se exponían obras de Jasper Johns, Claes Oldemburg ó Frank Stella.

Figs. 1, 2. Crecida del Arno. Florencia, 4 de Noviembre de 1966.

ñeros de Archizoom, con los que acababa de terminar el proyecto para la transformación en discoteca de un local de baile en el centro de Florencia[7].

El evento finalmente tiene que ser pospuesto hasta diciembre debido a la devastadora crecida del Arno [■CR.071] que arrasa la ciudad de Florencia el 4 de Noviembre (Figs. 1,2), una catástrofe que también reaviva uno de los debates recurrentes a lo largo de la historia de la ciudad, y que tenía que ver con el estado de congelación en el que se mantenían los procesos de actualización y renovación urbana, completamente sometidos a la presencia tremendamente pesada del legado artístico a preservar.

Este episodio catártico, que también se lleva por delante el estudio del Natalini (pintor) obligándole a buscar un nuevo lugar para trabajar en la parte alta de la ciudad junto a su amigo Toraldo di Francia, actúa al mismo tiempo como detonante en un momento en el que el clima de reivindicación social tras años de lucha –obrera y estudiantil– había modelado el discurso crítico de los principales activistas comprometidos con la escena anti-cultural florentina, que veían cómo la ciudad era incapaz de superar sus arcaicas tradiciones tanto en el campo de la arquitectura como en el del diseño.

Mientras la ciudad se recuperaba de las catastróficas consecuencias de la crecida y las tiendas seguían llenándose de burdas reproducciones, muebles falsos

[7] Natalini, Toraldo di Francia y los futuros miembros de Archizoom reciben el encargo en 1966 de transformar una sala de baile del centro de Florencia en una discoteca según el recién descubierto modelo del Piper. Influenciados por lo aprendido durante los cursos de Savioli y atentos a las noticias que llegaban de Nueva York, inundan el espacio con luces estroboscópicas de color violeta y con imágenes proyectadas sobre las paredes.

y lujosos productos de cuero producidos por los tradicionales centros de fabricación artesanal controlados por la poderosa clase media comerciante florentina, Natalini y sus compañeros, con una alta dosis de cinismo deciden convertirse en SUPER.

Pop my religion![8]

"Florencia, año 1966, se abrieron las compuertas y el fango lo cubrió todo, desde la estéril polémica de la cultura oficial hasta la cruz de Cimabue. Las Puertas del Paraíso permanecían boca abajo, hundidas en el cieno fuera del Battistero. Mientras se unían a sus conciudadanos de Florencia en la batalla contra la grasienta mugre gris que manchaba fachadas hasta una altura de tres pisos, un grupo de jóvenes arquitectos organizaban lo que sería en noviembre la primera demostración de super-arquitectura" [9].

La exposición programada para Pistoia supone inesperadamente un punto de inflexión en la vida de estos jóvenes arquitectos florentinos que, inmersos en un ambiente de profunda frustración y movidos por una

---

[8] Readaptación intencionada de *Rock my religión* (Dan Graham, 1982-84) para aprovechar los evidentes paralelismos que se generan entre el momento estudiado y esta propuesta, en la que Graham aborda la ruptura de la fascinación superficial que el arte pop mostraba hacia la estrella de rock, para examinarla en cambio a partir de la construcción y actualización del ritual primitivo en la cultura contemporánea, vinculándola a la secularización de algunas prácticas religiosas del protestantismo norteamericano más radical.

[9] TORALDO DI FRANCIA, Cristiano. *Superstudio & Radicals*. Japan Interior Inc., 1982. Reproducido en MAUBANT, Jean Louis; MIGAYROU, Fredèric ; JARAUTA, Francisco. *Arquitectura Radical*. Centro Andaluz de Arte Contemporáneo, Sevilla, 2003 (catálogo exposición). Pág. 182.

inquebrantable actitud crítica, deciden desmitificar la nueva sociedad altamente orientada hacia los medios y el consumo a través de la celebración irónica de la abundancia, intentando mostrar el importante papel que el mercado podía jugar en el devenir de la nueva cultura arquitectónica. A partir de una actitud inicial de desinhibida experimentación corrosiva que, tal y como apunta Dario Bartolini en una entrevista relativamente reciente, se basaba en un "relajado" acercamiento al Pop Art, deciden en un primer momento utilizar el término "pop" para referirse a *"todo aquello que no fuera florentino, todo aquello que sentíamos estaba pasando más allá de aquella realidad cerrada y provinciana de la Florencia de los 60"*.

El "pop" ofrecía a los estudiantes una nueva variedad de formas e imágenes con las que trabajar, todavía vacías de significado pero liberadas de toda convención, lo que lo convierte en una herramienta más para criticar las evidentes limitaciones impuestas por el Departamento de Arquitectura de la Universidad, siendo ahora utilizado como *"un término profanador, dirigido en contra del Departamento y su convencional sentido del 'buon gusto'"* [10].

Súper-ironía crítica

En esta misma línea combativa Natalini propone para el evento el título de *"Superarchitettura"*, con la clara intención de convertir la muestra en un manifiesto de la nueva dirección que debía tomar la práctica de la disciplina, exponiendo ya en la intro-

---

[10] Ver entrevista de Emanuele Piccardo a Dario y Lucia Bartolini en PICCARDO, Emanuele. *Dopo la rivoluzione. Azione e protagonisti dell'architettura radicale italiana 1963-1973*. Plug_in Ed., 2009.

ducción los términos de esta flamante *super-arquitectura* obsesionada con la nueva cultura popular:

> *"La Superarchitettura è l'architettura della superproduzione, del superconsumo, della superinduzione al consumo, del supermarket, del superman e della benzina super (...)", "La Superarchitettura accetta la logica della produzione e del consumo; e vi esercita un'azione demistificante."*[11]

En relación a esta introducción, Paolo Deganello, en una nota manuscrita durante la preparación de la muestra de Módena, afirmaba que habían propuesto *"la más exhaustiva y al mismo tiempo la más "vulgar" definición que jamás se hubiera dado de la arquitectura"*[12], confirmando de nuevo el uso intencionado de la incipiente cultura de masas como parte de la crítica incisiva de los nuevos *superarquitectos*, expresada visual y materialmente a través de la estética de inspiración pop con la que produjeron los super-objetos y super-gráficos que acompañaban la exposición (Fig. 3).

Aunque desde el principio fue concebida como un único evento, finalmente la *"Superarchitettura"* fue representada en dos actos: el primero –como estaba previsto– tiene lugar en la Galería Jolly 2 de Pistoia entre el 4 y el 17 de diciembre de 1966 (Acto I) [■CR.078], y el segundo en la Sala di Cultura del Comune en Módena, del 19 de marzo al 12 de abril de 1967 (Acto II) [■CR.085].

---

[11] Manifiesto que acompañaba la exposición *Superarchitettura* de 1966. Reproducido - entre otros muchos documentos - en: TORALDO DI FRANCIA, Cristiano. *Superstudio & Radicals*. Japan Interior Inc., 1982.

[12] Citado en GARGIANI, Roberto. *Archizoom Associati 1966-1974. Dall'onda pop alla superficie neutra*. Milano: Mondadori Electa S.p.A, 2007. Nota 46 en pág. 43.

Fig. 3. Vista de una de las salas de la exposición de Pistoia y Natalini, Branzi y Correti retratados en el acceso a la misma. Galería Jolly 2, Pistoia.4-17 de Diciembre, 1966.

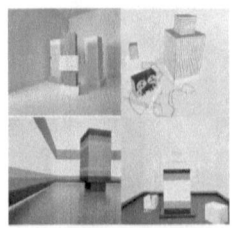

Fig.4. Serie "Superbox" diseñada por Ettore Sottsass jr. para Poltronova en 1966.

Fig.5. Publicación "Room East 128" auto-editada por Ettore Sottssas jr. y Nanda Pivano durante 1962.

Fig.6. Primer número de la revista "Pianeta Fresco" (Diciembre, 1967) dirigida por Nanda Pivano y diseñada por Ettore Sottssas jr. con el apoyo cultural y moral de Allen Ginsberg.

Natalini y Toraldo di Francia, siguiendo el ejemplo de su compañeros asociados en torno a Archizoom, deciden convertir la muestra de Pistoia en el acto fundacional de su nueva etapa profesional, adoptando el nombre de Superstudio no solo para enfatizar la naturaleza colaborativa de su empeño, sino como derivación lógica de la apuesta expositiva con la que pretendían auto presentarse como actores creyentes y practicantes dentro de la cultura arquitectónica inspirada en el Pop que estaba emergiendo en Italia en aquellos años.

La utilización del prefijo "super" también refleja su inmersión en procesos lingüísticos habituales en los años 60 que, compartidos con el mundo del arte, aplican figuras decisivas para su trabajo, como Ettore Sottsass jr., quien después de un contacto continuado con el pop americano a través de sus repetidos viajes a Estados Unidos[13] presenta en 1966 la serie "Superbox" [■CR.414] en forma de tótems de influencia pop (Fig. 4) con los que por un lado describe irónicamente los excesos consumistas de la sociedad americana[14], y por otro los convierte en

[13] Sottsass viaja por primera vez a Estados unidos en 1956. Acompañado por su mujer Nanda Pivano llega a Nueva York para, entre otras cosas, trabajar un mes en el estudio del diseñador George Nelson. Durante los 60 las visitas al país se intensifican al trabajar durante algunos años como "corresponsal" de la revista DOMUS, e incluso pasa por una estancia más prolongada en California para seguir un tratamiento médico en 1962, durante la que lanza - también junto a su mujer - la publicación auto-editada *Room East 128* (Fig. 5) que adopta la forma de una carta abierta dirigida a sus amigos italianos. Sin embargo más que una carta era un fanzine que traslucía la fascinación del matrimonio por el mito americano, y que a su vuelta a Italia se convierte en 1967 en la revista de fabricación artesanal *Pianeta Fresco* [■CR.092] (Fig. 6) de la que hablaremos más adelante.

[14] SOTTSASS, Ettore. *Come proteggere la bellezza dalla polvere e dai pirennes*. En *Almanacco Letterario Bompiani. La bellezza 1880-1967*. Milano: Bompiani, 1967. Págs. 42-46.

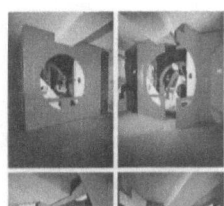

Fig.7. "Supercube", de Lester Walker. New York, 1967.

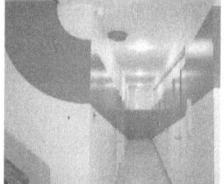

Fig.8. "Hallway with reverse perspective stripe", de William Grover. New Haven, Connecticut, 1967.

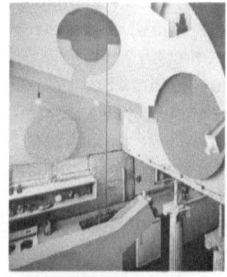

Fig.9. Interior de la casa de Charles Moore en New Haven, Connecticut, 1967.

armarios-monolito desestabilizadores creados para irrumpir en los acomodados espacios domésticos[15].

Desde América también llega el término *Supergraphics* [●CR.496], que el crítico C.Ray Smith acuña en 1967 –y desarrolla en su libro posterior *"Supermannerism"*– para describir lo que él detecta como un cambio radical en el uso del color y los gráficos por parte de un grupo de arquitectos a los que llama "supermanieristas", en cuyo trabajo (Figs. 7-9) encontramos ciertas resonancias con algunos de los proyectos y objetos expuestos en el segundo acto de Módena. Aunque estos no son citados en el libro de Smith es evidente que se les podrían aplicar algunas de las reflexiones realizadas por el crítico americano:

"Los Supergráficos son tan gigantescos que no pueden ser contenidos dentro del marco de un único plano arquitectónico. Bien se extienden por planos adyacentes –desde la pared al suelo o el techo si sus formas están pintadas en su totalidad– o aparecen como fragmentos de una imagen gráfica global. (...) No es un dispositivo decorativo –repito– no es un dispositivo decorativo, el uso Supermanierista de atrevidas bandas, formas geométricas, e imágenes tridimensionales es, rotundamente, una experimentación espacial".[16]

[15] *"Aislados en el centro de la habitación y envueltos de colores, no sólo hacen que uno se olvide de las paredes, la presencia de la pared, sino que no se refieren a ningún otro tipo de armario, a cualquier otra función que las relaciones mutuas entre el objeto y el medio ambiente. Hacen pensar en aquellos monumentos solares monolíticos de los que se nos escapa el significado, pero de la que podemos hacer un uso psíquico ilimitado."* SOTTSASS Jr, Ettore. *Mobili 1966.* Domus nº 449, Abril 1967. Págs. 37-46.

[16] SMITH, C.Ray. *Supermannerism. New attitudes in Post-modern Architecture.* New York: E.P.DUTTON, 1977.

Sin embargo, aunque sólo unos pocos meses separan ambas representaciones, los miembros de Archizoom y Superstudio consiguen pasar de un uso casi imitativo de la figuración pop en la primera, a la cuidada elaboración de un manifiesto para la segunda. En este proceso la nueva iconografía todavía vacía de significado abrazada por Natalini a través de su actividad pictórica –que les ofrecía de entrada un nuevo rango de formas e imágenes aplicadas en Pistoia a través de las cuales entendían que podían liberar a la arquitectura del peso que suponía tener que actuar como calibre moral de la sociedad moderna– es sustituida en Módena por una estrategia más amplia y elaborada[17] coincidiendo con la llegada –ese mismo año de 1966– de Umberto Eco a Florencia [■CR.362]. Los recién licenciados Natalini y Deganello, en aquel momento asistentes de Savioli en su curso "*Architettura degli interni*", encuentran en la estética y la autoridad intelectual del filósofo los medios con los que reorientar y expandir su definición inicial de la *Superarchitettura,* incluyendo finalmente potentes consideraciones sobre comunicación visual y sobre la producción y difusión de los medios de comunicación impulsada por la tecnología, aplicadas en forma de estrategias "*agit-pop*"[18]

---

[17] Aún así, la reciente actividad pictórica de Natalini y su 'descubrimiento' del arte Pop siguen siendo determinantes a la hora de producir la iconografía utilizada para promocionar este segundo acto de la *Superarchitettura*, hasta el punto de que el nuevo cartel para Módena es, en palabras del propio Natalini, un homenaje al trabajo contemporáneo del pintor pop inglés Derek Boshier, cuyas investigaciones formales de aquellos años 'inspiran' claramente el cubo sobre el que se inscribe el título de la exposición. Asimismo en los primeros trabajos del grupo también se pueden encontrar ciertas referencias y afinidades con la obra pictórica de la primera mitad de los 60 del también inglés Joe Tilson.
[18] "*Agit-pop*" es una derivación del término "*Agit-prop*" (agitación y propaganda) de la Rusia bolchevique, y designa actitudes que espoleadas por la revolución del Pop Art se nutren también de posiciones socialmente responsables.

claramente enfrentadas al inicial sueño pop y optimismo despreocupado tomado de sus colegas británicos.

El manifiesto revisado para el Acto II –presumiblemente escrito conjuntamente por Branzi, Deganello y Natalini– ya avanza una serie de actitudes y estrategias que recogen en toda su amplitud la incipiente *Superarchitettura* florentina, revistiendo el eslogan de Pistoia con el entusiasmo surgido en torno a la llegada de Eco, para convertirlo en un texto académico y programático que incorpora el peso y agitación del pensamiento del filósofo:

> *"Los mitos de la sociedad empiezan a tomar forma en las imágenes que la sociedad produce. Los nuevos objetos son a la vez cosas e imágenes de las cosas: el coche-soñado es un coche y la proyección de un coche, el nuevo monumento es la imagen del monumento. La acumulación de datos visuales condiciona la nueva escena urbana y a través de su terapia de choque crea al consumidor. El persuasor oculto es el aprendiz de brujo: ¿qué sabéis de la duplicación de imágenes? El uso del lenguaje familiar de las figuras populares –espectaculares– industriales no implica un nuevo vocabulario, sino una conciencia crítica y un estado de receptividad capaz de acomodar todas las nuevas tensiones. La superación de las convenciones, la creación de patrones temporales de comportamiento se produce a través de la relación directa con la realidad urbana total, con la actualidad y los medios de comunicación. Una nueva serie de implicaciones que incluyen la ironía como una forma de crítica constructiva está presente en los objetos propuestos. Más allá de una arquitectura de monumentos inventamos mecanismos capaces de producir imágenes, inventamos los prototipos, organizamos la producción, el consumo y la inducción al consumo."*[19]

---

[19] Reproducido en GARGIANI, Roberto. *Archizoom Associati 1966-1974. Dall'onda pop alla superficie neutra*. Milano: Mondadori Electa S.p.A, 2007. Pág. 39.

Se cuestionan así el impulso original que supusieron la llegada a Italia de los primeros panfletos de Archigram[20], al considerar su trabajo como una mera fascinación por las posibilidades técnicas ahora disponibles, pero sin un vínculo con una visión más comprometida ideológicamente que desafiara el orden social establecido, algo que para estos resultaba imprescindible en su manera de entender la nueva labor del arquitecto.

Esta rápida evolución que denota una efervescente actitud propositiva e incluso contestataria entre los jóvenes participantes y además una fe –todavía vital[21]– en el potencial de los medios de intervención en la realidad, se ve reflejada en la narrativa lineal que se desprende de las obras expuestas: desde las macroestructuras diseñadas por alumnos de tercer y cuarto curso bajo la influencia de personajes como Kahn, Tange y los Metabolistas japoneses, pasando por algunas de las tesis de inspiración Pop que se podían ver en la expo de Pistoia "aderezadas" con objetos y murales diseñados por los organizadores para la ocasión reproduciendo motivos claramente inspirados en obras de artistas americanos como Lichtenstein o Rosenquist, hasta una nueva serie de trabajos expuestos en Módena realizados por una segunda ola de *superarquitectos*

---

[20] Natalini recuerda como descubre – todavía como estudiante - la pequeña revista del colectivo inglés durante unas vacaciones con su novia en Londres, a la venta en una galería de arte moderno. Entusiasmado por el hallazgo, a su regreso se la muestra a sus compañeros de clase, y en poco tiempo ya se empezaba a vender en la emblemática librería *Centro Di* de Florencia.

[21] TORALDO DI FRANCIA, Cristiano. *Superstudio & Radicals*. Japan Interior Inc., 1982. Reproducido en MAUBANT, Jean Louis; MIGAYROU, Fredèric ; JARAUTA, Francisco. *Arquitectura Radical*. Centro Andaluz de Arte Contemporáneo, Sevilla, 2003 (catálogo exposición). Pág. 182.

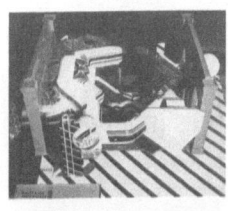

(Fig. 17) surgidos del curso de Savioli dedicado ese año académico de 1966-67 a diseñar un "*spazio di coinvolgimento*"[22] [■CR.492] en el que, como ya hemos visto, participaban como asistentes Natalini y Deganello (Figs. 10 a 14).

En ambas muestras los espacios expositivos fueron transformados en lugares donde se priorizaba la interacción y el placer sobre las formas más convencionales de exponer proyectos de arquitectura. Los murales de Natalini crean y colorean un escenario alternativo dentro del espacio de la galería, que atrae al espectador con su impactante imaginería pop, actuando al mismo tiempo como fondo de las primeras piezas de mobiliario diseñadas por ambos colectivos para la ocasión en colaboración con la empresa Poltronova[23].

Al lado de los prototipos de la *Superonda* de Archizoom [■CR.313] (Figs. 16,17) –sofá modular de formas onduladas fabricado en PVC revestido en tejido de poliuretano según la tendencia de aquellos

Figs.10-12. Proyectos de estudiantes participantes en el curso "Spazio di Coinvolgimento" (1966-1967). Publicados en el artículo de Savioli y Natalini "Spazio di Coinvolgimento", Casabella nº326, Julio 1968.

[22] Savioli organiza el programa del nuevo curso académico de 1966-67 bajo el título "*Spazio di coinvolgimento. Piper, attrezzature per il tempo libero*" [Espacio de participación. *Piper*, equipamiento para el ocio] [**CR.492**] eligiendo la tipología del *Piper* o nightclub como ejercicio final, mostrando así su interés en continuar desarrollando la línea de investigación abierta en la Triennale y aprovechar las experiencias de Eco. Para más información sobre el curso y sus resultados ver SAVIOLI, Leonardo. *Ipotesi de Spazio*. Florencia, 1972.

[23] En 1957 Sergio Cammilli funda Poltronova como un pequeño centro de estudios dedicado a la producción de piezas esenciales modernas como las de Gae Aulenti o Massimo Vignelli. Poco después Sottsass jr. es nombrado director artístico de la firma, convirtiéndola en uno de los pilares del diseño radical italiano, al producir muchos de los diseños de sus protagonistas [**■CR.484**].

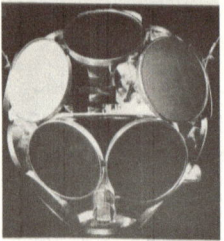

Figs.13-14. Proyectos de estudiantes participantes en el curso "Spazio di Coinvolgimento" (1966-1967). Publicados en el artículo de Savioli y Natalini "Spazio di Coinvolgimento", Casabella nº326, Julio 1968.

años[24]–, que con sus diferentes alturas y disposiciones invitaban a los visitantes no solo a sentarse, sino a tumbarse o incluso a "trepar" por ellos generando una atmósfera permisiva que integraba el juego, Superstudio presenta sus primeros diseños de lámparas continuando el motivo de la onda con la homónima *Onda* [CR.199] y la *Pasiflora*[25] [CR.198] fabricadas en plástico coloreado que les permite generar un pálido resplandor a su alrededor.

La combinación de todas estas piezas logra relegar a un segundo plano la función tradicional del mobiliario frente a los efectos atmosféricos y las inesperadas conductas que estas son capaces de activar. Los luminosos murales de inspiración pop en las paredes, el brillo plastificado y resbaladizo de los sofás ondulantes y las inquietantes sombras coloreadas generadas por las luminarias, transforman el convencional espacio de exposición en una especie de *night-club* según lo experimentado en el seminal curso de Savioli y al mismo tiempo que se producía la explosión del *fenómeno Piper*[26].

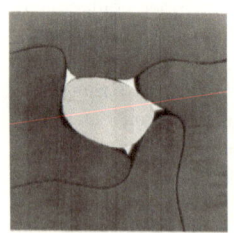

Fig.15. Sofá + otomano "Malitte" (1966), pieza modular diseñada por Sebastián Matta y producida por Gavina en 1967.

[24] Un año antes Zanotta comercializa el "*Throw-away*" (1965) [■CR.417], primer sofá enteramente fabricado en poliuretano revestido con tejido plástico diseñado por Willie Landes. Y el mismo año de la exposición de Pistoia Sebastián Matta diseña el sofá + otomano "Malitte" (1966) (Fig. 23), pieza modular producida por Gavina un año más tarde y obtenida a partir del tallado de bloques de espuma de poliuretano [■CR.418].

[25] Para una información más precisa sobre estas primeras piezas de mobiliario ver el punto siguiente *2.2. El interior como campo de batalla (mobiliario = Arquitectura).*

[26] Como ya hemos visto, a mediados de los 60 Italia asiste a la aparición de varios locales nocturnos que bajo el nombre de *Piper Clubs* empiezan a protagonizar la vida nocturna de las grandes ciudades, y que será el desencadenante de varios experimentos radicales en torno a esta tipología que se convertirán en el centro del debate arquitectónico en aquellos años.

Al mismo tiempo que algunos de sus compañeros detectan el potencial de estos nuevos "palacios de la diversión", convirtiéndolos en un laboratorio experimental estilístico y funcional capaz de generar modelos para un nuevo orden social ligado al entretenimiento, Archizoom y Superstudio transforman, a través del mobiliario, los locales anodinos de las exposiciones de Pistoia y Módena en espacios liberadores y participativos donde el visitante (como en los *Piper*[27]) se convierte en parte activa y emancipada del proceso de construcción del evento.

El acceso abocinado inundado por el color y por geometrías de inspiración *pop*, daba paso a la zona "amueblada", donde objetos cotidianos tomaban una nueva forma: el tocadiscos *Supersonik*, la cajonera *Per Aspera ad Astra?*, o el sofá Superonda eran las nuevas criaturas que atestaban la habitación, entendida más como escenario para una nueva "*action architecture*" que como algo conscientemente planeado u organizado.

Figs. 16,17. Sofá "Superonda" diseñado por Archizoom en 1967 y producido por Poltronova.

Impulsos de agrupación

A partir de esta experiencia los dos colectivos comienzan a trabajar de manera independiente –aunque sin perderse de vista mutuamente, en

---

[27] *"The spatial model of the Pipers consisted in a sort of immersion in a continuous flow of images, stroboscopic lights and very loud stereophonic music; the goal was total estrangement of the subject, who gradually lost control of his inhibitions in dance, moving towards a sort of psychomotor liberation. This did not mean for us a passive surrender to the consumption of aural and visual stimuli, but a liberation of the full creative potential of the individual. In this sense the political significance of the Pipers is evident as well".* BRANZI, Andrea. *La casa calda: Esperienze del nuovo design italiano.* Idea Books, 1984. Pág. 54.

un clima de reciproca y fructífera competencia- e irán abandonando gradualmente su inicial actitud militante para empezar a trabajar pensando en otra sociedad, una sociedad intelectualizada representada por mundos "mejores" cargados de ironía que finalmente situarán sus propuestas en el segundo grupo apuntado anteriormente por La Pietra.

Superstudio, inicialmente formado por Natalini y Toraldo di Francia, establece su centro de operaciones en el local de la colina florentina de Bellosguardo, donde como recuerda el segundo: *"Ugo Foscolo, Elizabeth Barret Browning, Natahaniel Hawthome ó Henry James estaban entre aquellos que nos precedieron en la misma colina, por lo que pensé que podría ser un buen augurio para nuestros intentos de apertura de los cerrados límites disciplinarios de la arquitectura, que nos habían sido transmitidos a través de la academia del Estilo Internacional."*[28]

Podríamos pensar que el comienzo de una actividad profesional estable vinculada a un espacio fijo es la causa principal que inmediatamente activa el crecimiento del grupo una vez terminadas las dos exposiciones dedicadas a la *Superarchitettura*. Sin embargo, si analizamos un poco más esta compartida tendencia al agrupamiento, podremos observar que, fundamentalmente, se trata de una cuestión de mímesis con los precedentes-detonantes y con el entorno más cercano.

Como ya vimos anteriormente, los años previos a la explosión del fenómeno radical se caracterizan por la aparición de numerosos colectivos que en las

---

[28] TORALDO DI FRANCIA, Cristiano. Memories of Superstudio. En LANG, Peter; MENKING, William. *Superstudio: Life without objects.* Milan: Skira, 2003. Pág. 65.

Fig.18. Miembros fundadores de la Internacional Situacionista, 1957.

Fig.19. Accionismo Vienés: 'Die Blutorgel'. Adolf Frohner, Otto Muehl y Hermann Nitsch, 1962.

Fig.20. Nam June Paik, Alison Knowles, Emmett Williams, George Maciunas, and Benjamin Patterson interpretando la pieza de Maciunas "In Memoriam to Adriano Olivetti". Fluxus Internationale Festspiele Neuester Musik, Städtisches Museum, Wiesbaden, Septiembre 8, 1962. The Gilbert and Lila Silverman Fluxus Collection Gift, Museum of Modern Art, New York.

distintas disciplinas escenificaron la ruptura con los modelos establecidos. Empezando por el fenómeno Beatles [◆CR.026] y Rolling Stones [◆CR.027] y su revolucionaria irrupción en la escena musical de los 60, pasando por las experiencias del Independent Group [◆CR.001], la Internacional Situacionista [❖CR.007] (Fig. 18), los Accionistas Vieneses [▲CR.454] (Fig. 19), Fluxus [●CR.025] (Fig. 20), el Arte Povera [■CR.087] (Fig. 21), o el Living Theatre [●CR.474] en el mundo del arte, hasta el Team X [❖CR.002] (Fig. 22), los Metabolistas [❖CR.019], Archigram [◆CR.022] (Fig. 23) o el GEAM [★CR.008] en la arquitectura, o el Gruppo 63 [■CR.037] (Fig. 24) en literatura, todos utilizaron la agrupación como *modus operandi*. En el caso italiano no debemos olvidar el impacto que los movimientos obreros tuvieron en las movilizaciones estudiantiles y la posterior "militarización" de las universidades, todo ello organizado a partir de la habitual estructura grupal que rodeaba a sus protagonistas principales[29]. Ya sea por afinidad con estos grupos predecesores, por su inherente sentido de militancia, o por la necesidad de ruptura con la figura del "heroico" arquitecto moderno, la mayoría de los actores radicales[30] optarán por el grupo como forma de trabajo habitual que les permitirá diluir la tensión de la autoría en favor de propuestas plurales.

[29] Para más información sobre esta realidad socio-política que marcará el desarrollo global de la Italia de los 60 ver el apartado *1.5. Italia: nuevo paisaje doméstico* de esta tesis.
[30] Como veremos más adelante, tras Archizoom y Superestudio surgen en varias ciudades de Italia numerosos grupos experimentales como UFO, Zziggurat, Gruppo 9999, Gruppo Strum, etc., y paralelamente en otros países la historia se repite: Haus Rucker-Co, Coop Himmelblau, Missig Link, Zünd Up ó Salz der Erde desarrollan su actividad en Viena; Street Farmer en Londres, ó Ant Farm y Onyx en EE.UU.

Fig.21. Michelangelo Pistoletto, Carlo Colnaghi, Carmine Ableo, and Gino Marotta dentro del Giardino all'italiana (Jardín Italiano), en Arte Povera, 1968. Imagen: Bruno Manconi.

Fig.22. Reunión del Team 10 en el jardín de Aldo van Eyck, Loenen aan de Vecht, 1974.

Fig.23. Los seis miembros de Archigram en 1987.

Fig.24. Miembros del Gruppo 63.

Superstudio no podía ser menos. Con el ejemplo cercano de los *archizoomers* (Fig.25) –pero de un modo más heterogéneo[31]– en 1967 el dúo de fundadores inicia su progresiva transformación hacia la estructura de grupo.

La primera incorporación es la de Roberto Magris [CR.084], diseñador e *interiorista* con cierto prestigio en la ciudad que compatibilizará esta actividad profesional con los estudios de arquitectura (comienza la carrera un año más tarde para terminarla en 1975), una actividad que le permite además captar nuevos clientes adinerados para el colectivo recién creado. Su formación como diseñador le lleva a concentrarse en los proyectos vinculados al diseño industrial que representan la actividad principal del grupo durante los primeros años.

Un año más tarde se incorpora Gian Piero Frassinelli [CR.098], justo después de presentar su proyecto de *Tesi di Laurea*. Su particular interés por otras disciplinas como la semiología y la antropología le llevan a colaborar durante sus estudios con los departamentos de estas materias dentro de la Universidad, trabajando para integrar estos campos en sus diseños como estudiante al tiempo que mejora-

---

[31] Contrariamente a lo que había sucedido con la formación de Archizoom, a partir de un grupo compacto de compañeros y amigos con muchas cosas en común, los seis futuros componentes de Superstudio no compartían un trasfondo ideológico ni pertenecían a las mismas organizaciones políticas, y tampoco existía entre ellos una especial vinculación a un grupo o profesor. Por estas razones Peter Lang acertadamente apunta que el colectivo se forma justo como su nombre indica: como una "super-oficina" heterogénea donde la disparidad de caracteres les dotará con un profundo y premonitorio sentido de la historia y actitud beligerante. LANG, Peter. *Suicidal desires*. En LANG, Peter; MENKING, William. *Superstudio: Life without objects*. Milan: Skira, 2003. Pág. 33.

Fig.25. "I terroristi", los cuatro miembros fundadores de Archizoom retratados como "fugitivos" para la revista Panorama, Febrero 1968.

ba sus habilidades para la escritura. Este enfoque personal le permite entender el diseño de edificios desde un punto de vista sociológico, incorporando a las investigaciones del grupo la transcendencia de la arquitectura local sobre las poblaciones existentes y convirtiéndolo en una figura clave en las exploraciones posteriores sobre el impacto del diseño en las experiencias cotidianas. Esta actitud, que de forma natural integraba teorías procedentes de otras disciplinas en la arquitectura, se convertirá en un rasgo diferencial no solo del trabajo de Superstudio, sino de las propuestas radicales de los años posteriores (Fig.26).

En 1970, serán Alessandro Magris y Alessandro Poli [CR.138] los últimos en incorporarse al grupo, el primero como nuevo socio, y el segundo como la figura que permitirá al colectivo ir más allá en sus investigaciones en torno a la arquitectura de la vida cotidiana[32]. Poli será el único que abandone el grupo tras una corta colaboración de solo dos años.

Fig.26. Roberto Magris, Adolfo Natalini, Gian Piero Frassinelli y Cristiano Toraldo di Francia, 1968. Retrato de Ugo Mulas publicado en Casa Vogue n°2, 1969.

Como veremos a lo largo de los siguientes capítulos, esta incorporación progresiva de nuevos miembros produce periódicamente sutiles cambios ideológicos y programáticos que afectan a los proyectos críticos abordados por Superstudio, cambios que iban habitualmente acompañados por el uso de diferentes medios en muchas ocasiones todavía inexplorados, una actitud que centra parte de los esfuerzos de esta investigación.

[32] Se podría decir que cada uno de los miembros de Superstudio se especializaba en un aspecto de la producción técnica y creativa del grupo, lo que se traducía en una cuidada y medida efectividad.

Sin embargo, independientemente de sus integrantes y ya desde sus inicios, el grupo mantiene invariablemente a lo largo de su corta historia un posicionamiento critico centrado en encontrar una salida operativa a la disciplina una vez comprobado el agotamiento de la era Moderna.

Habitando zonas intermedias

Tras el "audaz" compromiso con la cultura de masas adquirido con motivo del nacimiento de la *Superarchitettura*, que automáticamente les lleva a adoptar un lenguaje crítico envuelto en iconografía pop para generar, más que una nueva realidad, al menos su encarnación física, los integrantes de Superstudio inician un proceso de reevaluación constante con el que pretenden por un lado, desprenderse de los vestigios y encaprichamientos de la arquitectura heredada, y por otro, apropiándose de la estrategia defendida por Tronti unos años antes de la lucha *"dentro e contro"*[33] (*"against from within"*, "en contra desde dentro"), dinamitar sus principios desde dentro, aceptando de manera realista la lógica del sistema y la complejidad como valor para poder operar dentro de la sociedad pero en contra de ella. Utilizando la cultura como factor desequilibrante promueven la inteligencia no-violenta como herramienta para la exploración, adoptando estrategias "de guerrilla" que les permiten actuar al margen,

---

[33] Con la noción de "contra desde dentro" Tronti se refiere a la habilidad para llevar a cabo la lucha contra el capitalismo pero dentro del marco de las instituciones reconocidas – partidos políticos, sindicatos – y en último lugar trabajar contra su criticada moderación impuesta por el propio sistema capitalista. Para más información ver el apartado *1.5. Italia: nuevo paisaje doméstico* de esta tesis.

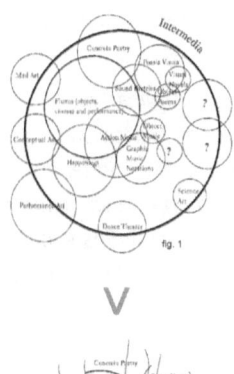

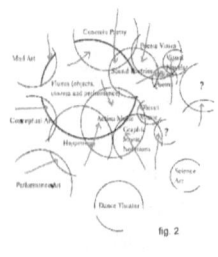

Fig.27. Esquema Intermedia de Dick Higgins afectado por la implosión del tiempo, 1966.

cambiar de objetivos en función de las circunstancias y asumir una naturaleza móvil e incomprensible.

Esta posición "infiltrada", que encontramos de manera habitual en otros actores contemporáneos y que el compositor y poeta Dick Higgins ya en 1966 había descrito acuñando el término de "*Intermedia*"[34] [●CR.399] (Fig. 27), les permite habitar un área indefinida entre arquitectura y artes visuales, entre crítica social e ironía, donde encuentran el espacio necesario para la reflexión desde el que la crítica puede llegar a convertirse en acción. Natalini lo explicaba pocos años más tarde en una conferencia ofrecida en la AA de Londres en 1971 [CR.152]:

"Nuestro trabajo siempre ha discurrido dentro de una zona vacía y enrarecida: existe un espacio entre la arquitectura y las artes visuales, entre las profesiones culturales y la vida.

Este espacio es la única superficie "no-alienante" en nuestra experiencia, es la única zona donde, más allá de las rutinas profesionales y de la pura existencia, podemos buscar una coincidencia entre "ser" y "hacer", entre actuar y existir... Un espacio para la reflexión...Un espacio para la actividad crítica (o la filosófica) a través de la cual explorar las diferentes formas

---

[34] En 1966 Dick Higgins, compositor y poeta - y uno de los más tempranos artistas componentes de Fluxus - en un ensayo publicado bajo el mismo nombre en el primer número de *Something Else Newsletter* (New York, 1966) acuña el término "Intermedia" para describir su actividad artística. Con este término trataba de describir las a menudo confusas actividades interdisciplinares que tenían lugar entre las disciplinas o géneros predominantes en los 60. Así, aquellas áreas comprendidas entre el dibujo y la poesía, o entre la pintura y el teatro, eran descritas como INTERMEDIA. Finalmente, estos nuevos géneros entre géneros podían desarrollar sus propios nombres, como por ej. poesía visual o arte *performativo*.

de hacer, y de intentar, con serena indiferencia, ordenar y dar sentido a nuestra actividad.

La elección de esta zona de actuación implica un doble movimiento: debemos abandonar la actividad diaria para ser capaces de controlarla críticamente, y entonces volver de nuevo a la realidad en una situación diferente. Solo así podremos verificar los medios y los fines; solo así la crítica puede llegar a convertirse en acción."[35]

Natalini deja claro que, desde el principio, pese a sus compromisos profesionales, Superstudio nunca tuvo la intención de operar como una oficina tradicional, pero tampoco convertirse en un incomprendido grupo de radicales parapetados tras una actividad meramente teórica. Su producción de los primeros años oscila entre la práctica aplicada al diseño de mobiliario y objetos, y las investigaciones que irán reformulando sus estrategias de trabajo, apoyando la idea que todos ellos compartían en torno a la arquitectura no solo como una actividad con la que solucionar problemas, sino también como herramienta crítica y de conocimiento[36].

---

[35] Conferencia que bajo el título *"Inventory, Catalogue, Systems of Flux ... a Statement"* Adolfo Natalini imparte en la AA School of Architecture de Londres el 3 de Marzo de 1971. Reproducida en LANG, Peter; MENKING, William. *Superstudio: Life without objects.* Milan: Skira, 2003. Pág. 164.

[36] *"Superstudio used the rhetorical devices of metaphor and allegory and the tools of irony and imagination, maneuvering through the noman's-land between art and architecture so as to attempt forays into politics, sociology and philosophy. For this reason, it was a real avant-garde, in the military sense of the word vanguard: a group that moves forward destroying the enemy's defenses, sacrificing itself in order to dear the way for the rest of the army".* NATALINI, Adolfo. *Superstudio in Middelburg: Avant-garde and Resistance.* En BYVANCK, Valuentijn. *Superstudio: The Middel-*

El interior como campo de batalla (Mobiliario = Arquitectura)

Entre 1966 y 1970 Superstudio no construye un solo edificio.

La precaria situación del mercado laboral para los jóvenes arquitectos italianos, tanto en el ámbito privado como en el de la promoción pública, ofrecía a estos recién licenciados un panorama desolador[37].

El dramático "milagro económico" de finales de los 50 y principios de los 60, produce fuertes migraciones desde las zonas rurales a los centros urbanos industrializados, lo que se traduce en un intenso crecimiento de la demanda de viviendas para los nuevos trabajadores. El aumento de la población de los centros de grandes ciudades como Milán, Turín, Roma o Nápoles expulsa a los residentes "indígenas" hacia la periferia, donde los especuladores les esperaban con nuevos pero deficientes bloques de apartamentos anodinos, en muchas ocasiones diseñados sin la participación de un arquitecto y levantados en zonas desprovistas de las infraestructuras básicas[38].

Mientras la situación en el sector privado no generaba oportunidades para los nuevos arquitectos, la situación en el entorno público no era mucho más

---

burg Lectures. Middelburg: De Vleeshal and Zeeuws Museum, 2005. Pág.25.

[37] Por poner un ejemplo, según Tafuri, en el periodo comprendido entre los años 1963-69 solo el 36% de los graduados en la prestigiosa escuela de arquitectura del Politécnico de Milán encontraron trabajo como arquitectos. Ver GINSBORG, Paul. *A history of contemporary Italy: society and politics, 1943-1988.* Penguin UK, 1990. Pág. 97.

[38] Ibid. Págs. 245-50.

prometedora. La principal organización estatal responsable de la promoción de vivienda pública, el *Istituto Nazionale delle Assicurazioni* –más conocido como INA-Casa–, había sido fundada en 1949 con el objetivo de gestionar la construcción de las nuevas viviendas demandadas tras el fuerte incremento de la población urbana. Sin embargo, una gestión inadecuada y poco efectiva, que confiaba en las tradiciones locales más artesanales en vez de promover soluciones estructurales y tecnológicas más novedosas, hace desaparecer también las expectativas de trabajo en este ámbito para los arquitectos más jóvenes y socialmente comprometidos.

La strategia del rifiuto

Como otros muchos colegas, Natalini y compañía, atrapados en esta paradójica situación en la que por un lado pretendían intervenir en el replanteamiento de la cultura arquitectónica, y por otro trataban de evitar al mismo tiempo la complicidad con unas instituciones que consideraban corruptas y que no generaban nuevas oportunidades, deciden finalmente abstenerse de la práctica constructiva, centrándose en los interiores anónimos y sombríos de las nuevas promociones que ahora señalan como los lugares en los que librar sus batallas:

> *"Desviando nuestra atención hacia el espacio interior, este podría convertirse en el espacio perfecto para la participación (un nivel para la actuación continua, o en otras palabras, un lugar para los acontecimientos, un lugar para 'estar') a través de la acción de los productos de diseño que colocamos en él."*[39]

[39] TORALDO DI FRANCIA, Cristiano. *Superstudio & Radicals*. Japan Interior Inc., 1982. Reproducido en MAUBANT, Jean Louis;

Esta preocupación por el estado de la vivienda social en Italia y la consiguiente focalización en los interiores domésticos como los lugares desde los que activar el cambio, es compartida por algunos de los artistas integrados en lo que el omnipresente Germano Celant definiría en 1967 como *Arte Povera*[40] [■CR.087], un nuevo movimiento artístico que influye decisivamente en los radicales posicionamientos de Superstudio. Construido contraculturalmente, contra el *op art*, contra el *pop art*, contra toda tendencia artística imperante, pero sobre todo contra el uso de los materiales convencionales del arte, el *Arte Pobre* convierte **al creador en un alquimista**, un hacedor que busca las cualidades ocultas del material cotidiano, de los objetos desvalorizados comercialmente para despertar sentidos adormecidos en el letargo capitalista, un proceso del que, en cierta manera, ahora se apropia el grupo para conseguir sus nuevos objetivos.

MIGAYROU, Fredèric; JARAUTA, Francisco. *Arquitectura Radical*. Centro Andaluz de Arte Contemporáneo, Sevilla, 2003 (catálogo exposición). Pág. 188.

[40] En 1967 La galería *La Bertesca* de Génova inaugura la exposición "*Im Spazio*" en donde un grupo de trece artistas italianos (Giovanni Anselmo, Alighiero Boetti, Pier-Paolo Calzolari, Luciano Fabro, Jannis Kounellis, Mario y Marisa Merz, Giulio Paolini, Pino Pascali, Giuseppe Penone, Michelangelo Pistoletto, Emilio Prini y Gilberto Zorio), empuñando las únicas armas que poseían (desechos, basura, etc) comenzaron a gestar la guerrilla del Arte Povera, y asentaron las bases sobre las que surgirá el actual **arte reciclado**. Germano Celant acuña el término "*Arte Povera*" para "etiquetar" este nuevo movimiento en el catalogo de la exposición, y al mismo tiempo publica en el n° 3 de la revista *FlashArt* el artículo "*Arte Povera: appunti per una guerriglia*", donde critica el concepto de arte imperante en los sesenta *"en el que el artista, como nuevo juglar del sistema, satisface los consumos refinados y produce objetos para paladares cultos"*.

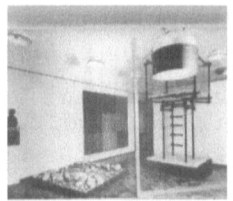

Fig.28. Vista de la exposición Arte abitabili, Galleria Sperone. Turín (1966).

Fig.29. Mario Merz. Iglu de Giap (1968)

Fig.30. Mario Merz. Che Fare (1969).

Fig.31. Carla Accardi. Tenda (Galleria Notizie, Turín, 1966).

Tal y como apunta la historiadora Karen Pinkus, varios de los trabajos vinculados al *Arte Povera* de mediados de los 60 *"pueden ser interpretados como una reflexión sobre la falta de una vivienda digna en la Italia de posguerra"*, y muchas de las estructuras semi-habitables producidas por estos artistas *"llamaban la atención - o proponían alternativas - sobre la pobreza de los espacios existentes para la vida doméstica"*[41]. La exposición *"Arte abitabili"* organizada por la Galleria Sperone de Turín en 1966 [CR.541] (Fig.28) supone un evento crucial en este sentido al exponer obras relacionadas con la problemática espacial en general y con la habitabilidad en particular. A estos trabajos les seguirán, en la misma línea de investigación sobre la *habitación* y la participación de los espectadores en la creación de un nuevo sentido del propio espacio, los *iglús* de Mario Merz [■CR.546] (Figs.29,30), las tiendas de campaña de Carla Accardi [■CR.547] (Figs.31,32) y los refugios habitables adaptados a las proporciones del usuario de Luciano Fabro[42] [■CR.545] (Fig.33), que influyen también en la reorientación del papel del individuo en las teorías posteriores de Superstudio.

[41] PINKUS, Karen. *Italy in the 1960s: Spaces, Places, Trajectories*. En *Zero to Infinity: Arte Povera, 1962-1972*. Minneapolis: Ed. Richard Flood and Frances Morris. Walker Art Center, 2001. Pág. 92. Citado en ELFLINE, Ross Kenneth. *Superstudio and the staging of architecture's disappearance*. University of California, 2009. Pág. 83.

[42] *"It is an air chamber conceived to measure the single individual, in which man is the only yardstick for the portion of space which he occupies, as shown by a photographic sequence which depicts the artist intent on verifying the dimensions and properties of his cube. By measuring the space through the extension of his body and exploring the richness of physical and sensory variations it offers, simple actions enable him to rediscover the basis for a behavior which is also a form of inner coordination, in some way spontaneous and unconscious..."*
Luciano Fabro sobre *Il cubo*, 1966.

Fig.32. Carla Accardi. Triplice tenda (1969–71).

Fig.33. Luciano Fabro. Il cubo (1966).

El posible influjo de la provocativa actitud de Pistoletto y compañía en la intencionada retirada temporal de toda actividad relacionada con la construcción de edificios escenificada por los integrantes de Superstudio, posiblemente también encontró una aliada en la contemporánea "estrategia del rechazo" defendida también por el crucial Mario Tronti[43] en su ensayo de 1965 "*La strategia del rifiuto*" [■CR.388], lo que vuelve a incidir sobre las íntimas relaciones que por aquellos años en Italia mantenían unidas la política, la sociedad, el arte y la arquitectura. La postura de los florentinos la aclaraba Natalini en su conferencia de la AA:

"*(Un) tipo de acción es aquella que rechaza toda participación, permaneciendo aislado y al margen, mientras se continúa produciendo ideas y objetos tan intencionadamente diferentes que son inutilizables por el sistema sin involucrarse en una feroz autocrítica. (...) Para nosotros, la arquitectura es siempre opuesta al edificio.*"[44]

Su modo de operar explora un camino –el de la "desaparición" constructiva pero permaneciendo de alguna manera ligados a la disciplina– que, como

---

[43] Los escritos de Mario Tronti son especialmente decisivos en la actitud inicial de los jóvenes arquitectos italianos descontentos con el sistema en el que les había tocado trabajar, y en particular las "estrategias de rechazo" defendidas por el activista político son el germen de las futuras posiciones de "silencio absoluto" o retirada de la actividad convencional practicada por grupos como Archizoom y Superstudio.

[44] Parte de la conferencia que bajo el título "*Inventory, Catalogue, Systems of Flux ... a Statement*" Adolfo Natalini imparte en la AA School of Architecture de Londres el 3 de Marzo de 1971. Reproducida en LANG, Peter; MENKING, William. *Superstudio: Life without objects*. Milan: Skira, 2003. Pág. 164.

Fig.34. "Mind expander", de Haus-Rucker-Co, 1967 [▲CR.097]

Fig.35. "Balloom für Zwei", de Haus-Rucker-Co, 1967 [▲CR.429].

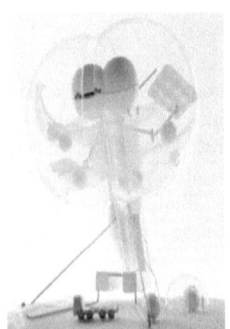

Fig.36. "Cloud", de Coop Himmelblau, 1968 [▲CR.241].

apunta el historiador del arte Michael Newman, era habitualmente frecuentado entre los protagonistas de las vanguardias históricas y las neo-vanguardias[45].

Un claro ejemplo de ello lo encontramos en el trabajo contemporáneo de algunos jóvenes colegas austriacos, como los colectivos vieneses Haus-Rucker-Co [▲CR.083] (Figs.34,35) y Coop Himmelblau [▲CR.103] (Fig.36), que estimulados por las primeras propuestas "sensoriales" de Hollein y Pichler (p.ej. "*Tagbaren Wohnzimmers*", 1967 [▲CR.082]) (Fig.37), pero también por la promiscuidad tecnológica de Archigram y la mediática carrera espacial, trascienden la condición puramente formal e inamovible de la arquitectura para generar entornos artificiales y dispositivos de "expansión mental" equipados con complejos sistemas de información sensible que más que crear ambientes los estimulaban cognitiva y sensorialmente. Como ya hemos visto en el capítulo anterior, Hollein llegará a declarar en 1968 "*Alles ist Architektur*" [▲CR.104] para poner orden entre todas aquellas propuestas emergentes que trataban de avanzar en la misma dirección.

El manifiesto de Hollein publicado en BAU[46] (Fig. 38) cuestionaba de manera radical los límites de las

---

[45] NEWMAN, Michael. *After Conceptual Art: Joe Scanlan's Nesting Bookcases, Duchamp, Design and the Impossibility of Disappearing*. En *Rewriting Conceptual Art*. Londres: Ed. Michael Newman & Jon Bird. Reaktion Books, 1999. Págs. 206-221.

[46] HOLLEIN, Hans. *Alles ist Architektur*. BAU 1/2, 1968. "*Bau served as a laboratory in which Hollein worked on his architectural thought experiments—in turns as a technophile, Pop artist, space-age visionary, Nietszchian Thus-Spake- Zarathustra mystic, romantic regionalist, surrealist, preservationist, and Wrightian organicist. Together, Hollein's verbal and pictorial essays early in Bau prefigure the mental and pictorial collage of 'Alles ist Architektur'*". LEFAIVRE, Liane. *Everything is Architecture*. Harvard Design Magazine, Spring/Summer 2003, n°18. Pág.3.

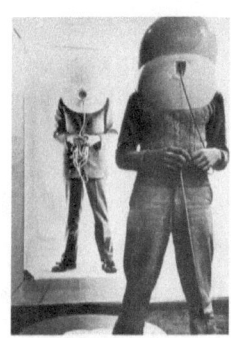

Fig.37. "Tagbaren Wohnzimmers", de Walter Pichler, 1967 [▲CR.082].

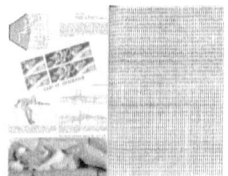

Fig.38. Hans Hollein, "Alles ist Architektur". BAU 1/2, 1968.

disciplinas sobre las que él mismo trabajaba (como artista / arquitecto / comisario / diseñador / editor / etc.), prefiriendo subrayar las transiciones fluidas entre ellas y sugiriendo difuminar la arquitectura en una "habilidad" general para diseñar un entorno tecnológico, en un intento por imaginar el impacto de la nueva Era de la Información avanzada por McLuhan unos años antes desde su *Galaxia Gutenberg*[47] [❖CR.029]. En un ejercicio provocador y estimulante para los atentos integrantes de Superstudio, Hollein redefinía la disciplina, equiparándola inesperadamente con conceptos dispares nunca asociados a ella: "clima artificial", "transporte", "ropa", "medioambiente" (en el sentido más amplio), "los sentidos", "clientes egocéntricos", "comunidad", "la arquitectura de culto", "control de la temperatura corporal", "desarrollo científico", "arquitectura simulada", "arquitectura inflable", "la háptica", "la óptica", "la acústica", "la expresión de las necesidades emocionales", e incluso " la estrategia militar". Del mismo modo fragmentario incorporaba las imágenes que acompañaban al texto, bajo las que escribía *"esto es arquitectura"*: una píldora, un bote de espray, un pintalabios, una fotografía de Sergei Eisenstein, de Paco Rabanne, del Che, de Niki de Saint Phalle saliendo con Tinguely de la entrepierna de su escultura de mujer gigante para el Moderna Museet [❖CR.323], un sujetador, el observatorio de Jaipur, astronautas en el espacio, un cuadro de Magritte, una burbuja, el *Gran Destornillador* de Oldenburg, etc., etc., etc., todo ello para "deformar" la definición de arquitectura hasta el límite, empujándola hacia los elementos más vibrantes de la cultura contemporánea como la sexualidad, la re-

---

[47] MCLUHAN, Marshall .*The Gutenberg Galaxy: the making of typographic man*. Toronto: University of Toronto Press, 1962.

Fig.39. "Macchina per sperimenti psicologici", de Enzo Mari, 1967.

Fig.40. "Inmersioni urbane", de Ugo la Pietra. XIV Triennale di Milano, 1968.

Fig.41. "Sitema disequilibrante. Videocomunicatore", de Ugo la Pietra. 1972.

belión, la transitoriedad, la violencia, el futurismo, la desinhibición, lo *cool*, lo no convencional, la sátira política..."[48], vamos, un filón para todos aquellos operadores radicales que precisamente consideraban superado el modelo de disciplina heredado y concentraron sus esfuerzos en ampliar ilimitadamente sus dominios.

También desde otras ciudades de Italia llegaban a Florencia noticias de nuevas líneas de investigación similares a las vienesas, principalmente desde Milan, donde Enzo Mari presenta su "*Macchina per sperimenti psicologici*" [■CR.424] para la VI Biennale di San Marino de 1967 (Fig.39), y Ugo la Pietra formula un año después su teoría sobre el "*Sistema disequilibrante*" [■CR.088] a través de la cual investiga las relaciones entre la gente, los objetos y las ciudades, profundizando en temas sociológicos y políticos, y utilizando como herramientas el desplazamiento y el descubrimiento para "empujar" el motivo de la investigación fuera de su zona de confort (visual, gestual o de comportamiento), consiguiendo así nuevas percepciones de la condición humana y urbana. A partir de esta teoría entre 1968 y 1971 la Pietra desarrolla varios dispositivos integrados en la serie "*Inmersioni*" [■CR.425] (Figs. 40,41) que generan experiencias sensoriales diversas como alternativa disuasoria a la hostilidad de la ciudad en forma de lugares de relax en los que intensificar la vida urbana, como "*Casco Sonoro*" (1968), "*Immersione nell'acqua*" (1968-69), "*Uomouovosfera*" (1968), "*Colpo di Vento*" (1970) ó "*Videocomunicatore*" (1972).

---

[48] Para una estimulante lectura sobre el manifiesto de Hollein ver LEFAIVRE, Liane. *Everything is Architecture*. Harvard Design Magazine, Spring/Summer 2003, n°18.

Frente a estas interferencias contemporáneas que desde la renuncia a la actividad constructiva denunciaban la pasividad de la arquitectura ante los nuevos estímulos que la sociedad no paraba de producir, la gran apuesta inicial de Superstudio fue sustituir en un primer momento los edificios por mobiliario, para así evidenciar la impotencia de la disciplina a la hora de producir un cambio real en los modos de habitar.

Convierten así el interior en el nuevo "campo de batalla" en sintonía con la idea de que la revolución cultural comenzaba en el entorno doméstico, estimulados por el trabajo de Ettore Sottsass Jr., el "hermano mayor" que desde su revista *Pianeta Fresco* [49] [■CR.092] apostaba por un diseño donde el objeto se convertía en el mágico y en ocasiones misterioso vehículo en el que el ritual de la vida cotidiana se condensaba[50].

---

[49] En 1967 Ettore Sottsass Jr. funda la revista auto-publicada Pianeta Fresco con Nanda Pivano (la crítica literaria que tradujo y dio a conocer a la generación beat en Italia) y Allen Ginsberg. Pivano fue nombrada *"responsable de la redacción"*, mientras que Allan Ginsberg asume el papel de *"irresponsable de la redacción"* y Sottsass Jr. el de *"guardián de los jardines"*. Esta revista, publicada e impresa por los mismos autores, defiende lo que el grupo llama *"cultura del autogobierno"*. Con un formato y una composición multicolor única para cada página, explora una amplia gama de temas, de la poesía a la psicodelia, del pacifismo a las prácticas artísticas emergentes. Pianeta Fresco puede entenderse como un proyecto artístico autónomo y a la vez como una innovadora plataforma intelectual. La publicación promovía *"los caminos del placer"* y sus colaboradores luchaban de forma creativa a favor de la *"no-violencia"*. Cada tarde a las seis, un grupo de jóvenes se daba cita en el apartamento de Pivano y Sottsass Jr. En el seno de este colectivo contracultural, entre palabras y volutas de humo, cobra vida la revista. Se trata de un proyecto colectivo en el que participan artistas, arquitectos y colaboradores, amigos de la pareja.

[50] RAGGI, Franco. *Radical story*. Casabella 382. Octubre 1973. Pág.38.

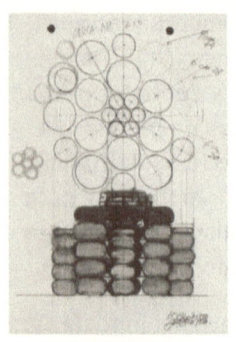

Fig. 42. "Altare: per il sacrificio della miasolitudine (prima che sia profanata dai raggiri della politica)", Ettore Sottsass. 1968.

"*Existe la idea de que la decoración no es un catálogo de cositas hechas en casa, sino que es el diseño de un lugar, de un estado existencial...(...) Para una realidad consciente del desastre existencial no son creados para una familia pequeño-burguesa donde todos son felices, sino que son algunos de los diseños que crean un ambiente casi metafísico, extraño, que por lo tanto todavía no funcionaban en el mercado...*"[51]

Desde su *popera* serie "Superbox" de 1966 [■CR.414], hasta sus "*mandala altars*" de terracota concebidos en 1968 [■CR.539] como "*silenciosas habitaciones para la meditación*" que formaban parte de una exposición celebrada un año después en Estocolmo (Figs.42,43), y convertidas en mobiliario en 1970 a través de su serie "*Mobili grigi*" [■CR.540] ("*Muebles grises*"), Sottsass demuestra un creciente interés por la creación de ambientes más que por el simple diseño de objetos "aislados", actitud que como veremos será rápidamente imitada por sus jóvenes seguidores florentinos.

Fig. 43. Exposición "Landscape for a Fresh Planet". Nationalmuseum de Estocolmo. 1969.

Con sus "*muebles grises*" de fibra de vidrio (Fig.44), producidos por Poltronova para equipar completamente una casa con formas escalonadas de escala arquitectónica que recuperan la mística de antiguas pirámides y templos, y en gran medida el espíritu del *Art Deco* de los años 20, Sottsass, más que enfatizar los avances tecnológicos del material utilizado, explora sus efectos emocionales:

Fig. 44. Serie "Mobili Grigi", Ettore Sottsass para Poltronova. 1970.

[51] Extracto de una entrevista en video realizada a Sottsass con motivo de la exposición "*Vorrei Sapere Perchè, una mostra su Ettore Sottsass*", Triestre Dic.2007-Marzo 2008.

"En una habitación uno trata de colocar la mayor cantidad posible de "Mobiliario gris" hasta el punto de que la convencional, y 'linda', estructura cuadriculada de la estancia es casi encubierta y destruida totalmente. Si se alcanza cuidadosamente este punto, el habitante se sentirá prácticamente asfixiado por un gris, brillante, y plástico deslizamiento geológico; se sentirá asfixiado por formas redondeadas e infladas (para siempre) de origen religioso, completamente aislado de todo lo que queda fuera de la habitación, como si estuviera en el bullicioso y rojo Templo de los Monos de Benarés..."[52]

La figura del diseñador milanés, su actitud cada vez más subjetiva respecto al diseño a medida que crecía su interés por dotar a objetos inanimados de valores emocionales, y su acercamiento al ambiente florentino a través de su trabajo para Poltronova, fue decisivo para muchos investigadores de la ciudad que todavía dudaban entre el campo profesional y el campo teórico, entre la producción industrial y la "responsabilidad social", ya que su actividad representaba la posibilidad de coexistencia sosegada y nada dramática de dos modos de hacer aparentemente antitéticos.

Sursum Corde: hacia una arquitectura de la evasión

Tanto Superstudio como Archizoom se muestran decididos a seguir los pasos de Sottsass Jr., y tras las dos exposiciones iniciáticas en torno a la *Superarchitettura* comienzan a producir objetos

---

[52] *Italian Jobs.* Editorial, Design Journal 262, 1970. Págs. 29-37.

Figs. 45-49. Ilustraciones del artículo "Gli Archizoom" publicado por Ettore Sottsass Jr. en la revista Domus 455, Octubre 1967. De izda. a dcha.: Tappeto componibile Milano-Laghi, imbottito in poliuretano espanso, cm 60 x 60 (serie Grandi viaggi); Letto in lamiera stampata Rosa d'Arabia (serie Rosa imperiale) con lume Grande A (serie Grandi luci); Letto Naufragio di rose (serie Rosa imperiale) con lume Arcobaleno (serie Grandi luci); Coperta Ubi maior; Letto Presagio di rose (serie Rosa imperiale) con rivestimento in madreperla; Tappeto componibile Firenze-Mare, imbottito in poliuretano espanso, cm 60 x 60 (serie Grandi viaggi); Coperta Dreaming California. Incluidos en la serie "Dream Beds" de 1967.

que funcionan a modo de virus inoculados en el sistema para desestabilizarlo, pero nunca con el objetivo de ser absorbidos verdaderamente por el mismo.

Mientras Archizoom responde con "actos terroristas" contra los interiores burgueses y el "buen gusto" en forma de "Caballos de Troya"[53] que explotan el eclecticismo llevado al exceso para integrar lo popular en unas propuestas que darán como resultado la serie *Dream Beds* de 1967 [■CR.096] (Figs. 45-49), Superstudio resume su propia visión del diseño de los primeros años en el ensayo *"Design d'invenzione, design d'evasione"*[54] publicado en la revista DOMUS [■CR.095] donde, en la línea de lo que unos años antes Hollein y Pichler habían reclamado para la arquitectura en su manifiesto *"Absolute Architektur"*[55] [▲CR.028], se mostraban muy críticos con la secularización que estaban sufriendo los objetos de diseño –que había supuesto la desaparición de su contenido simbólico y valor comunicativo–, y a la vez demandaban un diseño

---

[53] *"Reflexionamos ahora sobre esto: manzanas bomba, caramelos venenosos, mentiras cotidianas, información falsa..., en resumen, mantas, camas, caballos de Troya que colocados en nuestra casa destruyen todo lo que hay en ella. Nos gustaría mostrarle todo lo que hay detrás de la puerta: la banalidad elaborada, la vulgaridad deliberada, la decoración urbana, los perros guardianes."*. ARCHIZOOM citado en SOTTSASS JR, Ettore. *Gli Archizoom*. Domus 455. Octubre 1967.
[54] *"Design d'invenzione, Design d'evasione"*. Domus nº 475, (Junio, 1969). Versión inglesa en OCKMAN, Joan. *Architecture Culture 1943-1968. A Documentary Anthology.* New York: Columbia Books of Architecture/Rizzoli, 1993. Págs. 437-441.
[55] En 1962 Walter Pichler y Hans Hollein reclaman en el manifiesto *"Absolute Architektur"* un antifuncionalismo total y la vuelta a los valores de la comunicación simbólica aniquilados por el Movimiento Moderno.

más democrático capaz de despertar los sentidos del usuario para obligarle a "vivir verdaderamente" evitando las respuestas prefabricadas y reconsiderando su entorno vital.

En contraposición a sus colegas de Archizoom, que utilizan sus diseños como "máquinas de guerra", Superstudio define el "diseño de evasión" como aquel que, frente al "diseño de invención", asumía lo irracional como método para superar la monotonía diaria instaurada tras las equivocaciones del racionalismo y su mal entendida funcionalidad, introduciendo en la esfera doméstica cuerpos extraños cargados de simbolismo y contenido poético en la línea de los llamamientos previos de McLuhan al retorno a una forma no especializada de hábitos y espacios[56] para que, "*aparte de los mortales afortunados que se pueden permitir su propia casa (idealmente a su imagen y semejanza), y de los que tienen suficiente suerte de encontrar una en la que sea posible vivir incluso sin poner cuadros en las paredes*" podamos recordarles "*a aquellos que viven en una habitación, un cubo sin recuerdos, (...) un paralelepípedo euclidiano pintado de blanco, o al temple en colores chillones, lavables o no, pero siempre sin sorpresas y sin esperanza*" que precisamente "*es la poesía la que nos hace vivir*"[57].

---

[56] En 1964 Marshall McLuhan publica "*Understanding Media: The extensions of man*" [●CR.419], libro en el que entre otros temas aboga por "*el retorno a una forma no especializada de hábitos y espacios, a la búsqueda de más usos para la habitación, las cosas y los objetos, en una palabra: a lo icónico.*"
[57] TORALDO DI FRANCIA, Cristiano. *Superstudio & Radicales*. Catálogo de la exposición *Arquitectura Radical*. Centro Andaluz de Arte Contemporáneo. Sevilla, 2003. Págs. 188-189.

Recuperando el espíritu de la ilustración encarnado en "el buen salvaje" de Rousseau[58] y su llamada "a la rebelión del corazón" los miembros de Superstudio ahora también tratan de "redescubrir el corazón y ponerlo en lo más alto. *Sursum Corde*"[59].

Rechazando la lógica funcionalista, los diseños del grupo eliminaban conscientemente el sentido de escala y su significado objetivo con la intención de alterar el panorama doméstico y desencadenar procesos de activación y reapropiación crítica y creativa. El desprevenido usuario se convierte en parte activa del proceso crítico y "constructivo", ya que al mismo tiempo se le concedía un papel primordial en la determinación de la naturaleza de sus propios espacios domésticos y de cómo vivir entre ellos. Pensaban que una vez que este hubiera ejercido ese derecho al implicarse en las situaciones que él mismo había creado, aprendería a modificar otros aspectos de su vida cotidiana, desde su trabajo hasta sus relaciones más íntimas, sintiéndose forzado a tomar el control de su entorno. Los nuevos usuarios se involucrarían en el diseño de su espacio doméstico a unos niveles que los miembros de Superstudio consideraban imposible de alcanzar dentro de los "modernos bloques funcionalistas" y su pretendido sentido de autoridad. Ahora el consumo –selectivo, eso sí– se convierte para el grupo en un acto arquitectónico democrático capaz de transformar nuestro "hábitat", lo que sitúa sus propuestas en la

---

[58] ROUSSEAU, Jean-Jacques. *Discurso sobre el origen y los fundamentos de la desigualdad entre los hombres*. Madrid: CALPE, 1923. Título original: *Discours sur lórigine et les fondements de l'inégalité parmi les hommes*. 1754.
[59] TORALDO DI FRANCIA, Cristiano. *Superstudio & Radicales*. Catálogo de la exposición *Arquitectura Radical*. Centro Andaluz de Arte Contemporáneo. Sevilla, 2003. Pág.190.

última de las cuatro etapas de la historia del diseño apuntadas por Gregotti en 1965:

> *"La primera está marcada por la división de un sistema esencialmente unitario, una ruptura entre diseño creativo y la ejecución, con la llegada de los nuevos sistemas de producción tecnológicos e industriales, y que consecuentemente están ligados al problema de la cantidad y la producción en masa. Una segunda etapa dio comienzo cuando el diseño fue consciente del problema generalizado de las artes aplicadas, dando como resultado una controversia entre la mano de obra artesanal y la industria, y la investigación de los términos en que se basan para dar esa calidad estética a los productos industriales. Una tercera etapa vio el problema de las artes aplicada absorbido una vez más por la arquitectura, así como un intento por volver a unir la técnica del objeto con la idea de funcionalismo. Finalmente, en una cuarta fase, podemos percibir la disolución de esta relación y la expansión de la idea de diseño como un factor controlador del entorno, aplicado a todas las dimensiones del objeto útil hasta la escala de la ciudad, llegando incluso a la idea de planificarse a sí mismo en la medida en que coincida con aquellos aspectos del diseño que implican elección, previsión y participación."*[60]

Es precisamente esta provocadora propuesta que incorporaba los últimos requisitos avanzados por Gregotti y que pretendía alterar tanto la disciplina en su totalidad como el ambiente dentro de los rígidos marcos arquitectónicos preexistentes, la que

---

[60] GREGOTTI, Vittorio. *Design*. Número especial, Edilizia Moderna 85, 1965. Citado en MENDINI, Alessandro. *La tierra del buen diseño* (1972), en Catálogo de la exposición *Arquitectura Radical*. Centro Andaluz de Arte Contemporáneo. Sevilla, 2003. Pág.124.

lleva a Superstudio a referirse y entender sus piezas de mobiliario como Arquitectura, produciendo y comercializando durante estos primeros años diversos prototipos de objetos poéticamente funcionales en diferentes *estilos* que irían cambiando según los intereses del grupo.

Kitsch democrático

Las primeras investigaciones en torno a las posibilidades ambientales del mobiliario, que tenían que ver con una especial atención inicial por parte del grupo hacia una arquitectura de la atmósfera y el placer, pronto dejan paso – posiblemente influidos por las propuestas menos *complacientes* de sus colegas de Archizoom - al desarrollo de objetos de estética *kitsch* y provocadora con los que pretendían intervenir sobre los inexpresivos interiores geométricos en los se representaban diariamente los rituales de la vida cotidiana, trasladando así su interés hacia una arquitectura de la experiencia vital.

Estas dos etapas compactadas en un corto periodo de tiempo que no llega a los 4 años en las que se escenifica la evolución desde la atención al objeto de diseño a recreación de una "aventura en el espacio", dan como resultado una gran variedad de piezas.

Los primeros diseños de luminarias y mobiliario en materiales plásticos como la *Passiflora*[61], diseñada en 1966 para la exposición de Pistoia, la *Polaris Excelsior* (1967) **[CR.203]**, la *Gherpe* (1967) [**[CR.079]**, o la *Olook* (1968) [**[CR.208]**, y el sofá Sofo (1968) **[CR.201]**, dejan paso en 1968 a nuevos objetos cuya presen-

---

[61] La lámpara *Passiflora* será producida en 1968 por Poltronova.

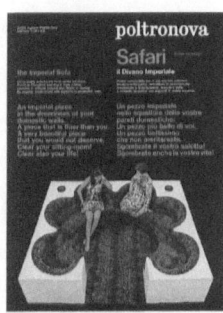

Figs.50,51. Sofá "Safari", de Archizoom para Poltronova. 1968.

cia física se impone al desmaterializado ambiente inducido por estas: espoleados por las reflexiones sobre lo falso y la exploración alegórica puesta en marcha por Archizoom tras la exposición de Módena -que les había conducido a un eclecticismo llevado al exceso con el *kitsch* "ácido" de sus *Dream Beds* (1967) o su sofá *Safari* (1968) (Figs. 50,51) [■CR.245]- los integrantes de Superstudio también terminan adoptando ese *kitsch* defendido por Eco en sus clases[62] como herramienta provocadora con la que crear objetos ahora entendidos como insurgencias físicas y barreras visuales explosionadas dentro de los hogares burgueses. Aunque el objetivo era el mismo –alterar los deshumanizados interiores producidos por la vivienda masiva– los métodos ahora empleados difieren de los utilizados en el anterior diseño de iluminación.

El "mal gusto" se convierte en el perfecto aliado para despertar al aturdido habitante de su complacencia, obligándole a detenerse y reevaluar su entorno convencional autoimpuesto analizando el extraño *glamour* de los objetos que ahora se le ofrecen. El resultado es una serie de mobiliario de estética *kitsch* con el que irrumpían de manera directa en el debate italiano agitado por Eco sobre el *"buon gusto"*, y en la que destaca el sofá modular *Bazaar* [CR.202], producido por Giovanetti en 1969, o la serie *Luxor* [CR.204] producida por Poltronova el mismo año.

---

[62] Eco defendía el kitsch como "*Un tipo de trabajo que trata de justificar sus términos más provocativos asumiendo la apariencia de una experiencia estética haciéndose pasar por arte*". En ECO, Umberto. *The Structure of Bad Taste*. Dentro del libro *The Open Work*. Cambridge: Harvard Univ. Press, 1989. Pág 203. Ensayo original: *La struttura del cattivo gusto*. En ECO, Umberto. *Apocalittici e integrati: comunicazioni di massa e teorie della cultura di massa*. Milán: Bompiani, 1964.

Tras esta breve y agitada etapa, en 1969 vuelve la calma. Las nuevas consideraciones en torno al diseño de objetos llegan de la mano de ciertos replanteamientos teóricos en los que los integrantes de Superstudio trabajan de forma paralela a su actividad como diseñadores, y que finalmente contaminarán dicha actividad para dar como resultado la serie *Misura* (1969) **[CR.142]** producida y comercializada por Zanotta un año después bajo el nombre de *Quaderna*. Para entender este cambio hacia una actitud más contenida y sistemática antes es imprescindible esclarecer las investigaciones que entre 1969 y 1971 el grupo desarrolla en torno a la esencia del objeto, que les lleva a asumir su incapacidad para actualizar, criticar o recuperar el sistema a través del diseño, y poner en marcha un proceso de reducción general que se aborda en el siguiente capítulo.

Arquitectura eléctrica (o el interior expandido)

De forma paralela e íntimamente ligada al diseño de objetos, Superstudio, al igual que varios de sus compañeros en el curso de Leonardo Savioli "*Architettura degli interni*"–en el que debían diseñar un *nightclub*– comienzan a experimentar en 1966 con el modelo del *Piper* como fuente de inspiración ideológica.

Como ya hemos visto, Savioli, influido en gran medida por el debate surgido en Italia dos años antes con motivo de la celebración en 1964 de la XIII Triennale di Milano cuya "*Sezione introduttiva a carattere internazionale*" había sido comisariada por Eco y Gregotti y dedicada al "*Tempo libero*", por las primeras teorías situacionistas de la segunda mitad de los años 50 y su materialización más concreta - la enciclopédica *"New Babylon"* de Constant[63] [✣CR.014]- e incluso por el auge de los locales nocturnos en algunas ciudades de Estados Unidos a partir de mediados de los años 60 [●CR.385] y su reflejo en las primeras experiencias turinesas del joven Pietro Derossi con su *Piper Pluriclub*[64] [■CR.232], organiza el programa del nuevo curso académico de 1966-67 bajo el título *"Spazio di coinvolgimento. Piper, attrezzature per il tempo libero"* [Espacio de participación. *Piper*, equipamiento para el ocio][65] [■CR.492] eligiendo la tipología del *Piper*[66] o *night-club* como ejercicio final, mostrando así su interés en

---

[63] Para los situacionistas la sociedad futura que resultaría de la revolución estaría caracterizada por la conversión de todo tiempo en tiempo de ocio, puesto que la producción sería realizada por máquinas. Siguiendo al famoso sociólogo Johan Huizinga, el *homo ludens* sustituiría al *homo faber*. Ver HUIZINGA, J. *Homo ludens* (1938). Madrid, 1972. Uno de los primeros textos que Constant publica en el entorno situacionista es "El gran juego del futuro" (originalmente publicado en *Potlatch* 1, julio 1959) donde señala la necesidad de incluir lo lúdico en la vida social cotidiana y por lo tanto en el urbanismo.

[64] La inauguración de la discoteca *Piper Pluriclub* en Turín, diseñada por Pietro Derossi en colaboración con Giorgio Ceretti y Riccardo Rosso, puede considerarse el detonante del "fenómeno *Piper*" que tendrá lugar en Italia durante los tres años posteriores. El espacio estaba programado para funcionar como un híbrido entre night-club, galería de arte, sala de conciertos y escenario para *happenings*.

[65] SAVIOLI, Leonardo. *Ipotesi de Spazio*. Florencia, 1972.

[66] *Piper* fué el término utilizado en Italia para designar a los primeros clubs nocturnos que emergieron a mediados de los 60 en ciudades como Roma, Turin, Florencia, Rimini, etc., y está vinculado a la figura de la cantante Patty Pravo, que comenzó su carrera en la discoteca de Roma representando "*The Pied Piper*", convertido en himno *yé-yé* de los veinteañeros italianos. Este fenómeno del *Piper Club* será abordado por primera vez por el crítico Pierre Restany en su artículo "*Breve storia dello stile YÉYÉ*", Domus 446 (1967).

continuar desarrollando la línea de investigación abierta en la Triennale [■CR.372] y aprovechar las experiencias de Eco.

El curso se convierte en el germen de un curioso fenómeno que tiene lugar en varias ciudades italianas durante la segunda mitad de los años 60 y que da como resultado multitud de propuestas donde la arquitectura actúa como catalizadora de una pulsión social que mezcla en el mismo espacio la vanguardia cultural y experimental más radical con el fenómeno de masas de la sociedad del espectáculo, permitiendo a la industria del placer ocupar sin complejos una posición clave en el discurso de una nueva generación que traslada intencionadamente su interés desde la forma construida a la producción de ambientes artificiales electrónicamente amplificados demostrando al mismo tiempo su compromiso con las formas y la lógica de las nuevas tecnologías.

Explosivo Warhol, inevitable McLuhan (2)

Pero, ¿cuáles son los motivos por los que en Italia estos nuevos "palacios de la diversión" se convierten fugazmente en el centro del debate arquitectónico?, ¿Por qué inmediatamente son percibidos entre los jóvenes arquitectos y diseñadores radicales como un laboratorio experimental estilístico y funcional capaz de generar modelos para un nuevo orden social ligado al entretenimiento?

El detonante de todo este proceso debemos buscarlo al otro lado del Atlántico, concretamente en la ciudad de Nueva York, cuando en enero de 1966, mientras Savioli comienza a preparar el programa para su nuevo curso académico en la Facultad de

Fig.52. Exterior del club The DOM en St. Mark's Place, East Village. NYC (1966).

Florencia, Andy Warhol reúne a Nico y a la Velvet Underground de Lou Reed junto con algunos *performers* y varios personajes asiduos de la Factory y utilizando como telón de fondo imágenes de sus últimas películas los pone a actuar en el club DOM de Saint Mark's Place (Fig.52), en el East Village neoyorkino, reconvertido un año más tarde en el famoso *Electric Circus*[67] [●CR.413].

El experimento supone la puesta en escena del primero de una serie de eventos multimedia diseñados por Warhol que, influenciado por la inauguración casi simultánea también en Nueva York del club *The Cheetah*[68] (El Guepardo) y las colaboraciones en forma de proyecciones que Jonas Mekas había incorporado durante varios conciertos en *The Cinema-*

---

[67] En 1967 Jerry Brand y Stanton J. Freeman se hacen cargo del club DOM y lo transforman en el Electric Circus, nombre que hace referencia a su intención de convertir el local en un "circo electrónico" capaz de albergar todo tipo de espectáculos creando lo que Brandt pronto denominó como *Ultra-Media,* una brutal y rentable fusión de luces, música y espectáculos en directo: el lugar perfecto para escenificar los "experimentos" de Warhol.

[68] A finales de mayo de 1966 se abre en Nueva York el club *The Cheetah*, espacio de aspecto cavernoso y grandes dimensiones cuya visita pronto es descrita publicitariamente como "*a psychedelic experience*" gracias a la incorporación de un sofisticado equipamiento que permitía reproducir impactantes y envolventes efectos de luz y sonido. Jonas Mekas, cineasta experimental y noctámbulo habitual, describía su experiencia en el local apuntando que "*The Cheetah provides the most curious use of the intermedia*" ["The Cheetah supone el uso más curioso de los medios audiovisuales"] y resaltaba su "popularidad" frente a la oferta experimental del club DOM: *"Whereas the Dom shows are restricted (or became restricted) to the In-circle, Cheetah was designed for the masses".* ["Mientras los espectáculos del DOM se restringen (o se convierten en restringidos) a un círculo íntimo, el Cheetah estaba diseñado para las masas"]. WATSON, Steven. *Factory Made: Warhol and the Sixties.* New York: Pantheon Books, 2003.

theque, tendrán lugar periódicamente en diferentes locales del país durante los dos años posteriores, primero bajo el nombre de *"Andy Warhol, Up-Tight"* y más tarde definitivamente como *Exploding Plastic Inevitable* (EPI)[69] [●CR.385].

Las sesiones consistían en un impactante espectáculo multidisciplinar y colectivo que transformaba el espacio en una nueva forma de "entorno" mediante la sobrecarga sensorial y un alto grado de estimulación combinados con bajos niveles de resolución visual y auditiva, que lo convertían en el escenario perfecto para todo tipo de *performances* sincronizadas que incluían improvisaciones musicales, proyecciones de películas, *screen tests* (los "retratos" audiovisuales que Warhol hacía a sus superestrellas y a otras personas que circulaban por la Factory), fotografías, luces estroboscópicas, danza, e incluso rodajes cinematográficos. A modo de declaración de intenciones, esta primera experiencia en el club DOM combinaba las películas de Warhol, las luces de Danny Williams, la música de la Velvet Underground, la voz de Nico, la danza de Gerard Malanga

---

[69] E.P.I., o Exploding Plastic Inevitable, fue un *happening* multisensorial que durante año y medio reunió periódicamente a colaboradores de Warhol en la Factory con la Velvet Underground. Aunque el acontecimiento de las EPI comenzó siendo muy pequeño, su onda expansiva se puede intuir en la asimilación y posterior generalización del concepto multimedia dentro de un espectáculo de rock y en el comienzo de una alianza no siempre bien entendida entre arte y rock. Paul Morrissey, uno de los colaboradores de Andy Warhol, cuenta que "El término 'Exploding Plastic Inevitable' se nos ocurrió un día que estábamos con Gerard y Barbara Rubin. (...) Había un texto anfetamínico e incoherente de Bob (Dylan). Lo miré por encima y vi tres palabras: algo era *exploding,* algo era *plastic,* algo era *inevitable*". Para más información sobre las EPI ver JOSEPH, Branden W. *My mind split open: Andy Warhol's Exploding Plastic Inevitable.* Grey Room 8, Verano 2002. P. 80-107.

Fig.53. Portada de la revista LIFE (mayo,1966) en la que se hace eco de la "locura discotequera" surgida ese año.

Fig.54. "Ultramedia", espectáculo de Tony Martin para el Electric Circus (1967). Interior envolvente diseñado por Charles Forberg.

y los bailes de Edie Sedgwick, las diapositivas y proyecciones de Paul Morrissey y Warhol, las fotografías de Billy Linich y de Nat Finkelstein, el rodaje cinematográfico de Barbara Rubin, "y el público haciendo de público", tal y como rezaba la publicidad del evento.

Inmediatamente las E.P.I. del *Electric Circus* se incorporan al panorama del floreciente ocio nocturno (Fig.53) gracias a una oferta irresistible y perfectamente programada escenificada en un interior envolvente –diseñado por el arquitecto Charles Forberg a base de membranas de nylon curvado– sobre el que se proyectaban las imágenes que junto a la música y la puesta en escena generaban el pretendido –y rentable– caos multimedia (Fig.54). El local se convierte así en uno de los primeros ejemplos de interacción electrónica (luz-sonido-espacio) comercialmente transformada en acontecimiento social consumido masivamente por aquellos jóvenes que, en plena era psicodélica y sacudidos por el discurso *hippie*-campestre, abrazaban la contracultura desde ámbitos *underground* en busca de nuevas experiencias sugeridas a través de incisivas campañas de publicidad que prometían "*in more ways than one the ultimate legal entertaiment experience*"[70] ["en más de

[70] "*There are moments, at the Dom (...) when I feel I am witnessing the beginnings of new religions, that I find myself in religious, mystical environments where the ceremonials and music and body movements and the symbolism of lights and colors are being discovered and explored. The very people who come to these shows have all something of a religious bond among them. Something is happening and is happening fast—and it has something to do with light, it has everything to do with light...*". ["Hay momentos en el DOM en los que siento que estoy asistiendo a los comienzos de una nueva religión, que me encuentro en un entorno religioso y místico donde ceremonias, música y movimientos corporales, y el simbolismo de luces y colores están siendo descubiertos y explo-

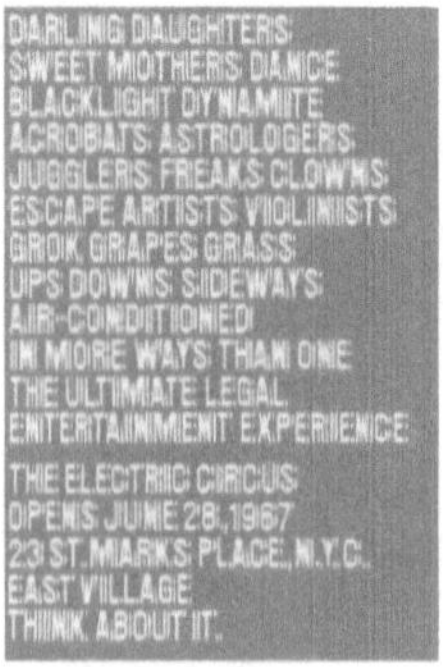

Fig.55. Publicidad del Electric Circus (1969).

Fig.56. Cartel de Wes Wilson anunciando una EPI en el Fillmore Auditorium de San Francisco (1966).

Fig.57. Interior del Fillmore Auditorium de San Francisco (1966).

un sentido, la experiencia definitiva de entretenimiento legal"] (Fig.55).

En pocos meses el *Circo Eléctrico* de Nueva York o el *Fillmore Auditorium* de San Francisco (Figs.56, 57) se convierten en improvisados escenarios del lado más salvaje y creativo de la cultura de club de los años 60, alternando las EPI con espectáculos de luz, conciertos de música, atracciones circenses y teatro experimental para alimentar el conocido mantra "*play games, dress as you like, dance, sit, think, tune in and turn on*" ["juega, vístete como quieras, baila, siéntate, piensa, conéctate o desconéctate"] con el que pretendían trascender la discoteca tradicional y acercarse a lo ritual, convirtiéndose, como apuntaba el teólogo James Lapsley, en aquellos lugares en los que Marshal McLuhan y Sigmund Freud se encontraban, una *Gesamtkunstwerk* [obra de arte total] abierta al público[71].

La atinada frase de Lapsley tiene que ver con el inesperado interés que las primeras EPI despiertan en un lúcido McLuhan, por aquellos años empeñado en avanzar las implicaciones de una nueva sociedad de la información[72] mediante el análisis del

tados. Las mismas personas que acuden a estos espectáculos tienen todos algo de un vínculo religioso entre ellos. Algo está pasando y está pasando muy rápido – y es algo que tiene que ver con la luz, tiene todo que ver con la luz..."]. MEKAS, Jonas. *Movie Journal 244*, Junio 1966.

[71] "*It is a place where Marshal McLuhan meets Sigmun Freud*". James Lapsley citado en GORDON, Alastair. *Spaced Out: Radical Environments of the Psychedelic Sixties*. New York: Rizzoli, 2008. P.57. Texto original escrito tras su visita al *Electric Circus* en 1968, LAPSLEY, James. *A Psycho-theological appraisal*. Theology Today, Enero 1969. Págs. 435-445.

[72] En 1964 Marshall McLuhan publica "*Understanding Media: The extensions of man*", libro en el que entre otros temas aboga por "*el retorno a una forma no especializada de hábitos y espacios, a la*

Fig.58. Diferentes escenas de la EPI "Taste the whip" en el Electric Circus (1967).

espacio visual de la misma forma que Freud había hecho con el sexo –es decir, tratando de revelar su omnipresencia en la estructuración de las relaciones humanas– quien pronto detecta en estos eventos su potencial impacto cultural y los utiliza como modelos de lo que en su libro de 1967 *"The Medium is the Massage: an Inventory of effects"* [●CR.505] definiría como "allatonceness" (*all-at-onceness*, todo al mismo tiempo, simultaneidad) para describir la *planeidad* del incipiente mundo digital presidido por la *televisión* que proclamaba la desaparición de las coordenadas espacio-temporales. Metafóricamente, McLuhan consideraba a las EPI más *televisión* que la propia *televisión*, ya que llevaban al extremo la participación y lo inmersivo al hacer realidad los anhelos de fusión colectiva de los nuevos *clubbers*[73], convertidos en parte activa y emancipada del proceso de construcción del evento para llenar el espacio anodino del club con una nueva forma de entorno híper-estimulado (Fig.58) que borraba la legibilidad del marco arquitectónico hasta convertirlo en un mero contenedor activado

búsqueda de más usos para la habitación, las cosas y los objetos, en una palabra: a lo icónico." También en este libro introduce una de sus célebres frases: *"The médium is the message"*, entendiendo que la forma del medio se incorpora en el mensaje y crea una relación simbiótica según la cual el medio condiciona como el mensaje es percibido. La frase (ligeramente modificada a causa de un "error tipográfico") también dará título a su libro de 1967.
[73] *"What had started with avant garde was growing into a spectacle of extreme unpredictability that merged high with low cultura, arcane mysticism with pop consumerism"*. ["Lo que empezó como algo innovador se estaba convirtiendo en un espectáculo de imprevisibilidad extrema que fusionaba alta y baja cultura, misticismo secreto y consumismo pop"]. M.McLuhan en GORDON, Alastair: *Spaced Out: Radical Environments of the Psychedelic Sixties*. New York: Rizzoli, 2008.

donde el show lumínico era el único espacio posible[74].

Las EPI atrapaban así un interior que era en sí mismo *televisión* para representar aquel "auditorio espacial"[75] protagonista en la era de los medios electrónicos caracterizados por la sinestesia y la interactividad, creando un espacio propicio para articular discursos que recogerían toda la tensión y la ambigüedad de la cultura contemporánea, especialmente en relación con las nuevas formas de resistencia (propias de las subculturas) que, gestadas en los márgenes del sistema, acabarán alimentando a muchos creadores y cambiando los modos de producción artística como respuesta al desarrollo de la tecnología.

El fenómeno *Piper* y los nuevos palacios de la diversión

Simultáneamente y para reforzar el concepto de "aldea global" que en 1962 el propio McLuhan había anunciado en su libro "*The Gutenberg Galaxy: the making of typographic man*", aparecían en Europa los primeros locales vinculados al ocio nocturno en los que se experimentaba con los nuevos dispositivos tecnológicos aplicados a la generación de ambientes modificables. Incluso el artista cibernético Nicholas Schöffer, pionero en el control del

---

[74] Para una lectura estimulante sobre las experiencias de Warhol y sus posibles derivaciones ver LAVIN, Sylvia, *Andy Architect. Or a funny thing happened on the way to the disco*. Log # 15. Invierno 2009. P.99

[75] MCLUHAN, Marshall; FIORE, Quentin. *The medium is the massage: an Inventory of effects*. Londres: Penguin Books, 1967.

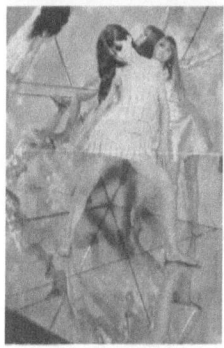

Figs.59,60. Interior del club VOOM VOMM en Saint Tropez. Proyecto de Paul Bertrand con instalación de Nicolas Schöffer (1965).

entorno a partir de medios tecnológicos[76], se interesa por esta nueva tipología colaborando en 1965 con el arquitecto Paul Bertrand en el diseño de la discoteca *Voom Vomm* en Saint Tropez (Figs.59,60), donde sigue trabajando sobre el concepto de *"espaciodinamismo"* expuesto a finales de los años 40. Entendida como una aplicación a pequeña escala de sus ideales urbanos, la propuesta se generaba a partir de la creación de efectos lumino-dinámicos similares a los imaginados para su proyecto visionario de la "Villa Cibernética"[77] (Fig.61) que finalmente actuaban como inofensivo "masaje neuronal" sobre el público.

Ese mismo año en Roma se inaugura el primer *Piper Club*[78][■CR.415] (Fig.62), un lugar concebido como espacio de ocio nocturno inspirado en el estilo y la programación musical de la escena *beat* británica. En poco tiempo el nuevo *night-club* consigue el favor

Fig.61. CYSP1 de Nicolas Schöffer (1956), primera escultura "espaciodinámica".

Fig.62. Entrada del Piper Club de Roma (1965).

[76] En 1955 Nicolas Schöffer diseña para el Salon des Travaux Publics de Paris la *Maison à cloisons invisibles* (Casa de paredes invisibles), vivienda experimental patrocinada por empresas como Philips Electronics y Saint Gobain en la que la variación espacial se realizaba a partir de diferentes temperaturas de luz proyectada. En una línea similar de investigación, dos años más tarde Le Corbusier, I. Xenakis y el músico E. Varese presentarán su proyecto multimedia *Poeme electronique* para el Pabellón Philips de la Expo Universal de Bruselas'58, uno de los primeros ejemplos de fusión entre arquitectura, imagen y sonido.
[77] SCHÖFFER, Nicolas. *La ville cybernétique*. Paris: Éditions Tchou, 1969.
[78] *Piper* fué el término utilizado en Italia para designar a los primeros clubs nocturnos que emergieron a mediados de los 60 en ciudades como Roma, Turin, Florencia, Rimini, etc., y está vinculado a la figura de la cantante Patty Pravo, que comenzó su carrera en la discoteca de Roma representando "*The Pied Piper*", convertido en himno *yé-yé* de los veinteañeros italianos. Este fenómeno del *Piper Club* será abordado por primera vez por el crítico Pierre Restany en su artículo "*Breve storia dello stile YÉYÉ*", Domus 446 (1967).

Fig.63. Patty Pravo representando "The Pied Piper" en el Piper Club de Roma (1965).

Figs.64,65. Interior del Piper Pluriclub de Turín (1966).

Fig.66. Representación del Living Theater en el Piper Pluriclub de Turín, 1967.

del público y cierta fama internacional, convirtiéndose en lugar de reunión de los amantes de la "*dolce vita*" local (Fig.63).

Un año más tarde, en 1966 y tras las experiencias americanas, abre sus puertas en Turín el *Piper Pluriclub* [■CR.232], espacio multifuncional diseñado y gestionado por el joven arquitecto Pietro Derossi – también alumno de Savioli en Florencia - que inmediatamente revoluciona la escena *alternativa* turinesa al ser concebido como una máquina subversiva equipada con los "*effetti luminosi*" diseñados por Bruno Munari como decoración variable y móvil que condensaba sus experiencias previas en torno a las "pinturas de luz"[79]. Tanto el espacio como el equipamiento audiovisual del local estaban pensados para activar la implicación instantánea del público a través de una "programación" (Figs.64,65) que le permitía albergar todo tipo de actividades: desde el baile para los trabajadores de la Fiat los viernes por la noche, las representaciones del *Living Theater* (Fig.66) –ya inmerso en su legendaria migración europea de más de cuatro años[80] [❖CR.475]– previstas para la tarde de los miércoles, hasta la adaptación

[79] Domus n°446. Enero 1967.
[80] El polémico *The Living Theater*, primer grupo de teatro experimental estadounidense fundado en 1947, tras varios intentos de resistencia, más denuncias y algunas semanas en prisiones federales, finaliza su primera aventura norteamericana en 1964, año en el que comienza su ya legendaria migración de más de cuatro años a lo largo de Europa, durante la cual crean sus espectáculos más importantes. El *Living* europeo no sólo realiza sus mejores puestas en escena y desarrolla muchos conceptos y metodologías fundamentales como la creación colectiva, la improvisación como herramienta de creación y de representación o la inclusión del público en los espectáculos, sino que también construye una comunidad de convivencia y trabajo organizada a partir de unos ideales anarco-pacifistas que intentan promover en la sociedad. Una de sus "paradas" la realizan en el *Piper Pluriclub* de Turín.

Fig.67. Exposición de Michelangelo Pistoletto en el Piper Pluriclub de Turín (1967).

Fig.68. "La fine de Pistoletto". Acción de Michelangelo Pistoletto en el Piper Pluriclub de Turín (1967).

Fig.69. Protagonistas del Arte Povera en el Piper Pluriclub (1967).

como sala de exposiciones-espacio cultural durante el resto del día[81] (Figs.67-68).

Bombardeado por todas estas experiencias Fabrizio Fiumi, otro estudiante florentino asiduo a los cursos de Savioli por aquellos años, en 1967 visita EEUU por segunda vez en compañía de su futuro socio en 9999 Carlo Caldini[82], y cambia la experiencia helicoidal del Guggenheim de su primer viaje[83] por la inmersión nocturna en una de las sesiones multi-sensoriales orquestadas por Warhol en el *Electric Circus*.

El sorprendente cambio de intereses, más allá de los evidentes y asumidos impulsos juveniles, está motivado primero por la influencia que sobre él ejerce el profesor Savioli a través de aquellos cursos en los que cuestionaba el "modelo oficial" de enseñanza mediante la integración del estudio de las nuevas tecnologías asociadas a los medios de comunicación y el acercamiento a experiencias venidas del exterior, y segundo por el doble estímulo que supone la irrupción en 1966 de dos proyectos ya citados protagonizados por varios de sus compañeros de

[81] Las conexiones de Derossi con el incipiente Arte Povera convirtieron el *Piper Pluriclub* de Turín en punto de encuentro para artistas y exposiciones ligadas a este movimiento (Fig.69).
[82] En 1969 G. Birelli, C. Caldini, F. Fiumi y P. Galli fundan en Florencia el Gruppo 9999, colectivo que tras su formación se convierte en uno de los más "electrificantes" animadores de la escena radical italiana. Para más información sobre el viaje ver CALDINI, Carlo. *Space Electronic*. En COLES, Alex; ROSSI, Catharine. *The Italian Avant-Garde, 1968-76*. EP Vol.1. Berlín: Sternberg Press, 2013. P. 98.
[83] La publicación en 1945 del libro de Bruno Zevi "*Verso un'architettura organica*", produce a principios de los 60's una ola de fascinación entre los arquitectos italianos por la obra de Frank Lloyd Wright, lo que hace que muchos estudiantes crucen el Atlántico obedientemente para conocerla de primera mano.

universidad: la exposición *"Superarchitettura"* y la inauguración en Turín del *Piper Pluriclub*.

No sorprende por tanto, que en esta segunda ocasión Fiumi y Caldini desembarquen en NY en busca de nuevas sensaciones más vinculadas al ocio y al control de entornos ideales que a la propia arquitectura entendida como el acto de construir supeditado a un resultado formal fijo.

Tampoco sorprende que de vuelta en Florencia le transmitan al profesor Savioli sus electrificantes experiencias y le muestren todos los proyectores y componentes electrónicos que habían podido comprar durante su paso por Canal Street en su viaje de regreso, y que este se sienta automáticamente cautivado y decidido a seguir experimentando con su programa "discotequero".

Rápidamente Fiumi y Caldini se unen al hiperactivo grupo de jóvenes, entre los que ya destacaban los trabajos de Archizoom y Superstudio[84], las experiencias milanesas de Ugo la Pietra en torno a los "grados de libertad", o las investigaciones de Riccardo Dalisi –que desde los barrios humildes de Nápoles anticipan la posterior "arquitectura participativa"– que, estimulados por la tecnología y el invasivo mundo pop y cargados de compromiso social y político, trasladan intencionadamente, y en

---

[84] Recordar aquí que, como ya habíamos visto, la primera colaboración de Natalini, Toraldo di Francia y los futuros miembros de Archizoom, algunos todavía como estudiantes, se produce en 1966 cuando reciben el encargo de transformar una sala de baile del centro de Florencia en una discoteca según el recién descubierto modelo del Piper. Influenciados por lo aprendido durante los cursos de Savioli y atentos a las noticias que llegaban de Nueva York, inundan el espacio con luces estroboscópicas de color violeta y con imágenes proyectadas sobre las paredes.

paralelo a otras investigaciones, su interés desde la forma construida a la generación de ambientes artificiales con objetivos ideológicos, al considerar estos lugares electrónicamente amplificados como la afirmación de una nueva emancipación social[85] (el espectador se convierte en actor, algo que como ya hemos visto también promovía Superstudio con su diseño "evasivo") y como los únicos capaces de expresar el concepto de modernidad al aprovechar su elasticidad atmosférica para incorporar el compromiso con las formas y la lógica de las nuevas tecnologías y los medios de comunicación. Branzi resume la importancia de estos nuevos modelos diciendo:

> *"El modelo espacial de los Pipers consistía en una especie de inmersión en un flujo continuo de imágenes, luces estroboscópicas y música estereofónica muy alta; el objetivo era el distanciamiento total del sujeto, el cual pierde gradualmente el control de sus inhibiciones a través del baile, desplazándose hacia una especie de liberación psicomotora. Esto no significaba para nosotros una rendición pasiva al consumo de estímulos auditivos y visuales, sino una liberación de todo el potencial creativo del individuo. En este sentido, el significado político de los Pipers es también evidente."* [86]

---

[85] En este sentido, y en sintonía con el "espíritu de los tiempos", Andrea Branzi defendía que el impulso de "actividades sicomotrices como el baile o el sexo entendidas como la base de la comunicación espontánea, creaba una nueva libertad" y "consecuentemente un nuevo impulso político dirigido a la destrucción de un equilibrio ficticio basado en la inhibición". BRANZI, Andrea. *Radical Notes. Rock e Rivoluzione*. Casabella 374, 1973. P.10.
[86] BRANZI, Andrea. *La casa calda: Esperienze del nuovo design italiano*. Idea Books, 1984. P. 54.

Resulta indudable el paralelismo que se establece entre las posibilidades de estos nuevos espacios para el ocio descritas aquí por Branzi y los objetivos declarados por Superstudio en cuanto al diseño de objetos. En ambos casos la intención era crear objetos/espacios que pudieran transformar de manera similar un contenedor básico en un lugar de liberación a través de la implicación activa –protagonista- del sujeto, que ahora decide como debe ser su espacio para vivir/divertirse sin someterse a las presiones de la industria cultural.

Para los nuevos radicales, objetos y discotecas se convierten en dos de las vías más directas para escenificar el poder de la libre elección dentro de un mercado fuertemente polarizado, y explotar plenamente sus connotaciones liberadoras y democráticas, por lo que, continuando aquellos intentos previos de re-orientar la disciplina hacia fines similares en la Europa de posguerra –en particular las teorías situacionistas[87]– la arquitectura debía intervenir activamente en los dos ámbitos.

Estas experiencias tempranas de los operadores radicales en torno a los nuevos locales de ocio consiguen que ya en 1967 el crítico Pierre Restany anunciara en las páginas de *Domus* la aparición de

---

[87] Natalini no oculta su interés por el trabajo de la Internacional Situacionista. Recientemente describía así la actividad del grupo: *"Superstudio was a situationist movement that used architecture's traditional instruments (drawings and projects) to criticize not.only architecture and its trends, but also society"*. NATALINI, Adolfo. *Superstudio in Middelburg: Avant-garde and Resistance.* En BYVANCK, Valuentijn. *Superstudio: The Middelburg Lectures.* Middelburg: De Vleeshal and Zeeuws Museum, 2005. Pág.25. Para más información sobre la actividad situacionista ver *Capítulo 1.1.3. La deriva francesa: hacia una forma casual de lo social* de esta investigación.

Fig.70. Proyección de la cúpula del Museo Guggenheim de Nueva York en el apartamento de C.Ray Smith, ejecutado por D.Gersztoff, J.Nuckolls y W.Warfel. 1967.

Fig.71. Proyección de la Capilla Sixtina. Apartamento de C.Ray Smith, ejecutado por D.Gersztoff, J.Nuckolls y W.Warfel. 1967.

"un nuevo tipo de ambiente, que no es sólo un club nocturno, sino un lugar de reuniones, exposiciones y otros eventos. Es un nuevo tipo de espacio, continuamente roto y modificado por efectos de luz, un espacio ilusorio creado a partir de dispositivos, proyectores, reflectores, así como la música es creada por instrumentos: un espacio que no existe sino sólo cuando está en acción"[88].

El precursor del *Nouveau Réalisme* [★CR.518] definía así aquellos primeros experimentos de interiores instantáneos –surgidos paralelamente también a las experiencias americanas de C. Ray Smith en torno a la manipulación de ambientes domésticos utilizando dispositivos de proyección[89] [●CR.386] (Figs.70-72)– que respondían automáticamente a estilos y tendencias, y que según Peter Cook confirmaban –evidentemente– las ideas de Cedric Price[90] [◆CR.339] en torno a la adaptabilidad extrema como respuesta a un uso impredecible y al aprovechamiento de las nuevas tecnologías como instrumento de re-programación[91].

[88] *"Breve storia dello stile YÉYÉ"*. RESTANY, Pierre. Domus 446 (1967).

[89] Consultar el maravilloso libro de SMITH, C.Ray. *Supermannerism. New Attitudes in Post-Modern Architecture*. New York: E.P.Dutton, 1977. P.298.

[90] COOK, Peter. *Experimental Architecture*. New York: Universe Books, 1970. P.83-84, 141.

[91] *"Designing for delight and pleasure should very seldom be seen to happen, and must encompass—indeed nurture—doubt, danger, mystery and magic... Distortion of time, space and substance is as necessary a design tool for pleasure as it is for religious architecture."* [*"Diseñar por el disfrute y el placer resulta raro de ver, y debería abarcar – incluso nutrirse de – la duda, el peligro, el misterio y lo mágico... La distorsión del tiempo, el espacio y la sustancia es una herramienta de diseño tan necesaria para el placer como lo es para la arquitectura religiosa."*] PRICE, Cedric. *Life- Conditioning*. Architectural Design 36, 1966.

Fig.72. Proyección de las Cataratas del Niágara. Apartamento de C.Ray Smith, ejecutado por D.Gersztoff, J.Nuckolls y W.Warfel. 1968.

El resultado inmediato fue la aparición de varios proyectos-*Piper* en los que por un lado se ratificaba de alguna manera aquel "nuevo enfoque perceptivo de lo real" reclamado unos años antes por el propio Restany[92], y por otro se introducían –al hilo de las experiencias del "*Fun Palace*"– varios temas de vital importancia para las investigaciones radicales: el concepto de *spazio attrezzato* [espacio equipado] y las nociones asociadas de diseño "sistemático" y "conductual" (*system design; performance design*) que en Italia será conocido como *metadesign*, término acuñado por el diseñador industrial holandés Andries van Onck [✦**CR.407**] en el artículo al que da *título* y que publica en el n° 85 de la revista *Edilizia Moderna* (1965). En este, van Onck desarrolla el concepto de *metadesign* definiéndolo como un marco conceptual que tenía como objetivo la definición y creación de estructuras sociales, económicas y técnicas en las que nuevas formas de diseño colaborativo pudieran tener lugar, y en sintonía con las teorías expuestas por Eco en su "*Opera aperta*" [■**CR.024**] –también abordadas en el mismo número de la revista– plantea un "sistema de diseño abierto" en el que el producto final es solo uno de los infinitos resultados posibles [93].

---

[92] En 1960 Pierre Restany, apercibiéndose del atractivo promocional derivado de la organización de artistas en un colectivo que operase bajo una misma bandera, organiza un grupo de ellos en Paris con la intención de crear un movimiento de vanguardia y forma el *Nouveau Réalisme* (vertiente europea del Pop americano según Peter Bürger). El manifiesto fundacional fue firmado el 27 de Octubre en el apartamento de Yves Klein por el mismo Klein y Restany, Arman, Francois Dufrêne, Raymond Hains, Martial Raysse, Daniel Spoerri, Jean Tinguely y Jaques de la Villeglé, para reclamar un nuevo enfoque perceptivo de lo real ("Nuevo Realismo=nuevas percepciones de lo real").

[93] En palabras de Van Onck: "*(...) aquello que es presentado estáticamente en el objeto final es reinterpretado por el metade-*

Fig.73. Interior del L'Altro Mondo Club en Rimini (1967), espacio que fue definido por la revista Domus como "arquitectura eléctricamente ampliada".

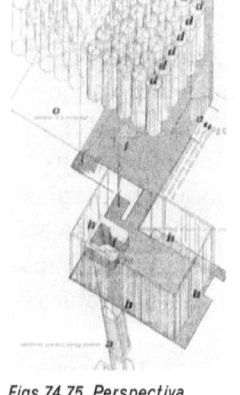

Figs.74,75. Perspectiva e interior del Bang Bang Club unido a la tienda Altre Cose diseñados por Ugo la Pietra en Milán (1968).

Locales como el "*L'Altro Mondo Club*" de Pietro Derossi en Rimini (1967) [■CR.506] (Fig.73), el *Bang Bang* unido a la tienda *Altre Cose* de Ugo la Pietra en Milán (1968) [■CR.250] (Figs.74,75), ó el mítico y todavía activo *Space Electronic* del Gruppo 9999 (Fiumi, Cladini & Co.) en Florencia (1969)[94] [■CR.387] (Figs.76-78), son algunos ejemplos de aquella arquitectura que ahora es utilizada como catalizadora de una pulsión social que mezclaba en el mismo espacio la vanguardia cultural y experimental más radical con el fenómeno de masas de la sociedad del espectáculo.

Para estos jóvenes arquitectos italianos, además, diseñar un *Piper* significaba explotar la capacidad de los nuevos espacios de participación para liberar las fuerzas de aquella guerra existencial en la que se encontraban inmersos y con la que pretendían romper los límites de una arquitectura heredada incapaz de actuar contra los poderes establecidos.

Superstudio no fue una excepción y ya en 1967, siguiendo los mismos parámetros, diseñan la discoteca "*Mach 2*" en Florencia [CR.508], en la que mezclan la tecnología anglosajona con la atmósfera cromática del *Yelow Submarine*, tal y como explican en un artículo publicado en la revista Domus:

"(...) *un cuento de luces de colores, de ojos luminosos y de tubos y barandillas de submarino, tipo Yellow Submarine, con cerámica negra y espejos en vez de*

sign como un estado de 'movimiento congelado'". VAN ONCK, Andries. *Metadesign*. En *Edilizia moderna* 85, 1965. Págs. 52-57.
[94] CALDINI, Carlo. *Space Electronic*. En COLES, Alex; ROSSI, Catharine. *The Italian Avant-Garde, 1968-76*. EP Vol.1. Berlin: Sternberg Press, 2013. P. 97-105.

Fig.76. Interior del Space Electronic de Florencia (1969).

Fig.77. Performance del Living Theater en el Space Electronic (1969).

Fig.78. "Vegetable garden", instalación del Gruppo 9999 durante la celebración del Mondial Festival en 1971, incluida dentro de las actividades del proyecto S-Space (School for Expanded Conceptual Architecture) fundado por el Gruppo 9999 y Superstudio en 1970 en Florencia, con la discoteca Space Electronic como base de operaciones.

ojos de buey, cuando está lleno de gente la estructura y las luces flotan por encima y sirven para no perderse."[95]

Sobre un contenedor de límites difusos completamente oscurecido aplicaban la luz de forma que la orientación se activaba únicamente mediante líneas luminosas en tonos rosados que no sólo servían para delimitar sino también para sugerir las zonas de movimiento y estancia dentro de la sala, y generar así un entorno inmersivo y sensual de participación total. No sorprende que este trabajo vinculado al control de un espacio interior a través de los "efectos especiales" generados por la luz y la música, se incorpore y complemente las investigaciones que paralelamente el grupo venía realizando en torno a la arquitectura de la atmósfera y el placer, centradas los primeros años, como ya hemos visto, en el diseño de lámparas.

Italia se convierte así por unos años en el marco perfecto para la expansión del denominado *"fenómeno Piper"* que, planificado durante una larga noche de hace casi 50 años, articula y explota el encuentro (premeditado) entre Warhol-McLuhan-Price en torno al potencial ideológico representado por el espacio del *night-club,* un potencial descubierto por una nueva generación de arquitectos y artistas que, como usuarios directos, ahora aplicaban en forma de liberación corporal y sicológica vinculada sin complejos a la música popular y a los excesos consumistas, algo que consideraban imposible de alcanzar dentro de las rígidas estructuras

[95] SUPERSTUDIO. *Superstudio: tre architetture nascoste*. En Domus n. 473, 1969. Págs. 25-30.

de aquella arquitectura heredada que pretendían superar[96].

Finalmente, las propuestas asociadas a este fenómeno serán etiquetadas para describir la celebración instantánea de una arquitectura "eléctrica" entendida como reflejo operativo del *"Palacio de la diversión"* y pensada para absorber la complejidad de la mediatizada sociedad contemporánea como excusa para expandir ilimitadamente su campo de operaciones.

Podemos decir entonces que si..."se puede diseñar con electricidad"[97].

Estrategias para la acción: autoanálisis, reevaluaciones y catálogos

> *"Nuestros procesos de diseño generalmente comienzan con la producción de ideas, la representación de sistemas generales, haciendo un esfuerzo por aclarar los procesos de formación, invenciones, etc. Entonces tratamos de organizar estas ideas en sistemas estructurados. Los organizamos y los numeramos en catálogos. Estos catálogos se convierten en la base de nuestros diseños.*
>
> *Durante varios años, hemos tratado de llevar a cabo nuestro trabajo y nuestras teorías de manera integral: teníamos una fórmula teórica para nuestro trabajo, y*

---

[96] *"El fin último de la arquitectura moderna es la eliminación de la propia arquitectura".* ARCHIZOOM en la introducción de NAVONE, Paola; ORLANDONI, Bruno. *Architectura Radicale*. Milán: Documenti di Casabella, 1974.

[97] CALDINI, Carlo. *Ricordi di Architettura*. Auto-publicación del Gruppo 9999. Florencia, 1972.

también una serie de ejemplos que verificaban esta teoría, es decir, la teoría era confirmada por la práctica y viceversa. Nos dimos cuenta de que poco a poco esto era difícil de poner en práctica; las operaciones arquitectónicas se producen en planos paralelos, escalonados: la teoría, para ser trasladada a la práctica, requiere una serie de condiciones económicas, clientes, leyes y reglamentos que hacen que entre su formulación y su realización pasen varios años. En particular, los dos planos escalonados - paralelos ya mencionados ni siquiera poseen tal paralelismo absoluto, de tal forma que uno puede moverse entre ambos, en una zona gaseosa y deformable, gracias a la cual los dos planos (...) son percibidos como deformados (...). Este medio deformable está compuesto por todas las condiciones socioculturales y económicas, por el acatamiento de órdenes, leyes y regulaciones... Por esta razón, nos hemos dado cuenta de que a menudo, en vez de obtener una comprobación del tipo teoría-práctica-teoría, el proceso se vuelve ambiguo y contradictorio."[98]

Este pequeño extracto corresponde a la parte de la conferencia que Adolfo Natalini imparte en la *Architectural Association* de Londres en 1971 –invitado por un joven y todavía estudiante Rem Koolhaas [**CR.152**]– donde explica sintéticamente las claves del proceso de trabajo que hasta aquel momento había desarrollado Superstudio.

---

[98] Conferencia *"Inventory, Catalogue, Systems of Flux ... a Statement"*. Adolfo Natalini, AA School of Architecture, Londres, 3 de Marzo de 1971. Reproducida en LANG, Peter; MENKING, William. *Superstudio: Life without objects.* Milan: Skira, 2003. Pág. 164.

Ese proceso había comenzado cinco años atrás con el doble manifiesto de la *Superarchitettura* tratando de acomodar, en un primer momento de forma un tanto esquizofrénica, la producción de pragmáticos y exitosos objetos, la exploración kitsch en torno al mobiliario operativo, el diseño experimental de interiores y algunos concursos de arquitectura, con una actividad teórica profundamente arraigada en el contexto socio-cultural y cargada de compromiso social a través de la que en paralelo pretendían analizar minuciosamente esos mismos proyectos en un intento progresivo de reducir las variaciones y evitar el desorden generado tras las intensas experiencias académicas y el creciente protagonismo de los estímulos cercanos.

Proyectos y pensamientos

Así, espoleados por la hipotética ventaja que sus compañeros de Archizoom habían tomado tras la exposición conjunta de Módena, demostrando que desde el principio Branzi y compañía tenían más clara la línea a seguir al adoptar el "terrorismo arquitectónico" –en forma de desafío estético e ideológico– como estrategia para socavar las certezas de la modernidad y obtener resultados inmediatos cargados de un potente discurso teórico –como el eclecticismo llevado al exceso en forma de "kitsch ácido" en las series "*Dreambeds*" de 1967 [■CR.096], ó la *destrucción* del espacio a través de la arquitectura figurativa de la serie "*Gazebi*"[99] de 1968 [■CR.112]

---

[99] El primer número de la revista auto-publicada *Pianeta Fresco* [■C.R.092] incluye el articulo "*Gazebo's Inc*" de Archizoom, una reflexión sobre la construcción racional de la arquitectura por medio de una serie de actos compositivos "*elementales*" u "*operaciones crueles de la propia razón*".

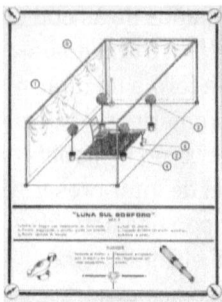

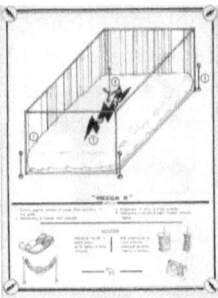

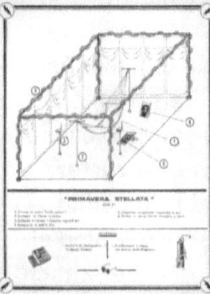

Figs.79-81. Gazebo Series. Archizoom, 1968-69. "Luna sul Bosforo (Mod.7)"; "Mecca 2 (Mod.12)"; "Primavera Stellata (Mod.72)"; "Profumi d'Oriente (Mod.24)"; "Rosa dell' Islam (Mod.91)"; "Splendori sul Nilo (Mod.61)".

(Figs.79-84)– ,los integrantes de Superstudio intensifican sus esfuerzos entre 1966 y 1968 poniendo en marcha una serie de procedimientos de autoanálisis y re-evaluación que en poco tiempo les permiten acotar su proceso de trabajo: partiendo de la teoría generan la producción que a su vez es re-teorizada, controlada y modificada (teoría-práctica-teoría) para pulir el producto final.

Los primeros resultados de esta estrategia operativa se observan ya en 1967, cuando detectan tres categorías fundamentales en las que basar sus investigaciones futuras en torno a la *Arquitectura del Monumento*, la *Arquitectura de la Imagen*, y la *Arquitectura Tecnomorfa*, tres categorías generales que se irán expandiendo progresivamente para acoger en su órbita el mundo de los objetos, los edificios, las ciudades y el paisaje, hasta que nada quede fuera de su poder reductivo y analítico, hasta demostrar aquel convencimiento inicial de que la arquitectura podía cambiar el mundo:

> *"Entre 1965 y 1968, trabajamos con la convicción de que la arquitectura era un medio para transformar el mundo."*[100]

Dos años más tarde resumirán las peculiaridades y los resultados obtenidos a partir de este proceso de trabajo en el artículo *"Superstudio: progetti e pensieri"*[101] **[CR.134]** publicado en la revista Domus,

---

[100] NATALINI, Adolfo. *How great architecture still was in 1966!.* En BYVANCK, Valentijn. *Superstudio: The Middelburg Lectures.* Middelburg: De Vleeshal and Zeeuws Museum, 2005. Pág.35.

[101] SUPERSTUDIO. *"Superstudio: progetti e pensieri".* Domus nº 479, Octubre de 1969. Págs. 38-39.

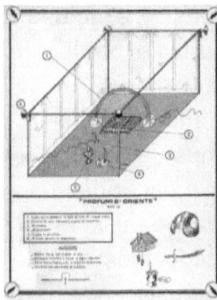

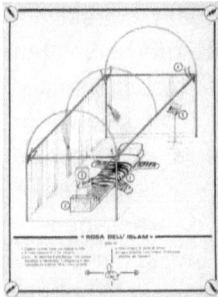

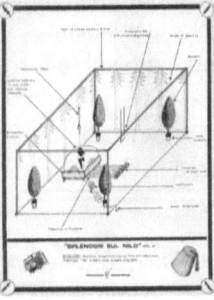

Figs.82-84. Gazebo Series. Archizoom, 1968-69. "Luna sul Bosforo (Mod.7)"; "Mecca 2 (Mod.12)"; "Primavera Stellata (Mod.72)"; "Profumi d'Oriente (Mod.24)"; "Rosa dell' Islam (Mod.91)"; "Splendori sul Nilo (Mod.61)".

cuando Superstudio ya presentaba todas las características de un grupo de vanguardia: rechazaban la investigación convencional del pasado, pero defendían su conocimiento profundo para poder superarlo de manera consciente y crítica, declaraban constantemente sus posicionamientos y las fases de sus investigaciones, y consideraban imprescindible aclarar las razones que se encontraban detrás de su arquitectura y diseños.

En este artículo el grupo proporcionaba datos precisos sobre la evolución de sus investigaciones, detallando tres momentos principales que coincidían con las tres categorías antes mencionadas.

El primer momento venía definido como el de la "Arquitectura del Monumento", término genérico con el que Superstudio explicaba la primera fase de acercamiento a la disciplina que los miembros del grupo habían experimentado durante los años universitarios a través de la apropiación de varias constantes, entre las que destacaba el principio de orden asumido a través de las lecciones de Kahn entendidas como método para una recuperación adecuada de la arquitectura en su evolución histórica. En un texto contemporáneo publicado por Vittorio Gregotti[102], este afinaba un poco más y sostenía que los experimentos llevados a cabo en la Facultad florentina en la mitad de los años 60 se habían caracterizado por el encuentro de dos tendencias: por un lado, la que entendía la arquitectura como testimonio y persistencia, de acuerdo con una línea de modelos y referencias que iban desde el concepto de monumento de los arquitectos neoclásicos de la Revolución Francesa, a la ejemplaridad de las lecciones de

---

[102] GREGOTTI, Vittorio. *Orientamenti nuovi nell'architettura italiana*. Milán: Electa, 1969.

Loos y de algunas obras de Le Corbusier, e incluso llegando a tocar el trabajo más objetivo e ideológico de los racionalistas alemanes, para terminar - en una parábola formal y conceptual - en las hipótesis que inspiraban las investigaciones de Kahn; y por otro, aquella más novedosa que a partir de la noción de "ambiente" vinculada a las ideas sobre ambigüedad y movilidad de significado, mostraba su interés por los materiales complejos y las recientes experiencias relacionadas con el mundo de la comunicación y la investigación visual y expresiva contemporánea[103]. Señalaba Gregotti que ambas tendencias – que podrían ser consideradas opuestas - tendían a ver la arquitectura según una concepción monumental, es decir, como una herramienta para el conocimiento del mundo a través de la recuperación de la historia, de la cultura y de las diversas ideologías. Estas eran las bases de las investigaciones florentinas que, influenciadas también tanto por el informalismo local –que encontramos por ejemplo en algunas obras de Quarioni ó Michelucci– como por un gran interés simbólico también a nivel técnico, estaban destinadas a recuperar de la segunda actitud la apertura mental respecto a la noción de material, y de la primera la atención a la ciudad y a su carácter de monumento colectivo.

Esta primera fase viene seguida en el artículo de un segundo momento que definen como "Arquitectura de la Imagen", en el que las referencias formales eran ahora proporcionadas por el mundo de la prensa y la actualidad para generar una arquitectura cargada de contenido figurativo capaz de inducir

---

[103] Ejemplo de esta segunda tendencia eran para Gregotti muchos de los proyectos salidos del curso de Savioli "*Spazio di coinvolgimento. Piper, attrezzature per il tempo libero*", del año académico 1966-67.

comportamientos, algo de lo que Superstudio ya había hablado en su artículo de unos meses antes donde presentaban prototipos y objetos como ejemplos del *"Design d'invenzione, design d'evasione"*[104], productos llenos de posibles significados que permitían al usuario utilizarlos de manera personalizada para transformar el interior de un espacio a través del color y de su potencial *transformabilidad*. Paralelamente el mundo de las imágenes inspira una línea de investigación gráfico-visual que subyace bajo las cautivadoras presentaciones del grupo, y que activa un nuevo tipo de experimentación visual en torno a técnicas y aplicaciones tomadas prestadas de fuentes como el collage, el Pop Art, el cine o de ciertas actitudes neo-dadaístas.

Finalmente, a la arquitectura del monumento –entendida como exorcismo de la arquitectura del detalle y lo pintoresco– y a aquella de la imagen –interpretada como la arquitectura de la actualidad y el movimiento–. Superstudio añade la "Arquitectura *Tecnomorfa*", propuesta no como arquitectura para la técnica o imagen de la técnica, sino como aquella capaz de usar conscientemente la técnica y su imagen para avanzar en el concepto de "tecnología invisible".

En un artículo firmado por Natalini y Toraldo di Francia publicado también en 1969 en la revista florentina *"Necropoli"* con el título *"Dall'industria al tecnomorfismo"*[105], ambos analizaban la aplicación formal del lenguaje industrial a la arquitectura y las interpretaciones de algunos historiadores y críticos respecto a la repercusión de la industrialización

---

[104] Ver nota 34.
[105] NATALINI, A.; TORALDO DI FRANCIA, C. *Dall'industria al tecnomorfismo*. Necropoli nº 6-7, 1969-1970. Págs. 13-26.

en la disciplina. Natalini y Toraldo se mostraban partidarios del análisis que sobre estos temas ya había realizado Willian Morris[106] a principios de siglo, pasando luego a revisar las posturas críticas de los arquitectos del Futurismo y del Constructivismo ruso, de los expresionistas Mendelsohn, Taut (Max y Bruno), Poelzig, Lukhardt y Scharoun, para terminar con los racionalistas Gropius – leído a través de la interpretación de Argan[107] -, y Le Corbusier.

Pero al final, apuntaban como verdaderos defensores de la aplicación del lenguaje de la máquina y la tecnología industrial al ámbito de la arquitectura a Konrad Waschmann [●CR.277] –también leído a través de Argan[108]-, Buckmister Fuller –leído con el soporte crítico de Roland Barthes y su libro *"Mythologies"*[109] [★CR.468]–, al grupo Archigram y a Cedric Price, todos ellos considerados progenitores del propio *tecnomorfismo* que ahora abordaban claramente influenciados por la lectura de otro importante texto de Gregotti escrito un año antes bajo el título *"Teoria della progettazione architettonica"*[110]. Sobre la base de este ensayo Natalini y Toraldo se declaraban partidarios de la introducción en arquitectura de nuevos métodos e imágenes destinados a provocar en el usuario comportamientos más libres y receptivos como sustitutos del "moderno" mito de la máquina, para mostrar así una disposición

---

[106] MORRIS, W. *Art and its producers, and The Arts and Crafts of To-day: Two Addresses Delivered Before the National Association for the Advancement of Art*. London: Longmans & Co., 1901.
[107] ARGAN, G. C. *Walter Gropius e la Bauhaus*. Torino: 1951.
[108] ARGAN, G. C. *K. Wachsmann. Una svolta nelle costruzioni*. Milano: 1960.
[109] BARTHES, R. *Mythologies*. Paris: 1957. Trad. it. *Miti d'oggi*. Milano: 1962.
[110] GREGOTTI, V. *Teoria della progettazione architettonica*. Milano: 1968.

más abierta respecto a las nuevas conductas de la civilización contemporánea y producir una arquitectura a imagen de la propia máquina en la que esta fuera interpretada y funcionase también en el plano simbólico.

Para ambos, la arquitectura *tecnomorfa* operaba específicamente con plena conciencia de sus propios medios y sus fines, en cuanto que la prevista construcción de un sistema icónico en torno a la tecnología se convertía en revelador, no tanto de una confianza y aceptación incondicional de la técnica, sino más bien de la existencia de una idea de arquitectura capaz de avanzar a partir de modelos sucesivos –sistemas y estructuras– y de procesar los materiales de la historia en un continuo procedimiento de clarificación[111].

Tanto en este artículo como en el de Domus se hacía referencia al proyecto de *Tesi di Laurea* de Toraldo di Francia, que bajo el título de *"Máquina de vacaciones en Tropea"*[112] (1968) **[CR.114]** sentaba las bases para una posterior investigación sobre el uso de la tecnología como *interface* a través de envolventes simbólicas o *"packaging"* –como Sottsass ya las había denominado en 1966– que anunciaban una crítica profunda al concepto de fachada entendida como pantalla representativa del espacio arquitectónico. La poesía del contenedor y el embalaje ocupan ahora el lugar de la "dictadura" de la perspectiva y la fachada, aplicando a la arquitectura la transformación ya adoptada por el diseño según la

---

[111] NATALINI, A.; TORALDO DI FRANCIA, C. *Dall'industria al tecnomorfismo*. Necropoli nº 6-7, 1969-1970. Pág. 25.
[112] TORALDO DI FRANCIA, C. *"Machina per vacanze a Tropea"*. El proyecto fue presentado como *Tesi di Laurea* junto a A. Navai y como tutor D. Cardini. Facoltà di Architettura di Firenze, 1968.

Figs.85,86. Central Nuclear de Chinon, Francia. 1967.

cual se sustituía la lógica de la producción –motor por ejemplo de los diseños de J. Colombo– a una lógica del consumo, algo que diez años antes ya había avanzado Banham [◆CR.412] cuando apuntaba la necesidad de integrar en la arquitectura la dimensión desechable y consumible[113].

Al lado de la "máquina" de Toraldo di Francia aparecían imágenes de la central nuclear de Chinon (Francia) en construcción (Figs.85,86), y del VAB (Vertical Assembly Building) de Florida [●CR.374] (Fig.87), "piezas dignas de Boullée"[114] cuyas *pieles* ocultan una tecnología compleja y que, en la misma línea que otros protagonistas de las neovanguardias de estos años como Hans Hollein[115], se convierten en modelos de su arquitectura *tecnomorfa*: aquella que pretende integrar la maquina en la figura absoluta y elemental de un orden geométrico arquetípico según el modelo de Kahn.

Fig.87. Vertical Assembly Building (1966). Kennedy Space Center de Cabo Cañaveral, Florida.

Alejándose por un lado de la fascinación de las vanguardias históricas por el mundo industrial, y por otro del optimismo tecnológico de Archigram –que todavía expresan una confianza *futurista* en una "técnica que lo resuelve todo"–, se auto-definen como arquitectos "no creyentes" cuyo objetivo es poner en práctica una arquitectura tecnológica crítica en la que la técnica no sea la imagen de ella misma.

Fig.88. Radar de Yorkshire (1962). Reino Unido.

[113] BANHAM, Reyner. *Vehicles of desire*. Art n°1, Septiembre 1955. Pág 3.
[114] En 1967 Peter Cook publica fotografías del VAB al lado de imágenes del cenotafio de Boullée en COOK, P. *Architecture, Action and Plan*. Londres: Studio Vista Ltd., 1967,
[115] Como ya hemos visto en el capítulo anterior, Hollein ilustra su artículo *Technik* para la revista BAU con imágenes del VAB o de la construcción del radar esférico de Yokshire (Fig. 88). Ver HOLLEIN, Hans. *Technik*. BAU 2, 1965. Págs. 40-54.

El comienzo de un viaje (a los reinos de la razón)

Uno de los primeros resultados de este proceso de trabajo basado en el auto-análisis y la re-evaluación continua de la producción del grupo es la elaboración del primer "catálogo" –sistema estructurado que organiza las ideas– en el que trabajan desde 1968, resumido en un artículo publicado un año más tarde bajo el título *"Un viaggio nelle regione della ragione"*[116] [*"Un viaje a las regiones de la razón"*] **[CR.119]**.

En realidad, el *Viaggio* se incorpora al artículo ya citado *"Superstudio: progetti e pensieri"* **[CR.134]**, publicado coincidiendo con la solicitud por parte de la redacción de la revista Domus de mostrar sus últimos proyectos y que Superstudio aprovecha también para hacer balance y resumir sus nuevos posicionamientos teóricos en forma de cuadro sinóptico ó *storyboard* narrativo (Fig.89) con el que pretenden destruir los códigos de los objetos que limitan la comunicación y reducir el proyecto a su esencia formal.

Se trata de un primer intento de depuración y regeneración utópica de la disciplina, en la línea de aquella perseguida por Boullée y del "racionalismo exaltado" defendido y practicado en aquellos años por Rossi[117] y Grassi a través de sus posturas neo-iluministas y neo-positivistas –reconquista de

---

[116] SUPERSTUDIO. *Progetti e pensieri: un viaggio nelle regioni della ragione*. Domus n° 479, Octubre de 1969. Págs. 39-40.
[117] La definición de "racionalismo exaltado" es acuñada por Rossi en 1967 a propósito de la obra de Boullée. ROSSI, Aldo. *Introduzione a Boullée*. En Étienne-Louis Boullée, Architettura saggio sull'arte. Padua: Marsilio, 1967. Págs. 7-24.

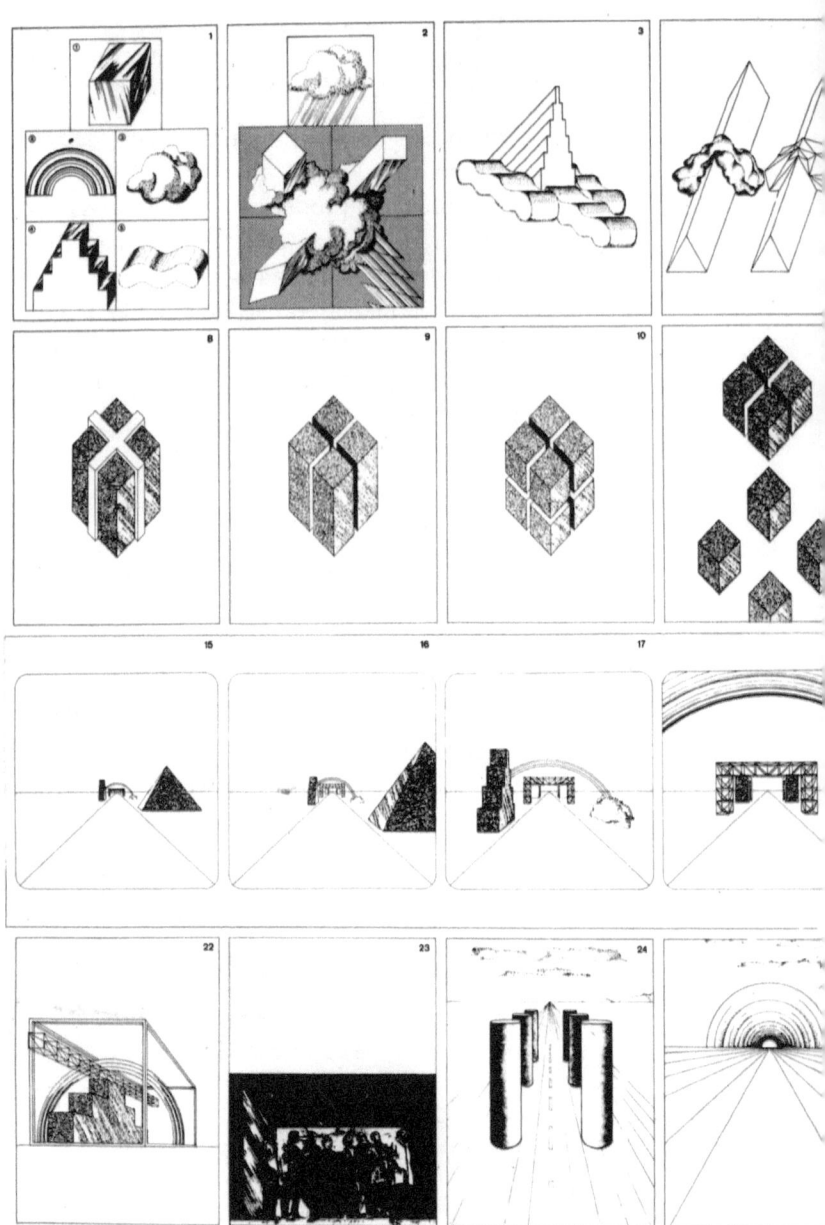

Fig.89. "Un viaggio nelle regione della ragione", Superstudio. DOMUS n° 479, Octubre de 1969.

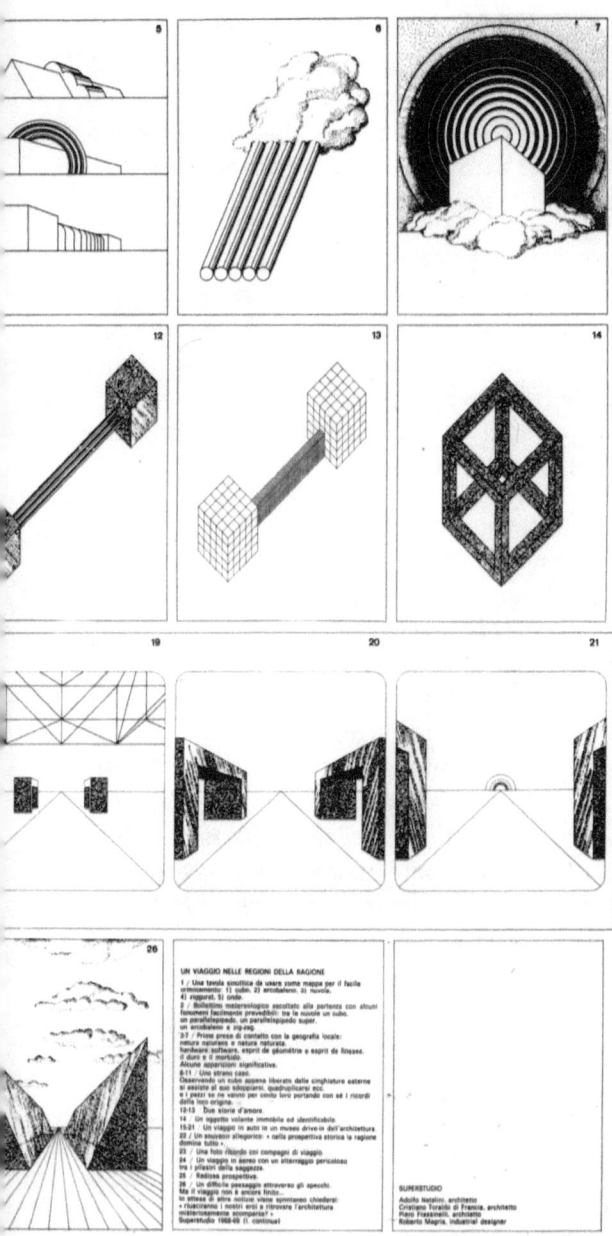

UN VIAGGIO NELLE REGIONI DELLA RAGIONE

SUPERSTUDIO
Adolfo Natalini, architetto
Cristiano Toraldo di Francia, architetto
Piero Frassinelli, architetto
Roberto Magris, industrial designer

Fig.90. John Bunyan, The Pilgrim's Progress (1678).

una mítica racionalidad absoluta que destruya cualquier acto creativo arbitrario[118]–, en el que las obras ahora pierden toda connotación funcional para convertirse en figuras geométricas ideales que iremos descubriendo a través de un viaje alienante hacia una arquitectura diseñada por una razón abstracta.

La trama del viaje, como si del peregrino de Bunyan (Fig.90) y su intensa búsqueda de la salvación se tratase[119], nos muestra el repertorio figurativo y simbólico del grupo y dos temas centrales que reaparecerán obsesivamente en sus trabajos posteriores: el concepto de tiempo suspendido, y la llamada a la razón subjetiva e individual[120].

Fig.91. Walter de Maria, Mile long drawing (1968).

Por un lado, la dimensión temporal –tiempo suspendido– implica un futuro ideal e imposible, que paradójicamente alude de igual manera a un remoto pasado idealizado recuperado en forma de viaje a través de un museo *drive-in* de arquitectura reducida a formas arquetípicas. Esta base formal aboga claramente por la recuperación absoluta de la simbología de las formas elementales y su significado histórico, así como del potencial visual y comunicativo del arquetipo. La estrategia presenta ciertas resonancias con el trabajo contemporáneo de los artistas del *land-art*, en particular con la pieza de Walter de Maria en el desierto de Mojave "*Mile long drawing*" de 1968 [●CR.296] (Fig.91) al que se alude en algunas de las viñetas. Estas primeras conexiones con el *land-art* se acentuarán en etapas posteriores de su

---

[118] GARGIANI, Roberto. *Archizoom Associati 1966-1974. Dall'onda pop alla superficie neutra.* Milano: Mondadori Electa S.p.A, 2007. Pág. 110.
[119] BUNYAN, John. *The Pilgrim's Progress.* 1678.
[120] QUESADA, Fernando. Superstudio *1966-73. From the World without Objects to the Universal Grid.* Footprint, Spring 2011. Pág. 25.

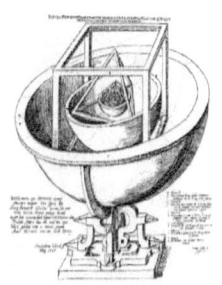

Fig.92. Johannes Kepler, Machina Mundi Artificialis (1596).

trabajo, sobre todo en aquellas que como veremos se centran en la búsqueda de un "diseño único".

Por otro lado, la dimensión social y ética –razón subjetiva– aparece en la alusión a los poderes de la razón, pero no una razón cívica o política, sino una razón individual, subjetiva o incluso mística:

> *"La arquitectura de la razón se eleva como un producto de la historia humana, situándose como un testimonio de la capacidad creativa y representando un período y una sociedad"."*[121]

Para Superstudio la razón se convierte así en la esencia del pensamiento humano, independientemente de aquellos conocimientos, valores o restricciones impuestas por la cultura, mostrándose convencidos de que sólo una persona con acceso a la razón sin ningún tipo de rémora cultural que pueda limitar su desarrollo personal podría explotar de manera óptima su creatividad. A partir de ahora el grupo dirigirá sus esfuerzos a diseñar objetos y a trabajar en proyectos libres de tales connotaciones restrictivas, utilizando sólo la facultad de la razón.

Este viaje a través de las regiones de la razón concluye con la imagen de un recinto cartesiano, recuerdo del modelo platónico del Sistema Solar representado por Kepler en su *Machina Mundi Artificialis*[122] (Fig.92), asumido como emblema de aquella

---

[121] SUPERSTUDIO. *Progetti e Pensieri: un viaggio nelle regioni della ragione.* Trad. *Projects and Thoughts: A trip in the regions of reason.* Domus 479. Octubre, 1969.
[122] A finales del S.XVI el astrónomo y matemático alemán Johannes Kepler presenta a la comunidad científica su modelo platónico del Sistema Solar en su obra *Misterium Cosmographicum* (1596), precedente de la posterior reproducción tridimensional

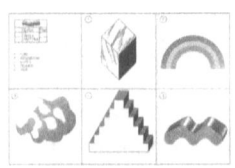

Fig.93.Superstudio, Tavola Sinottica (1966-67).

razón capaz de contener en una unidad todas las figuras icónicas del grupo –el cubo, la pirámide, el zigurat, la nube y el arco iris (Fig.93)– recordando a un etéreo cenotafio para un pensamiento de derivación platónica y neo-platónica que espera ser capaz de sustanciarse ahora en forma de geometrías complejas[123].

El *Viaggio* puede considerarse, por lo tanto, el comienzo de la "cruzada" radical protagonizada por Superstudio en los años posteriores, y su éxito como proceso de re-calibración de la producción teórica del grupo supone, por un lado, que se convierta a partir de este momento en la herramienta más habitual con la que periódicamente sus integrantes tratarán de corregir el rumbo o reformular sus estrategias de diseño a través de sucesivos "catálogos" –según Toraldo di Francia "modelos de ideas, referencias de una historia en progreso"–, y por otro, también marca el inicio de una etapa en la que abandonarán los medios con los que previamente habían estado trabajando para trasladar su interés desde los objetos de diseño producidos hasta ese momento, a proyectos más conceptuales con los que repensar los nuevos modos de vida.

Este giro hacia una aproximación más teórica y "sociológica" que dirigirá a partir de ahora sus nuevas propuestas, coincide –no por casualidad– con la incorporación al dúo original Natalini-Toraldo de Piero Frassinelli, cuyo interés en otras disciplinas como la semiología y la antropología activa las nue-

---

del universo representada mediante la construcción de la *Machina Mundi Artificialis*, modelo escultórico realizado en oro para el Príncipe Friedrich von Württemberg.
[123] GARGIANI, Roberto; LAMPARIELLO, Beatrice. *Superstudio*. Editori Laterza, 2010. Pág. 24.

vas exploraciones de Superstudio sobre el impacto del diseño en las experiencias cotidianas, iniciando un intenso "viaje" al que el propio Frassinelli hacía referencia al recordar su adhesión al grupo:

> *"Me gusta viajar, incluso estoy seguro de que viajar es lo único importante en la vida. Por ello siempre me he imaginado mi vida como un viaje; un viaje que engloba otros muchos viajes.*
>
> *De hecho, fue un viaje lo que, el 1 de Abril de 1968, después de cruzar toda la ciudad, desde mi casa en la Plaza Oberdan hasta la colina de Bellosguardo, me llevó por pura curiosidad a acercarme a las oficinas de Superstudio.*
>
> *Una fecha bastante extraña para un primer viaje: en Italia el 1 de Abril es el "día de los inocentes", ese día en el que no debes creerte nada de lo que te digan o de lo que te pase. El año, 1968, habla por sí mismo: me acababa de graduar en una facultad de Arquitectura ocupada por los estudiantes.*
>
> *Cuando llegué al Superstudio, aquel mismo día Adolfo y Cristiano estaban trabajando en el 'Viaje al reino de la razón': era sin lugar a dudas un despegue revelador."*[124]

El siguiente capítulo aborda las primeras escalas en ese viaje iniciático hacia el *"Fin de la Arquitectura"* emprendido por los miembros de Superstudio.

---

[124] FRASINELLI, Piero. *Journey to the End of Architecture*. Florencia, Diciembre 2002. Reproducido en LANG, Peter; MENKING, William. *Superstudio: Life without objects*. Milan: Skira, 2003. Págs. 79-83.

EL FIN DE LA FANTASÍA: UNA DESAPARICIÓN PROGRAMADA (HACIA UNA ARQUITECTURA NO-FÍSICA)

MATERIA PRIMA: Superstudio Italia: [■CR.163];
Inglaterra: [◆CR.163]; Austria: [▲CR.163];
EE.UU: [●CR.163]; Francia: [★CR.163]; Otros: [✦CR.163]

La temprana crítica de Superstudio a la capacidad operativa de la arquitectura en su intento por producir un cambio real en los modos de habitar emprendida con "*Design d'invenzione, design d'evasione*", y su consecuente retirada de la actividad constructiva –duramente cuestionada por algunos[1]– en favor del diseño de objetos y mobiliario entendido como la estrategia más efectiva para intervenir en los edificios –anónimos contenedores– existentes y alterar sus características espaciales, prepara el camino para un posterior viaje de calado más *profundo*.

Hasta este momento era evidente la aceptación por parte del grupo del mito de la utilidad y el papel específico de la cultura arquitectónica –aunque solo fuera para desestabilizarlos desde dentro–, y su confianza plena en el objeto de diseño como catalizador de futuras reacciones capaces de "exorcizar nuestra indiferencia"[2] y convertir al usuario en el principal protagonista del cambio, cuestionando y

---

[1] Algunos críticos como Manfredo Tafuri vieron esta focalización del trabajo de algunos grupos radicales en el *contenido* en detrimento del *continente*, y en su marcada tendencia conceptual, como un abandono de los ideales progresistas de la izquierda italiana, denunciando que los arquitectos habían dado la espalda a las clases trabajadoras en favor del diseño de "adornos" que solo servirían para afianzar el estatus social de las élites acomodadas. Tafuri llegaría a escribir que "*preferían diseñar un 'sillón para llorar' para la burguesía y reconocer que se habían conquistado todas las utopías ilustradas*". TAFURI, Manfredo. *Storia dell'architettura italiana 1944-1985*. Turín: Einaudi, 1986. Pág. 57.
[2] SUPERSTUDIO. *Design d'invenzione, Design d'evasione*. Domus nº 475. Junio, 1969.

desmitificando al mismo tiempo la lógica del arrollador consumo de masas.

Durante estos primeros años los integrantes de Superstudio tratan de provocar ese exorcismo mediante diferentes tácticas, primero a través de la iluminación ambiental que modificaba sutilmente los anodinos interiores existentes, y más tarde, de manera más incisiva, mediante llamativas piezas de mobiliario que de forma audaz irrumpían en la supuesta monotonía de nuestras vidas utilizando el kitsch como provocadora arma estética.

Motivados por las reflexiones de Eco sobre el "mal gusto" y el kitsch[3] el grupo analiza cómo funciona esta cualidad subjetiva para impulsar, a través del mercado, objetos que finalmente ocuparán un lugar privilegiado en los interiores domésticos, con el objetivo de cortocircuitar este sistema mediante la introducción de diseños descaradamente "ofensivos" que debían empujar al observador-usuario a cuestionar el modo en que otros objetos de su entorno habían sido codificados de manera similar condicionando sus gustos y elecciones. Durante un corto periodo de tiempo se muestran convencidos de que el mercado de objetos de "lujo" creado por la floreciente economía artesanal italiana, les ofrecía la oportunidad de expresar ciertas ideas que no podían transmitir a través de la "vetada" actividad constructiva, pero pronto se dan cuenta de que este era un callejón sin salida.

---

[3] Eco defendía el kitsch como "*Un tipo de trabajo que trata de justificar sus términos más provocativos asumiendo la apariencia de una experiencia estética haciéndose pasar por arte*". En ECO, Umberto. *The Structure of Bad Taste*. Dentro del libro *The Open Work*. Cambridge: Harvard Univ. Press, 1989. Pág 203. Ensayo original: *La struttura del cattivo gusto*. En ECO, Umberto. *Apocalittici e integrati: comunicazioni di massa e teorie della cultura di massa*. Milán: Bompiani, 1964.

Poco después de la utilización estratégica del kitsch y coincidiendo con la llegada de la aventura del año 68, la situación cambia radicalmente y Superstudio reacciona con fuerza contra la producción por parte de la disciplina de objetos que solo inducían al consumo y que fundamentalmente eran utilizados para comunicar el nivel social del poseedor de dichos bienes. A pesar de su entusiasmo inicial, los miembros de Superstudio pronto se vuelven más críticos con el mundo del diseño en la Italia de finales de los años 60, señalando las causas de su descontento:

> *"Nos movemos entre ruinas y deseos, falsos problemas, símbolos de estatus, caricaturas y monstruos. En el propósito de la mercantilización de la realidad, la arquitectura de los espacios cerrados se convierte en amueblamiento, y el amueblamiento se divide en elementos de diseño individuales: depende del usuario obtener las piezas necesarias "del catálogo" para usarlas montándolas en nuevas y sorprendentes combinaciones, posiblemente siguiendo los modelos y reglas propuestas por las revistas. Por lo tanto, en vez de cultura, se prima el gusto, y el desarrollo de una serena filosofía de vida en espacios cerrados se sigue posponiendo (...). Podemos imaginarnos un tipo de diseño más culto y preciso, alejado de la competencia continua, más consciente de la vida humana: un tipo de diseño que también liberará amplios espacios abiertos para la reflexión y el silencio, un diseño que realmente proporcionará los instrumentos esenciales para la supervivencia física y mental. Nuestra aspiración a la calma y la serenidad a través de un mayor equilibrio es también nuestra esperanza."* [4]

---

[4] SUPERSTUDIO. *A Difficult Childhood for the Italian Design.* Publicado en Corriere della Sera, 13 de Junio de 1970. Reproducido en LANG, Peter; MENKING, William. *Superstudio: Life without objects.* Milan: Skira, 2003. Pág. 168.

El artículo publicado en el *Corriere della Sera* en Junio de 1970 dejaba claro que para ellos el diseño se había alejado de aquel noble propósito inicial vinculado a la generación de soluciones avanzadas que debían responder a los problemas de habitabilidad contemporáneos para mejorar la vida de las personas, y en su lugar se había convertido en un medio para difundir la riqueza y el estatus social de unos pocos privilegiados: son conscientes de que seguir creando objetos exuberantes capaces de embaucar audazmente al espectador, comercializados por las marcas más exclusivas del país, los convertía en cómplices necesarios de ese mismo sistema que trataban de denunciar, por mucho que se empeñaran en resaltar sus intenciones democratizadoras envueltas en "banderas de libertad" sustentadas en una deseada elección personal sin límites.

Paradójicamente, aquellos objetos diseñados para permitir al usuario diferenciarse del resto a través del uso personalizado de los mismos y tomar así control de su entorno doméstico, se vuelven ahora "símbolos de estatus" que alimentan las jerarquías de clase: aquel pretendido sentido de individualidad que garantizaba al consumidor un mayor grado de autonomía y autoridad es sustituido por una realidad en la que los objetos de diseño son percibidos por este como pasaportes de entrada en restringidos grupos sociales de tendencia elitista.

Así las cosas, pronto la despreocupada e incisiva estrategia colorista y el uso descarado del plástico, el cromo y la piel sintética responsable de los primeros diseños del grupo, dejan paso a una actitud más reflexiva en un intento por alejarse de la figura del diseñador como proveedor de estatus –económico, social, cultural– enfatizando progresivamente la naturaleza escultórica y neutra del objeto más allá de sus efectos comunicativos y *atmosféricos*.

Esta renovada actitud se enmarca dentro de un proceso paralelo de simplificación general y sistematización esencial mediante el que, como veremos, Natalini y compañía comienzan a cavar intencionadamente su propia *tumba* o, en otras palabras, a programar su meditada "desaparición".

Las *tumbas* de los arquitectos

> *"Durante aquellos años se hizo evidente que continuar diseñando muebles, objetos y otros ornamentos parecidos para la casa no solucionaba los problemas del habitar ni de la vida, y aún menos servía para salvar el alma...*
>
> *También se hizo evidente que el embellecimiento y el maquillaje no bastaban para remediar los daños del tiempo, los errores del hombre y la bestialidad de la arquitectura... Por tanto, el problema fue cómo apartarnos cada vez más de la actividad del diseño, adoptando la teoría del mínimo esfuerzo en un proceso de reducción general"* [5].

Es evidente que estas reflexiones de Superstudio, que resumen parte del trabajo desarrollado por el grupo a finales de los años 60 y principios de los 70, se podrían enmarcar y vincular a una corriente paralela que recorre la cultura europea durante esta década, caracterizada por una voluntad de reducción extrema de signos y conceptos que podría explicar fenómenos tan dispares como la relectura del "*Hombre sin atributos*" (1930-1943) de Musil o la recuperación de las teorías de Hilberseimer mostra-

---

[5] SUPERSTUDIO. *La superficie neutra*. Edizioni Print, 1972.

das en la "*GroBstadtarchitektur*"(1927), la influencia del *Minimal* y *Conceptual* Art y su antídoto italiano en forma de arte *Povera* [■CR.087], o incluso el mito de la "muerte" del arte que varios artistas contemporáneos se empeñaban en declarar.

Se podría decir que uno de los ensayos decisivos que mejor representa esta voluntad es "*El grado cero de la escritura*" (1953) de Rolan Barthes [★CR.410], que unos años más tarde se traducirá en varias conferencias que el propio Barthes dedicará al análisis de un concepto crucial para la evolución teórica de Superstudio: lo neutro.

Este será un término que, aunque ya había aparecido esporádicamente en el debate arquitectónico italiano, no adquirirá relevancia hasta la apropiación inteligente y aguda reutilización que de él hacen grupos como Superstudio y Archizoom.

En el caso de Superstudio todo comienza cuando, ante aquella cruda realidad que según sus miembros condicionaba el mundo del diseño italiano de los últimos años de la década de los 60, estos deciden activar de nuevo aquel método discontinuo de recalibración teórica del que hablábamos al final del anterior capítulo y que, de manera consistente y autocrítica, iría alterando periódicamente el curso de sus investigaciones durante los años de trabajo conjunto a partir de los buenos resultados obtenidos con el lanzamiento del primer catálogo –en el que trabajan desde 1968 y que sería resumido en el artículo publicado un año más tarde bajo el título "*Un viaggio nelle regione della ragione*" [●CR.134].

La sensación de desencanto respecto a la profesión en general, y a la industria del diseño en particular –organizada, según ellos, para satisfacer las necesidades de las élites culturales– les acerca al proceso

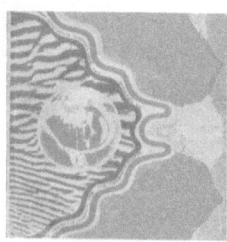

Fig.01. Portada del número doble de la revista Pianeta Fresco dedicado a la "Tecnologia del decondizionamento". Pianeta Fresco 2/3, 1968.

de "*neutralizzazione*" sobre el que ya se encontraba trabajando Sottsass Jr., quien en 1968 dedica un número doble de su revista *Pianeta Fresco* [■CR.092] al concepto de "*decondizionamento*"[6] vinculado a la eliminación de las estructuras sociales impuestas para favorecer, a través de los objetos y la arquitectura, la toma de conciencia de la persona-usuario como tal y de su capacidad de elección. Sottsass Jr. consideraba necesario vaciar los hogares de todas aquellas adquisiciones inducidas por la cultura dominante configurada por el capital, la sociedad del consumo, la historia, etc., para sustituirlas por nuevos objetos elegidos conscientemente y "abiertos" a nuestra sensibilidad, un posicionamiento que como veremos influye de manera decisiva en el proceso de reducción general que ahora empieza a experimentar Superstudio a todos los niveles.

Bajo el título "*Tecnologia del decondizionamento*" el nº 2/3 [■CR.401] (Fig.01) abordaba este término como oportuna herramienta para mostrar el rechazo y promulgar el *desaprendizaje* deliberado de los gustos y creencias que uno había ido tomando de la cultura propia, y a la vez como vía para cuestionar el poder de los marcos y divisiones a través de los que operaba el poder, utilizando como referencia el trabajo de neutralización de las formas y los soportes que llevaba a cabo en esa misma época –aunque con otros fines– Daniel Buren con sus "papeles rayados" en

---

[6] La palabra *decondicionamiento* es un neologismo introducido en el castellano a través de las traducciones de autores franceses como Jacques Lacan, Jacques Derridá y Jean Baudrillard. Las pretensiones del término abarcan lo social y lo cultural: se afirma que toda persona ha sido educada en un determinado contexto, en una realidad consensuada que inevitablemente limita la libertad personal, de modo que los individuos carecen de verdadera capacidad de elección (excepto dentro del marco que su propia cultura les ha proporcionado).

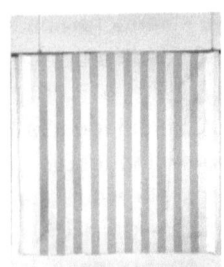

Fig.02. "T III- 4 Manifestation 1". Daniel Buren, 1967.

Fig.03. "Bills". Daniel Buren, 1968.

Fig.04. "Closed Show". Galleria Apollinaire. Milan, 1968.

Fig.05. "Proposition didactique". Daniel Buren, 1968.

los que utilizaba de forma sistemática el motivo de las bandas⁷ [★CR.402] (Figs.02-08). Tras prescindir de la tela como ámbito de su actividad, Buren trataba de incorporar en su trabajo el marco de referencia total de la obra, lo que necesariamente debía incluir a la arquitectura circundante:

> *"Cualquier tipo de arquitectura es de hecho el fondo inevitable, el soporte y el marco de cualquier trabajo (...)."*
>
> *"(...) cuando decimos arquitectura, incluimos el contexto social, político y económico."* ⁸

Las investigaciones de Sottsass Jr. y la traslación automática a sus diseños (Figs.10-13) y el interés por la obra de Buren⁹ –con su transversalidad compartida y su capacidad sistemática, que también encontramos en las propuestas reivindicativas de Gianni Pettena sobre la apropiación de la ciudad [■CR.404] (Fig.09)– llevan a Superstudio a iniciar un nuevo proceso de

---

[7] En 1967 el artista conceptual Daniel Buren comienza su serie de pinturas/esculturas/acciones basadas en la repetición de bandas verticales de diferentes colores, llegando a romper el "marco" institucional de la galería para ir más allá de sus confines, pidiendo al espectador que determine en qué punto estas piezas dejaban de ser "pinturas" – objetos con rareza, originalidad, etc. - y comenzaban a formar parte de otro sistema de objetos: banderas, sabanas tendidas, toldos, etc. Es decir, Buren estaba explorando la legitimidad del poder del sistema para conferir valor a la obra. Para más información ver FOSTER, Hall; KRAUSS, Rosalind; BOIS, Yve-Alain; BUCHLOH, Benjamin H.D. *Arte desde 1900. Modernidad, antimodernidad, posmodernidad.* Madrid: Akal, 2006. Págs.42-43.

[8] RORIMER, A. *The Art of Daniel Buren.* London: Academy Group Ltd. Papadakis, Dr A. C., Ed. *Art and the Tectonic.* 1989. Págs.6–17.

[9] Se ha comprobado que también existía una relación directa entre el artista y Superstudio, gracias a la amistad que durante varios años este había mantenido con Frasinelli, atento seguidor de su obra.

Fig.06. "Peinture suspendue. Acte II". Daniel Buren, 1972.

auto-evaluación que en este caso inaugura una fase productiva basada en una reducción conceptual y simplificación operativa que finalmente será recopilada en un segundo catálogo-manifiesto publicado en 1970 bajo el evocador e inequívoco título de *"Catalogo degli Istogrammi di Architettura"*[10] ["Catalogo de los Histogramas Arquitectónicos"] **[CR.120]**.

Histogramas: nihilismo cuadriculado

Fig.07. "Within and beyond the frame". Daniel Buren. John Weber Gallery, 1973.

Tras las experiencias previas de los Smithson y el Team X, de Yona Friedman, Otto Frei o los Metabolistas entre otros, y las contemporáneas de Archigram y su "Arcadia tecnológica", de los nuevos grupos austriacos e italianos y sus *performances* efímeras, del hiperactivo Hans Hollein y sus *píldoras* arquitectónicas, y del acicate continuo de los vecinos Archizoom y su *terrorismo* operativo[11], Superstudio decide seguir la estela de todas estas

Fig.08. "Within and beyond the frame". Daniel Buren, 1973.

[10] SUPERSTUDIO.*Catalogo degli Istogrammi di Architettura.* Plura Edizioni, 1970.

[11] Archizoom son los primeros en explotar el "racionalismo exaltado" defendido por Rossi (e inspirado por la obra de Boulleé) en su intento por reconquistar una mítica racionalidad absoluta que destruyera cualquier acto creativo arbitrario, procedimiento que ponen en práctica por primera vez en el proyecto de 1968 presentado al concurso para la creación de un *"Centro Nazionale dell'Artigianato"* en la *Fortezza da Basso* de Florencia. En este proyecto el grupo alcanza la disolución de los propios presupuestos simbólicos y figurativos aplicando un proceso "automático" de generación de la forma privado de intención artística. Natalini definirá unos años más tarde este proyecto como "extremadamente inteligente", lo que refuerza la clara influencia que este tuvo sobre el nuevo rumbo que ahora comienzan a tomar las investigaciones de Superstudio. Ver NATALINI, Adolfo. *How great architecture still was in 1966!.* En BYVANCK, Valentijn. *Superstudio: The Middelburg Lectures.* Middelburg: De Vleeshal and Zeeuws Museum, 2005. Pág.30.

Fig.09. "Monumento segnale". Gianni Pettena. Transformación del Palazzo d'Arnolfo en San Giovanni Valdarno, 1968.

Fig.10. "L'amatore del magnetófono". Ettore Sottsass Jr., 1966.

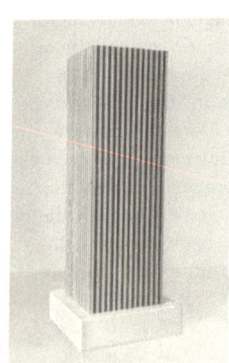

Fig.11. "Superbox". Ettore Sottsass Jr., 1966.

expresiones que trataban de reducir la presencia de lo arquitectónico como si de un agente indeseable y *esclerosante* se tratase –tanto para la creación como para la vida de las personas– sometiendo al objeto (también arquitectónico) a un tratamiento *decondicionante* según el método de Sottsass Jr.

Motivados por la reducción semiótica –cualitativa y cuantitativa- llevada a cabo por los artistas minimalistas[12], y decididos a cuestionar la naturaleza misma de la profesión mediante la negación de sus principios y estructuras "capitalistas", Superstudio lanza *"un catálogo de diagramas tridimensionales discontinuos, un catálogo de histogramas arquitectónicos referidos a una malla transportable a diferentes áreas o escalas para la construcción de una Naturaleza serena e inmóvil"*[13], un antídoto contra el desorden comercial impulsado desde el objeto con el que denuncian los excesos del diseño "pop" y con el que ponen en marcha una nueva línea de investigación focalizada en la esencia del propio objeto con la intención de restringir el diseño y la arquitectura a la simple manipulación tridimensional de superficies, anulando así el impacto de la creatividad artística y reduciendo al mínimo la expresión individual.

[12] Tanto las propuestas del Minimal Art como del Land Art deslumbraron e influyeron de manera determinante en el trabajo que el grupo desarrolla durante los últimos años 60 y principios de los 70. La pérdida progresiva de interés por parte de estos artistas en el aspecto físico de la obra, que les conduce hacia la desmaterialización del arte como objeto en favor de las fases de su constitución, se traslada a los integrantes del grupo florentino, que con una intención claramente crítica tratarán de desmaterializar la arquitectura despojándola de su componente constructiva.

[13] SUPERSTUDIO.*Catalogo degli Istogrammi di Architettura*. Plura Edizioni, 1970. Reproducido en MAUBANT, Jean Louis; MIGAYROU, Frederic ; JARAUTA, Francisco. *Arquitectura Radical*. Centro Andaluz de Arte Contemporáneo, Sevilla, 2003 (catálogo exposición). Pág. 198.

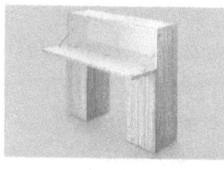
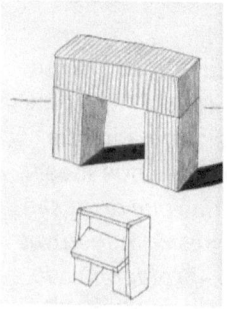

Figs.12,13. "Nefertiti Desk".
Ettore Sottsass Jr., 1968.

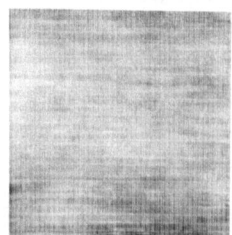

Fig.14. "Play".
Agnes Martin, 1966.

En este sentido el grupo adopta la malla como herramienta con la que explorar el concepto de originalidad a través de la repetición, del mismo modo que anteriormente se habían apropiado de sus características aquellos artistas de las primeras vanguardias y que recuperaban ahora figuras como Carl Andre y Sol LeWitt.

Releyendo el ensayo de Rosalind Krauss *The Originality of the Avant Garde* encontramos evidentes paralelismos entre las estrategias empleadas por Superstudio y las investigaciones de algunos artistas contemporáneos (Fig.14):

"Ahora bien, si la misma noción de la vanguardia puede ser vista como una función del discurso de la originalidad, la práctica actual del arte de vanguardia tiende a revelar que la "originalidad" es una hipótesis de trabajo que en si misma emerge del ámbito de la repetición y la recurrencia. Una figura, extraída de la práctica vanguardista en las artes visuales, es un ejemplo. Esta figura es la cuadrícula.

Más allá de su reiterada aparición en la obra de aquellos artistas que se consideraban a sí mismos como vanguardistas - como Malevich y Mondrian, Léger y Picasso, Schwitters, Cornell, Reinhardt y Johns, así como Andre, LeWitt, Hesse y Ryman - la cuadrícula posee varias propiedades estructurales que la convierten por naturaleza en susceptible de apropiación por parte de la vanguardia. Una de ellas es su impermeabilidad al lenguaje. 'Silencio, exilio y astucia', fueron las contraseñas de Stephen Dedalus: órdenes que en opinión de Paul Goodman expresan el código autoimpuesto del artista de vanguardia. La malla promueve este silencio, mostrandose también como una negativa de expresión. La inmovilidad absoluta de la cuadrícula, su falta de jerarquía, de centro, de inflexión, destaca

Fig.15. "Manifesto della Gazebo's inc.". Archizoom (Publicado en Pianeta Fresco 1, 1967).

no sólo su carácter anti-referencial, sino –lo que es más importante– su hostilidad hacia la narrativa. Esta estructura, impermeable tanto al tiempo como al incidente, no permitirá la proyección del lenguaje en el dominio de lo visual, y el resultado es el silencio." [14]

Por otro lado, la superficie cuadriculada con la que exploran la posibilidad de generar un orden geométrico absoluto adquiere el mismo significado que los *"Gazebi"* [■CR.112] de Archizoom de unos meses antes, aquellas *"estructuras primarias que expresan la necesidad de identificar operaciones compositivas elementales, y que suponen el paso –protagonizado por parte de la vanguardia florentina en 1969– del Pop Art a formas ya definidas como neutras"*[15] (Fig.15).

La operación de los *Histogramas* nos descubre una nueva forma de universalidad que no persigue la creación de un "estilo" sino que debe ser entendida como un intento de reducción formal de todos los objetos a superficies anónimas, envolventes neutras y flexibles –malla negra sobre fondo blanco combinada en nueve series de objetos que ilustran diferentes modificaciones sobre una forma básica– que aceptan las deformaciones producidas al aplicar los programas deseados.

Con cada operación formal se propone un nuevo "modelo" arquitectónico sin un programa previamente asignado, de manera que la concepción del objeto/proyecto se produce de forma independiente a la escala o el uso, ya sean edificios o mobiliario.

[14] Para una interesante visión sobre el entrelazado de los conceptos de originalidad y repetición en el arte ver KRAUSS, Rosalind. *The Originality of the Avant Garde*. Londres: MIT Press, 1986.
[15] GARGIANI, Roberto. *Archizoom Associati 1966-1974. Dall'onda pop alla superficie neutra*. Milano: Mondadori Electa S.p.A, 2007. Pág.146.

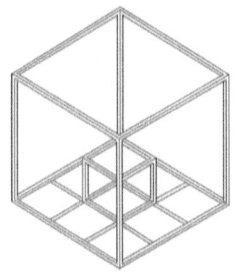

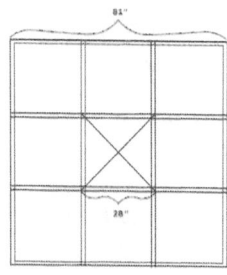

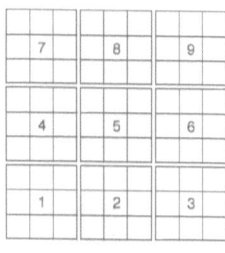

Figs. 16 a 19. "Serial Project nº1 (ABCD)". Sol LeWitt, 1966.

Con estos ambiguos "modelos" cuasi-escultóricos Superstudio contradecía la máxima de "*la forma sigue la función*" heredada del Movimiento Moderno, al negar el uso final al que el objeto debía ser sometido y eliminando de paso la relación entre dicha forma y su significado.

Aplicando las nociones de diseño "sistemático" y "conductual" desarrolladas pocos años antes por Andries van Onck para su definición de *Metadesign* (1965) [✦**CR.407**], el grupo utiliza el "modelo", no como la etapa final en la vida del objeto, sino como propuesta para un intento futuro en el que su destino final sigue siendo ambiguo: si se amplía podría convertirse en un edificio, pero si se reduce podría resultar en una mesa, todo dependía de las intenciones o necesidades particulares de cada usuario.

El concepto de orden que Superstudio había materializado anteriormente en figuras como el cubo, es ahora aplicado en forma de proceso generativo a partir de una única ley que recuerda al trabajo en serie de Sol LeWitt en dos piezas de 1966: *Serial Project nº1 (ABCD)* (Figs. 16-24) y *Cubic Modular Piece No. 2* (*L-Shaped Modular Piece*) (Fig. 25) [●**CR.364**]. Es evidente que los miembros del grupo se interesaron por las propuestas del artista americano, que en aquellos años simbolizaban la conexión natural entre el minimalismo –reducción a lo esencial– y el arte conceptual de principios de los 60, dos movimientos clave para rastrear el trabajo de los florentinos.

> *"El artista en serie no trata de producir un objeto bello o misterioso, sino que opera simplemente como un empleado, catalogando los resultados de las premisas de las que partió".* [16]

---

[16] BUCHLOH, H. D. *El arte conceptual de 1962 a 1969: de la estética de la administración a la crítica de las instituciones*. En *Forma-*

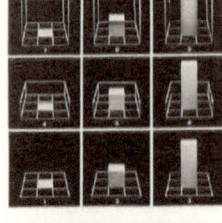
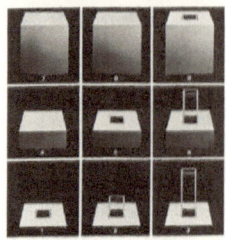
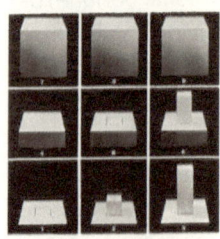

En *Serial Project nº1* LeWitt desafía los métodos convencionales de la producción artística, deteniendo el proceso aditivo de esculpir para permitir al espectador observar lo que sólo había existido debajo de otros materiales[17], anteponiendo por tanto la idea al resultado físico (forma) mediante un procedimiento que cumpliendo ciertas reglas determina la forma (sistema organizativo) jugando por sí mismo.

No por casualidad ese mismo año de 1966 el cubo se convierte en el elemento básico de su léxico:

> *"La característica más interesante del cubo es que es relativamente poco interesante. Comparado con cualquier otra forma tridimensional, el cubo adolece de cierta agresividad, no implica movimiento y es menos emotivo que otras formas geométricas. Por lo tanto, es la forma más apropiada para ser usada como unidad básica para cualquier función más elaborada, el dispositivo gramatical desde el cual el trabajo debe avanzar."*[18]

En su obra el trabajo avanza a partir de la "sistematización absurda" a la que son sometidos los cubos y las líneas en sus piezas, lo que le permite fusionar en una sola representación la *legaliformidad* de la fórmula serial matemática o pseudo- matemática con la contingencia de los casos concretos en los que se materializa[19].

Figs. 20 a 24. "Serial Project nº1 (ABCD)". Sol LeWitt, 1966.

lismo e historicidad. Modelos y métodos en el arte del siglo XX. Madrid: Akal, 2004. Pág. 185.
[17] LeWitt se inspira en las cronofotografías de Eadweard Muybridge, en especial en "*Horse in motion*" de 1886, donde la secuencia de fotografías de un caballo al galope permitía ver aquello que permanecía oculto (el apoyo de los cascos en el suelo).
[18] Sol LeWitt citado en *Sol LeWitt*. Catálogo exposición. MOMA. Nueva York: Alicia Legg Ed., 1972. Pág. 172.
[19] KRAUSS, Rosalind. *LeWitt en progresión*. En *La originalidad de la vanguardia y otros mitos modernos*. Madrid: Alianza Editorial, 1996. Págs. 259-273.

Fig.25. "Cubic Modular Piece No. 2 (L-Shaped Modular Piece)". Sol LeWitt, 1966.

Fig.26. "Equivalent VIII". Carl Andre, 1966.

Fig.27. "Equivalent Series". Carl Andre, 1966.

Fig.28. "8 cuts". Carl Andre, 1967.

En Cubic Modular Piece No. 2 (L-Shaped Modular Piece) el cubo-base se complementa con la malla, que ahora se convierte en medio flexible a través del cual una forma definida podría generarse a cualquier escala, una operación sistemática y seriada que recuerda a aquella que Superstudio adoptará para sus *Histogramas* en forma de *"malla transportable a diferentes áreas o escalas"* de la que hablábamos anteriormente.

El análisis de las obras de LeWitt y el interés por la configuración lógica y auto-determinada de los trabajos contemporáneos de Carl Andre [●CR.464], en los que la estructura de la escultura se hacía inmediatamente evidente (al mismo tiempo que "desaparecía" la mano del artista) para reforzar el hecho de que la obra formaba parte de un *todo* al estar compuesta por la repetición de elementos estándar (Figs. 26-28), permite al grupo crear un catálogo super-efectivo en el mensaje, cargado de potentes consideraciones sobre sistematización y sus consecuencias de final abierto (Figs. 29,30).

Ya no pretenden generar un determinado edificio o un tipo de mueble en particular, sino todos a la vez, en forma de posibilidades simultáneas que dejaban abierta la puerta a todo tipo de desenlaces futuros generados por la misma ley. Los Histogramas representan, como diría Roland Barthes, un *"plural irreductible"* en el que poder conseguir *"una verdadera pluralidad de significado"* cuyo resultado *"no puede ser él mismo más que en su diferencia (lo que quiere decir: su individualidad)"* [20].

[20] BARTHES, Roland. *De la obra al texto*. En *El susurro del lenguaje. Más allá de la palabra y la escritura*. Barcelona: Paidós, 2009. Págs. 85-96. Texto original publicado en *Revue d'Esthetique* n°3, 1971.

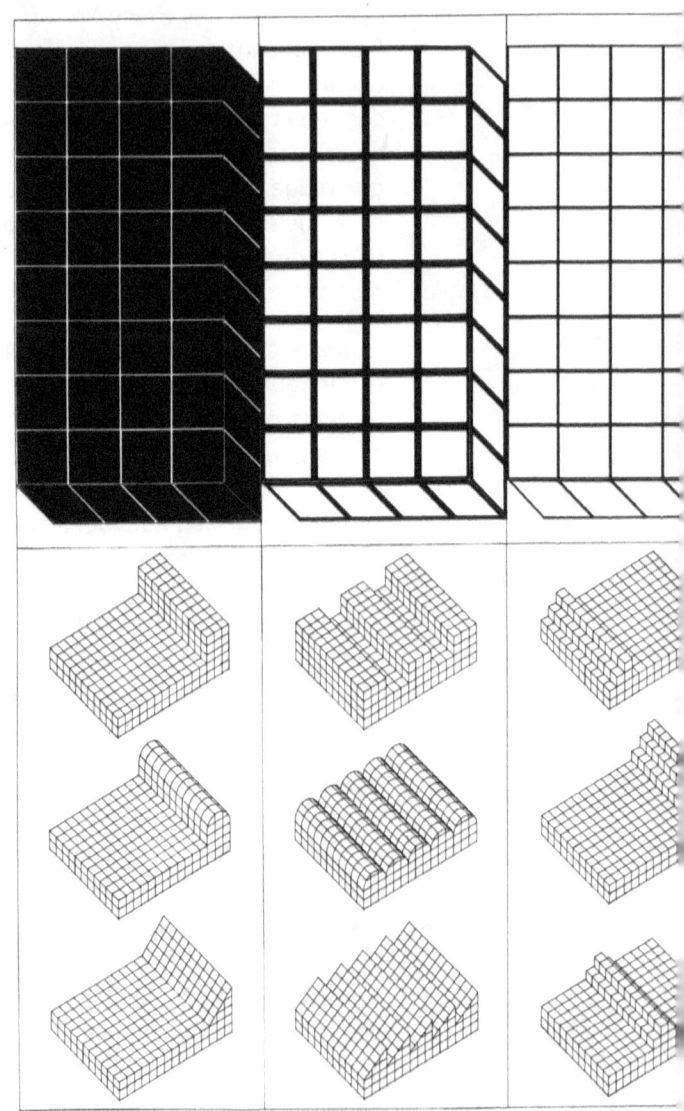

Fig.28. "Catalogo degli Istogrammi di Architettura". Superstudio, 1969-71.

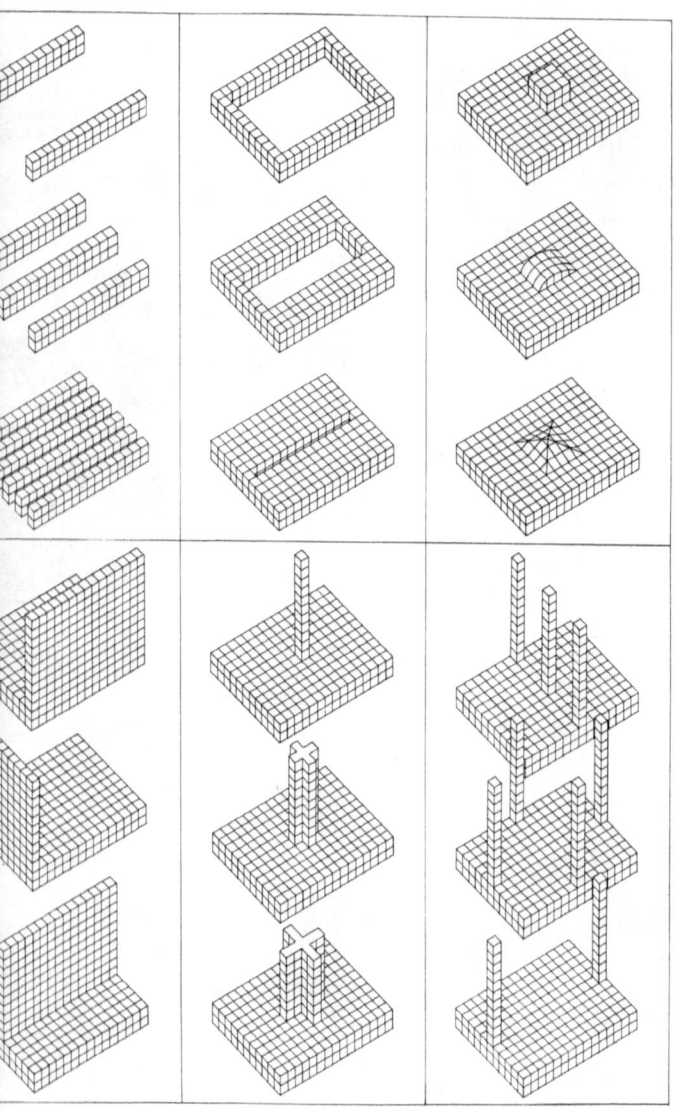

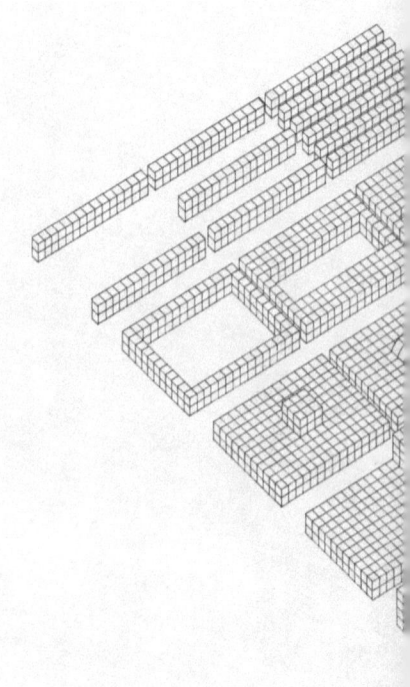

Fig.29. "Catalogo degli Istogrammi di Architettura". Superstudio, 1969-71.

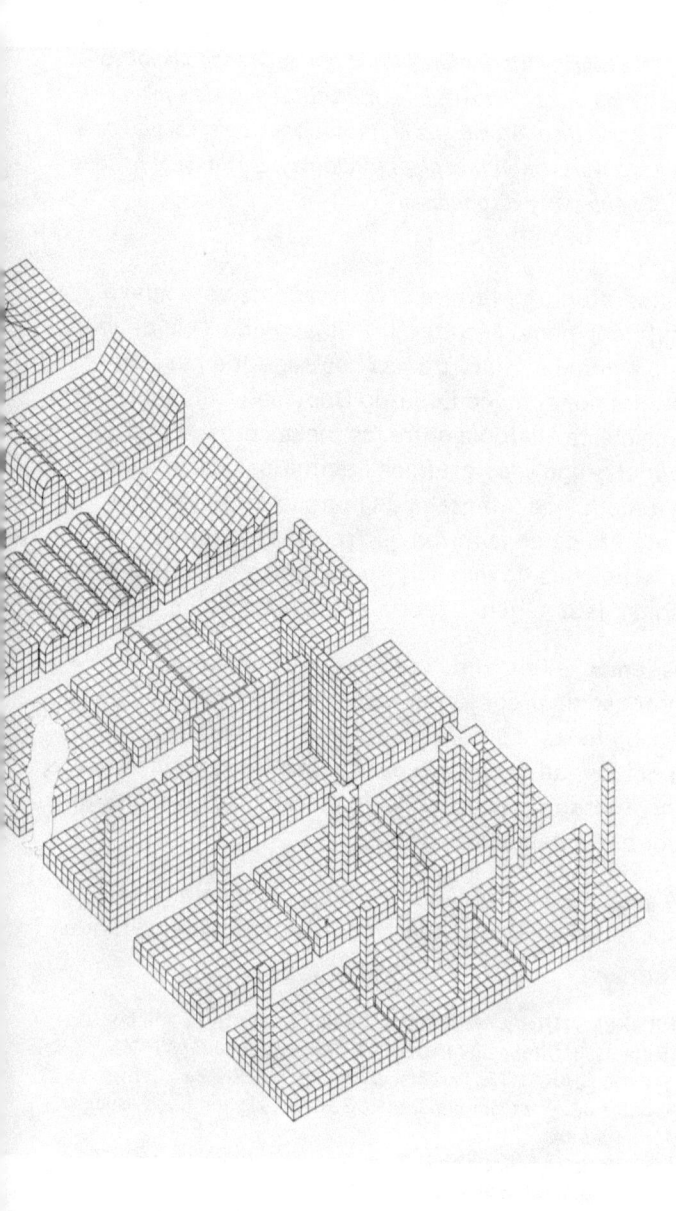

"Empezamos a interesarnos por las transposiciones y las metamorfosis. La arquitectura dejó de ser un especifico, perdió sus connotaciones de escala para convertirse en una planificación abstracta de entidades neutrales y disponibles"[21].

Superstudio se refiere al resultado de este nuevo catálogo como arquitectura "disponible" –la denominación de "Histogramas" es sugerida posteriormente por el físico Edoardo Boncinelli[22] al reconocer una cierta analogía entre las piezas presentadas por el grupo y los gráficos habituales– para definir a aquella que integraba un método de generación automática de la forma que reducía al mínimo las operaciones de diseño y simplificaba el trabajo a un solo gesto según la teoría del mínimo esfuerzo.

Además, eliminando la figura del diseñador del proceso de predeterminación de la función asociada al objeto, este automáticamente se cargaba con la ambigüedad necesaria para destruir el significado incorporado, permitiendo su metamorfosis eventual por parte del usuario final.

A partir del provocador mensaje "subliminal" que subyace tras los *Histogramas,* Superstudio pretende

---

[21] SUPERSTUDIO. *Mindscapes*. Design Quarterly 89. Minneapolis, 1973. Citado en MAUBANT, Jean Louis; MIGAYROU, Frédèric ; JARAUTA, Francisco. *Arquitectura Radical*. Centro Andaluz de Arte Contemporáneo, Sevilla, 2003 (catálogo exposición). Pág. 198.

[22] Boncinelli se licencia en Física en la Universidad de Florencia con una tesis sobre Electrónica Cuántica dirigida por el padre de Toraldo di Francia. Los intercambios culturales entre ambos jóvenes comienzan durante los estudios universitarios, cuando estos junto a Frasinelli trabajan en la realización de un documental dedicado al Evangelio de Mateo. Citado en GARGIANI, Roberto; LAMPARIELLO, Beatrice. *Superstudio*. Editori Laterza, 2010. Pág. 117.

Fig.31. "Arte povera". Germano Celant, 1969.

Fig.32. "Cactus, cotoniera e pappagallo". Jannis Kounellis. Galleria L'Attico, 1967.

recuperar ciertos valores *curativos* con los que *"salir de los medios oligofrénicos... a través de una terapia de diseño"*[23] y poner fin a la obsesiva búsqueda formal del arquitecto contemporáneo acabando *"de manera precisa con todos los problemas relativos al espacio y a la sensibilidad"*[24], llegando a cuestionar implícitamente la necesidad de su participación en el proceso de diseño, e incluso la desaparición de la propia disciplina.

Esta acerada crítica en el ámbito de la arquitectura seguía los pasos de la que un año antes, como ya hemos visto - había azotado al mundo del arte en Italia con la "presentación en sociedad" del *Arte Povera* en la exposición *"Im Spazio"* de la *Gallería La Bertesca* de Génova [■CR.087] (Fig.31). El término era acuñado por Germano Celant para el catálogo de dicha exposición y desarrollado en el artículo publicado en la revista *FlashArt* "*Arte Povera: appunti per una guerriglia*" ["*Arte Povera: apuntes para una guerrilla*"] [■CR.293] (Fig.32), donde aprovechaba para criticar el concepto de arte imperante en los sesenta *"en el que el artista, como nuevo juglar del sistema, satisface los consumos refinados y produce objetos para paladares cultos"*[25].

Como suele suceder, no todo el mundo comulgaba con aquella visión apocalíptica de los jóvenes florentinos: Sottsass definirá la radical apuesta del grupo como la *"destrucción total de los ritmos lentos y agradables del 'diseño' (...) hasta llegar a la pura*

---

[23] TORALDO DI FRANCIA, Cristiano. *Superstudio & radicales*. En MAUBANT, Jean Louis; MIGAYROU, Frédèric ; JARAUTA, Francisco. *Arquitectura Radical*. Centro Andaluz de Arte Contemporáneo, Sevilla, 2003 (catálogo exposición). Pág. 198.
[24] Ibid. Pág. 198.
[25] CELANT, Germano. *Arte Povera: appunti per una guerriglia*. FlashArt n°5, 1967.

paranoia, a la debacle visual, física y cultural total"[26], mientras que Tafuri –*enemigo* incondicional cuyos intransigentes análisis político-arquitectónicos, como veremos, en vez de silenciar el enfoque conceptual de los arquitectos florentinos, involuntariamente lo fortalecerán– llega a hablar muy acertadamente de la *"muerte de la Arquitectura"*, precisamente el escenario perfecto sobre el que Superstudio pretendía alcanzar un "grado cero" a partir del cual desplegar su posterior propuesta de refundación antropológica de la disciplina.

No sin cierta ironía, los *Histogramas* serán rebautizados con el nombre de la "tumba de los arquitectos" [*"tombe degli architetti"*], y tanto esta nueva denominación como el desafiante mensaje que incorporaban recuerdan a *"la muerte del Autor"* proclamada un año antes por Barthes:

> *"La crítica clásica no se ha ocupado nunca del lector; para ella no hay en la literatura otro hombre que el que la escribe. Hoy en día estamos empezando a no caer en la trampa de esa especie de antífrasis gracias a la que la buena sociedad recrimina soberbiamente en favor de lo que precisamente ella misma está apartando, ignorando, sofocando o destruyendo; sabemos que para devolverle su porvenir a la escritura hay que darle la vuelta al mito: el nacimiento del lector se paga con la muerte del Autor".*[27]

---

[26] SOTTSASS, Ettore. Elementi n°3, 1973. Citado en ROUILLARD, Dominique. *Superarchitecture. Le Futur de l'architecture 1950–1970.* Paris: Editions de la Villette, 2004. Pág.373. En este mismo número de la revista de la sociedad Abet Print Superstudio publica el artículo *"Istogrammi di Architettura"*.

[27] BARTHES, Roland. *La muerte del autor.* En *El susurro del lenguaje. Más allá de la palabra y la escritura.* Barcelona: Paidós, 2009. Pág. 83. Artículo original *La mort de l'auteur*, 1968.

Barthes criticaba aquí la concepción romántica del autor, según la cual el creador daba forma a la inspiración configurando la obra, una idea romántica que presuponía que el autor ocupaba el centro de la obra y el texto era el vehículo del significado que el escritor había querido darle. El papel del lector por tanto sería sencillamente el de intentar entender lo que el autor deseaba comunicar, convirtiendo entonces la lectura en una actividad pasiva.

Los paralelismos con las líneas de investigación abiertas hasta este momento por Superstudio son evidentes, hasta el punto de que podríamos resumirlas, parafraseando a Barthes, afirmando que para los florentinos devolverle el porvenir a la Arquitectura implicaba darle la vuelta al mito: el nacimiento del usuario se paga con la muerte del Arquitecto.

Crear sin esfuerzo

Los *Istogrammi di Architettura* se materializan inicialmente en modelos tridimensionales de cartón revestidos con una superficie plástica y reticulada (Figs. 33,34), pero pronto Superstudio se plantea fabricarlos a una escala mayor con la intención de empezar a experimentar aquella capacidad reproductiva de su nuevo catálogo que según ellos permitiría fácilmente traducir la malla homogénea en una pieza de mobiliario, en arquitectura o en paisaje.

Ahora, la diversidad e identidad de los objetos a diferentes escalas son reducidos a su esencia dimensional, negando el mito contemporáneo del espacio: son sólidos generados a partir de las leyes de la malla (al modo de Sol LeWitt), que explotan una cualidad similar a aquella descubierta en la malla urbana de la ciudad americana apuntada por Tafuri:

"El uso de una malla regular de arterias de conexión como sencillo y flexible soporte para una estructura urbana de la que es necesario salvaguardar la variabilidad continua, permite alcanzar el objetivo que la cultura europea no había podido lograr. La libertad absoluta concedida a un único fragmento arquitectónico se sitúa exactamente aquí, en un contexto que no está condicionado formalmente por el mismo. La ciudad americana concede la máxima articulación a los elementos secundarios que la configuran, manteniendo rígidas las leyes que la gobiernan como un conjunto."[28]

La oportunidad de producir una nueva línea de productos "mudos" surge a raíz de las experiencias previas de colaboración con el fabricante de laminados plásticos *Print*, para el que en su anterior etapa kitsch habían diseñado una línea de productos que permitían al usuario alterar la apariencia de un objeto existente mediante la aplicación de una nueva y brillante superficie plástica serigrafiada, dando como resultado objetos complejos que demandaban ser descodificados[29].

---

[28] TAFURI, Manfredo. *Per una critica dell'ideologia architettonica*. Contropiano, Materiali Marxisti, no. 1, 1969. Pág. 43.

[29] La serie *Surfaces* de Superstudio combinaba austeras piezas de mobiliario con llamativos laminados para provocar en el usuario la duda frente a lo inapropiado, obligándole a cuestionarse la convergencia de aquellos disparatados *estilemas* ("*stylemes*"- stylistic elements - como diría Eco). Volvían a explotar aquí la atenta lectura de los escritos de Eco en torno al "mal gusto", apropiándose de reflexiones como: "*Un mensaje que contiene poca información (como una mesa), leído a la luz de un código arbitrario (como la aplicación de una nueva superficie), a menudo puede parecer mucho más rico de lo que estaba previsto que fuese*". "*Mediante la superposición arbitraria de un código sobre un mensaje vacío (un objeto natural, por ejemplo) o que tiene uno diferente (como algún producto industrial), el artista de hecho reinventa, reformula, ese mensaje*". En ECO, Umberto. *The Structure*

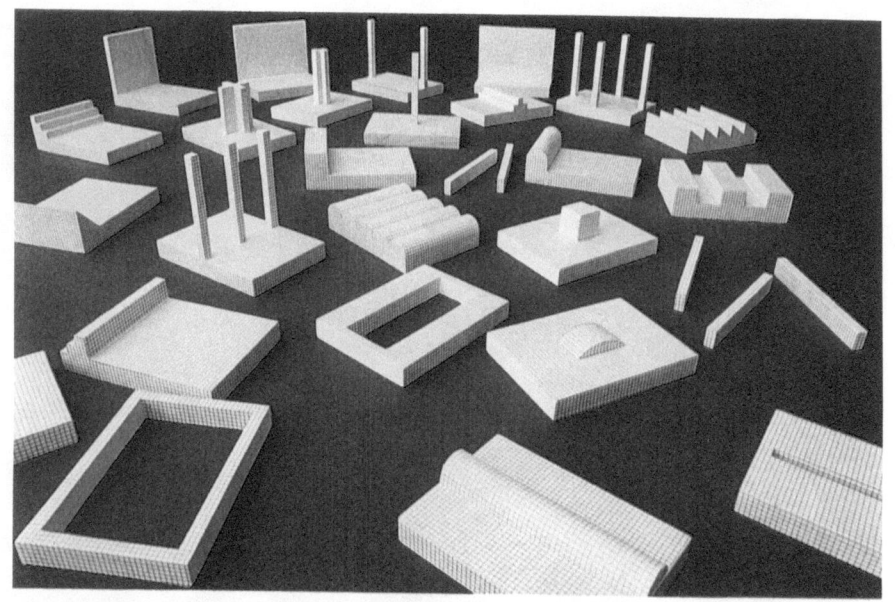

Figs. 33, 34:. "Catalogo degli Istogrammi di Architettura". Fotografía de los modelos. Superstudio, 1970.

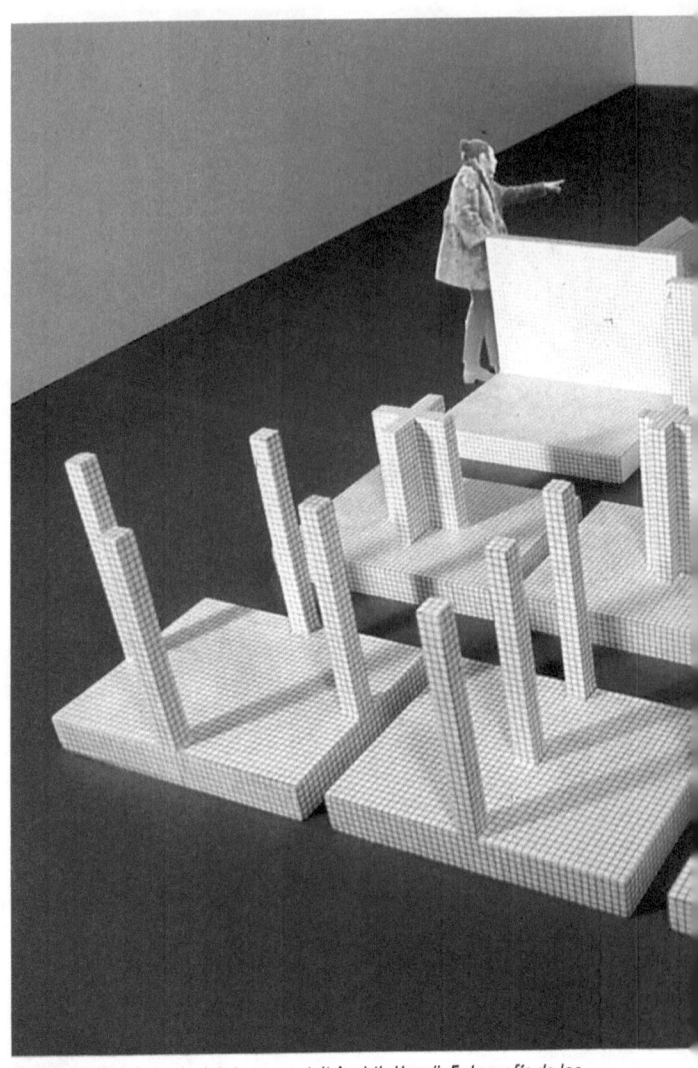

Figs. 35:. "Catalogo degli Istogrammi di Architettura". Fotografía de los modelos. Superstudio, 1970.

Fig.36. "Visita primaverile nello showroom", oficina de los carpinteros Angiolino y Gino Lepri, Panzano in Chianti (Firenze), 1970. Prototipos para muebles, "Serie Misura". Fotografía de Cristianl Toraldo di Francia. SUPERSTUDIO, 1970.

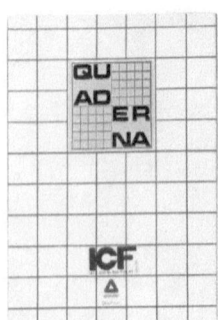

Fig.37. Catálogo de la serie Quaderna, producida por Zanotta, 1970.

En la nueva etapa reduccionista el grupo busca una estética muda, donde los nuevos productos deben mostrar una apariencia exterior más controlada sin renunciar a la ambigüedad semántica explotada en sus piezas de inspiración kitsch, por lo que aplican sus investigaciones sobre los *Histogramas* a la primera serie de mobiliario "reductivo": la serie *Misura*. Con esta serie en 1969 los *Histogramas* se convierten primero en muebles autoproducidos (Fig. 36), aplicando sobre los diseños básicos del grupo (una mesa, una silla, una cama, un banco, una estantería, un armario) el nuevo laminado plástico producido por Print imitando la malla homogénea, isótropa y transportable característica, y un año más tarde en una línea de productos llevados a la perfección y comercializados por Zanotta bajo el nombre de *Quaderna*[30] (Fig. 37).

Con la serie *Quaderna* comercializan una línea de objetos blancos revestidos –"silenciados"– por una malla monótona y sistemática que debían funcionar como escenarios neutrales para los rituales de la vida cotidiana, lo que representa con precisión los nuevos intereses de Superstudio y condensa todas sus críticas al tiempo que incorpora toda la carga socio-política con la que dirigían sus investigaciones sobre el mundo del diseño: su falta de ornamentación, la extrema uniformidad de las superficies, la eliminación del color y la síntesis funcional de las

of Bad Taste. Dentro del libro *The Open Work.* Cambridge: Harvard Univ. Press, 1989. Pág 199. Ensayo original: *La struttura del cattivo gusto.* En ECO, Umberto. *Apocalittici e integrati: comunicazioni di massa e teorie della cultura di massa.* Milán: Bompiani, 1964.

[30] *Quaderna* es la palabra en italiano utilizada para describir las típicas libretas de hojas cuadriculadas utilizadas por los escolares de aquellos años. De todas las piezas inicialmente diseñadas, solo la mesa sigue actualmente en producción.

Fig.38. Portada del número de la revista editada por Abet "Elementi: quaderni di studi, notizie, ricerche" dedicada al la exposición "L'uso della superficie neutra: Archizoom, Trini Castelli, Sottsass, Sowden, Superstudio". 1973.

formas nos muestran aquella cruda realidad que el grupo trataba de denunciar, sin olvidar su compromiso con la figura protagonista del usuario final, con un tipo de diseño que debía privilegiar la voluntad del individuo de controlar su propio entorno.

La serie *Quaderna* incorpora las virtudes de simplicidad y "silencio" sobre las que ahora querían seguir trabajando, y en esta línea, el mismo año de su comercialización, la empresa *Abet Print* –que producía los laminados– encarga a Superstudio *comisariar* una exposición itinerante para publicitar los productos y sus innumerables aplicaciones. Bajo el título *"L'uso della superficie neutra"* Superstudio aprovecha la ocasión para fabricar algunos *Histogramas* a mayor escala[31], pero también invita a participar en la misma a Archizoom, Sottsass, Clino Trini Castelli y George Sowden (Figs. 38 - 40) con el objetivo de reflexionar conjuntamente sobre las implicaciones –más conceptuales que técnicas– del *mágico* producto:

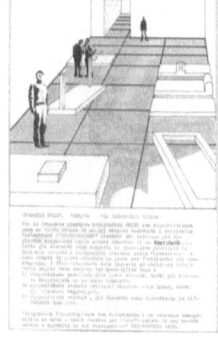

Figs.39,40. Los Istogrammi de Superstudio y el modelo de Archizoom Associati, publicados en el mismo número de la revista.

"El discurso sobre la 'superficie neutra' no contiene ningún mensaje, no propone una casa del futuro, no ofrece modelos de vivienda ni proyectos. La superficie neutra está liberada de los condicionamientos históricamente determinados de cada material, no tiene vínculos ni implicaciones culturales, es fundamentalmente a-histórica (...). El laminado plástico se presenta como materia e instrumento esencial en esta búsqueda de nuevos 'estímulos perceptivos' capaces de cuestionar el viejo discurso de objetos y muebles, en el que el usuario es excluido por definición. ¿Por qué? Porque es el material a-histórico por excelencia (...) aparece en

[31] Los *Histogramas* producidos para la exposición pasan a formar parte de la serie Misura en la que ya estaba trabajando Superstudio, y que ese mismo año será adquirida por Aurelio Zanotta para su comercialización.

lo contemporáneo: material puro en cualquier caso, no solo en el sentido de su disponibilidad, sino también en el de su integridad."[32]

Las reflexiones del grupo sobre los *Histogramas* y su capacidad reproductiva, y las investigaciones paralelas sobre la "superficie neutra", transforman su concepto de escala para afirmar el valor de una nueva "envolvente" ahora provista del automatismo derivado de la lógica de la cuadricula, capaz de generar de igual modo y sin esfuerzo objetos y arquitectura.

De forma paralela al desarrollo de la serie *Misura*, Superstudio trabaja en dos proyectos arquitectónicos que serán la base de varios trabajos posteriores con los que tratarán de demostrar las potencialidades y efectividad del nuevo método para alcanzar sus cada vez más evidentes aspiraciones a un "diseño único", un único gesto demiúrgico: el "*Catalogo di Ville*" **[CR.121]** y el "*Viadotto d'Architettura*".

El primero reúne los estudios teóricos sobre la casa desarrollados entre 1968 y 1969, con los que trataban de elaborar modelos universales válidos para cualquier cliente "*sin tener en cuenta sus problemas personales, pensando exclusivamente en una vida serena y una construcción feliz*"[33] : el "*Catalogo di Ville*" (Fig. 41) propone una arquitectura donde todas las

---

[32] Extracto del manifiesto *L'invenzione della superficie neutra* escrito por los participantes y publicado en 1973 en el número de la revista de la sociedad Abet Print *Elementi: quaderni di studi, notizie, ricerche* dedicada a la muestra itinerante.

[33] Superstudio. *The Single Design: Histograms, Villas, Monuments. A catalogue of Villas*. En LANG, Peter; MENKING, William. *Superstudio: Life without objects*. Milan: Skira, 2003. Pág. 110. Texto original: *The Single Design by Superstudio*. Japan Interior Design nº 144, Marzo 1971. Págs. 21-33.

*Fig.41. "Un Catalogo di Ville. Villa Suburbana A6 (Villa Cubica)". SUPERSTUDIO, 1969. Maqueta.
Foto: Cristiano Toraldo di Francia.*

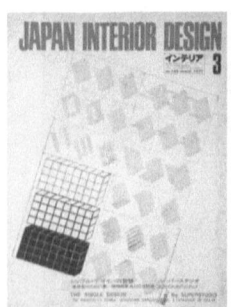

Fig.42. Portada de larevista Japan Interior Design nº144, Marzo 1971.

Fig.43. "Fukuoka Mutual Bank" (concurso). Arata Isozaki, 1973.

consideraciones sociales y funcionales –que sustentan el razonamiento arquitectónico– son eliminadas en favor de una arquitectura autista, diseñada en serie, disponible y voluntariamente sin carácter ni simbolismo.

De manera ordenada los diferentes "modelos" se presentan clasificados según cuatro series principales dependiendo de la localización y el tipo –"*Ville suburbane*", "*Ville al mare*", "*Ville in montagna*" y "*Grandi Ville Italiane*"– repitiendo el esquema de sistematización generado con los *Histogramas*, y ya aplicado en la línea de mobiliario *Misura*, que permitiría la construcción de viviendas según un proceso estandarizado.

Su renovada confianza en el mundo de la razón y el conocimiento, y su huida progresiva hacia el territorio de lo místico y trascendental - que avanza la línea seguida por sus propuestas posteriores - marca el discurso teórico que resume este catálogo y que es finalmente publicado en 1971 en el número de Marzo de la revista *Japan Interior Design*[34] dedicado al *Diseño Único* (Fig. 42), donde de nuevo abogan por una refundación *serena* de la disciplina capaz de "salvar nuestras almas":

> "*El mayor proyecto es siempre proyectar toda una vida bajo el signo de la razón, una vida con instrucciones*

[34] Resulta curioso constatar el interés suscitado por la obra de Superstudio en Japón durante aquellos años en los que era habitual encontrar sus trabajos publicados en las revistas del país asiático. Este inesperado interés podría estar vinculado al auge del movimiento Metabolista durante los años 60, cuyos protagonistas se embarcaron en una intensa exploración de los límites de la disciplina y de las posibilidades operativas de la tecnología. Arata Isozaki incluso se inspira en las *Villas* de Superstudio para su proyecto del *Fukuoka Mutual Bank* de 1973 [C.R.373] (Fig. 43).

precisas, elegida y aceptada serenamente, con límites como piedras angulares. Construirnos a partir de gestos primarios, gestos mágicos, calibrados y brillantes, a través de una arquitectura de la claridad y la lucidez, no inteligentemente cruel, sino capaz de asumir todas las razones. Salvar nuestra alma a través de la claridad, despojando a la arquitectura de sus superestructuras espacio-estéticas-económico-funcionales (justificaciones y mistificaciones) y re-evaluando su esencia ordenada. De esta manera, la arquitectura como estructura operativa se superpone según natura naturans y natura naturata, ordenando sus materiales con los instrumentos de la historia y la tecnología." [35]

Un gran cementerio en Graz

El segundo de los proyectos iniciados por Superstudio en este periodo, el *"Viadotto d'Architettura"*, es el origen de una de las propuestas más célebres del grupo que marcará la apoteosis de aquella búsqueda de un diseño más "grande" y abstracto que aquel imaginado por Kahn: el *Monumento Continuo*.

En mayo de 1969 el grupo comienza a trabajar en su propuesta **[CR.130]** para el concurso de ideas que bajo el título de *"Architektur und Freiheit"*[36] ["Arquitectura y libertad"] es organizado por la *Bienal Trinacional de Graz* cuya nueva edición tendría lugar entre el 14 de Octubre y el 15 de Noviembre de ese año *(Trigon'69)*.

---

[35] Ibid.
[36] En el texto introductorio el comisario de esta edición, G. Wolf, recordaba a los participantes el tema a desarrollar: *"(...) la medida de la libertad que en la arquitectura del futuro se le puede proporcionar al individuo y a la sociedad, y los límites que la arquitectura representa para esta libertad"*. En *Katalog der Ausstellung Trigon 69. Graz, von 4 Oktober bis 15 November*.

Fig.44. Planes urbanos para Montevideo, Sao Paulo y Rio de Janeiro.
Le Corbusier, 1929.

Implicados en aquel *viaggio nelle regione della ragione* [37] comenzado unos meses antes bajo la influencia de la común concepción de arquitectura que defendían Rossi y Kahn –entendida como resultado de la unión de un aspecto racional, fruto de la razón, del orden y de la regla, y un aspecto irracional, fruto de una voluntad inconsciente de la expresión y de la intuición–, y estimulados por los primeros trabajos del *Land Art* descubiertos por Germano Celant y Tomasso Trini en varios artículos publicados en Casabella y Domus[38], los miembros de Superstudio comienzan a trabajar en el concurso produciendo imágenes donde representan una arquitectura colosal que inmersa en paisajes metafísicos los atravesaba, como si de un gran acueducto romano se tratase, a modo de autopista impasible que proyectada más allá del desierto avanzaba hacia la conquista de la metrópoli contemporánea.

Retomando las reflexiones de Rossi sobre el monumento expuestas en su libro de 1966 *L'architettura della città* [■CR.072], en el que afirmaba que la forma arquitectónica de una ciudad era el resultado de la singularidad de sus monumentos –y entre ellos, de manera especial, destacaba el acueducto romano como representación de la capacidad de la arquitectura de ser construcción precisa y a la vez aplicable

---

[37] Y finalmente publicado como primer catálogo unos meses después en Domus: SUPERSTUDIO. *Progetti e pensieri: un viaggio nelle regioni della ragione*. Domus n° 479, Octubre de 1969. Págs. 39-40.

[38] Además de estos artículos, los miembros de Superstudio descubren y se interesan por las primeras obras de Robert Smithson, Michael Heizer o Walter de Maria a través de los encuentros con artistas y las exposiciones organizadas por Maria Gloria Bicocchi en su galería ART/TAPES/22, abierta en 1962 en Florencia y convertida en espacio cultural de referencia en la ciudad también como impulsor del videoarte italiano [■CR.034].

Fig.45. "Plan Obus".
Le Corbusier, 1931.

a la realidad como signo de su transformación[39]– el grupo adopta el "viaducto" como monumento geométrico abstracto reducido a puro volumen y transportado a escala paisajística, incorporando la "expresividad" de aquellos *Earth Works* que percibían como modelos a través de los cuales denunciar la crisis de los actuales criterios de planificación y mostrar –incluso mediante el uso de la ironía– el malestar de una nueva generación de arquitectos incapaces de reconocerse a sí mismos en una cultura arquitectónica contemporánea imposibilitada, según ellos, para actuar de manera efectiva sobre la ciudad y el territorio.

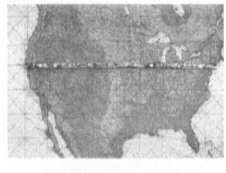

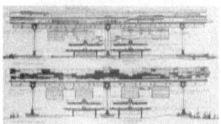

Figs.46, 47. "Continuous City for 1.000.000.000 Human Beings".
D. Boutwell y M. Mitchell, Domus 470, 1969.

Las primeras imágenes de la propuesta nos recuerdan a los primeros planes urbanos de Le Corbusier para algunas ciudades de Sudamérica, o al posterior *Plan Obus* y su viaducto protagonista presentado en 1931 (Figs.44, 45) –con el que el maestro moderno pretendía ordenar, conectar y densificar la costa de Argel–, e incluso a las de su *revival* contemporáneo –publicado en DOMUS en enero de 1969– con el que bajo el título de "*Continuous City for 1.000.000.000 Human Beings*" D. Boutwell y M. Mitchell pretendían "urbanizar" Estados Unidos a escala nacional [●CR.392] (Figs.46,47) como respuesta al inminente colapso que según ellos sufriría el modelo urbano implementado hasta el momento[40].

---

[39] ROSSI, Aldo. *Evoluzione dei fatti urbani.* En *L'architettura della città.* Págs. 161-190.

[40] En enero de 1969 la revista Domus n°470 publica "*Planning on a National Scale*" de Alan Boutwell y Mike Mitchell, donde aparece su propuesta "*Continuous City for 1.000.000.000 human beings*" sobre la que escriben: "*Esta es nuestra ciudad. No somos sensacionalistas. Todo lo que hemos descrito es factible hoy en día [...] Si no actuamos ahora, a pesar de todas las dificultades aparentemente insuperables, llegaremos a un estado en el que la acción ya no será posible*".

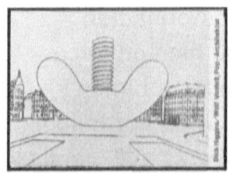

Fig.48. "Pop Architektur, Concept Art". Wolf Vostell y Dick Higgins, 1969.

Fig.49. "Proposal for the environs of Cologne Cathedral". Wolf Vostell, 1967.

Fig.50. "Projekt für Kopenhagen". Hans Hollein, 1969.

Fig.51. "A new Wien". Gerhard Rühm, 1968.

Superstudio utiliza una solución –la de la megaestructura tridimensional continua– que domina la escena experimental de los años 60, pero despojándola de toda la pretendida efectividad "moderna" para llenarla de contenido reivindicativo: el *"Viadotto d'Architettura"* se presenta como el resultado de una destrucción apocalíptica de las principales metrópolis del mundo cuyos fragmentos se recomponen en dos únicas estructuras lineales que atraviesan el globo a la altura del meridiano terrestre.

Ese mismo año de 1969 se publica el libro de Wolf Vostell y Dick Higgins *Pop Architektur, Concept Art*[41] (Fig.48) (*Fantastic Architecture* en su traducción inglesa de 1971) [✦CR.239], donde aparecen un grupo de heterogéneas propuestas visuales y textuales que tratan de recuperar el espíritu de la investigación estética en la arquitectura, como la del propio Vostell rodeando la catedral de Colonia con una maraña de autopistas kafkianas (Fig.49), el magma de hormigón con el que Hollein sepultaba la ciudad de Copenhague (Fig.50) dejando solo a la vista aquello que realmente definía a una ciudad según él –su historia y monumentos–, o las letras gigantes de Gerhard Rühm que construían una "nueva Viena" (Fig.51).

En la línea de algunas de estas propuestas el *Viadotto* supone también una llamada de atención, la materialización de una necesidad compartida por varios protagonistas radicales de reflexionar e investigar sobre nuevas estrategias de acción urbana, utilizando una estrategia de aproximación distópica y provocativa en la que el protagonista es un "despiadado" modelo de urbanización total que reclama un cambio.

[41] VOSTELL, Wolf; HIGGINS, Dick. *Pop Architektur, Concept Art*. Dusseldorf: Droste Verlag, 1969.

Nace así la primera versión de lo que en octubre se convierte en el *Monumento Totale* o *Modello Architettonico di una Urbanizzazione Totale*[42], lema general con el que resumen la propuesta definitiva presentada –y finalmente premiada– en el concurso, compuesta por algunos de los muchos fotomontajes producidos durante los meses anteriores[43] en los que la omnipresente estructura del *viadotto,* con su pretendida influencia global, interfiere imágenes en muchos casos obtenidas de postales o artículos aparecidos en revistas como Casabella, BAU, Life o Epoca[44], colonizando diferentes paisajes –tanto naturales como urbanos–, enfrentándose a monumentos célebres con la intención de restaurarlos, completarlos o transformarlos, e incluso superponiéndose a la trama de ciudades existentes para modificarlas, atajando simbólicamente sus innumerables problemas (Figs.52,53).

---

[42] En octubre de 1969, coincidiendo con la inauguración de Trigon 69, se edita el correspondiente catálogo de la exposición, en el que se muestra el proyecto de Superstudio bajo su denominación en alemán: *Architektonisches Modell einer Totalen Urbanisation*.
[43] No todos los fotomontajes producidos para Graz fueron expuestos finalmente, pero sí serían utilizados posteriormente para formar parte del más extenso proyecto del *Monumento Continuo*.
[44] Algunas de las imágenes interferidas son directamente postales convencionales (como la de la ciudad de Graz), o son tomadas de artículos de revistas habituales, como el que con el título de *Technik* Hans Hollein publica en la revista BAU en 1965 [▲CR.537], del que extraen la vista de una autopista californiana. Otra imagen, como la del suburbio industrial utilizada para *Coketown rivisitata*, aparece en un número especial de Casabella dedicado a la ciudad industrial inglesa (Casabella Continuità XXVII, 1963), e incluso alguna más reciente como la que forma parte del artículo de Germano Celant sobre Walter de Maria publicado en Casabella XXXIII en 1969.

Fig.52. "Saluti da Graz". Firenze. Postal ilustrada. Superstudio, 1969.

Ya desde los primeros estudios y fotomontajes las interminables estructuras lineales que se expanden por la superficie terrestre son representadas como volúmenes abstractos sin interior, revestidos por la misma malla sistemática y reductora generada a partir de los *Istogrammi* [CR.120] –y aplicada a diferentes escalas en la línea de mobiliario *Misura* [CR.142] o la construcción de viviendas en serie del *Catalogo di Ville* [CR.121]– que les dota de una cierta inmaterialidad y refuerza las teorías sobre el uso de la tecnología como *interface* en las que trabajaban simultáneamente con la preparación del artículo "*Dall'industria al tecnomorfismo*" publicado en la revista *Necropoli*[45] en Noviembre de 1969.

En el catálogo de la exposición de Graz, los fotomontajes del *Modello Architettonico* se presentan acompañados por una secuencia de imágenes de monumentos históricos como Stonehenge, la Kaaba, Chichen Itzá, el acueducto romano de Nimes ó la Gran Muralla China, pero también de imágenes del Vertical Assembly Building y del proyecto de Tesis de Toraldo di Francia –que aparecerán de nuevo en el artículo de *Necropoli*– posiblemente para sugerir que el *Modello* ahora presentado podía convertirse en la expresión más lograda de una arquitectura "tecnomorfa" reducida a una envolvente lo suficientemente abstracta y absoluta como para asumir cualquier nueva tecnología.

En el texto que acompaña la propuesta, y aunque resulte paradójico en una muestra dedicada a la "Arquitectura y Libertad", el grupo reitera su evidente aspiración a una única y absoluta forma

---

[45] NATALINI, A.; TORALDO DI FRANCIA, C. *Dall'industria al tecnomorfismo*. Necropoli nº 6-7, 1969-1970. Pág. 25. Para más información ver *Capítulo 3* de esta investigación.

Fig.53. "Il Monumento Continuo (Nel deserto del Sahara)". Fotomontage. Superstudio, 1969.

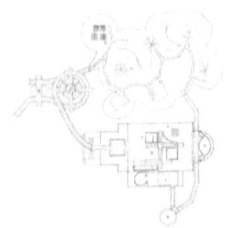

Figs.54 y 55. Plano y vista general de instalación en el entorno de la Künstlerhaus de Graz (Stadtpark), perteneciente a la Bienal Trigon'67. A la derecha se puede ver el pabellón temporal diseñado por Günther Domenig y Eilfried Huth [▲CR.550].

de arquitectura integrada en lo que terminarán por definir como *Disegno Unico*, aquella herramienta universal activada con los *Istogrammi* y que ahora marca la línea teórica a seguir:

> "(...) una serie de operaciones proyectuales coherentes que llevamos a cabo durante este tiempo, desde el diseño al urbanismo, como demostración de una teoría enunciada a priori: aquella del diseño único. Un diseño que se transporta permaneciendo igual a sí mismo, cambiando de escala o área semántica sin trauma ni inconveniente".[46]

En una de esas "operaciones" simultáneas –a las que aluden en la "carta de Graz"– trabajan paralelamente al desarrollo del *Modello Architettonico di una Urbanizzazione Totale*, para demostrar también la efectividad de la buscada contaminación que a menudo se produce entre ellas.

El trabajo consiste en la preparación de una pequeña instalación encargada por la dirección de la Bienal que debía ocupar la *Künstlerhaus* de Graz[47] (Figs.54,55), y que el grupo bautiza como la *Grazerzimmer* ["*La habitación de Graz*"] [CR.133].

---

[46] SUPERSTUDIO. *Superstudio: lettera da Graz*. Italien Jugoslawien Österreich dreiländerbiennale Trigon 69. Catálogo de la exposición. Posteriormente publicado como *Superstudio: lettera da Graz/Trigon 69* en Domus 481, 1969.

[47] En esta edición de la bienal los comisarios responsables de la instalación de la Künstlerhaus serán Jörg Mayr, Eugen Gross, Richard Kriesche, Herbert Missoni y Helmut Strobl. Ya desde la primera edición de la muestra el pequeño museo albergaba instalaciones especificas relacionadas con el tema general de la bienal.

En ella aplican las investigaciones sobre la "superficie neutra" en las que ya estaban trabajando gracias a su colaboración con la empresa de laminados *Abet Print*, revelando la preocupación de Superstudio por crear una instalación artística (como veremos, varias de las propuestas preliminares se inspiraban en algunas obras contemporáneas de desatacados artistas Land Art, como De Maria, Smithson, Morris, Nauman ó LeWitt[48]) en la que ahora la superficie cuadriculada deje de ser un simple revestimiento para convertirse en expresión de un concepto capaz de generar formas: la *Grazerzimmer* debía transmitir de manera clara las aspiraciones del *Disegno Unico* ("de un solo gesto") y representar la imagen más abstracta posible de la razón.

Concebida desde el principio como un fragmento del *Modello*, la instalación ofrecerá la contemplación no del propio modelo arquitectónico en sí, sino de la esencia misma de la razón que lo genera, barajándose varias propuestas durante el proceso de estudio:

> *"Primera propuesta: sobre la construcción entendida como modelos de nuestra arquitectura; estos modelos crean un espacio incierto (en el cual se reflejan). Segunda propuesta: arquitectura de la calma, construcciones apoyadas en el suelo, inmóviles, para el uso de la razón. Tercera propuesta: sobre la construcción (un corredor, de los cubos, de los muros) con algunas*

---

[48] Vuelve a hacerse evidente aquí la tendencia del grupo a explorar territorios alejados de la arquitectura para "importar" nuevos lenguajes, nuevas formas de aproximación e interpretación de la realidad y aplicarlas a una disciplina que consideraban esclerotizada. Evidentemente el mundo del arte era percibido por los integrantes de Superstudio como un terreno abonado en el que inspirarse.

aberturas en forma de ventanas que continuamente deberían mostrar un nuevo mundo (otros paisajes y situaciones)."[49]

Fig.56. "3x3x3". Sol LeWitt, 1965.

En la primera de las propuestas Superstudio estudia la posibilidad de producir un dispositivo óptico capaz de crear una imagen del *Viadotto d'Architettura* proyectada al infinito, bien adosando la reproducción de una parte del *Modello* a una pared de espejo, o bien inspirándose de nuevo en la "enigmática" obra de LeWitt –en particular en la pieza de 1965 *3x3x3* [●CR.551] (Fig.56)– para introducir una estructura reticulada espacial en un espacio completamente revestido de espejo que transmitiera la cualidad inabarcable de su apuesta teórica.

Fig.57. "Untitled (L-Beams)". Robert Morris, 1965.

La segunda propuesta comparte la línea de investigación iniciada con los modelos tridimensionales de los *Istogrammi di Architettura* y su capacidad reproductiva, optando por colonizar la sala con una serie de sólidos abstractos dispuestos aleatoriamente, en forma de L algunos –inspirados en las "vigas" de Morris [●CR.552] (Fig.57)– y otros imitando gruesas losas dispuestas horizontalmente que también serán definidas irónicamente como *Tombstones for Architecture*[50] [*Tumbas para la Arquitectura*] (Fig.58).

La última propuesta será la definitiva, y en ella incorporan elementos de las dos anteriores: el gran vacío de la Künstlerhaus –"engullida" por el parque circundante– se transforma en un prado ficticio

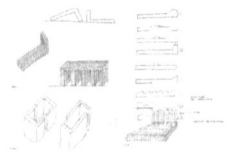

Fig.58. Diseños previos para la instalación de la Grazerzimmer. Gruesas losas a modo de "tumbas" para los arquitectos. Superstudio, 1969.

[49] NATALINI, Adolfo. *Trigon 69, Monumento Continuo, Istogrammi*. Fragmento del texto escrito por el autor en su cuaderno de trabajo el 2 de Octubre de 1969 (Archivo Natalini, Florencia). Reproducido en GARGIANI, Roberto; LAMPARIELLO, Beatrice. *Superstudio*. Editori Laterza, 2010. Pág. 37.
[50] Ibid. Pág. 35.

representado por un césped artificial superpuesto a un unificador plano inclinado sobre el que se colocaban objetos y proyectos de varios participantes de la bienal, y en el que la única pieza de "arquitectura" que emergía era una de las "pilastras" del *Viadotto* totalmente revestida del laminado plástico cuadriculado:

> *"(...) y en el Stadtpark es esta construcción, el Künstlerhaus, rectangular, con ábsides, (...) de revestimientos ahora bastante descoloridos y bastante surrealista tras la hierba y los castaños. Y desde la galería ahora esbozamos en el exterior tres conductos rectangulares, inclinados, uno verde, uno rojo y uno azul, de interior oscuro, anclados a la mitad de los Proiektionprismen compuestos por pantallas penetrables de tiras de plástico en las que se proyectan las imágenes. Atravesando las pantallas nos encontramos en una colina de hierba, un poco como Alicia a través del espejo, un plano inclinado continuo con una pendiente del 12% cubierto con césped artificial verde, fresco, como un campo de Estiria salido del libro de las fábulas y trasladado al mundo de la geometría. El techo está atravesado por grandes cerchas de hierro proto tecnológicas, blancas, que soportan un gran lucernario. Y entre estos dos niveles (una naturaleza artificial y una construcción natural) hay toda una maquinaria para la información y para los proyectos expuestos libremente por sus autores (...)"*[51].

La instalación se completaba con la construcción de un corredor en uno de cuyos fondos se proyectaban imágenes de paisajes urbanos mezcladas con vistas del *Modello Architettonico* –una clara refe-

---

[51] SUPERSTUDIO. *Superstudio: lettera da Graz. Una mostra sul tema: architettura e libertà, Trigon 69*. Domus 481, 1969. Pág.49.

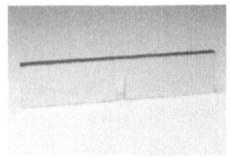

Fig.59. "Death Wall". Walter de Maria, 1965.

Fig.60. "Performance corridor". Bruce Nauman, 1969.

rencia a la pieza *"Death Wall"* de Walter de Maria [●CR.553] (Fig.59) y a los "pasillos" contemporáneos de Nauman [●CR.554] (Fig.60). Atravesando el pasaje abierto en el sólido –la *"stanza dalla profondità infinita"*[52]– el visitante se ve inmerso en la ubicua superficie cuadriculada que le invita a realizar una *"meditazione sulla misura"* [53][*"meditación sobre la medida"*]: la malla cartesiana así utilizada nos vuelve a recordar que no ha sido concebida como instrumento para la construcción de una arquitectura a escala humana, sino precisamente para activar una reflexión sobre la posibilidad de un orden geométrico universal y transportable diferente al derivado de una visión más humanística[54] y –para Superstudio– mucho más limitada (Figs.77,78).

Fig.61. Instalación de Archizoom para la muestra "Arte e Scienza in Toscana nelle donazioni di collezionisti privati alle raccolte pubbliche nel XX secolo". Florencia, Orsanmichele, octubre 1969.

[52] En octubre de 1969 se inaugura en Florencia en la iglesia de Orsanmichele la instalación diseñada por Archizoom para la exposición *"Arte e Scienza in Toscana nelle donazioni di collezionisti privati alle raccolte pubbliche nel XX secolo"* (Fig.61). El grupo florentino proyecta un "campo neutro" que comparte la línea de investigación de sus colegas de Superstudio expuesta en la *Grazerzimmer*, algo que pone de manifiesto Isa Vercelloni al renombrar la "habitación de Graz" a la manera *archizoomiana* como *"Stanza per Meditazione sulle Misure"*. VERCELLONI, Isa. *Il futuro a quadretti*. En *Corriere della Sera*, XCIV, 244 (21 de octubre de 1969. Pág. 11). Para una mejor comprensión de los evidentes paralelismos entre los procesos "reduccionistas" de ambos grupos florentinos ver GARGIANI, Roberto. *Il "campo neutro" degli Archizoom e gli Istogrammi d'Architettura di Superstudio*. En *Archizoom Associati 1966-1974. Dall'onda pop alla superficie neutra*. Milano: Mondadori Electa S.p.A, 2007. Págs.142-149.

[53] SUPERSTUDIO. *Superstudio: lettera da Graz*. Italien Jugoslawien Österreich dreiländerbiennale Trigon 69. Catálogo de la exposición. Posteriormente publicado como *Superstudio: lettera da Graz/Trigon 69* en Domus 481, 1969.

[54] Se refieren aquí a la influencia ejercida por el *Hombre de Vitrubio* de Leonardo primero, y por el *Modulor* de Le Corbusier después.

Figs.62. Instalación de la Grazerzimmer (La stanza di Graz). Trigon'69, Künstlerhaus, Graz. Superstudio, 1969.

Figs.63. Instalación de la Grazerzimmer (La stanza di Graz). Trigon'69, Künstlerhaus, Graz. Superstudio, 1969.

Fig.64. "Dissipate #8 of nine Nevada depresions". Obra de Michael Heizer en el desierto de Black Rock, Nevada, 1968.

A raíz de estas experiencias en torno al concepto de medida y la utilización del espejo como generador de imágenes ilusorias, el grupo diseña una serie de objetos "*misuratori*" producidos por *Plura Edizioni –Specchio Misuratore, Regolo Misuratore, Mattone Misuratore* [*objetos medidores: el Espejo, la Regla y el Ladrillo*] (Figs. 79-81)– entendidos no como herramientas para determinar dimensiones, sino como metáforas de una geometría universal absoluta, como una nueva expresión de aquel *mandala*[55] contemporáneo en cuya búsqueda se encontraban inmersos:

> "Se puede utilizar el espejo para realizar una sección sobre la naturaleza. También para enfrentarse al orden de la geometría y para extender una retícula mental sobre las cosas y sobre nosotros, midiéndonos. Mirando dentro, se ve reflejado como el fondo de un pozo. Pero también se puede ver el fino espesor de la tierra y la posibilidad del sueño de perforar el mundo y las cosas."[56]

Como si de obras inéditas de Michael Heizer en el desierto de Black Rock (Fig.64) se tratase [●CR.555],

---

[55] En el hinduismo y en el budismo la palabra *mandala* (que podría ser traducida como "aquello que rodea a un centro") se utiliza para designar un dibujo complejo, generalmente circular, que representa las fuerzas que regulan el universo y que sirve como apoyo de la meditación. Superstudio recupera este tipo de representaciones y se apropia de su hipotética capacidad de sistematización del caos, convirtiéndolas en ejemplos de los diferentes intentos de ordenar y darle un sentido a "elementos divergentes". Ver más adelante su incorporación en la cuarta 'viñeta' del *storyboard* del Monumento Continuo (1971).

[56] Este extracto pertenece a un texto sobre el *Specchio Misuratore* aparecido en BARLETTA, Riccardo. *Gli specchi dell'arte. Da van Eyck all'Architettura Riflessa*. En Casa Vogue, Enero 1971. Págs. 16-19.

los objetos medidores y reflectantes son representados en contraste con la naturaleza para resaltar su pureza y abstracción, su pertenencia a un sistema teórico-metafórico fundamentado en una estructura narrativa vinculada a la imagen, que de manera automática transforma conceptos en objetos, y viceversa.

Con el *Catalogo degli Istogrammi di Architettura* primero y su "reflejo" espacial en la instalación de la *Grazerzimmer* después, Superstudio abre un proceso de intelectualización de todo lo que supone el uso de la malla, aniquilando de forma sistemática, por un lado, el concepto de "autoría creativa" en favor del automatismo y la repetición, y por otro el de "escala", contraponiéndolo a un redescubierto valor de la noción de "medida" con el que tratan de "tejer"[57] el espacio y revelar así su esencia geométrica.

Ambos conceptos ahora se disuelven en una retícula isótropa y extrapolable extendida uniformemente por todo el espacio que no esconde su objetivo crítico, ese con el que finalmente construirán *"un grande cimitero"*[58] en Graz.

Resulta curioso observar cómo ese mismo año de 1969 se materializa la traslación más concreta de to-

---

[57] Superstudio utiliza la expresión *"tricoter"* [tejer] para referirse a su operación global – fundamentalmente teórica, pero en ocasiones también productiva – de extender globalmente la malla cuadriculada y unificadora hasta infiltrarse en todos los aspectos de nuestras vidas. SUPERSTUDIO. *Venti oggetti'72*. En *Rassegna. Modi di abitare oggi V*. Septiembre-Diciembre 1972. Págs. 60-63.

[58] NATALINI, Adolfo. *Trigon 69, Monumento Continuo, Istogrammi*. Fragmento del texto escrito por el autor en su cuaderno de trabajo el 2 de Octubre de 1969 (Archivo Natalini, Florencia). Reproducido en GARGIANI, Roberto; LAMPARIELLO, Beatrice. *Superstudio*. Editori Laterza, 2010. Pág. 37.

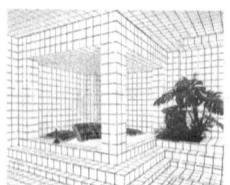

Fig.65. "La Maison". Jean Pierre Raynaud, 1969-93.

das estas teorías a la realidad construida, pero no a través de una obra de Superstudio, sino del trabajo más personal y trascendental del artista Jean Pierre Raynaud: La Maison (1969-1993) [★CR.365].

En 1968 el artista francés decide construirse su propia casa en La Celle-Saint-Cloud, a las afueras de Paris, dando comienzo las obras en marzo de 1969. Al margen de otras muchas consideraciones sobre la obra de este artista que trascienden el objetivo de la presente investigación, y de las evidentes implicaciones que sus ideas tuvieron a la hora de diseñar esta vivienda, es interesante destacar la aplicación sistemática a la totalidad de los espacios interiores de una malla espacial uniforme compuesta por piezas cerámicas de color blanco de 15x15cm con juntas de color negro.

Al observar las imágenes de la obra (Fig.65) uno no puede dejar de preguntarse si esa superficie arquitectónica entendida por Raynaud como fondo o "lienzo" heredado de la tradición occidental de la perspectiva y convertido en paradigma y emblema de la alienación moderna, es una consecuencia directa de las provocativas investigaciones contemporáneas de los florentinos y sus *Istogrammi*, si por el contrario son la motivación de las mismas, dada la tendencia de Superstudio a explorar nuevos "territorios" alejados de la disciplina, o si finalmente todo es fruto de la "causalidad".

Sea como fuere, lo cierto es que la cerámica blanca sobre malla negra produce en esta obra la inmersión total en una monocromía organizada y definida sistemáticamente para simbolizar una neutralidad absoluta y rica en la que Raynaud se reconocía plenamente, y sobre la que a su vez Superstudio depositaba toda la carga crítica de sus últimas pro-

Fig.66. El artista "habitando" la casa, 1970. Esta imagen recuerda a la posterior "The very first landscape office" (Oficina de la Piazza Belosguardo. SUPERSTUDIO, 1971)

Fig.67. Visitantes se fotografían en el interior de la casa, 1976.

Fig.68. El artista durante los trabajos de demolición de la casa, 1993.

puestas, por lo que podríamos convenir que ambas operaciones se complementan y posiblemente sean el fruto simultáneo del mismo tipo de reflexión final.

Siendo inmediata la relación entre este trabajo del artista francés –y sus provocadores resultados– con los nuevos impulsos nihilistas del grupo radical, también resulta interesante comprobar la importancia que, tanto para uno como para los otros, con el tiempo demostraron tener estos trabajos seminales en el devenir de sus respectivas carreras.

En el caso de Raynaud, la construcción de *La Maison* se alargará durante 23 años en un proceso de "deformación" permanente, entendido como la representación de un universo personal (Fig.66) y de una actitud frente al mundo exterior –se abre al público en 1974 (Fig.67)– , que culmina en 1993 con la demolición de todo lo construido ante el temor del artista a la degradación de un estado de perfección que entendía se había logrado tras el largo proceso, y más allá del cual todo gesto representaría una profanación (Fig.68).

La demolición también forma parte de la instalación que el artista presenta ese mismo año en el Museo de Arte Contemporáneo de Burdeos[59], y que compuesta por 1000 pequeños cubos metálicos que contienen los escombros de la casa, es vista por muchos como un inmenso campo de urnas, un cementerio singular en el que según el artista no es la muerte la protagonista, sino el esperado renacimiento[60] (Figs.69,70).

[59] El 25 de junio se inaugura la exposición en el Museo de Arte Contemporáneo de Burdeos bajo el título *"La Maison, avril 1993, La Celle-Saint-Cloud"*.
[60] *"Lieu unique dispersé en 1000 lieux différents, éclaté en 1000 situations individuelles, la Maison n'a jamais été seulement un*

Fig.69. Vista de la instalación "La Maison, avril 1993, La Celle-Saint-Cloud", J.P. Raynaud. Museo de Arte Contemporáneo de Burdeos, 1993.

En el caso de Superstudio estas investigaciones previas resultaron esenciales para su trabajo posterior. Todos los proyectos desarrollados en los dos años siguientes llevan la impronta de la malla isótropa que envolvía los *Istogrammi*, cuya idea de "ausencia de escala" y capacidad reproductiva y unificadora serán literalmente adoptadas y aplicadas en el *Catalogo di Ville* –como ya hemos visto– y, paralelamente, en uno de sus proyectos más relevantes, fruto de la ambiciosa evolución de aquel *Modello Architettonico di una Urbanizzazione Totale*: el *Monumento Continuo*.

Un monumento ambiguo

Fig.70. Detalle de uno de los cubos metálicos que contenían los escombros producidos tras la demolición.

"Hacia 1969 el escenario estaba listo para lanzar una estrategia totalmente elemental sobre arquitectura de sistema abierto, de manera que ahora las condiciones teóricas elementales desarrolladas por SUPERSTUDIO podrían aplicarse a cualquier gama de objetos, edificios, ciudad o región. No a modo de megaestruc-

lieu d'habitation ou de contemplation mais une expérience totale, immatérielle, sans cesse renouvelable, toujours disposée à être réinventée de toutes pièces et à partir du seul désir de l'artiste. Bien que les 1000 containers chirurgicaux installés dans la grande nef bordelaise tracent au sol un immense champ d'urnes funéraires, pour l'artiste, il ne s'agit pas de la mort : il est question de renaissance. L'aventure, parfois douloureuse, de la démolition violente de la Maison – dont seul un livre et un film gardent aujourd'hui la trace – a été vécue par lui comme l'un des moments les plus heureux de sa vie. Ainsi, la maison ne se dégradera pas, ses carreaux blancs ne pourront se ternir ou se fissurer : d'un seul coup, avec un bulldozer, entre le 22 et le 26 mars, de chef-d'œuvre elle est devenue mythe, conformément au souhait de Jean Pierre Raynaud, ne pas donner prise au temps et fondre la mort et la vie en un seul développement d'énergie." SÁNCHEZ, Marc. *Jean Pierre Raynaud. Chronologie 1939-1998*.

tura tecnológicamente determinada, sino que en su lugar desarrollaron una especie de neutralizador volumen arquitectónico habitable que podía ser extendido a través del espacio finito o infinito."[61]

Imágenes que alteran el discurso

En diciembre de 1969 Superstudio y Archizoom publican en DOMUS dos artículos bajo el mismo título: *"Discorsi per Immagini"*[62] [■CR.135].

Ambas contribuciones suponen una nueva oportunidad de colaboración de los dos colectivos florentinos en un avance hacia metas de investigación similares, y pueden ser entendidas como la declaración de un enfoque compartido en cuanto a su forma de entender la disciplina.

El título hace referencia a una expresión utilizada por Germano Celant[63] en varios de sus escritos dedicados al Arte Povera, y empleada también para referirse a algunas obras de Land Art producidas por figuras como De Maria, Long, Heizer, Oppenheim ó Smithson cuyas imágenes eran reproducidas sistemáticamente para demostrar la "imposibilidad de creer" que ahora movía al nuevo artista.

---

[61] LANG, Peter; MENKING, William. *Only Architecture will be Our Lives*. En *Superstudio: Life without objects*. Milan: Skira, 2003. Pág. 20.
[62] SUPERSTUDIO. *Superstudio: Discorsi per Immagini*. Domus 481. Diciembre 1969. Págs. 46-48.
[63] Como ya hemos visto en capítulos anteriores, el teórico del arte genovés crea la narrativa a partir de la cual pretende explicar la arquitectura Radical (acuñando también el término), especulando sobre la relación entre el experimentalismo arquitectónico italiano de esos años y el arte, a través de la fusión de los diferentes territorios creativos.

Fig.71. Proyecto Polesello e Meda de A.Rossi para el concurso del Centro Direzionale di Torino. 1962 [■CR. 549].

Tanto Superstudio como Archizoom emplean una estrategia similar en sus respectivos artículos, generando varios fotomontajes para la ocasión con los que no pretenden transmitir una visión de la ciudad del futuro ni un análisis convencional de la ciudad y el territorio, sino armar un discurso a través del diseño de *objetos* carentes de función, insertados en diferentes paisajes y de grandes dimensiones, de manera que puedan incorporar lo esencial y sublime del "racionalismo exaltado" de Rossi [64] (y Boullée) (Fig.71), el mundo surrealista de las propuestas de Hollein y Oldenburg[65] (Fig.72), ó la dimensión escultórica de los *Earth Works*[66](Fig.73).

Fig.72. "Lipsticks in Picadilly Circus, London". Claes Oldenburg, 1966 [★CR. 556].

Fig.73. "Proposal for a monumento on the Red Sea". Robert Smithson, 1966 [★CR. 515].

[64] Ver el proyecto de 1962 de Rossi *Polesello e Meda* para el *Centro Direzionale di Torino* [■CR. 549], en el que propone insertar un volumen monumental y elemental en el tejido urbano de la ciudad.

[65] Varias de las esculturas "monumentales" de Oldenburg consisten en objetos banales que, multiplicando su escala, se transforman en monumentos de celebracion de lo cotidiano, muy en la linea del Pop Art. Estos trabajos fueron publicados por aquellos años en libros como OLDENBURG, Claes. *Proposals for Monuments and Buildings, 1965-69*. Chicago: BigTable Publishing Company, 1969. También en GRAHAM, Dan. *Oldenburg's monuments*. Artforurn, VI, 5, enero 1968. Págs. 30-37.

[66] En febrero de 1969 Tommaso Trini publica en la revista Domus 471 el artículo *L'imaginazione conquista il terrestre*, donde aborda la repercusión que las obras del Land Art estaban teniendo en el panorama cultural italiano de aquellos años. Incluso, para evidenciar todavía más la influencia de estas obras en el "discurso de la imagen" adoptado por los jóvenes florentinos en su contribución a Domus, en el mismo número de la revista y precediendo a los artículos de Archizoom y Superstudio, se publicaba una entrevista de A. Bonito Oliva a Robert Smithson. *Tempo concreto*. Domus 481, diciembre 1969. Págs. 42-43. Precisamente la obra de Smithson es particularmente analizada por los miembros de Superstudio. La componente crítica de uno de sus collages "*Proposal for a Monument on the red sea*" (1966), será inyectada en las posteriores propuestas de Superstudio, especialmente si tenemos en cuenta los comentarios que sobre esta obra realiza

Fig.74. "Fotomontaggi Urbani. Quartieri Paralleli per Berlino". Archizoom, 1969.

Fig.75. "Fotomontaggi Urbani. Roof Garden". Archizoom, 1969.

Fig.76. "Fotomontaggi Urbani. Quartier over Rail-road". Archizoom, 1969.

Fig.77. "Fotomontaggi Urbani. Edificio Residenziale per Centro Storico (Firenze)". Archizoom, 1969.

La contribución de Archizoom, en cierto modo, se puede leer como una reacción al *Modello Architettonico* presentado por Superstudio en Graz. Sus fotomontajes (Figs.74-79) representan diferentes visiones urbanas e intervenciones territoriales que deben ser entendidas como herramientas visuales con las que, por un lado, manifiestan la frustración ante la incapacidad operativa de las nuevas generaciones de arquitectos para actuar y modificar las ciudades heredadas, y por otro también articulan una crítica a ciertos aspectos de la arquitectura contemporánea, y a la vez demuestran su voluntad de inventar procesos de análisis diferentes a los empleados por el urbanismo defendido en los CIAM, creando las premisas de lo que posteriormente será definido como "planificación metafórica"[67].

Por su parte, el texto de Superstudio tenía como objetivo, por un lado, resumir las investigaciones del grupo llevadas a cabo durante la preparación y puesta en escena de sus trabajos para Trigon 69, y por otro, dar a conocer su *Modello Architettonico di una Urbanizzazione Totale,* que ahora es utilizado como base para el lanzamiento de su Tercer Catálo-

Jennifer L. Roberts en su libro *Mirror-Travels*: "*Si esta imagen parece inquietante o distópica, es fundamentalmente porque los collages de Smithson introducen cambios discordantes en la experiencia visual del espacio del espectador (...) rechazando el encaje en la estructura figurativa de la propia imagen*". ROBERTS, Jennifer L. *Mirror-Travels. Robert Smithson and history*. New Haven: Yale University Press, 2004.

[67] Para una información más detallada sobre la intención de cada uno de los fotomontajes publicados por Archizoom en el artículo de Domus ver: GARGIANI, Roberto. *Archizoom Associati 1966-1974. Dall'onda pop alla superficie neutra*. Milano: Mondadori Electa S.p.A, 2007. Págs.152-155.

Fig.78. "Fotomontaggi Urbani. Aerodinamic City". Archizoom, 1969.

Fig.79. "Fotomontaggi Urbani. Grattacielo a Manhattan". Archizoom, 1969.

Fig.80. "Discorsi per Immagini". Primera página del artículo publicado en DOMUS 481. Superstudio, 1969.

go[68] en el cual este es intencionadamente renombrado como el *Monumento Continuo*.

En esta ocasión, la mayor parte de los fotomontajes publicados son realizados sobre la base de los diseños preliminares para el *Viadotto d'Architettura*, que además son acompañados por imágenes de monumentos históricos –de la Kaaba a Chichen Itzá, también presentes en el catálogo de Graz– como ejemplo de los principales precursores del nuevo *Monumento*. De hecho, parece evidente que este catálogo de imágenes precedentes era utilizado como soporte de un estudio diacrónico sobre el valor del concepto de monumento y su mutabilidad, pero recuperando el significado –estable y mantenido en el tiempo– de la propia etimología del término *monumentum*: recordar e indicar (del verbo *monere*).

No extraña por tanto observar que al lado de Stonehenge o Uxmal –esos lugares donde se revela al mundo la esencia del hombre– aparezcan imágenes de un acueducto romano, de una autopista, o del *Vertical Assembly Building* [★CR.374], todos ellos considerados por el grupo como símbolos representativos de la historia cultural y civil de la humanidad, y por lo tanto también monumentos (Fig.80).

A partir de aquí, en sólo dos páginas y a través de 12 imágenes, los miembros del grupo liderados por Natalini[69] dan comienzo a un nuevo viaje con un destino

[68] Tras los dos primeros catálogos (aquella formula tan efectiva de auto-evaluación constante de su trabajo que el grupo pone en marcha en 1967), *Un viaggio nelle regioni della ragione* y los *Istogrammi d'Architettura*, y aprovechando el artículo de Domus, Superstudio lanza su tercer catálogo: *Il Monumento Continuo*.
[69] Aunque de forma general se podría considerar a los dos fundadores del grupo, Natalini y Toraldo di Francia, como los motores de Superstudio, se puede apuntar al primero como el responsable del *Monumento Continuo*.

Fig.81. "Prima parte di Architettura e Prospettive. Piramide Cestia". Giambattista Piranesi, 1743.

incierto, activado por el proyecto de una extraordinaria estructura monolítica que recorre y configura toda la superficie terrestre, un *monumento* resultado de la fusión cultural global que trata de convertirse en refugio para toda la humanidad, dejando el resto de la Tierra deshabitada, como un telón de fondo post-nuclear, preparada para un desarrollo natural liberado de la intervención del hombre, en el que las viejas ciudades serán conservadas como vestigios de la naturaleza humana[70].

El *Monumento Continuo* es presentado como una continuación de la arquitectura universal de los grandes monumentos, una construcción simbólica que conecta sociedades diferentes reflejando lo que es común a la humanidad más allá de los valores culturales y políticos y las leyes locales, incitando al hombre a contemplar y reflexionar sobre la esencia de la vida.

De esta forma, por un lado, responde de manera un tanto cínica a la necesidad de inventar una "nueva monumentalidad" –propia de la época– ansiada por los arquitectos modernos a partir de la Segunda Guerra Mundial, y descrita por Giedion no como una "*cascara vacía*", sino como "*expresión de las necesidades culturales y más elevadas*" capaz de mantener vivo el sueño de una *Gesamkunstwerk*[71], y por otro, a pesar de su mutismo, se hace eco de aquella demanda de palabras que representa el posmo-

---

[70] Las primeras imágenes del proyecto recuerdan a las recreaciones realizadas por Piranesi dos siglos antes de una Roma antigua, monumental y ecléctica en constante lucha con una exuberante vegetación que aparece en sus grabados pertenecientes a la *Prima parte di Architettura e Prospettive* (1743) (Fig.81).
[71] GIEDION, Sigfried. *The need for a new monumentality* (1944). En COLLINS. *Monumentality: a critical matter in modern architecture*. Harvard Architecture Review nº4, 1984.

dernismo arquitectónico inaugurado por Venturi a principios de los años 60[72].

Atendiendo a las solicitudes de Venturi –empeñado en que la arquitectura debía comunicar otra cosa que no fuera su propia historia– Superstudio convierte el *Monumento* en la imagen de su particular retorno a los valores simbólicos en el sentido estricto. Su representación de la monumentalidad promulgaba visualmente el fracaso colectivo de aquellos ideales –pretendidos por Gideon y otros[73]– en relación con el sistema mercantilista que según los florentinos negaba su cumplimiento. En una cuidada escenografía la ciudad capitalista desaparece ahora bajo la presencia "monstruosa" de una arquitectura sin atributos que al abandonar el "corrompido" tejido urbano se reconcilia con la naturaleza proponiendo un nuevo orden simbólico[74], una irónica "solución

---

[72] Como ya se apuntó en capítulos anteriores, en el mismo año de 1966 aparecen dos referencias fundamentales de la teoría arquitectónica: Rossi publica *"La arquitectura de la ciudad"* [■**CR.072**] y Venturi *"Complejidad y contradicción en arquitectura"* [★**CR.066**], dos obras con las que se llega a la apoteosis de la arquitectura entendida como lenguaje

[73] En su momento, Giedion, Sert y Leger elogiaron conjuntamente el papel del monumento declarando que: *"Los monumentos son hitos que el hombre ha creado como símbolo de sus ideales, sus objetivos y sus actos. Pretenden sobrevivir al periodo que los engendró, y constituirse en herencia para generaciones futuras."* SERT, Josep Lluís; LÉGER, Fernand; GIEDION, Sigfried. *Nueve puntos sobre la monumentalidad*. 1943.

[74] *"Superstudio used the rhetorical devices of metaphor and allegory and the tools of irony and imagination, maneuvering through the noman's-land between art and architecture so as to attempt forays into politics, sociology and philosophy. For this reason, it was a real avant-garde, in the military sense of the word vanguard: a group that moves forward destroying the enemy's defenses, sacrificing itself in order to dear the way for the rest of the army"*. Natalini, Adolfo. *Superstudio: The Middelburg Lectures*. (Middelburg: De Vleeshal and Zeeuws Museum, 2005), p.25.

final" indiferente ante ese entorno que ni se molestan en borrar, para potenciar el mensaje de que es precisamente el espectador el que debe cambiar[75].

El aparente anacronismo que en 1968 implicaba para los jóvenes arquitectos proyectar un monumento debe entenderse como la aspiración a una superación y evolución de la arquitectura hacia un *"supra-monumento, metáfora de una desaparición de la arquitectura y de las ciudades de la superficie de la Tierra bajo una única envoltura."*[76]

Los fotomontajes iniciales en blanco y negro recuperan los estudios previos para el *Modello Architettonico* presentados en Graz, mostrando una masa blanca y fría (Fig.82), cubierta por la malla cuadriculada característica de los *Istogrammi,* que se impone y empequeñece al resto de elementos que aparecen en la imagen, ya sea la ciudad de Nueva York o el *Monument Valley*, y que con su "desnudez" y carencia de rasgos neutraliza el concepto de distancia dejando al espectador sin referencias sobre su principio y su fin. El extraño *objeto* es un monolito masivo, fuera de contexto, a cuyo universo de referencias también se incorporan las ofrecidas por la ficción cinematográfica, de la que toma prestados los signos y valores utilizados para sugerir lo sagrado –como en las escenas iniciales

---

[75] WOERTMAN, Sander. *The Distant Winking of a Star, or The Horror of the Real*. En VAN SCHAIK, Martin; MACEL, Otakar. *Exit Utopia: Architectural Provocations, 1956-76*. IHAAU-TU Delft, Prestel, 2005. Pág. 150.
[76] ROUILLARD, Dominique. *Superarchitecture. Le Futur de l'architecture 1950–1970*. Paris: Editions de la Villette, 2004. Pág.358.

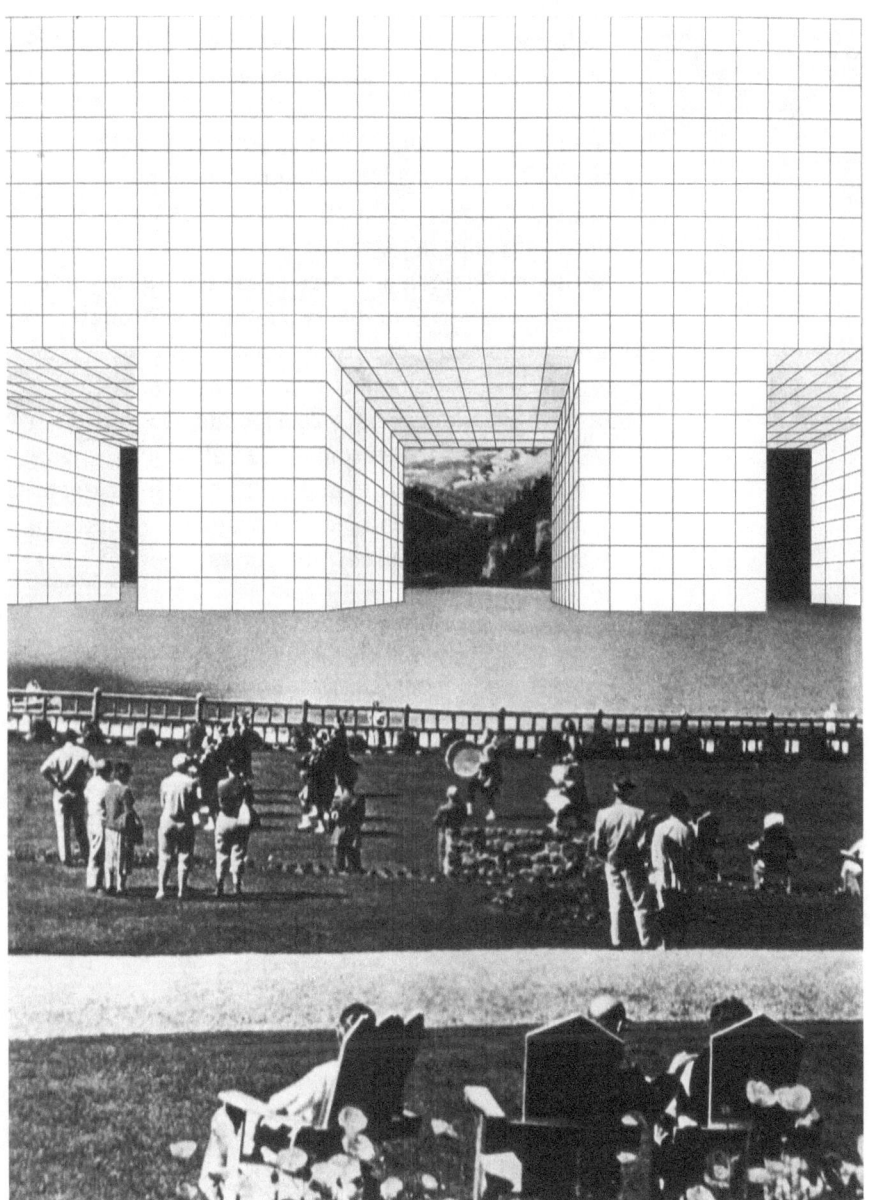

Fig.82. "Il Monumento Continuo (Sur le lac du Canada)". Superstudio, 1969.

Fig.83. "2001: A Space Odissey". Stanley Kubrik, 1968.

de la recientemente estrenada *2001: Odisea del espacio* de Kubrik (1968) [★CR.108] (Fig.83).

En la página siguiente se reproduce una sola imagen, brillante y a color, que será la que mejor represente la propuesta del grupo, en la que se muestra a vista de pájaro la parte sur de la isla de Manhattan "atrapada" bajo la gigantesca estructura reptante del *Monumento Continuo* y su pálida superficie reflectante que proyecta las nubes y el cielo circundante. Grandes bloques anclan el *Monumento* al East River mientras este se expande desde Brooklyn hasta un punto indeterminado en el infinito, lo que nos hace pensar que lo que estamos viendo en estas pocas imágenes son sólo indicios de una supuesta expansión global perpetrada por este descomunal edificio impuesto.

Nace así *New-New York* [77], una *Ville Radieuse* sustraída al caos de la congestión de rascacielos con la que incorporan al debate la *canivalización* de la metrópoli por excelencia, poniendo de manifiesto la necesidad de una "renovación" de su estructura urbana en la que ya habían empezado a trabajar con su *New York Redevelopment. Extension of Central Park* [78].

---

[77] *"E dalla baia vediamo New-New York ordenata dal monumento continuo come un gran piano di vetro o di ghiaccio, nuvole e cielo"* ["Y desde la bahía vemos Nueva-Nueva York ordenada por el monumento continuo como un gran plano de vidrio o de hielo, nubes y cielo"]. Anotación sobre el fotomontaje presentado en Domus hecha por el grupo en noviembre de 1969. Reproducida en GARGIANI, Roberto; LAMPARIELLO, Beatrice. *Superstudio*. Editori Laterza, 2010. Pág. 30.

[78] Algunas de las imágenes producidas para Graz ya avanzaban esta línea crítica respecto al modelo exportado por la ciudad de los rascacielos. En *Wall Street* el grupo indica su voluntad de instaurar en la metrópoli un signo absoluto a la manera de las

Sin embargo, la silenciosa uniformidad con la que este *"gran plano de hielo"* trata de someter a toda la superficie terrestre, desde las grandes metrópolis a los desiertos y paisajes abandonados (Fig.84), también parece parodiar *"la omnipresencia de la arquitectura moderna: es la palabra 'internacional', del Estilo Internacional, sobre la que el grupo está llamando la atención con sus series de fotomontajes"*, empujándonos a reflexionar sobre la repetitiva monotonía de las cajas metálicas y transparentes que *"surgen repentinamente en los centros urbanos desde Brasilia a Tel Aviv, desde Londres a Tokio"* y con la que *"tanto arquitectos como críticos se muestran preocupados por la pérdida de las costumbres locales bajo el yugo de la dominante cultura Occidental"*[79].

Demonstratio per absurdum o el proyecto negativo

Pero hay algo más: aunque el artículo de Domus comienza con una cuidada y razonada tesis histórica sobre la naturaleza de los monumentos y su capacidad de mutación, y evoluciona mostrando la génesis de *"un perverso sistema hegemónico de dominación arquitectónica"* en forma de *megaestructura* reducida a puro volumen, la posterior expansión amenazante del monumento *"es sutilmente revelada como su*

---

antiguas fortificaciones medievales, iniciando la transformación de la ciudad a través de una *"urbanizzazione totale"*.
[79] ELFLINE, Ross Kenneth. *Superstudio and the staging of architecture's disappearance.* University of California, 2009. Pág. 117. Para una mejor comprensión del carácter "imperialista" que finalmente domina el Estilo Internacional, Elfline también recomienda acertadamente la lectura de WHARTON, Annabel Jane. Building the Cold War: Hilton International Hotels and Modern Architecture. Chicago: Univ. of Chicago Press, 2001.

Fig.84. "Il Monumento Continuo (Sulla costa rocciosa)". Superstudio, 1969.

propio neutralizador, poniendo fin de este modo a su terror sublime"[80] :

> *"Una serie de imágenes aberrantes, capaces de proponer otra escala de valores y comportamientos, es sustituida por un proceso a través del que acostumbrarse a la sociedad actual.*
>
> *Así, la imagen pública del sistema es puesta en duda: los inducidos deseos colectivos son sustituidos por otros, igualmente apetecibles, que son sin embargo más verdaderos y más justos; y para satisfacer estos nuevos deseos, el sistema es puesto en crisis. La acción llevada a cabo, en su forma más simple, es la de llevar este proceso al límite, mostrando 'per absurdum' su falsedad e inmoralidad."*[81]

Efectivamente, Superstudio presenta aquí su primera metáfora urbana surgida a partir del procedimiento *"demonstratio per absurdum"*, introduciendo la teoría de la utopía negativa o anti-utopía como línea extrema de pensamiento con la que trataban de perturbar la experiencia arquitectónica convencional a través de la ironía satírica, pero operando siempre dentro de una zona ambigua entre esta y la crítica social.

A partir de ahora, cualquiera de los proyectos del grupo –por trascendentales que fueran– invariablemente contendrán una componente de ironía, lo que

---

[80] LANG, Peter. *Suicidal Desires*. En LANG, Peter; MENKING, William. *Superstudio: Life without objects.* Milan: Skira, 2003. Pág. 45.
[81] Conferencia que bajo el título *"Inventory, Catalogue, Systems of Flux... a Statement"* Adolfo Natalini imparte en la AA School of Architecture de Londres el 3 de Marzo de 1971. Reproducida en LANG, Peter; MENKING, William. *Superstudio: Life without objects.* Milan: Skira, 2003. Pág. 164-166.

hace que no podamos entenderlos en un sentido literal, sino asumiendo que su objetivo es la exploración, no la realización.

De hecho, al principio, el tono mordaz de esta primera presentación que el grupo hace del *Monumento Continuo* era difícil de percibir, ya que la forma inexpresiva de las imágenes y el texto que las acompañaba complicaban la detección por parte de los lectores de la crítica encubierta, haciéndoles creer en su lugar que estos se tomaban muy en serio el "edificio" que estaban proponiendo.

Sin embargo, el mensaje era otro:

> *"Para todos aquellos que, como nosotros, están convencidos de que la arquitectura es una de las pocas maneras de hacer realidad el orden cósmico en la Tierra, de poner orden en las cosas y sobre todo de afirmar la capacidad humana para actuar con lógica, es una 'utopía moderada' imaginar un futuro cercano en el que toda la arquitectura sea creada con un único acto, desde un único diseño capaz de aclarar de una vez por todas los motivos que han inducido al hombre a construir dólmenes, menhires, pirámides y por ultimo a trazar (ultima ratio) una línea blanca en el desierto (...).*
>
> *(...) Eliminando los espejismos y las quimeras como la arquitectura espontánea, la arquitectura sensible, la arquitectura sin arquitectos, la arquitectura biológica y la arquitectura fantástica, nos trasladamos hacia el 'monumento continuo': una forma de arquitectura que surge igualmente de un único entorno continuo: el mundo uniformizado por la tecnología, la cultura y las demás formas de imperialismo."*[82]

---

[82] SUPERSTUDIO. *Superstudio: Discorsi per Immagini*. Domus 481. Diciembre 1969. Págs. 46-48.

Esta introducción compartía el tono directo y confiado de los escritos de algunos arquitectos contemporáneos afanados en la producción de *megaestructuras* imposibles con las que salvar al mundo, por lo que debemos *perdonar* a aquellos lectores que en 1969 también se tomaron en serio a Superstudio[83], a aquellos que confundieron esta nueva línea de trabajo con un último intento por rehabilitar la *megaestructura*[84], a aquellos sobre los que Natalini escribe unos años más tarde:

> "*Naturalmente hubo algunos que no pudieron ver más allá de las metáforas y trataron todo solo como otra propuesta utópica (...) Peor para ellos.*"[85]

Con el *Monumento Continuo* los integrantes de Superstudio comienzan a trabajar en una serie de propuestas en las que utilizan las metáforas y otros recursos retóricos como herramientas para denunciar las limitaciones internas de un mundo moderno colonizado por el signo frente a la rendición posmoderna ante el mismo, creando un hipotético *objeto descomunal* que recuerda la frialdad e impasividad de los modernos rascacielos, pero en este caso

---

[83] Frampton, por si quedaba alguna duda, enmarca las propuestas de Superstudio muchos años más tarde en su *Historia Crítica* de 1980: "*Pese a que presentaran la contradicción del Monumento Continuo como una masa impenetrable que recordaba a Boullée, no por ello dejaba de ser una imagen metafísica tan fugaz y tan críptica como los monumentos suprematistas de Christo*". FRAMPTON, Kenneth. *Historia crítica de la arquitectura moderna*. Barcelona: Ed. GG, 1989. Pág. 291.
[84] NATALINI, Adolfo. *Superstudio: Storie con Figure 1966-73*. Florencia: Galleria Vera Blondi, 1979. Págs. 6-8.
[85] NATALINI, Adolfo. *How Great Architecture Still Was in 1966!*. En *Superstudio: The Middelburg Lectures*. Middelburg: De Vleeshal and Zeeuws Museum, 2005. Pág. 31.

tumbado sobre uno de sus lados y reptando ininterrumpidamente a través del paisaje con la intención de dinamitar las premisas heredadas del Estilo Internacional y evidenciar la arrogancia de su lógica latente.

Pero no solo eso. Al mismo tiempo se alejan de aquella adhesión e interés inicial por las ideas transmitidas a través de los cursos *megaestructuralistas*[86] de Savioli, en los que se experimentaba con la transformación utópica de la vida mediante el uso de grandes estructuras móviles, flexibles e inflables, al modo de Archigram, Friedman, Utopie y otros. El nuevo método del grupo no consiste en superar los límites impuestos por el Movimiento Moderno sustituyéndolos por otra ficción, sino en seguir la lógica de su discurso hasta una conclusión paradójica que no puede ser entendida más que en términos negativos, es decir, como una *distopía*.

Este abandono meditado de las tempranas y efímeras convicciones utópicas, que da paso a un periodo mucho más crítico en el que como hemos visto empiezan a cuestionarse los límites de la propia utopía, es una consecuencia directa de la asistencia de los miembros del grupo al encuentro-exposición-conferencia que bajo el lema "*Utopia e/o Rivoluzione*" se celebra en Turín entre el 25 y 27 de Abril de 1969 [■CR.129].

El encuentro fue ideado por los jóvenes arquitectos turineses Pietro Derossi, Giorgio Ceretti y Riccardo Rosso en colaboración con el Gruppo U e/o R inte-

---

[86] Recordamos aquí que durante el curso académico de 1966-67 Natalini ejerció como asistente de Savioli en la asignatura *Architettura degli interni*, y ese mismo año Alessandro Poli y Roberto Magris participaron como alumnos. Ver *Capítulo 2* de esta tesis.

Fig.85. Manifestación frente a la fábrica de la FIAT en Mirafiori, Turín, 1969.

grado inicialmente por profesores asistentes de la Facultad de Arquitectura del Politécnico de la ciudad[87], con la intención de celebrar una serie de talleres experimentales acompañados por una exposición en los que finalmente participarán algunos de los más importantes exponentes de la arquitectura experimental del momento: los colectivos Archigram, Architecture Principe, Archizoom y Utopie, y los arquitectos Ronaldo Giurgiola, Yona Friedman y el turinés "americanizado" Paolo Soleri.

El lugar y el momento elegidos no son fruto de la casualidad.

Por un lado, durante la primera mitad de 1969 la ciudad de Turín, a diferencia del resto de ciudades que en ese momento contribuyen al debate sobre una práctica arquitectónica experimental, se encuentra sumida en una agitada realidad política[88] (Fig.85) que actúa como detonante para la aparición de una arquitectura cargada de un verdadero potencial para la revolución. Este espíritu subversivo ya había *tomado* la Facultad de Arquitectura del Politécnico de

---

[87] El *Gruppo U e/o R* estaba formado por Graziella Derossi, Pietro Derossi, Adriana Perroni, Aimaro Oreglia d'Isola, Riccardo Rosse y Elena Tamagno. A estos se unen posteriormente otros integrantes llegados desde diferentes ámbitos: Gianni Vattimo (Facultad de Letras y Filosofía), Gian Mario Bravo (Facultad de Magisterio), Carlo Olmo (Facultad de Letras y Filosofía), Arnaldo Ferroni y Francesco Ciafaloni (Facultad de Ciencias).

[88] Especialmente importantes fueron las movilizaciones en las fábricas de la Fiat en Mirafiori (la mayor de Turín) y Rivalta, encabezadas tanto por los Sindicatos como por el P.C.I. (*Partito Comunista Italiano*), las famosas huelgas discontinuas (*scioperi a singhiozzo*) y las luchas por los salarios como "factor autónomo" activadas en el seno de las asambleas estudiantiles al estilo soviético de la Facultad de Medicina en Molinatte, la famosa "*rivolta di Corso Traiano*" de julio de ese mismo año, y la ocupación del suburbio de Nichelino de dos meses antes.

Fig.86. Reproducción del panfleto del congreso "Utopia e/o Rivoluzione" celebrado entre el 25-27 de Abril de 1969 en Turín. Revista Marcatré 50-55 (1969), págs. 28-29.

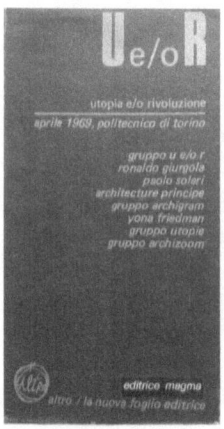

Fig.87. "U e/o R". Publicación resumen de los encuentros. Ed. Editrice Magma. Turín, 1969.

Turín unos meses antes, cuando el grupo estudiantil *Città Fabbrica*[89] adquiere especial protagonismo después de que las ideas de Tronti sobre "política experimental" fueran totalmente asimiladas por los estudiantes[90]. Este ambiente de protesta generalizada y las primeras propuestas de *Città Fabbrica* en la periferia de la ciudad (*"lavori di quartiere"*) animan también a los profesores a aportar su contribución a "la causa", creando el Gruppo U e/o R y participando en la organización del evento del mismo nombre (Figs.86 y 87).

Además, por otro lado, los últimos años de la década de los años 60 se convierten en el escenario propicio en el que representar el fin del proyecto *megaestructural* que durante una década se había convertido en ferviente testimonio del optimismo tecnológico surgido en los años de posguerra, un optimismo que desaparecerá progresivamente con la intensificación de la Guerra de Vietnam y la creciente radicalización política que culmina con los acontecimientos de Mayo del 68.

Se disipaba así el sueño de aquellos jóvenes arquitectos liderados por las propuestas tempranas de

[89] *Città Fabbrica* estaba formado a su vez por los grupos *Studio Sesant 5*, C.F.X. y A.E.C.
[90] En 1962 Tronti publica en *Quaderni Rossi* el artículo *La fabbrica e la società*, donde detectaba un imparable proceso de integración capitalista en el que la fábrica – la producción – se extendía al conjunto de la sociedad, ocupándola por completo: "*En el nivel más alto del desarrollo capitalista, las relaciones sociales se convierten en un 'momento' de la relación de producción, toda la sociedad se convierte en una 'articulación' de la producción, es decir, toda la sociedad vive en función de la fábrica y la fábrica extiende su dominio exclusivo sobre toda la sociedad.*" TRONTI, Mario. *La fabbrica e la società. Quaderni Rossi* n°2, 1962. Como veremos, estas ideas serán la base para el desarrollo por parte de Archizoom de su proyecto más relevante: la No-Stop City.

los Metabolistas japoneses [✤CR.019] –y su mentor Tange–, los británicos Archigram, los franceses GEAM (*Groupe d'Etude d'Architecture Mobile*) [★CR.008] y Utopie, y los austríacos Hollein y St.Florian, entre otros muchos para los que la *megaestructura* representaba una nueva visión de la modernidad liberada de las limitaciones sociales y técnicas del pasado. Todos ellos se inspiraban en el trabajo de aquellos pioneros de la arquitectura moderna de principios del siglo XX, convencidos de poder hacer realidad la transformación utópica del entorno construido a una escala y velocidad nunca vistas, un intento fallido que posteriormente Manfredi Nicoletti –en aquellos momentos miembro del GEAM– resume de esta manera:

> "Nunca - tal vez - en la historia de la arquitectura [ha habido] tal disponibilidad de ideas y medios prácticos vinculados [a] una oportunidad tan increíble de crear. Es terrible presenciar, en este momento, lo problemático que ha resultado ser el encuentro entre lo posible y lo concreto. Lo cierto es que estamos ante una especie de realidad paradójica que tiene todas las características de una utopía."[91]

Esta enorme disponibilidad de ideas de la que hablaba Nicoletti automáticamente impregna los primeros trabajos de nuevos grupos como Haus Rücker Co., Coop Himmelblau, Archizoom o el mismo Superstudio, pero pronto la *megaestructura* empieza a perder su atractivo vanguardista y sus precursores, aquellos primeros arquitectos *visionarios*[92] y

---

[91] NICOLETTI, Manfredi. *The end of utopia*. Perspecta 13/14, 1972. Pág. 276.
[92] El adjetivo visionario es aplicado por primera vez a este tipo de propuestas en la exposición organizada por Arthur Drexler en el

sus seguidores, comienzan a ser atacados por su apasionada historia de amor con la tecnología, los medios de comunicación y la cultura material, y por su incapacidad para crear algo más que imágenes de un futuro idealizado e inalcanzable que ahora es *"abandonado cual blanquecino esqueleto en el sombrío horizonte de nuestro pasado arquitectónico reciente"*[93].

Sin embargo, la crítica más feroz no llega desde las filas de observadores desencantados como Banham, sino de algunas de las figuras más destacadas del propio movimiento *megaestructural,* que muestran su renovado posicionamiento en el trascendental congreso de Turín.

Tal es el caso del filósofo, sociólogo y crítico cultural Jean Baudrillard, miembro del colectivo *Utopie*[94]

MOMA de Nueva York en 1960 con el título de *Visionary Architecture* [●CR.017], en la que se presentaba una deslumbrante colección de propuestas urbanas llamadas a cambiar el panorama arquitectónico de la década posterior, entre las que encontramos la *Marine City* (1960) [✦CR.227] de Kiyonori Kikutake, o el *Dome over Manhattan* (1960) [●CR.330] de Fuller.

[93] BANHAM, Reyner. *Megaestructuras. Futuro urbano del pasado reciente.* Barcelona: GG, 1978 [◆CR.193]. Pág.11. Originalmente publicado por Thames and Hudson en 1976. Este libro es una consecuencia directa de una afirmación que el propio Banham realiza en 1972, en una conferencia en Nápoles: *"The megastructure is dead, and thus the time has come to write its history".* El resultado aflora cuatro años después, en forma de investigación de obligada lectura.

[94] En 1966, reunidos en la casa de los Pirineos del filósofo marxista Henri Lefevbre, este, junto con el filósofo, sociólogo, crítico cultural y teórico de la posmodernidad Jean Baudrillard, y el arquitecto Jean-Paul Jungmann como cabezas visibles, fundan el grupo interdisciplinar *Utopie* con base en Paris, que durante la siguiente década articula una crítica a la arquitectura, el urbanismo y la vida cotidiana desde posiciones ultraizquierdistas [★CR.328].

desde su fundación en 1966 [★CR.328], quien junto a sus compañeros aprovecha el encuentro para realizar una devastadora crítica de la arquitectura visionaria –aquella que originariamente ellos habían abrazado, y, por lo tanto, también una crítica de sí mismos[95]–, tachando de "*quimera de la utopía*" las *megaestructuras* de Archigram, Friedman o Soleri entre otros, y anunciando de paso el fin de este movimiento:

> "*La ciudad móvil, la ciudad que se traslada, el dulce 'software', el fin de la miseria, la tecnología-que-to-do-lo-puede, el lúdico 'gadget', la ciudad de las luces, la tecnología del Concorde, el programa Gemini, la revolución suave (...) y durante todo este tiempo, nada de esto en la vida cotidiana (...). En una sutil dialéctica entre lo posible, que nunca será, y la falsa conciencia utópica, abrumada por maravillas, se cumple el circulo*

---

[95] Desde sus inicios los integrantes de Utopie, inspirados en las teorías urbanas de Lefevbre (*La revolución urbana*, 1969 [★CR.132]) y en el trabajo de la Internacional Situacionista [❖CR.007], tratan de definir la arquitectura como una forma radical de práctica social, proponiendo ambientes móviles y estructuras inflables como medios para expandir la celebración de lo cotidiano promulgada por Lefevbre, revisitando las estructuras *aéreas* de Friedman y los Metabolistas. Antoine Stinco, otro de los arquitectos que pertenecían al grupo, lo explicaba así: "*The inflatable represented (...) a festive symbol of the new energy. It did so through its fragility, its will to express the ideas of lightness, mobility, and obsolescence, through a joyous critique of gravity, boredom with the world, and of the contemporary form of urbanism that had been realized.*" En STINCO, Antoine. *Boredom*, *School*, *Utopie*. Dessauce Ed., *The Inflatable Moment*. Pág. 70. Muy pronto el grupo reniega de estas experiencias iniciales, noqueados por algunos de los eslóganes lanzados por los estudiantes en las movilizaciones de Mayo del 68: "*¿Estamos luchando por inflables?*". Citado en VIOLEAU, Jean-Louis. Interview. *Utopie n° 2*, Mayo, *1968*. Pág. 50.

vicioso que intenta hacer desaparecer la crítica radical del mundo de la producción (...). La Utopía es un bien de lujo, que nos ciega con su esplendor." [96]

Quedaba claro por tanto que aunque la *megaestructura* había surgido como posible alternativa prometedora y en cierto modo "correctora" de ciertas limitaciones del proyecto moderno ahora superadas, finalmente esta había conducido a la disciplina a un nuevo callejón sin salida motivado, no por impedimentos de tipo social, político o tecnológico, sino generado desde la lógica del propio discurso moderno: la *megaestructura* había pasado de ser considerada como una nueva oportunidad para la transformación total de la configuración de la sociedad, a convertirse en el memorial de un ideal y un destino inalcanzables.

El propio Baudrillard explora este punto muerto unos años más tarde a través del concepto de "simulacro" formulado a partir de mediados de los años 70[97] en varios ensayos que suponen un intento de visibilizar las paradojas que convierten la realidad social en algo al mismo tiempo posible e imposible.

Así, Baudrillard extiende sus críticas al análisis de los medios de comunicación, de la cultura popular y de la ciencia moderna, al tiempo que trata de aclarar

---

[96] UTOPIE. *Utopia e/o Rivoluzione*. Turín: Ed. Editrice Magma, 1969. Pág. 34.
[97] Durante la segunda mitad de los años 70 Baudrillard publica lo que muchos consideran su trabajo más importante, en forma de tres ensayos sobre el concepto de simulacro y las vicisitudes de la cultura moderna: *L'ordre des simulacres* (1976); *L'effet Beaubourg* (1977); *La prècession des simulacres* (1978).

algunas de las contradicciones internas y paradojas del movimiento *megaestructural* [98].

A las críticas de Banham y Utopie se unen las del prolífico y ubicuo Tafuri, quien ya en 1968 denunciaba esta visión utópica [99] argumentando que su análisis radical empujaba a la arquitectura a implicarse, igual que los medios de comunicación, en la producción de poder:

> *"Si hoy en día, la arquitectura no es capaz de incitar a la libertad, si su propia libertad es ilusoria, si todas sus peticiones se hunden en un lodazal de 'imágenes' en el mejor de los casos divertidas, no hay ninguna razón por la cual uno no deba tomar una posición de claro cuestionamiento hacia la propia arquitectura, así como hacia el contexto general de las condiciones existenciales."* [100]

Ante este cambio de perspectiva algunos de aquellos visionarios ahora cuestionados comienzan a replantearse su posición dentro del movimiento y por lo tanto respecto a la generación de imágenes inocentemente utópicas, terminando por rechazar esta línea de trabajo.

---

[98] Para una lectura reveladora sobre la historia del proyecto *megaestructural* ver: DEYONG, Sarah. *Memories of the urban future: the rise and fall of the megastructure*. En RILEY, Terence. *The Changing of the Avant-garde: Visionary Architectural Drawings from the Howard Gilman Collection*. New York, The Museum of Modern Art, 2002 (catálogo).

[99] Y por lo tanto retractándose de sus opiniones en defensa del movimiento manifestadas a principios de los 60 en varios artículos como el aparecido en Casabella en 1962. Ver PICINATTO, Giorgio; QUILCI, Vicri; TAFURI, Manfredo. *La città territorio: verso una nuova dimensione*. Casabella n° 270, diciembre 1962. Págs. 16-19.

[100] TAFURI, Manfredo. *Theories and History of Architecture* (1968). London: Granada Ed., 1980. Citado en DEYONG, Sarah. *Memories of the urban future: the rise and fall of the megastructure*. Pág. 31.

Fig.88. Logplug, a
L.A.W.U.N. Project.
David Green, 1969.

Fig.89. Treeplug, a
L.A.W.U.N. Project.
David Green, 1969.

Fig.90. The transient
non-spacialised environment. L.A.W.U.N.
David Green, 1970.

Algunos miembros de Archigram comienzan a interesarse por intervenciones urbanas de pequeña escala, y especialmente en la aplicación a la arquitectura de los primeros avances de la tecnología de Internet[101], que ya en 1969 daba sus primeros pasos avanzando la posibilidad futura de una red "invisible" que conectaría todos los rincones de la Tierra.

En proyectos como *Logplug & Rokplug*[102] (1968-69) [♦CR. 557] (Fig.88) o *L.A.W.U.N. (Locally Available World Unseen Network)* (1969) [♦CR. 558] (Figs.89,90) David Green (Archigram) pasa de una concepción tecnológica de las envolventes –en propuestas como *Living Pod* [♦CR. 442] o *Drive-in Housing*, ambas de 1966– a equipar el territorio, renunciando así al diseño de aquellas formas tecnológicas pensadas para solucionar el ansiado hábitat móvil del nómada urbano, tratando de centrarse ahora en la concepción de un "oasis" de servicios. Como veremos más adelante, estas experiencias serán trascendentales para entender los trabajos posteriores de Superstu-

[101] En 1969 comienzan a probarse nuevos sistemas de conexión entre cuatro universidades americanas bajo la supervisión del pionero fundamental en lo que se refiere a una red mundial, J.C.R. Licklider, quien ya en 1960 avanzó la necesidad de una red mundial, según consta en su documento *Man-Computer Symbiosis* (Enero 1960). Este tipo de investigaciones estarán muy presentes en posteriores propuestas de Superstudio, como veremos.

[102] "The ranges of Logplug and Rokplug shown here are selected simulations of real logs and rocks. They serve to conceal service outlets for semi- or non-autonomous mobile living containers. They would be unrecognisable from the real thing and would thus bring into any setting a high degree of support without detracting from natural beauty (this means that when no hardware is plugged in, the village ceases to exist). All ranges are supplied with an embedded spore finish, to suit any locality, which will promote rapid moss, lichen or fungi covering." The Archigram Archival Project (www. http://archigram.westminster.ac.uk/project.php?id=136).

Fig.91. Small Room. Walter Pichler, 1968.

Fig.92. Himmelbett. Friedrich St Florian, 1974.

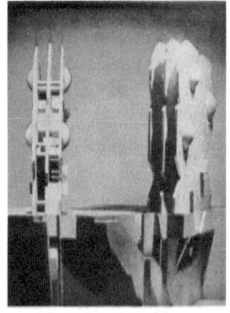

Figs.93,94. House without rooms. Raimund Abraham, 1974.

dio en torno a la erradicación de la arquitectura –en particular de las "moribundas" *megaestructuras*– de la superficie de la Tierra, conservando únicamente las redes tecnológicas integradas y disimuladas en una naturaleza redescubierta, reinventada o reflejada[103].

Por su parte, algunos "visionarios" austriacos como Walter Pichler, Raymund Abraham y Friedrich St. Florian, comienzan a producir propuestas más introspectivas en forma de poéticos paisajes oníricos a una escala más personal y doméstica (Figs. 91-94), mientras otros como Hans Hollein o Leon Krier se unen al floreciente movimiento posmoderno en el que la historia de la arquitectura empieza a ser tratada como un inmenso repertorio de símbolos dispuestos a ser sistemáticamente socavados y manipulados[104] (Figs. 95,96).

Con el *Monumento Continuo* Superstudio se convierte en una importante excepción a este giro posmoderno desencadenado tras los acontecimien-

[103] Para una mejor comprensión y análisis de este momento ver ROUILLARD, Dominique. *Territoire magique*. En *Superarchitecture. Le Futur de l'architecture 1950–1970*. Paris: Editions de la Villette, 2004. Pág.377.

[104] Entre otras cosas, el posmodernismo sustituirá las narrativas utópicas del movimiento moderno por un acercamiento plural que equipara la producción arquitectónica con la sintaxis y la gramática del lenguaje aleatorio, convirtiendo esta producción en algo social y políticamente mudo. Así, por ejemplo, el trabajo de Krier puede considerarse "moderno" en el contenido, pero posmoderno en la forma, y vacío de contenido socio-político. De nuevo Tafuri denuncia este aspecto diciendo: "*En lugar de la comunicación, un fluir de informaciones; en lugar de una arquitectura como lenguaje, un intento de reducirla a mass-media, sin residuos ideológicos, en lugar de un ansioso esfuerzo para la reestructuración del sistema urbano, una desencantada aceptación de lo real, rayana en el cinismo.*"TAFURI, Manfredo. *L'architecture dans le boudoir*. En *La esfera y el laberinto. Vanguardias y arquitectura de Piranesi a los años setenta (1980)*. Barcelona: GG, 1984. Pág. 517.

Fig.95. Section-N. Tienda en Viena. Hans Hollein, 1971.

tos de Mayo del 68, emergiendo como una seductora propuesta que llama la atención sobre la ficción que simultáneamente enmarca el discurso moderno y a la vez previene sobre su tendencia totalizadora –de ahí esa fría superficie de espejo que lo envuelve, reflejando el entorno sin revelar nada de sí mismo[105]: *"L'architettura diviene un oggetto chiuso e immobile che non rimanda ad altro se non a sè stesso e all'uso della ragione."*[106]

Se trataba de poner en cuestión estas doctrinas heredadas mediante un proyecto convertido en hipérbole de la estética *ahistórica* del movimiento y de sus ambiciones utópicas, superponiendo sobre paisajes reales un extraño monumento –impecable y nefasto– a la desilusión y aculturación, al minimalismo y a la funcionalidad, señalando los errores de la Modernidad al mismo tiempo que encontraban una plataforma ideológica sobre la que desarrollar aún más su particular forma radical de re-imaginar la producción arquitectónica.

Fig.96. Section-N. Tienda en Viena. Hans Hollein. Reportaje sobre el proyecto publicado en Domus, diciembre de 1972.

Tras el encuentro de Turín el grupo seguirá produciendo imágenes de su *descabellado* plan para una urbanización total, añadiendo diferentes lugares a la lista de localizaciones que colonizaría el *Modello*: el Coliseo romano, la Acrópolis de Atenas, los lagos

---

[105] La única imagen que muestra el interior del Monumento es aquella en la que este envuelve el Taj Mahal, una aportación de Piero Frassinelli en la que "desobedece" las directrices marcadas por Natalini para el proyecto cuyo interior debía permanecer oculto para el espectador: *"We know that it has an interior, but we do not know what it looks like. It is open to any functional program."* (Casabella 358, 1971).

[106] *"La arquitectura se convierte en un objeto cerrado e inmóvil que no lleva a ningún sitio que no sea el mismo y al uso de la razón."* SUPERSTUDIO. *Superstudio: Discorsi per Immagini*. Domus 481. Diciembre 1969. Págs. 46-48.

Figs.97-98. Portadas de los números de la revista Japan Interior Design que incluían proyectos de Superstudio.

alpinos, la costa napolitana y escarpados litorales anónimos, la Piazza Navona de Roma o el Palazzo Pitti florentino, el Taj Mahal... y de nuevo Nueva York.

Todos serán invadidos por la fría estructura reflectante que paralelamente inunda las páginas de revistas especializadas de varias partes del mundo[107] para mostrar su paradójica naturaleza: estar en todas partes a la vez y sin embargo en ningún lugar en concreto.

Esta buscada característica inmaterial se alejaba conscientemente de la *firmitas* vitrubiana sobre la que durante muchos años la arquitectura se había sustentado, y que ahora era obviada por aquel *Monumento* que sólo existía como imagen y como texto, para reforzar la intención del grupo de cuestionar la insistente fijación de la disciplina en el edificio construido. La producción de todas aquellas imágenes y la elaboración de los textos que las sustentaban nos hablan de *otra arquitectura*, una "arquitectura de papel" definida no por su solidez, sino por su habilidad para comunicar.

Network fever

Sin embargo, como ya hemos visto, los miembros de Superstudio no estaban solos en este empeño.

Otros arquitectos y críticos ya habían empezado años atrás a buscar más allá del edificio y de la ciudad como principales fenómenos de una cultura global definida por las inevitables conexiones que comenzaban a producirse a nivel mundial.

---

[107] Entre ellas destacan *Japan Interior Design* (Figs.97-100) y la británica *Architectural Design*.

Figs.99-100. Portadas de los números de la revista Japan Interior Design que incluían proyectos de Superstudio.

El flujo de información ya no seguiría confinado en el interior de un edificio, y el intercambio de ideas ya no sólo tendría lugar en el espacio público. En su lugar la televisión, el teléfono, las revistas internacionales y ahora las perspectivas generadas alrededor de los primeros avances en torno a la posibilidad de una *World Wide Web*[108] –que con su habitual anticipación ya empezaban a explotar algunos miembros de Archigram– representaban el advenimiento de una nueva realidad que enfrentaba a la disciplina con su inevitable obsolescencia.

Esta tendencia experimentada por algunos operadores ya desde principios de la década de los 60, caracterizada por una menor preocupación en los edificios y una creciente obsesión en como la arquitectura podía servir para conectar y comunicar, es definida por Mark Wigley como una *"network fever"* ["fiebre de la red"] en la que deben alterarse las condiciones de lo construido:

> *"Los edificios son 'cáscaras' para los patrones de movimiento que se extienden mucho más allá de ellos mismos. Mientras los edificios albergan la función, las redes son pura función, función sin cáscara. Si los arquitectos modernos son serios en su compromiso con la función, tendrán que reducir su fijación en las cáscaras y convertirse en responsables de las redes."* [109]

---

[108] En el número de mayo de 1970 de la revista *Popular Science*, Arthur C. Clarke predijo que algún día los satélites *"llevarán el conocimiento acumulado del mundo a sus manos"*, en forma de consola que combinaría la funcionalidad de la fotocopiadora, el teléfono, la televisión y un pequeño ordenador para permitir la transferencia de datos y videoconferencia en todo el mundo.
[109] WIGLEY, Mark. *Netwok Fever*. Grey Room nº4, 2001. MIT Press Journals. Pág. 88.

En este sentido Superstudio y varios de sus colegas radicales explotan la "estética de la red" convencidos de su capacidad para desafiar aquella tímida cultura arquitectónica que permanecía anclada al edificio como única preocupación, y el *Monumento Continuo* es un buen ejemplo de ello. Esta hipotética estructura rampante conecta varios lugares en diferentes partes del mundo, convirtiéndose en lo que Branzi definiría como "arquitectura sin ciudad"[110], sin un centro que la mantenga anclada a las particularidades de un lugar específico, una arquitectura convertida en "acueducto" que comunica ciudades lejanas despojadas progresivamente de su singularidad una vez que han sido "poseídas".

Pero Superstudio y su *Monumento* también utilizan las revistas con difusión internacional en su empeño por trascender la figura del arquitecto tradicional y la manera en la que este difunde su trabajo.

Como bien apunta Wigley, las revistas se convierten en *"extensiones protésicas"* de sus lectores, *"ojos de largo alcance que monitorizan un mundo distante para una determinada comunidad"*[111] y permiten a muchos de esos lectores crear juntos una nueva colectividad que comparte los mismos intereses. Como ya hemos visto, la primera revista que publica el proyecto de Superstudio es la italiana Domus, que con su distribución internacional refuerza la progresión virtual del propio *Monumento* y remarca el modo en el que los medios de comunicación *congregan* a nuevas comunidades como en otro momento lo hicieran los edificios.

---

[110] BRANZI, Andrea. *Notes on No-Stop City: Archizoom Associates, 1969-72*. En VAN SCHAIK, Martin; MACEL, Otakar. *Exit Utopia: Architectural Provocations, 1956-76*. IHAAU-TU Delft: Prestel, 2005. Pág. 182.
[111] WIGLEY, Pág. 93.

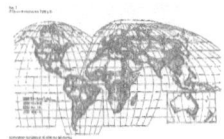

Fig.101. Ecumenópolis. Constantinos A. Doxiadis, 1967.

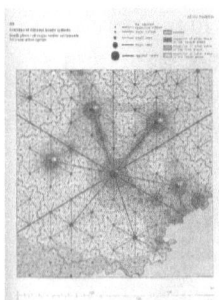

Fig.102. Imagen extraída de Ekistics: An Introduction to the Science of Human Settlements. Constantinos A. Doxiadis (Oxford University Press, 1968).

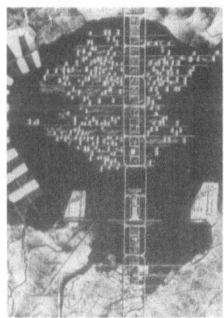

Fig.103. Plan para la Bahía de Tokio. K.Tange, 1960.
[✧CR.213].

Esta afinidad y apropiación manifiesta de algunos de los parámetros característicos de aquella "network fever" surgida unos años antes podría llevarnos a situar el proyecto de Superstudio junto al ambicioso y utópico universo de la *megaestructura* –solución recurrente que unos años antes habían empezado a explorar arquitectos y teóricos interesados en un mundo "conectado"[112]–, pero como ya hemos apuntado, por un lado la actitud contestataria del grupo y por otro la influencia que sobre ellos habían ejercido las posturas críticas de Banham y Baudrillard entre otros, los aleja e incluso enfrenta a esta línea de investigación ahora en peligro de extinción[113].

[112] En su artículo Wigley destaca el paradigmático ejemplo de la propuesta del arquitecto griego Constantinos Doxiadis en la que este imaginaba la "Ciudad del futuro" como una única "lava" urbana que se extendía por los Estados Unidos siguiendo un crecimiento fluido y biomorfico que con el tiempo lo ocupaba todo. Acuña el termino Ecumenópolis (del griego *ecúmene*: mundo potencialmente habitable, y *polis*: ciudad) en 1967 para referirse a la idea de que, en un futuro, las áreas urbanas y megalópolis se fusionarían en una única ciudad mundial, dada la creciente urbanización y crecimiento de la población.
Predecía además que la primera sería una ciudad-continente europea, comprendida entre Londres, París y Ámsterdam. El plan de Doxiadis (Figs.101 y 102) presentaba cierto paralelismo con algunas propuestas de los Metabolistas, que pretendían conectar el archipiélago japonés mediante una "colosal ciudad generada a partir de un *sistema nervioso central* – como lo definía Tange - resultado del entrelazado de las redes físicas, sociales y de información (Fig.103). Para más información ver DOXIADIS, Constantinos. *Ecumenopolis: Towards a Universal Settlement*. Atenas: Doxiades Associates, 1967.
[113] En Japón, uno de los focos más activos del movimiento *megaestructural* durante la década de los 60, Arata Isozaki es el primero en tratar de superar aquella corriente que había dominado el panorama arquitectónico de su país durante los últimos años. Entre 1969-71 se propone *"matar el Metabolismo con información"* [*"Killing Metabolism with information"*], invitando a las nuevas fuerzas emergentes de Occidente a contribuir a las

Figs.104,105. Re-ruined Hiroshima. Electric Labyrinth. Fotomontaje original y reproducción parcial en Kenchiku no kaitai. Arata Isozaki, 1968.

Fig.106. Plan Voisin de Le Corbusier para la "racionalización" de Paris, 1922-25.

Así, aunque el *Modello Architettonico di una Urbanizzazione Totale* logra sobre el papel muchos de los objetivos de la ansiada ciudad global, este no es una ciudad en sí, sino un edificio ciego, austero, inanimado e inhabitado cuyo mensaje es completamente diferente al de las propuestas precedentes de Archigram, los Metabolistas o el incansable Constant y su New Babylon, que tratan de mostrar el modelo ideal para la "sociedad del futuro" basado en los avances tecnológicos de la época y en el anhelo de una sociedad libre –acorde con las ideas post-mayo'68– en la que el crecimiento urbano estuviera determinado principalmente por las directrices y los deseos de sus habitantes, permitiendo e incluso facilitando la expansión creativa y no planificada.

El *Monumento Continuo* representa todo lo contrario –un diseño impuesto a una hipotética población que debe ordenar el planeta de forma autoritaria– con el objetivo de hacer visible, irónicamente, el rechazo del grupo al planeamiento autocrático defendido por los maestros modernos[114], y al mismo series *"Dismantling of Architecture"* ("*Kenchiku no kaitai*") en la revista *Bijutsu Techo*, proporcionándole a las nuevas generaciones japonesas alternativas al Metabolismo. En la serie de 10 artículos, Isozaki reconoce el efecto deshumanizador de un entorno dominado por tecnócratas (positivismo tecnológico) y una cultura mercantilizada. Estas piezas serían recopiladas y publicadas en forma de libro en el año 1975 ("*Kenchiku no kaitai*", Bijutsu Shuppansha, Tokio, 1975) [✤CR.314]. En uno de los artículos Isozaki utiliza como ilustración una de las imágenes del proyecto *Re-ruined Hiroshima* realizado para la XIV Triennale di Milano de 1968, un fotomontaje que bajo el título de *Electric Labyrinth* (1968) representa las estructuras ruinosas de una ciudad futura en medio del paisaje devastado de la ciudad de Hiroshima (Figs.104,105). Isozaki dejaba claro aquí su posicionamiento crítico, a través de una imagen radicalmente antifuturista.

[114] Véase el *Plan Voisin* (1922-25) de Le Corbusier para la "racionalización" de Paris (Fig.106), la *Hochhausstadt* [*Ciudad vertical*]

tiempo la superación del sueño *megaestructural* contemporáneo, que se enfrentaba a la utopía de los anteriores produciendo nuevas heterotopías[115]

Fig.107. Hochhausstadt [Ciudad vertical]. Ludwig Hilberseimer, 1927.

La Utopía ha muerto, ¡viva la Utopía!

Como ya hemos visto, la propuesta incorpora una profunda reflexión sobre la capacidad de la arquitectura para actuar como medio crítico, aprovechando la utopía como marco conceptual para el debate y desestimando su cuestionada capacidad como instrumento ligado al progreso de la disciplina. Al hacerlo, *"deconstruyen el concepto de Utopía moderna y lo sustituyen por el suyo propio: la Utopía como herramienta para la reflexión crítica"*[116]. De este modo activan una nueva estrategia operativa con la que, en la misma línea que Baudrillard había expuesto en Turín, tratan de superar la candidez e ineficacia de aquel *moderno* pensamiento utópico:

Fig.108. Broadacre City. F.LL.Wright, 1932.

(1927) de Hilberseimer (Fig.107), o la teórica y utópica *Broadacre City* (1932), la ciudad deseada y proyectada por F.LL.Wright al final de su carrera (Fig.108).

[115] Para una lectura sobre el concepto de "heterotopía" ver: FOUCAULT, Michel. *Of other spaces: Utopias and heterotopias*. Lotus International n°48-49, 1985-86. Págs. 9-17. En este mismo sentido crítico también se manifestaba años más tarde Perec cuando escribía: *"Todas las utopías son deprimentes porque no dejan lugar para el azar, la diferencia, lo 'diverso'. Todo está puesto en orden y el orden reina. Detrás de cada utopía hay siempre un gran diseño taxonómico: un lugar para cada cosa y cada cosa en su lugar."* PEREC, Georges. *Pensar, clasificar*. Barcelona: Ed. Gedisa, 1986.

[116] STAUFFER, MarieTheres. *Utopian Reflections, Reflected Utopias. Urban designs by Archizoom and Superstudio*. Londres: AA Files n°47, 2002. Págs. 23-35.

"¿Dónde crees que vas cruzando la calle de la Utopía? ¿Es esta (estás seguro de que es esta) la manera de salvarte de los errores y del dolor en que nos hemos visto involucrados? ¿Es que ya no recuerdas que este camino es tan largo como la vida de la propia humanidad y que nadie ha encontrado en ella ningún punto de apoyo? ¿Es que no te das cuenta de que su luz es una ilusión, que los países que hay detrás de ella son los de nuestro sueños, cuentos de hadas fruto del fiero calor del sol? (...)

Buscar la salvación en la Utopía es la utopía suprema. Incluso tu perseguirás una estrella creyendo que es la luz de una casa lejana, como el niño pequeño perdido en el bosque de hadas. La Utopía siempre ha sido para el hombre el lejano parpadeo de una estrella fuente de experiencias ilusorias y sueños irrealizables para protegernos del horror de la realidad. Pero la realidad puede dar origen, por sí sola, a la determinación de buscar la carretera de la salvación.

Por lo tanto, sólo en el horror hay esperanza. (...) Esperamos provocar un nuevo despertar, entre gritos y sudores fríos; todos volverán a nacer en su propia realidad angustiosa para decidir si quieren luchar o dejarse morir.

En la anti-utopía alimentamos a los pequeños monstruos que se arrastran y se retuercen en las esquinas oscuras de nuestros hogares, en los ángulos sucios de nuestras vidas, e incluso en los misteriosos pliegues grises de nuestros cerebros.

(...) Nos negamos, por lo tanto, a cultivar Utopías, flores imposibles sin perfume, frágiles y delicadas, para conservarlas debajo de campanas de vidrio. Por el contrario, preferimos cuidar de nuestro tropel de monstruos, evocándolos dentro de nuestro círculo mágico. Allí los cuidamos y los alimentamos hasta que hayan crecido lo suficiente para soltarlos a todos.

Sabemos que nuestros terribles monstruos están hechos tan sólo de humo, mientras que las frágiles y rojas flores que cultivan los utópicos son como adormideras: escondida en su corola se encuentra la sustancia blanca del sueño, ¡a esto es a lo que tenemos miedo!"[117]

Ese "tropel de monstruos" que acechan tras el *Monumento Continuo* inspiran las utopías negativas que según Superstudio deben funcionar como actos de destrucción capaces de terminar con el tradicional significado arquitectónico a través de la exageración y deformación de su presencia e influencia.

Detrás de estos actos de destrucción podemos intuir un verdadero potencial diseñado para la supresión de ciertos valores establecidos que, observado según un análisis *benjaminiano*, podría dar lugar a nuevas y mejores teorías sociales:

> *"Este 'monstruoso despliegue de tecnología', con su capacidad de destruir ciudades enteras y borrar todos los rastros del pasado, ha supuesto para la humanidad 'un empobrecimiento completamente nuevo', una especie de barbarie cuya destructividad tuvo un momento positivo, eliminando 'la mezcolanza horrible de estilos y visiones del mundo del siglo pasado' para crear una tabula rasa en la que la humanidad es una vez más liberada de 'la experiencia humana en general', capaz de empezar a vivir de nuevo desde el principio."*[118]

---

[117] SUPERSTUDIO. *Utopia, Antiutopia, Topia*. IN n°7, 1972. Pág. 93. Reproducido en TORALDO DI FRANCIA, Cristiano. *Superstudio & radicales*. En MAUBANT, Jean Louis; MIGAYROU, Frédèric ; JARAUTA, Francisco. *Arquitectura Radical*. Centro Andaluz de Arte Contemporáneo, Sevilla, 2003 (catálogo exposición). Págs. 206-210.
[118] MERTINS, Detlef. *The Enticing and Threatening Face of Prehistory: Walter Benjamin and the Utopia of Glass*. Assemblage, No.29, 1996. Pág.17.

Las palabras de Walter Benjamin parecen reflejar las ambiciones que subyacen tras la lucha de los florentinos en contra de la arquitectura *capitalista*. El acto de destrucción es interpretado por el filósofo alemán como una incómoda propuesta utópica, y por lo tanto, el proceso parece implicar un grado de barbarie que puede resultar desagradable, pero que no nos debe hacer olvidar que el objetivo final es establecer un punto de partida para emprender un nuevo *comienzo* social[119].

Así, considerando la noción *benjaminiana* de "destrucción" y extrapolando su análisis, podríamos decir que, aunque el carácter destructivo del *Monumento* se manifiesta como una espantosa propuesta distópica, al mismo tiempo su lectura como una *tabula rasa* sugiere la posibilidad de un panorama más alentador –esperanzador y... ¿utópico?– para la arquitectura, un aspecto positivo de su doble naturaleza que a menudo puede quedar oculto.

Este procedimiento crítico desarrollado por Superstudio y compartido por la mayoría de sus compañeros *radicales*, equipa al arquitecto posmoderno con nuevas herramientas que le permitirán profundizar en el complejo tejido de una sociedad en crisis,

---

[119] *"Benjamin thought that the destructive gestures of the avant-garde, which aimed at purification, were necessary to free the way for a revolutionary future. The transparency and openness of the new architecture pointed for Benjamin to a revolutionary, classless society based on emancipation and flexibility. He interpreted this architecture as part of the avant-garde's attack on bourgeois culture. The new architecture schooled inhabitants and users to adapt to new social conditions that prefigured the future transparent society. Benjamin saw architecture as a discipline that was capable of stimulating people to align their attitudes with those required by the new society to come."* En HEINEN, Hilde. *What belongs to architecture. Avant-garde ideas in the Modern Movement.* The Journal of Architecture, Vol.4, n°2, 1999. Pág. 140.

revelando y colocando en el centro del debate la noción de ambigüedad[120] que dominaba sus proyectos con la intención de mostrar una nueva visión del mundo que trasciende la búsqueda de aquellas meta-narrativas totales perseguidas durante la modernidad.

Años más tarde Frassinelli lo explicaba así:

> *"(...) De ahí pasamos al Monumento Continuo, un viaje arquitectónico a lo largo del mundo. Una larga y glacial serpiente, con una estereotomía intensificada por un soporte elemental, que fue un éxito instantáneo, precisamente porque era completamente hermosa, completamente neutral y todo el mundo podía ver sus propias ideas reflejadas en ella. Esto inevitablemente da lugar a la ambigüedad que formaba parte de nuestro trabajo, como en toda expresión humana: la estimulante y frustrante posibilidad de ser capaz de ver cada obra, cada acción, cada palabra interpretada de manera diferente, incluso antagónica. ¡De hecho como Rashomon!"*[121]

En cierto modo Filiberto Menna destacaba esta dualidad ambigua del proyecto de Superstudio unos años más tarde cuando recordaba que "*todas estas son Utopías negativas, ya que no conducen a la construcción de ciudades ideales, sino que desarraigan la*

---

[120] El concepto de "ambigüedad" es una cuestión clave y recurrente en el proyecto del Monumento Continuo. Cualquier elemento de la propuesta puede ser interpretado de múltiples maneras, una dicotomía que domina tanto su representación visual como sus bases teóricas.

[121] FRASINELLI, Piero. *Journey to the End of Architecture*. Florencia, Diciembre 2002. Reproducido en LANG, Peter; MENKING, William. *Superstudio: Life without objects*. Milan: Skira, 2003. Págs. 79-83.

arquitectura y el planeamiento de la ciudad con el fin de liberar al hombre de todas las estructuras formales y morales que le impiden juzgar con libertad su propia condición e historia"[122].

Menna se refería también aquí al trabajo contemporáneo de Archizoom en el que, en la misma línea que sus colegas de Superstudio, llegan a rechazar el papel figurativo de la arquitectura y a modificar sus estructuras de uso a través de otra metáfora: la *No-Stop City* [■CR.128], una "ciudad sin arquitectura"[123] en la que, apropiándose de la misma estrategia de aproximación distópica, pretenden ofrecer, al menos teóricamente, una alternativa a la trama urbana de la ciudad contemporánea cuyos problemas de lenta adaptación a la implacable realidad todavía no habían sido solucionados:

> *"No existe hoy ninguna duda en reconocer el fenómeno urbano como el punto más débil de todo el sistema industrial.*
>
> *La metrópoli tradicional 'gran escenario del Progreso', es ahora de facto el sector más atrasado y confuso de la realidad del Capital; y todo esto a un nivel tal que uno se pregunta si la ciudad moderna, más que un problema no resuelto, no será un fenómeno histórico objetivamente superado."*[124]

---

[122] MENNA, Filiberto. *New behaviours in italian design.* En AMBASZ, Emilio. *Italy: The New Domestic Landscape. Achievements and Problems of Italian Design.* New York: The Museum of Modern Art, 1972. Pág.411.
[123] BRANZI, Andrea. *Notes on No-Stop City: Archizoom Associates, 1969-72.* En VAN SCHAIK, Martin; MACEL, Otakar. *Exit Utopia: Architectural Provocations, 1956-76.* IHAAU-TU Delft: Prestel, 2005. Pág. 182.
[124] ARCHIZOOM. *No-Stop City. Residential Parkings. Climatic Universal Sistem. Domus* 496, Marzo 1971. Págs. 49-55.

Fig.109. Primeros estudios para una "Città Continua ed Omogenea" (esquema de planta). Archizoom, 1970.

Fig.110. "No-Stop City. Diagramma abitativo omogeneo". Archizoom, 1970.

Fig.111. "No-Stop City. Paesaggio Interno". Archizoom, 1970.

El proyecto de Archizoom, publicado por primera vez en Casabella (agosto, 1970) en el artículo "*Città, catena di montaggio del sociale: ideologia e teoria della metrópoli*", se puede entender como un compendio de las ideas adquiridas por el grupo a la luz del *Operaismo*, del anti-reformismo y del anti-utopismo, proponiendo, en vez de cambiar la realidad existente de la ciudad, exagerarla hasta el absurdo para poder estudiar así sus consecuencias políticas.

El objetivo no era desarrollar una ciudad mejor adaptada a las necesidades del hombre, sino señalar la naturaleza exacta de las leyes arquitectónicas y urbanas objetivas que sustentaban la sociedad del momento, apostando por procesos cuantitativos –asociados a la producción y el consumo– como los únicos capaces de generar las bases para una nueva realidad urbana sin la mediación de la arquitectura.

Nos encontramos por tanto ante un hábitat genérico que carece de función, emplazamiento o forma, en el que la arquitectura ha quedado reducida a lo indispensable para convertirse en un contenedor neutro, homogéneo y climatizado en el que la carga iconográfica es transferida a los objetos de consumo, un puro fondo para una vida tecnificada que, llevada a sus últimas consecuencias, muestra la posibilidad de un edificio potencialmente infinito (Figs.109, 110, 111) – un escenario similar al recreado en la película contemporánea de George Lucas THX 1138[125]

[125] En 1969 George Lucas realiza su primer largometraje titulado *THX 1138* (finalmente estrenado en 1971), una versión alargada de un corto que él mismo realizó durante su formación en la Escuela de Cine de la Universidad de Southern California y que llevaba por título "*Electronic Labyrinth THX-1138:4EB*" (1967). La película, que describe un futuro *orweliano* y representa un ejemplo extremo del potencial disolvente de la tecnología sobre la arquitectura, supone una especulación sobre la sociedad

Figs.112,113. "THX 1138". Cartel y escena de la película. George Lucas, 1969.

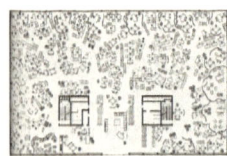

Fig.114. Bürolandschaft (oficina-paisaje). Quickborner Team, 1956.

[●CR.477] (Figs.112, 113), cuyo concepto espacial y representación en planta aplica algunos de los principios de la *Bürolandschaft* (Fig.114) desarrollada por el *Quickborner Team* en 1956[126] [✦CR.476].

El mayor impacto del proyecto se produce con la publicación en la revista Domus (Marzo, 1971) de una "segunda parte" en la que los esquemas aparecidos un año antes en Casabella alcanzan un sorprendente desarrollo técnico que les dota de una alarmante imagen real, acercándolos sospechosamente al ámfutura marcada por la electrónica y se desarrolla en un espacio (carcelario) blanco, homogéneo e infinito y carente, no sólo de arquitectura, sino también de objetos. El lugar de castigo es puro espacio bañado por una luz blanca y uniforme. Un espacio infinito sin demarcaciones ni referencias. Es curioso como este infierno futurista se parece a muchas representaciones tradicionales del cielo y como este lugar de encierro está definido precisamente por su condición de no-lugar y la ausencia de límites que dibujen dicho encierro. La disolución de este espacio carcelario es congruente con la evolución de los mecanismos de vigilancia focaultianos que tienden a la evanescencia y la desaparición - máximo control, mínima visibilidad – analizados en *Surveiller et Punir: Naissance de la prison* (1975), donde Foucault teorizaba sobre lo que denominaba 'instituciones de encierro': espacios confinados - la escuela, la fábrica, el cuartel, el sanatorio, la cárcel - que cobran importancia a partir del siglo XVIII en paralelo con el nacimiento del estado moderno y que tienen como objetivo la monitorización, procesamiento y control de los individuos por parte del poder a través del establecimiento de un orden que regula sus vidas en el espacio y en el tiempo. A partir de la segunda mitad del siglo XX, estos mecanismos de control pasan a convertirse en mecanismos intangibles que controlan incluso el tiempo libre del ciudadano acompañando la expansión del sistema capitalista a la esfera privada.

[126] En 1956 se funda en Hamburgo el *Quickborner Team* liderado por Eberhard y Wolfgang Schenelle con el objetivo de desarrollar ambientes de trabajo más colaborativos y humanos. Así nacerá el concepto de *Bürolandschaft* (oficina-paisaje), cuyos principios básicos se pueden intuir en las plantas desarrolladas por Archizoom para su *Piano Abitativo Continuo*.

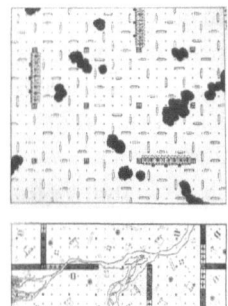

Figs.115,116. "No-Stop City. Residential-wood". Archizoom, 1970.

bito de lo realizable para convertirla en una paradójica distopía "realista":

"En su pretensión de liberar al hombre de la arquitectura, la No-Stop City apunta también hacia esa potencial desaparición que estaba en el aire, aunque lo hace desde el más absoluto realismo técnico. Mientras otras muchas propuestas de las neovanguardias de los 60 y 70 basaban buena parte de su carga visionaria y provocadora en una tecnología llevada al límite de lo verosímil y cercana, a veces, a la ciencia ficción, la No-Stop City parece querer huir de cualquier alarde o especulación: la tecnología desplegada se limita a aquella que llevaba ya tiempo disponible (...) y no planteaba, por lo tanto, desafío alguno."[127]

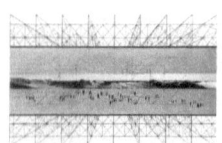

Fig.117. "No-Stop City." Estudios previos sobre el "contenedor infinito, microclimatizado y homogéneo. Archizoom, 1970.

Precisamente es esta aparente capacidad de la propuesta para ser construida la que, al ser enfrentada con su manifiesto carácter conceptual, nos descubre la ambigüedad subyacente con la que los componentes de Archizoom parecen preguntarle a los observadores porqué la visión del futuro planteada por su *ciudad infinita sin arquitectura* (Figs.115 a 118) sería menos deseable que la sociedad en la que ahora vivían[128].

Por todo ello es evidente que con la *No-Stop City* –y también con el *Monumento Continuo*– las enseñan-

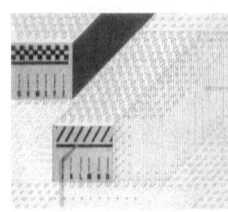

Fig.118. "No-Stop City. Assonometria schematica". Archizoom, 1970.

[127] MARTÍNEZ CAPDEVILA, Pablo. *La ciudad interior. Infinitud y concavidad en la No-Stop City (1970-1971)*. Madrid: Cuadernos de Proyectos Arquitectónicos nº 04, DPA ETSAM, 2014. Págs. 56-65.
[128] Para una lectura más extensa y detallada sobre la *No-Stop City* ver GARGIANI, Roberto. *Archizoom Associati 1966-1974. No-Stop City, 1970-71*. Milano: Mondadori Electa S.p.A, 2007. Págs.169-186; y ROUILLARD, Dominique. *Superarchitecture. Le Futur de l'architecture 1950–1970*. Paris: Editions de la Villette, 2004. Págs.415-466.

zas transmitidas por Eco durante su corta estancia en la Facultad de Florencia encuentran su total aplicación en forma de aquellos *"discorsi per immagini"* explotados por los dos grupos para integrar progresivamente las ideas del profesor piamontés sobre arquitectura y medios visuales en la evolución de la práctica contemporánea.

Ambos proyectos serán capaces de recuperar el atractivo original que la obra de Eco tuvo sobre los jóvenes radicales florentinos, cuyo uso consciente de la semiología era casi tan intenso como la pasión que estos demostraban por sus efectos de final abierto[129].

Un guion para *El Constructor del Mundo*

Tras la publicación en Domus del *Monumento Continuo* los miembros de Superstudio, empeñados en abrir el campo de la arquitectura a otros medios, anuncian su intención de convertir el proyecto en el tema principal de una película, producida con el apoyo económico de una compañía americana. La primera fase del proceso incluía la elaboración de un *storyboard* o guión gráfico que debía resumir el discurso del grupo en torno a la propuesta y que, tras el *Viaggio nelle Regione della Raggione* (Domus 479, 1969), se planteaba además como una nueva ocasión para hacer balance de la propia obra del grupo.

El *storyboard* será publicado por primera vez en Noviembre de 1970 en la revista *Japan Interior Design*, y un año más tarde en el número 358 de la revista

---

[129] WOLF, Amit. *Discorsi per Immagini: Of Political and Architectural Experimentation*. California Italian Studies n°3 (2), 2012.

Casabella [■CR. 256], en el que las viñetas y en general el trabajo reciente de Superstudio serán comentados por el historiador y profesor Giovanni Klaus Koenig –por aquel entonces codirector de la revista– a través del artículo *Deserti naturali e artificiali* [130].

En un breve artículo Koenig trataba de sugerir al lector posibles claves para la lectura de este trabajo presentado por los jóvenes florentinos, relacionándolo con algunas experiencias de la arquitectura expresionista alemana de los años 20[131], principalmente protagonizadas por Walter Gropius y Bruno Taut. El crítico sostenía que, si bien podría resultar extraña la recuperación de un modo de hacer que había tenido lugar cuarenta años atrás, la razón para dicha recuperación tenía que ver con el hecho de que ahora afloraba de nuevo una antigua necesidad del arquitecto, aquella que le obligaba a plasmar sobre el papel sus prohibidos sueños imposibles, convertida en síntoma claro y preocupante de la recurrente condición alienante del arquitecto contemporáneo.

En otras palabras, Koenig defendía que aquella pobreza y falta de acción presentes en la caótica Berlin de 1919-20 habían provocado las mismas

---

[130] SUPERSTUDIO. *Il Monumento Continuo | Storyboard per un film*. Casabella 358, Noviembre 1971. Págs. 19-22. KLAUS KOENIG, Giovanni. *Deserti naturali e artificiali*. Casabella 358, Noviembre 1971. Pág. 18.

[131] Koenig se había formado en la Facultad de Arquitectura de Florencia durante los años de posguerra. Al terminar la carrera, y tras varios años como asistente del profesor Gamberini, obtenía la cátedra de *Plastica Ornamentale* y comienzaba a escribir una serie de textos específicamente didácticos sobre la arquitectura Expresionista de principios de siglo, que finalmente se convierten en una exposición encargada al propio Koenig sobre este periodo inaugurada en Florencia en mayo de 1964. Ver BORSI, Franco; KLAUS KOENIG, Giovanni. *Architettura dell' espressionismo*. Vitali e Ghianda, 1972.

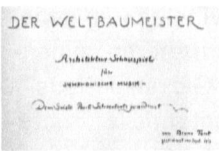
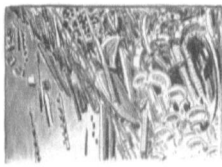
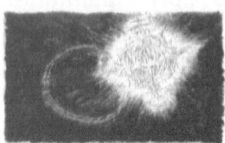

Figs.119-122. "Der Weltbaumeister". Bruno Taut, 1919.

reacciones ahora causadas por el bienestar fanático de la sociedad contemporánea: el arquitecto era igualmente marginado y privado de un verdadero poder de decisión, de manera que la angustia de Gropius y Taut se convertía, cuarenta años después, en el malestar equivalente que se apoderaba del arquitecto de la sociedad de consumo. Los dos extremos, concluía el joven crítico, finalmente se tocaban[132].

En el artículo Koenig señalaba también un interesante paralelismo entre el *storyboard* del *Monumento Continuo* y el texto ilustrado de Bruno Taut para su proyecto escénico *El constructor del mundo* (*Der Weltbaumeister*, 1919), una suerte de guion gráfico para un espectáculo donde se fusionaría arquitectura, música y efectos teatrales como elementos que darían lugar a una obra de arte total, compuesto por 28 dibujos acompañados por una breve descripción que los enlazaba (Figs. 119 a 122). Según Koenig, curiosamente esta era una estructura sintáctica muy similar a la presentada ahora por Superstudio, cargada además de un significado no muy diferente ya que ambos guiones reivindicaban el papel del arquitecto en la construcción del mundo[133].

---

[132] KLAUS KOENIG, Giovanni. *Deserti naturali e artificiali*. Casabella 358, Noviembre 1971. Pág. 18.

[133] Bruno Taut (1880-1938) fue una de las figuras más relevantes del expresionismo visionario alemán. Una parte importante de su proyectos urbanísticos fueron de marcado carácter utópico, y en ellos podemos encontrar, plasmados en escritos y bellos dibujos, ideales socialistas junto a influencias de místicos como el Maestro Ekhart y la filosofía de Friedrich Nietzsche, todo ello dentro de una fuerte oposición al materialismo positivista con la aspiración de hacer efectiva una transformación espiritual en el ser humano, algo que para él, sería lo único que podría dar como resultado una verdadera revolución. Esta componente mística del maestro alemán nos incita a pensar que los paralelismos entre su trabajo y el de Superstudio no se acaban con las similitudes

En el caso de Superstudio, las 80 viñetas publicadas se complementaban también con un pequeño texto en italiano e inglés. Imagen y texto apoyaban un discurso que revisitaba las principales fases de la historia de la arquitectura y de las reflexiones que sus protagonistas habían formulado sobre el valor y la tipología de los monumentos, sobre el significado que estos habían adoptado y sobre la presencia en estas construcciones de la componente racional, entendida como la capacidad humana de razonar, proyectar, construir... y dotar de significado.

Así, la disciplina arquitectónica se comparaba con otros ámbitos en los que la razón humana había jugado un papel central. Las primeras viñetas recogían las investigaciones de Kepler y su *Machina Mundi Artificialis* –con la que concluía el *Viaggio nelle Regione della Raggione*– como emblema de aquel orden cósmico y compositivo ansiado por el grupo, y con el empeño de Vitrubio primero y Leonardo después, de identificar un principio de orden y racionalización general obtenido a partir del estudio del hombre en relación al mundo. En la cuarta viñeta se comparaban estas operaciones con el intento de los indios de representar el caos en el *mandala*, para pasar en las siguientes a resumir las investigaciones sobre la sección aurea y la simetría interpretán-

evidentes entre sus guiones gráficos, sino que como veremos se extienden más allá para hacerse evidentes en la etapa "cósmica" de los florentinos. En esta línea rescatamos *Der Weltbaumeister* y lo podemos interpretar como un intento de escenificación del "Eterno retorno", donde el despliegue de la creación se fusiona en la Nada y viceversa, la continua e imparable transformación del cosmos valiéndose para ello de la construcción arquitectónica como metáfora con la que abrirse, más allá de la linealidad temporal y los límites que imponen los propios recursos artísticos, a la visión de que a cada instante y simultáneamente todo se destruye y se crea.

dolas como pasajes destinados a desembocar en el *Modulor* de Le Corbusier, definido como un sistema contemporáneo basado en el hombre y la geometría.

Entre las viñetas 9 y 16 se analizan los monumentos, entendidos como testimonio de las diferentes visiones del mundo, empezando por el estatismo y solidez del dolmen y el menhir para llegar a las pirámides, la Kaaba y el Vertical Assembly Building –monumentos icónicos del universo de referencia de Superstudio– y terminando por la continuidad de la Muralla China, los acueductos o las autopistas californianas, expresiones análogas de la voluntad humana de medir y de acotar, artefactos de la técnica proyectados según las nuevas dimensiones.

A partir de la viñeta 17 Superstudio despliega un discurso más amplio y conceptual, utilizando un estilo al mismo tiempo lírico y rotundo, con el que pretendían conferir autoridad al procedimiento lógico empleado para demostrar, a través de imágenes de cubos divididos sobre la superficie inmaculada del desierto, que toda la historia de la humanidad podía entenderse como un recorrido entre el caos y la arquitectura.

En este sentido el grupo defendía que la historia de la arquitectura podía ser entendida como el perfeccionamiento de un único aspecto íntimamente ligado a la capacidad humana de formalización, descrita poéticamente como una parábola de la construcción entre los desiertos naturales y artificiales. De esta manera, los autores del *Monumento Continuo* podían trazar una línea de continuidad entre la arquitectura del pasado más remoto y aquella convertida en los nuevos monumentos de la ciencia y la técnica –como el *Crystal Palace*–, de la utopía –como el Falansterio *New Harmony*–, o en las heroicas construcciones del racionalismo como la *Ville Radieuse*.

La historia sobre la búsqueda de un nuevo Monumento (Continuo) y su génesis comienza en la viñeta 41 y se extiende hasta el final, utilizando metafóricamente el desierto como lugar de aparición para reforzar la necesidad de hacer *tabula rasa* respecto a los condicionantes de la arquitectura del pasado: un bloque de piedra regular y adaptable a las situaciones ambientales y urbanas existentes representaba aquella deseada solución arquitectónica única con la que sería posible ocupar y caracterizar las zonas de habitabilidad óptimas, liberando el resto. Surge así el *Modello Architettonico de Urbanizzazione Totale* presentado en Graz, entendido como una extrapolación lógica de la historia de los monumentos precedentes construidos sobre la base de una doble necesidad: señalar la propia existencia –y presencia– y racionalizar la propia cotidianeidad utilizando puntos de referencia creados a la medida del hombre.

El nuevo Monumento ahora aparece representado en todas las formas planteadas por los miembros del grupo desde el verano de 1969: deslizándose a través de paisajes naturales (el desierto, un cañón, lagos alpinos, colinas y ríos), atrapando monumentos célebres (la Kaaba, el Erecteion, el Taj Mahal y un jardín de Madrid), penetrando en varias ciudades (Coketown, Graz y Florencia) para terminar apresando los rascacielos de Manhattan convertidos en recuerdos de aquel tiempo en el que las ciudades se construían sin un diseño único.

Koenig terminaba su artículo haciendo referencia a las dificultades que entrañaba juzgar el *guion* de Superstudio, reconociendo que podía ser interpretado de muchas formas dependiendo de la clave de lectura utilizada. No le faltaba razón...

Precisamente por ello este proyecto puede considerarse uno de los ejemplos más interesantes de lo que podríamos denominar como arquitectura narrativa, en este caso entendida a su vez como una extraña crítica al más narrativo de los arquetipos arquitectónicos: el monumento. Desmantelando la condición natural del monumento asumida como la de representar historias que necesitan ser recordadas, el Monumento Continuo nos traslada a un escenario insólito donde ya no hay historias ejemplares, donde el mundo entero se convierte en un significante mudo de algún evento que ya nadie recuerda, encarnando el final de la Historia tal y como la conocíamos, o al menos el final de la creencia en esta como una narración coherente.

Invisible

> "En enero teníamos las ideas claras sobre el espectáculo que nos hubiera gustado hacer para Graz, pero luego empezamos a trabajar en un gran proyecto que provocó una evolución en nuestras ideas. Por eso hemos decidido proyectar un nuevo espectáculo para Graz. Esto nos ha llevado mucho tiempo, pero ahora el proyecto está listo y te lo enviamos. (...) El espectáculo representa una sección lúcida y precisa de nuestra conciencia cósmica de la arquitectura. En ella se pueden encontrar influencias de los 'mandalas' indios, las ilustraciones de los libros sobre geología, nuestras aspiraciones de un mundo hecho de muy pocas cosas, una naturaleza serena e inmóvil en la que finalmente reconocernos." [134]

[134] NATALINI, Adolfo. Carta a Wilfried Skreiner (director de la *Neue Galerie Am Landesmuseum Joahneum* de Graz). 15 de Mayo de 1971. Archivo Natalini, Florencia. Reproducido en GARGIANI, Roberto; LAMPARIELLO, Beatrice. *Superstudio*. Editori Laterza, 2010. Pág. 49.

Terapias didácticas...

Tras el intenso trabajo desarrollado en torno al *Monumento Continuo* los intereses del grupo ya no volverán a ser los mismos. En los meses siguientes, influidos por la lectura de *Ficciones*[135], por sus experimentos con espejos, y por algunas obras del denominado *Environmental Art*, y aprovechando por un lado la invitación de la revista americana *Design Quarterly* a participar en un número especial dedicado a la arquitectura conceptual [●CR.463], y por otro la preparación de una exposición monográfica que iba a tener lugar en la *Neue Galerie* de Graz [■CR.183], Superstudio inicia una serie de proyectos "didácticos" [■CR.143] –cómo los denomina Natalini– en los que utilizan la arquitectura como herramienta de auto-crítica, con el objetivo de representar de manera lúcida y precisa su nueva "consciencia cósmica" respecto a la disciplina, procediendo más allá del ansia por el monumento para cuestionar así la consistencia física de sus imágenes anteriores.

El resultado más inmediato es la aparición entre 1970 y 1971 de una serie de fotomontajes reunidos bajo la denominación de *Architettura Riflessa* [Arquitectura Reflejada], el primero de aquellos proyectos didácticos en el que el *Monumento Continuo* se mueve hacia la disolución figurativa –su arquitec-

---

[135] *"Debo a la conjunción de un espejo y de una enciclopedia el descubrimiento de Uqbar. Desde el fondo remoto del corredor, el espejo nos acechaba. Descubrimos (en la alta noche ese descubrimiento es inevitable) que los espejos tienen algo monstruoso. Entonces Bioy Casares recordó que uno de los heresiarcas de Uqbar había declarado que los espejos y la cópula son abominables, porque multiplican el número de los hombres."* En BORGES, Jorge Luis. *Ficciones. (El jardín de senderos que se bifurcan).* 1944. Pág.7.

Fig. 123. Portada de la revista Casabella nº 363, Marzo 1972, que reproduce uno de los fotomontajes de Superstudio para su serie "Architettura Riflessa".

tura se reduce a casi nada, para terminar reflejando su contexto–, el primer acto de la *"feliz muerte de la arquitectura"*[136] iniciada por el grupo a través de una cuidada puesta en escena (Fig. 123).

Precisamente la fisicidad de la construcción es el tema alrededor del cual gira la propuesta presentada por Superstudio para su incorporación en el número monográfico de la revista *Design Quarterly* publicada por el *Walker Art Center* de Minneapolis. El número tenía como editor invitado a John Margolies, e incluía propuestas de otros arquitectos y artistas que cuestionaban la definición predominante de la disciplina alejándose del ámbito de lo construido y de conceptos como lo tectónico para moverse exclusivamente en el campo teórico de las ideas[137].

Aunque este posicionamiento más reflexivo no era nada nuevo –debemos recordar cómo los arquitectos del s.XIX ya habían demandado la inclusión de la arquitectura en las humanidades y las artes liberales, argumentando la carga conceptual que ya imprimían a su trabajo[138]– la decisión de la revista americana de dedicar un monográfico a la arquitectura conceptual

---

[136] *"L'allegra morte dell'architettura non dovrebbe far paura a nessuno:è molto che ci prepariamo, distaccandoci sempre più dalla fisicità della costruzione"*. Carta de Natalini a Domus, 26 de Abril de 1971. Archivo Natalini, Florencia. Reproducido en GARGIANI, Roberto; LAMPARIELLO, Beatrice. *Superstudio*. Editori Laterza, 2010. Pág. 63.

[137] A mediados de 1970 John Margolies, editor invitado del número monográfico de la revista *Design Quarterly* dedicado a la *Conceptual Architecture*, contacta con Superstudio a través de François Dallegret y les invita a participar en el mismo, siendo finalmente publicado en Enero de 1971. El número incluía también artículos de Peter Eisenmann, Ant Farm, Archigram, Archizoom, Dallegret, Haus-Rucker-Co, Onix o Ed Ruscha. *Design Quarterly* nº78-79, Enero 1971.

[138] WIGLEY, Mark. *Prosthetic Theory: The Disciplining of Architecture*. Assemblage 15, 1992. Págs. 6-29.

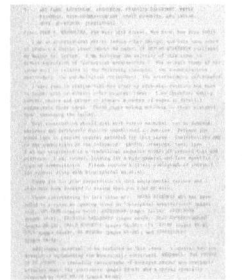

Fig.124. Design Quarterly 78-79, Enero 1971. Portada.

surgía de la constatación de que los arquitectos, seducidos por el influjo del mundo del arte[139], empezaban también a cuestionar los aspectos fundacionales de su propia disciplina, lo que activaba –según explicaba Margolies en la portada de la revista (Fig. 124)– los temas que se pretendían abordar:

> "El tema general del número estará relacionado con los siguientes conceptos: el entorno de las comunicaciones; el entorno psicológico; el entorno del entretenimiento."

Margolies también declaraba que, como editor, había preferido mantenerse al margen del contenido de los trabajos publicados, dando libertad total a los participantes a la hora de "utilizar" las páginas que les habían sido asignadas, obteniendo finalmente como resultado una serie de propuestas que podrían ser divididas en tres categorías: la primera de ellas incluía aquellos trabajos que se limitaban –más o menos críticamente– a mostrar nuevas aportaciones a aquel mundo de inverosímiles *megaestructuras* que habían sido protagonistas durante la segunda mitad de los 60, pero que como aquellas, aunque inconstruibles, permanecían ancladas al concepto tradicional de la práctica arquitectónica, utilizando el lenguaje y los dispositivos visuales habituales dentro de la disciplina. En este grupo se enmarcaban por ejemplo las propuestas de Archigram, Ant Farm, Archizoom y François Dallegret.

En la segunda categoría se enmarcarían las propuestas de Haus-Rucker-Co y Les Levine, que documentaban

---

[139] En el ámbito artístico ya habían empezado a surgir voces que ponían en duda la definición misma de las artes visuales, preguntándose incluso si estas debían ser obligatoriamente 'visuales'.

la puesta en escena de *performances* arquitectónicas llevadas a cabo previamente en lugares públicos o edificios existentes, lo que les permitía mostrar una mirada crítica sobre el espacio arquitectónico, pero sin prescindir del edificio como medio para conseguirlo.

Sin embargo, la tercera y última categoría reunía aquellas aportaciones que convertían las páginas de la revista en un nuevo 'lugar' para la práctica arquitectónica, escenificando así el rechazo a seguir vinculando obsesivamente arquitectura y edificio, y alejándose en consecuencia de las formas tradicionales de representación. Este era el caso del trabajo presentado tanto por el artista americano Ed Ruscha (*Five 1965 Girlfriends*) como por Superstudio, ambos decididamente contrarios a ofrecer al lector cualquier cosa que se pudiera parecer al tipo de proyectos que solían inundar las páginas de esta clase de revistas, y dispuestos a romper con las formas habituales de representación. Los florentinos lo explicaban así en el texto que precedía a las imágenes:

> "*Quizás las revistas de arquitectura, tratando de comunicar teorías, proyectos y edificios, pueden establecer una forma de comunicación ficticia mediante la redundancia semántica, llegando al extremo de publicarse solo a si mismas. Supone por tanto un acto de coherencia tratar de llevar a cabo una extrapolación lógica de este proceso, y proponer un proyecto que coincida con el acto de su propia transmisión: una publicación que coincide con el proyecto publicado."* [140]

Dejaban claro por tanto que no estaban interesados en utilizar la revista para reproducir una obra de

---

[140] SUPERSTUDIO. *Design Quarterly* n°78-79, Enero 1971. Pág. 54.

arquitectura previamente elaborada, sino que pretendían utilizar la propia publicación como un acto arquitectónico en sí mismo. Así, la propuesta se basada en la generación o invención de una arquitectura proyectada para permanecer oculta, representada por una serie de fotografías (Fig.125) que documentaban el proceso/performance que había tenido lugar ante notario el 25 de Julio de 1970, en el cual el grupo introducía un proyecto inédito en una caja de zinc posteriormente sellada mediante soldadura y custodiada por otra persona ajena al grupo. El título del happening, *Hidden Architecture* o *Architettura Nascosta* [Arquitectura Oculta], hacía referencia a la intención de crear un tipo de arquitectura "invisible" al público, transformada automáticamente en verdadera arquitectura conceptual precisamente porque existía solo como recuerdo e imagen, como pura información:

> *"Proponemos la Arquitectura Oculta como una arquitectura conceptual: arquitectura que es sólo imagen de sí misma y de nuestro mutismo instrumentalizable."*[141]

Se trataba al mismo tiempo de una precisa respuesta en contra de la excesiva sobre-interpretación que ya algunos críticos empezaban a realizar de los primeros trabajos del grupo, cuyos miembros denunciaban declarándose a menudo completamente contrarios a lo que se publicaba en algunas revistas sobre su obra, apuntando que más que tratar de mostrar ideas, teorías o proyectos, estos artículos presentaban como verídicos conceptos en realidad ficticios –e incluso, como se apuntaba al principio, semánticamente redundantes– con el objetivo de comunicar exclusivamente la ideología del propio crítico en cuestión.

---

[141] SUPERSTUDIO. *Design Quarterly* n°78-79, Enero 1971. Págs. 54-58.

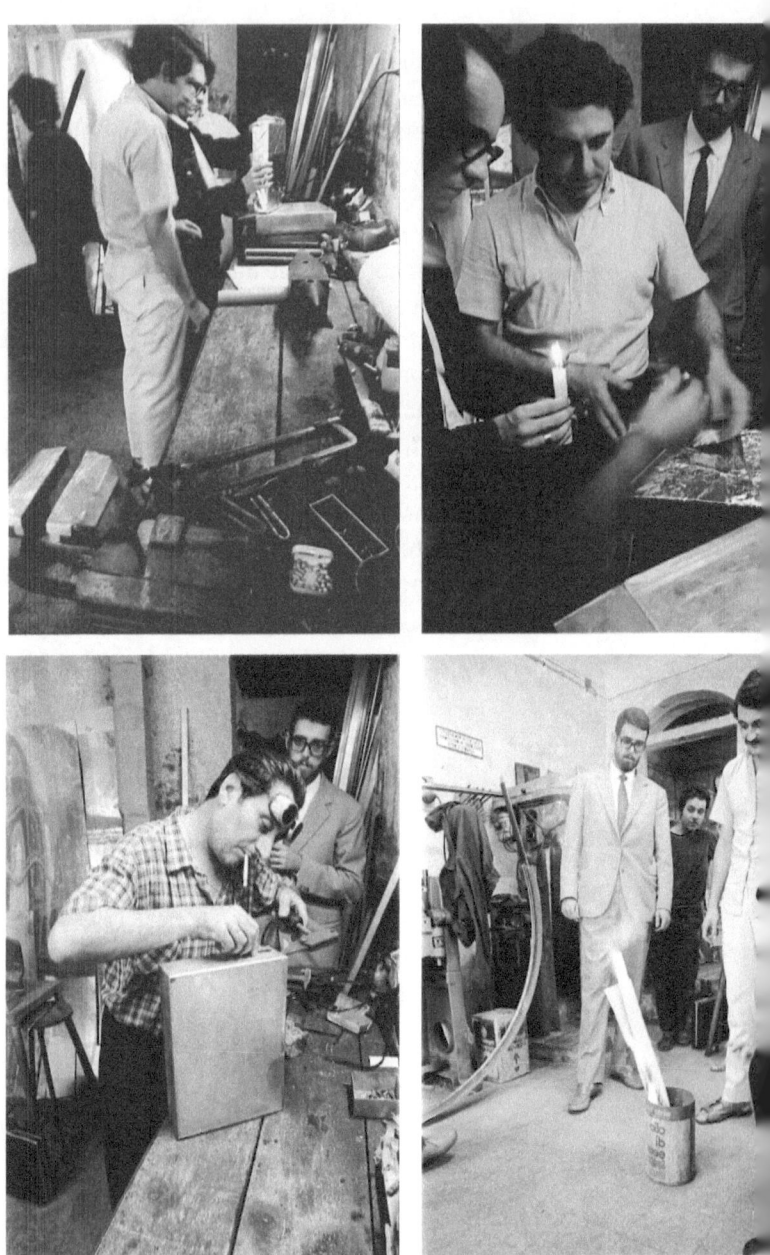

Fig.125. "Architettura Nascosta". Superstudio, 1970-71. Secuencia de imágenes de la performance y otros documentos publicadas en Design Quarterly 78-79, Enero 1971.

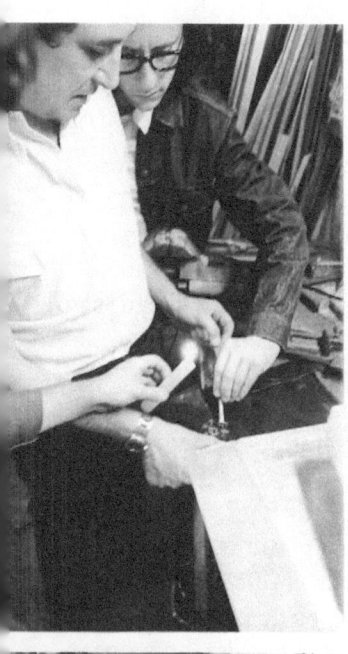

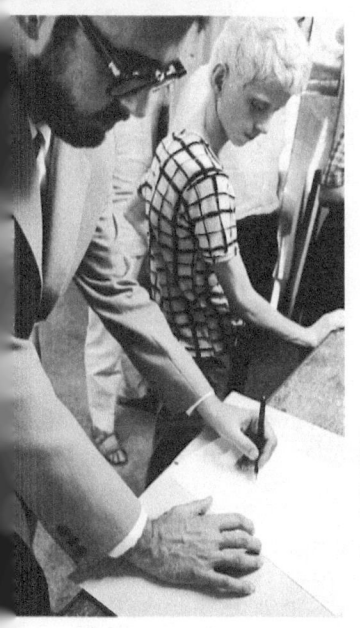

Fig.126. Cartel del "western" espacial "Moon Zero Two", dirigido por Roy Ward Baker en 1969 [◆CR.366].

Fig.127. Portada de 1971 para la novela de ciencia-ficción "Space Cadet" escrita en 1948 por Robert Heinlein.

Paralelamente a la preparación del artículo de Design Quarterly y siempre tras el nuevo objetivo de alcanzar la disolución de la iconografía arquitectónica convencional y de sus límites físicos, e influenciados por un creciente interés en la astronomía –y su vertiente más lúdica, la ciencia-ficción (Figs. 126,127)– y las consecuencias mediáticas de la reciente llegada del hombre a la Luna [●CR.123], Superstudio comienza a trabajar en la serie de fotomontajes dedicados a la *Architettura Interplanetaria*, una investigación sobre la posibilidad de un nuevo tipo de vida en geografías excepcionales –un relato sobre otras "odiseas en el espacio", interplanetarias– iniciada como hipótesis alternativa de trabajo motivada tanto por la creciente frustración provocada por la situación en la que se encontraba la arquitectura "terrestre", como por un interés especial en verificar las nuevas posibilidades e implicaciones de proyectar en un entorno libre de aquella lógica que defendía una arquitectura entendida como producción de bienes.

La provocadora propuesta de Superstudio consistía en aumentar la superficie terrestre mediante la captación de asteroides errantes hacia la órbita de la Tierra, lo que les permitiría descubrir y utilizar lugares todavía más inhóspitos que los elegidos por el Land Art, libres de cualquier traza humana y por lo tanto refugios ideales para una nueva arquitectura visionaria (Fig. 157). La característica ironía crítica de los florentinos emerge al contrastar lo absurdo de la propuesta a nivel práctico, con la atención prestada a la justificación teórica y científica[142]: la

[142] Para dar la apariencia de un mayor fundamento científico Superstudio consulta a los astrónomos del observatorio de Arcetri sobre la posibilidad de "mover" los planetas y estudian las leyes sobre las que se calculaba la distancia mínima entre los mismos, formuladas por T. Bode en 1792 y por E-A.Roche en 1850.

super-tecnología espacial se pone al servicio de aquellas visiones anacrónicas defendidas por los reformadores utópicos del siglo XIX como Charles Fourier, que en su momento había sugerido que los astros podrían proporcionar los "contramodelos" para una forma de vida alternativa[143].

Sin embargo, en varios de los fotomontajes mostrados por Superstudio, al lirismo y la urgencia de ciertas afirmaciones se superponía una pátina de sarcasmo para demostrar implícitamente que los nuevos *contramodelos* no podían ser únicamente fragmentos de vida feliz sobre la Tierra proyectados sobre la Luna, invitando así a realizar una reflexión más profunda.

Con más éxito que en el caso del *Monumento Continuo*, el proyecto de la *Architettura Interplanetaria* se convierte al mismo tiempo en un cortometraje – el primero - realizado en colaboración con el *Centro di Ricerca Cinematografica* de la *Università degli Studi di Firenze,* con el que pretendían transmitir su nostalgia de un conocimiento primario de nuestro planeta, un proceso durante el que especialmente Alessandro Poli produce gran cantidad de documentos que ilustran el peculiar procedimiento utilizado para trasladar el mensaje arquitectónico a la pantalla, aprovechando las potencialidades que les brindaba el nuevo medio y explorando de paso nuevos mecanismos promocionales ahora adaptados a la arquitectura.

---

[143] FOURIER, Charles. *Théorie des quatre mouvements et des destinées générales* (1808). *Teoría de los cuatro movimientos y de los destinos generales*. Madrid: Barral, 1974.

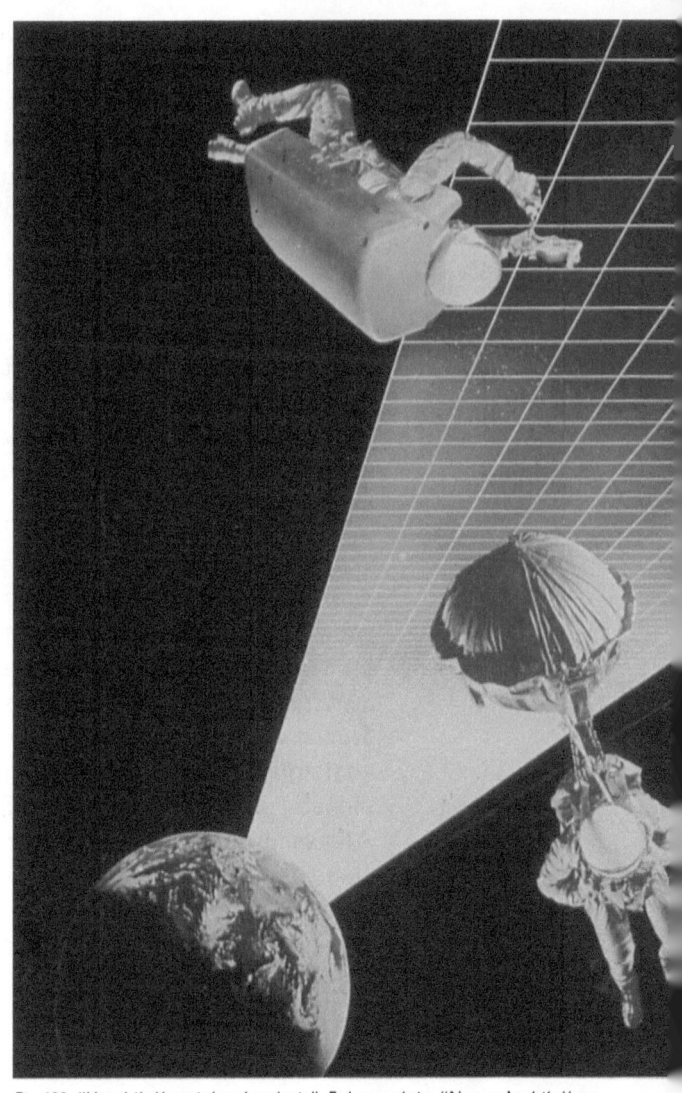

Fig.128. "L'architettura interplanetaria". Fotomontaje: "Nuove Architetture Lunare". Superstudio, 1970-1971.

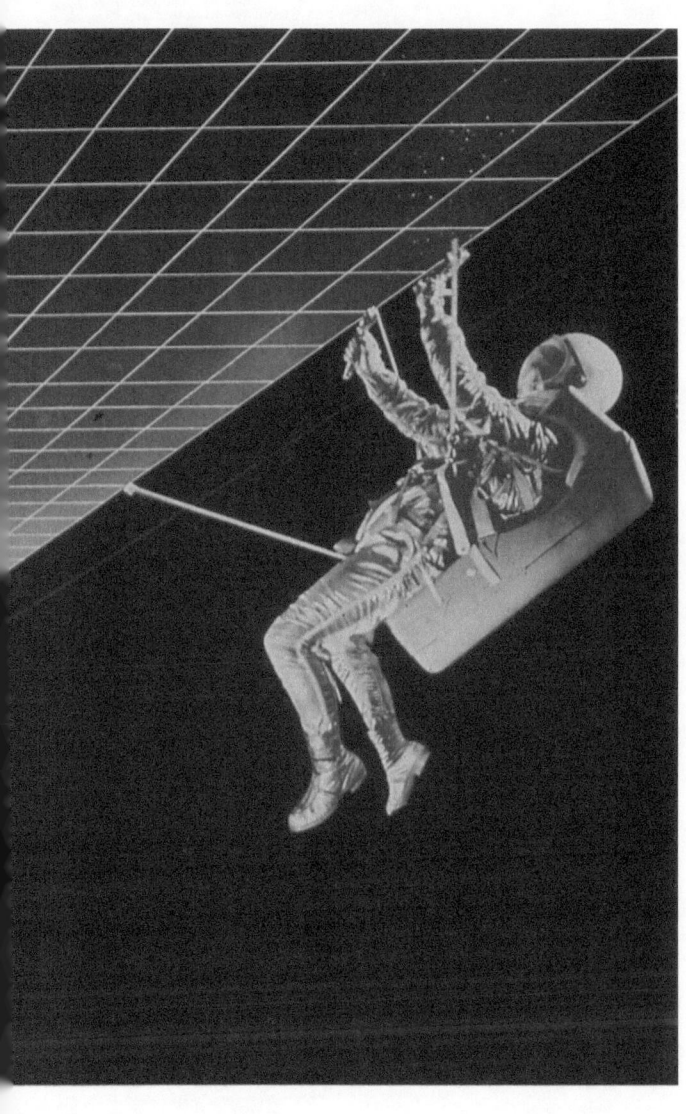

...Y parábolas inmorales

Tras las experiencias de la *Architettura Riflessa*, la *Architettura Nascosta* y la *Architettura Interplanetaria*, Superstudio sigue confiando en la misma estrategia didáctica para avanzar en el análisis de lo que ellos consideraban una relación alienante entre los seres humanos y su entorno "natural", nuevas reflexiones mostradas ahora en forma de pequeñas historias ilustradas publicadas por primera vez en Diciembre de 1971 en la revista *Architectural Design* bajo el título de *Twelve Cautionary Tales for Christmas: Premonitions of the Mystical Rebirth of Urbanism* [144] *[Doce cuentos con moraleja para Navidad: Premoniciones del Renacimiento Místico del Urbanismo]* **[CR.151]**.

A lo largo de los años siguientes este trabajo será de nuevo publicado con pequeñas modificaciones en otras revistas como *Casabella* [●**CR.502**] o la francesa *Cree*, pero ahora bajo el título de *Le dodici città ideali [Las Doce Ciudades Ideales]*[145].

La propuesta supone una nueva etapa en el proceso de extrapolación lógica de la realidad urbana en el que las doce metáforas resultantes –o diseños críticos– evidencian las contradicciones de la ciudad contemporánea y la incapacidad del planeamiento que las dirige para resolver los problemas de su nueva naturaleza cambiante, convirtiéndose cada una de ellas en indagaciones ficticias sobre un futuro que bien podría ser un pasado lejano, donde

---

[144] SUPERSTUDIO. *Twelve Cautionary Tales for Christmas: Premonitions of the Mystical Rebirth of Urbanism*. Architectural Design nº42, Diciembre 1971. Págs. 737-742.
[145] SUPERSTUDIO. *Le dodici città ideali. Premonizioni della parusia urbanistica*. Casabella 361, Enero 1972. Págs. 45-55.

el avance tecnológico extremo es acompañado por una progresiva reducción de la vida humana a su esencia biológica - paso previo para el desarrollo de su trabajo posterior y más extremo de los *Actos Fundamentales* (Julio 1972).

Las doce hipotéticas situaciones urbanas (Figs. 129, 130) suponen una visión satírica de la búsqueda del modo de vida perfecto a través de una amarga reflexión sobre el pensamiento utópico, desde la Ilustración hasta las fantasías tecnocientíficas de los años 60, representando cada una de ellas –más o menos explícitamente– un modelo reconocido de organización de la ciudad, pero extendiendo su lógica hasta una inquietante, y a menudo horrible, conclusión.

Superstudio opta así por utilizar una nueva y más efectiva forma de realismo hiperbólico que lleva las paradojas de la *biopolítica*[146] a sus consecuencias más extremas para cuestionar la fe ciega en la "salvación" tecnológica y alertar sobre los amenazantes efectos de la "americanización" de la cultura europea.

Esta forma de proceder, basada en la super-elaboración de las premisas acompañada por su ya caracte-

---

[146] En 1974 Foucault hace uso del término *Biopolítica* por primera vez durante una de las conferencias que dicta en el curso de Medicina Social de la Universidad del Estado de Río de Janeiro (Brasil). Allí plantea que el control de la sociedad no sólo se realiza a través de la ideología, sino que requiere del control del cuerpo de los individuos: "*El control de la sociedad sobre los individuos no sólo se efectúa mediante la conciencia o por la ideología, sino también en el cuerpo y con el cuerpo. Para la sociedad capitalista es lo bio-político lo que importa, lo biológico, lo somático, lo corporal. El cuerpo es una entidad biopolítica, la medicina es una estrategia biopolítica*. En la obra de Michel Foucault, por tanto, *biopolítica* es el estilo de gobierno que regula la población mediante el *biopoder*, definido como la aplicación e impacto del poder político en todos los aspectos de la vida [★**CR.467**].

rística exploración de lo grotesco –*demonstratio per absurdum*–, da como resultado potentes y turbadoras ilustraciones que funcionan como una especie de parábolas –relatos a través de imágenes entendidas como manifestaciones de la propia ontología de los temas que representan– a través de las cuales finalmente el grupo expone la naturaleza desnuda de la arquitectura: su carácter profundamente político, su crueldad esencial, su lucha por generar belleza entre la rutina, etc.

Ante este nuevo giro estratégico no sorprende descubrir que fue precisamente Gian Piero Frassinelli el principal artífice del mismo. Debemos recordar que Frassinelli se une al grupo en 1968 tras licenciarse en Arquitectura ese mismo año, y que su especial interés por la Antropología le lleva a responsabilizarse dentro del grupo de los trabajos de investigación sobre los diferentes modos de vida del ser humano y como estos fenómenos sociales condicionaban y controlaban el día a día de las personas.

Como participante activo en las revueltas estudiantiles de 1968 en Italia, Frassinelli había sido influenciado por los escritos de Guy Debord, Herbert Marcuse y otros, que abiertamente criticaban las instituciones –el gobierno, la policía, los centros de enseñanza, etc.– y sus efectos *anestesiantes* sobre la creatividad humana y sobre la capacidad de los ciudadanos para desarrollar completamente su potencial sensorial y afectivo. El joven Gian Piero se propone así convertir a Superstudio en una plataforma desde la que criticar activamente la disciplina por su incapacidad para luchar contra las *enfermedades* de la sociedad, utilizando 12 "pesadillas urbanas" de vocación catártica en las que el terror hará despertar nuestra conciencia de alienación –y lo absurdo del mundo que nos rodea– para llamar la atención sobre la complicidad de la arquitectura con otras fuerzas sociales, económicas y culturales que, consciente o inconscientemente, impedían la auto-realización de sus habitantes.

Superstudio se muestra ahora muy lejano de las formulaciones utópicas de los Metabolistas y de las tecnófilas de Archigram, renegando de cualquier herencia de los CIAM y recurriendo por el contrario a visiones filosóficas y bíblicas de ciudades míticas que les llevan a moverse en aquellos territorios freudianos ya expoliados por el surrealismo. Alimentaban así la ilusión de poder construir, como en un laboratorio científico, sistemas urbanos embrionarios para el desarrollo de una nueva urbanística sensible y alegórica, aquella que el joven y avezado Rem Koolhaas definirá en *Delirio de Nueva York* como "urbanismo metafórico" para referirse al vocabulario de fórmulas poéticas que rechazaba el tradicional urbanismo objetivo para afrontar, a principios de siglo, una situación metropolitana que iba más allá de lo cuantificable[147].

Para Andrea Branzi sin embargo, las doce 'ciudades' *"representan la radicalización de 12 características de la metrópoli actual (...) dirigidas a crear un universo de locura absoluta"*[148], 12 cuentos *distópico*s utilizados como entornos destinados al estudio de la vida de los individuos que abordan temas recurrentes como la ilusión de libertad, la procreación artificial, la alienación inducida, la nutrición automática, la renovación mecánica de la ciudad y sus habitantes, etc.

---

[147] KOOLHAAS, Rem. *Delirio de Nueva York. Un manifiesto retroactivo para Manhattan* (1978). Barcelona: Ed. Gustavo Gili, 2004. Pág. 125.
[148] BRANZI, Andrea. *La casa calda: Esperienze del nuovo design italiano*. Idea Books, 1984. Pág. 63.

Al igual que Italo Calvino en sus contemporáneas "ciudades invisibles"[149] [■CR.565], Frassinelli construye varios escenarios en los que someterá a análisis el comportamiento de los hombres, basándose en la obra de Levy-Strauss y su concepto de aislamiento en una realidad que aparentemente ofrecía una nueva "libertad" –ilusoria– gracias a la tecnología y a la apología del pensamiento como esencia de la vida.

Intencionadamente en los doce casos mostrados se exorciza aquella rebelión que en el 68 estallaba en las calles de varias ciudades, ofreciendo al lector la imagen de una metrópolis contemporánea capaz de vigilar, reprimir y encarcelar todo instinto –sexual o revolucionario–, y permitiéndole reflexionar sobre ese aspecto metafórico de la vida urbana: su sentido de la reclusión, que sin duda impregna las ciudades descritas.

[149] En el libro de Calvino, en el que podemos encontrar varios paralelismos con las "ciudades" de los florentinos, el escenario ideal de la primera ciudad "invisible" se transforma progresivamente hasta llegar a la atmósfera oscura de la última, aquella ciudad que crece en el vientre de otra ciudad, que se expande a través de sus propios residuos, en la que los habitantes, para sobrevivir al aburrimiento de vivir siempre en el mismo lugar, cambian continuamente de casa dejando tras de sí un paisaje desolador: "*L'inferno dei viventi non è qualcosa che sarà; se ce n'è uno, è quello che è già qui, l'inferno che abitiamo tutti i giorni, che formiamo stando insieme. Due modi ci sono per non soffrirne. Il primo riesce facile a molti: accettare l'inferno e diventarne parte fino al punto di non vederlo più. Il secondo è rischioso ed esige attenzione e apprendimento continui: cercare e saper riconoscere chi e cosa, in mezzo all'inferno, non è inferno, e farlo durare, e dargli spazio.*" *["El infierno de los vivos no es algo que será; hay uno, es aquel que existe ya aquí, el infierno que habitamos todos los días, que formamos estando juntos. Dos maneras hay de no sufrirlo. La primera es fácil para muchos: aceptar el infierno y volverse parte de él hasta el punto de no verlo más. La segunda es peligrosa y exige atención y aprendizaje continuos: buscar y saber reconocer quién y qué, en medio del infierno, no es infierno, y hacerlo durar, y darle espacio."]* CALVINO, Italo. *Le città invisibile.* Turín: Einaudi, 1972. Pág. 164.

Así, por ejemplo, la primera ciudad recibe su nombre –*2,000-ton City*– no por el peso de los edificios que la componen, sino por el del techo que desciende y aplasta a aquellos habitantes que se atreven a plantear una posible rebelión contra las fuerzas que la controlan. El cerebro de cada habitante está conectado a un "sistema nervioso central" que controla cualquier pensamiento o deseo, de manera que *"Todos los ciudadanos se encuentran en un estado de perfecta igualdad"*[150].

Del mismo modo en la cuarta ciudad –*Spaceship City*– los residentes están confinados en una gran nave espacial compuesta por pequeñas cabinas unidas formando un gran anillo giratorio rojo de 50 metros de diámetro. Cada individuo –156 en total– deberá vivir toda su vida en un pequeño espacio enchufado –de nuevo– a un "generador de sueño" central hasta que, terminado el ciclo de vida programado de 80 años –un giro completo del anillo–, éste sea expulsado al espacio para ser reemplazado por un nuevo embrión humano.

Es evidente que Frassinelli se empeña en mostrarnos, por un lado, ejemplos de ciudades en las que a priori sus ciudadanos tienen la libertad de hacer con sus vidas lo que les plazca, pero al mismo tiempo nos describe una larga lista de reglas inmorales que estos deben cumplir, acompañadas por las severas consecuencias de no acatarlas, lo que finalmente nos convence de que la verdadera libertad debe mantenerse siempre inalcanzable para así reforzar la sensación de cautividad real, que es en el fondo una de las cuestiones que el grupo florentino pretendía denunciar.

---

[150] SUPERSTUDIO. *Twelve Cautionary Tales for Christmas: Premonitions of the Mystical Rebirth of Urbanism.* Architectural Design n°42, Diciembre 1971. Pág. 737.

Fig.129. "First city. 2,000-ton city". Superstudio, 1971.

Mientras Archigram o Kenzo Tange y sus discípulos *Metabolistas* soñaban con una arquitectura tecnológicamente sofisticada capaz de proporcionar al usuario una libertad y movilidad casi infinitas, varias de las 'ciudades' de Superstudio mostraban irónicamente los devastadores resultados de la fe absoluta en un progreso tecnológico despiadado.

Este es el caso de la novena ciudad –*The Ville-Machine Habitée*–, una ciudad tan extensa que sus habitantes ni siquiera pueden hacerse una idea de su tamaño, en la que el espacio urbano ha sido tomado por máquinas que les abastecen de todo lo necesario –en clara e irónica alusión a las teorías de Le Corbusier sobre la "máquina de habitar" y a las ciudades mecanizadas de Archigram, y recuerdo de la protagonista de *Tiempos Modernos* (1936). Sin embargo, aquí, la posición del individuo es de total sumisión y respeto:

> *"Los habitantes viven en la máquina, arrastrados continuamente por cintas transportadoras, por rampas y tubos neumáticos desde el momento de su nacimiento hasta el momento de su muerte. La máquina se ocupa de todo (...). Los habitantes encuentran alimento y miedo, sueño y alegría, sexo y esperanza, muerte e ira, a veces también rebelión; pero saben muy bien que, si se salen de las rutas obligatorias establecidas por la máquina, inevitablemente serán aplastados por el sistema."*[151]

---

[151] Ibid. Pág. 740.

Citando de nuevo a Foucault, esta tecno-distopía ilustra lo que el filósofo francés pocos años después definiría como la disciplina de los "cuerpos dóciles"[152], aquella en la que el uso del enclaustramiento para controlar los movimientos del habitante o trabajador, da paso finalmente a formas de control más sicológicas que aunque permitían la libertad de movimiento de los individuos, sus acciones estaban perfectamente planificadas de antemano por normas institucionales de manera que estos no podían salirse de los caminos previamente establecidos.

Este rígido entorno disciplinado también se ve reflejado en la décima ciudad –*City of Order*– que tras su apariencia 'normal' esconde un implacable sistema represivo que recluye durante una semana a aquellos que cometen infracciones o expresan sus quejas, siendo durante ese tiempo 'reprogramados' mediante la sustitución de sus cerebros por un dispositivo electrónico y sus tripas por pequeñas bolas de poliestireno: los integrantes de Superstudio echan mano del sarcasmo para presentar a los habitantes de la ciudad ideal del futuro como perfectos autómatas lobotomizados. ¿Nos sentimos reflejados?

---

[152] FOUCAULT, Michel. *Vigilar y castigar. Nacimiento de la prisión* (1975). Madrid: Biblioteca Nueva, 2012. Págs. 124-156.

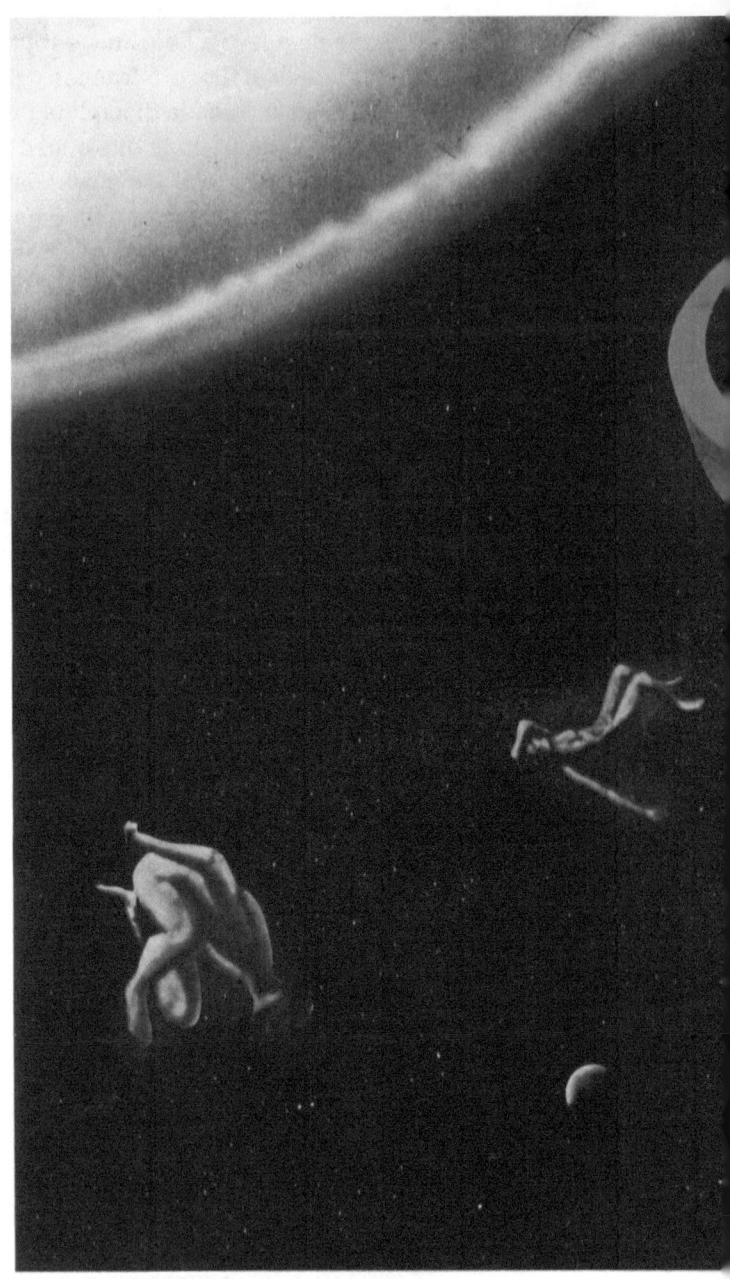

Fig.130. "Fourth city. Spaceship city". Superstudio, 1971.

Además de las críticas a los modelos tecno-utópicos defendidos por algunos de sus predecesores, Superstudio también dedica varias de sus 'ciudades' a atacar la actual cultura del consumo, que ahora presentan como una herramienta más de control sobre el individuo capaz de mantenerlo felizmente sometido a sus ansias de posesión.

Ese es precisamente el combustible que permite el funcionamiento de la séptima ciudad –*Continuous Production Conveyor Belt City*–, una nueva ciudad-máquina pero que en este caso se desplaza a través de un paisaje desértico colocando a la cabeza la "Gran Fábrica" que va devorando la naturaleza a su paso para seguir produciendo ciudad. Los habitantes de esta urbe en continuo crecimiento luchan por ocupar los edificios recién construidos equipados con los dispositivos más modernos que las autoridades han inventado para alegría de sus ciudadanos, lo que también les permitirá ascender en la implacable jerarquía social. Después de cuatro años estos edificios y su 'moderno' equipamiento se desintegran y desaparecen, obligando a sus habitantes a trasladarse de nuevo, aceptando así vivir en un nomadismo permanente.

Esta lucha encubierta por ascender en el escalafón social también sustenta el funcionamiento de la undécima ciudad –City *of the Splendid Houses*–, en la que a cada habitante se le proporciona la misma unidad habitacional básica equipada con lo mínimo necesario para satisfacer las necesidades primarias. El tamaño exiguo de cada casa –5x5m2– y la austeridad de su interior están intencionadamente diseñados por las autoridades:

> *"La limitación del espacio disponible para cada casa tiene el propósito de obligar a los ciudadanos a dedicar todos sus esfuerzos al enriquecimiento estético del exterior de sus hogares, evitando cualquier tentación de confort y debilidad, lo que conduciría inevitablemente al debilitamiento del anhelo que debería motivarlos incesantemente a construir casas cada vez más hermosas, una rivalidad permanente entre vecinos y amigos."*[153]

Descubrimos así que aquello que era descrito como *"la ciudad más bonita del mundo"*[154] se revela como pura fachada tras la que se esconde una sociedad feroz en la que todas las energías de sus habitantes se concentran en la mejora cosmética del miserable espacio que habitan.

Tras esta breve descripción[155] de algunas de las 12 ciudades metódica e irónicamente diseñadas por Superstudio podemos afirmar que, aludiendo a los dos títulos utilizados para la publicación del mismo trabajo, la propuesta pretende mostrar varios modelos urbanos ideales que al mismo tiempo integran la moraleja que los desacredita. Debemos recordar que la investigación se activa tras un intenso y largo periodo de reflexión sobre la posibilidad de un urbanismo utópico defendido primero por figuras como Le Corbusier y Hilberseimer, y más tarde re-imaginado y cargado de nuevas intenciones en propuestas como la *New Babylon* de Constant, las ciudades móviles de Archigram o las teorías Meta-

---

[153] Ibid. Pág. 742.
[154] Ibid. Pág. 742.
[155] Para una interpretación más profunda sobre cada ciudad ver GARGIANI, Roberto; LAMPARIELLO, Beatrice. *Superstudio*. Editori Laterza, 2010. Págs. 84-99.

bolistas. Mientras cada uno de estos precedentes mantenía una fe ciega en el progreso tecnológico como generador indiscutible de una mejor calidad de vida, las parábolas de Superstudio suponen un primer cuestionamiento de esta ingenua confianza y a la vez el primer paso para el abandono del papel de 'terapeutas de la humanidad' que muchos de sus predecesores habían erróneamente interiorizado.

La reflexión se cierra con un epílogo en forma de cuestionario que debía ser contestado por el lector indicando cuales de las 12 ciudades merecían hacerse realidad. Las respuestas determinaban el género al que pertenecía dicho lector –"zombie", "golem", "robot", "mutante", "idiota"– aunque fuera cual fuera el resultado todos eran finalmente condenados a la condición de prisioneros de un sistema.

Almerico de Angelis, en su ya citado artículo de 1973 *L'antidesign,* definía acertadamente estos últimos trabajos textuales del grupo como tentativas extremas de ironía y agresión al espectador, dirigidas a provocar y activar en este una constante capacidad crítica sobre el sistema. De Angelis veía esta inquietante producción como fruto de una *utopía pura*, acompañada de una causticidad insistente y sutil necesaria para subrayar las contradicciones de la sociedad que desde el principio trataron de cuestionar[156].

---

[156] DE ANGELIS, Almerico. *L'antidesign*. Op.Cit. nº 26, 1973. En el artículo, uno de los momentos más lúcidos en el análisis del fenómeno radical, De Angelis dividía el modo de operar de sus protagonistas en tres categorías: un neotecnicismo cargado de implicaciones socio-políticas representado por Archizoom; una búsqueda en el ámbito del conductismo y de las experiencias sensoriales representada por Ugo la Pietra; y un uso de la ironía y de los sueños no confesados de tipo humanístico como elementos recurrentes y muy presentes en el trabajo de Sottsass Jr.

Figs.131, 132. "Exodus, or the voluntary prisoners of architecture". Rem Koolhaas y Elia Zenghelis, 1972.

No se trataba, por tanto, de nuevas visiones utópicas de la ciudad futura, sino de una especie de parábolas evangélicas laicas dirigidas a enseñar al hombre a reflexionar sobre los recónditos mecanismos de comportamiento que regulaban su vida en la metrópoli contemporánea.

Precisamente este será también el objetivo del concurso que a finales de 1971 la revista *Casabella* y la *Associazione per il Disegno Industr*iale de Milán organizan bajo el título de *La città come ambiente significante*, un concurso en el que entre varias propuestas resultará premiada unos meses más tarde *Exodus, or the Voluntary Prisoners of Architecture*, presentada por Rem Koolhaas y Elia Zenghelis [◆CR.344] bajo el evidente influjo de sus admirados colegas de Superstudio[157] (Figs.131, 132).

y Superstudio, que compartían una común investigación sobre el elemento mágico, aquel tan presente en los instintos primarios del individuo.

[157] La relación entre Superstudio y el joven estudiante de la AA de Londres Rem Koolhaas comienza ese mismo año de 1971, cuando el holandés invita a Natalini a dar una conferencia en la escuela el 3 de Marzo. Será precisamente Natalini el que comunique por carta (13 de Diciembre de 1972) a Koolhaas y Madelon Vriesendorp el premio obtenido en el concurso de Casabella.

LA SALVACIÓN DE LO COTIDIANO: VIDA=ARQUITECTURA

MATERIA PRIMA: Superstudio Italia: [■CR.163];
Inglaterra: [◆CR.163]; Austria: [▲CR.163];
EE.UU: [●CR.163]; Francia: [★CR.163]; Otros: [❖CR.163]

Imaginando un mundo sin edificios

Los trabajos analizados en el capítulo anterior demuestran que ya hacia 1970 los miembros de Superstudio habían renunciado a la producción de mobiliario como herramienta para corregir las deficiencias de aquella cultura arquitectónica que, según ellos, había pasado por alto un aspecto que ahora empezaban a considerar imprescindible en la evolución de su trabajo, y que tenía que ver con un renovado interés por los rituales de la vida cotidiana.

Este proceso de renuncia había comenzado dos años antes cuando, primero, el grupo reprocha al mundo del diseño su complicidad y participación en una especie de lucha de clases alimentada a través de su capacidad para producir objetos innecesarios destinados a las clases acomodadas, y después se replantea su papel en un sistema en el que la figura del diseñador se empezaba a equiparar con la de proveedor de estatus.

A partir de este momento, el objeto de diseño es sustituido por nuevas estrategias que al estar focalizadas sobre el flujo de la vida diaria como elemento de reflexión principal radicalizan la línea de pensamiento del grupo hasta tal punto que les obligan a plantearse cuestiones como: ¿es posible concebir una arquitectura donde las relaciones humanas, las acciones espontáneas o los rituales cotidianos puedan tener lugar sin la intervención del arquitecto?, ¿requieren este tipo de procesos un objeto, un edificio o incluso una ciudad?

Como veremos a continuación, en los meses siguientes Superstudio defenderá que una arquitectura pensada por y para ese individuo ya liberado de las habituales presiones por alcanzar una vida exitosa y productiva, no necesariamente ha de requerir un edificio o un puñado de objetos para satisfacer sus deseos, sino que podremos soñar con un mundo *"en el que las acciones puedan encontrar todo su sentido y en el que la vida sea posible con unos pocos más, más o menos mágicos, utensilios"*[1].

Las nuevas exploraciones llevarán al grupo a crear una serie de mundos hipotéticos en los que los objetos, la arquitectura e incluso la ciudad terminarán por desaparecer irremediablemente, lo que les permitirá exclamar finalmente: *"Our only architecture will be our lives."*[2]

Destrucción y metamorfosis del objeto

En enero de 1971 los integrantes de Superstudio y sus colegas de Archizoom, enfrascados en procesos de investigación coincidentes –aunque declarada–

---

[1] SUPERSTUDIO. *Distruzione, metamorfosi e ricostruzione degli oggetti. IN. Argomenti e immagini di design*, n° 2-3, Marzo-Junio 1971. Págs.15-21. Reproducido en inglés en LANG, Peter; MENKING, William. *Superstudio: Life without objects*. Milan: Skira, 2003. Pág. 121.
[2] SUPERSTUDIO. *Vita, Educazione, Cerimonia, Amore, Morte: cinque storie del Superstudio*. Texto publicado por capítulos en la revista *Casabella* entre Julio de 1972 y Septiembre de 1973. Reproducido en inglés en VAN SCHAIK, Martin; MACEL, Otakar. *Exit Utopia: Architectural Provocations, 1956-76*. IHAAU-TU Delft, Prestel, 2005. Págs. 191-211.

Fig.01. Portada de la revista IN. Argomenti e immagini di design, n° 2-3, Marzo-Junio 1971.

ente independientes - proponen al director de la revista *IN. Argomenti e immagini di design*³, Pier Paolo Saporito, dedicar varios números monográficos a temas como *La distruzione dell'oggetto*, *L'eliminazione della città* y *La scomparsa del lavoro* sobre los que ambos colectivos ya estaban trabajando.

El resultado inmediato es la publicación dos meses más tarde del número doble 2-3 (Marzo-Junio 1971) titulado *La distruzione dell'oggetto* [■CR.155] (Fig.01), y en cuya editorial el propio Saporito explicaba que con este daba comienzo una serie de tres números temáticos que tratarían de ilustrar *"una tendencia de fondo de toda la cultura del '900: la eliminación de las estructuras formales como prefiguración de un estado natural totalmente libre del trabajo (...). Los dos primeros números representan una exploración del presente y preparan la hipótesis alternativa expuesta en el tercero."*⁴

Básicamente, la mayoría de los artículos escritos por los protagonistas del "anti-diseño" italiano incidían sobre la impotencia de diseñadores y arquitectos tanto para frenar el desarrollo del capi-

---

³ En 1969 Pier Paolo Saporito (junto con Paolo Scheggi, Vittorio Cosimini e Ippolito Calvi) funda en Milán la revista *IN. Argomenti e immagini di design*. La revista nace como parte del proceso de autoconciencia de la incipiente vanguardia italiana y la necesidad de confrontarla con las experiencias extranjeras, por lo que también se propone dar visibilidad a las grandes voces del debate internacional del momento. Será distribuida entre 1971 y 1982. El primer número (Enero-Febrero 1971) se dedica a la "Utopía", y en él participan Superstudio, Archizoom, 9999, Ugo la Pietra, Sottsass Jr, Raggi, Archigram, Street Farmer, Ant Farm, Abraham, Hollein, Peintner, Coop Himmelblau, Haus-Rucker-Co, entre otros [■CR.154]. En 1971 Ugo la Pietra entra en la redacción de la revista, permaneciendo hasta 1973.

⁴ SAPORITO, Pier Paolo. Editorial. *IN. Argomenti e immagini di design*, n° 2-3, Marzo-Junio 1971. Pág.3.

talismo tardío como para prever sus resultados, y expresaban explícitamente su renuncia a cualquier utopía positiva entendida como planificación futura para apostar por una intelectualización global como única vía para la "salvación": la destrucción del objeto. A pesar de que pocos años antes Jean Baudrillard había destripado el renovado papel de este en la nueva sociedad del consumo con su *Le système des objets* (1968)[5] [★CR.566], los jóvenes diseñadores italianos "anti-sistema" se empeñan en dar un paso más, colocando al controvertido objeto de diseño fuera del propio sistema.

En el caso de Superstudio, sobre el fondo de la catástrofe de la civilización consumista anunciada por

---

[5] Baudrillard argumentaba en su libro (basado en la tesis doctoral que dos años antes había leído bajo la dirección de H.Lefevre) que en las llamadas sociedades de consumo los objetos ya no se producían para dar satisfacción a las necesidades primordiales del hombre, ni tampoco a esas necesidades secundarias, pero no menos reales, de la comodidad, el esparcimiento y el lujo estético. Entendía que estas tareas las podía cumplir con tal facilidad una moderna sociedad industrial *superdesarrollada* que su dinamismo se volvería superfluo si sólo tuviese como cometido la satisfacción de lo que el hombre real, natural y tradicionalmente requiriera para su existencia humana. Para Braudillard resultaba evidente que los más avanzados objetos que el sistema de producción creaba no estaban destinados al consumo en la expresión obsoleta del término. No serían devorados ni asimilados, pues ya no eran satisfactores primarios, sino que se habían convertido en signos de un juego freudiano en el que participaban las más profundas motivaciones del hombre. Baudrillard apuntaba que gracias a la colusión del individuo con el sistema, el hombre que se enajena en la producción se recupera a sí mismo en la adquisición; y en la tenencia renovada de objetos - cuya existencia es varias veces más breve que la suya propia - el hombre se siente sobrevivir ante la repetida mortalidad de los objetos-signos. BAUDRILLARD, Jean. *Le système des objets*. Paris: Gallimard, 1968. *El sistema de los objetos*. Mexico: Siglo XXI Ed. 2004.

Stuart Chase veinte años atrás[6], el grupo participa con el ensayo *Distruzione, metamorfosi e ricostruzione degli oggetti,* donde dejan claro que ahora su principal objetivo consistía en promover nuevos comportamientos y relaciones socioculturales que sirvieran como estructuras sobre las que "construir" una nueva arquitectura.

Inspirados en las proclamas *situacionistas* que, como vimos en el Capítulo 2, defendían que ninguna revolución en la arquitectura podría tener lugar sin antes haberse producido una verdadera revolución en la vida cotidiana[7], el grupo se embarca en una ambiciosa investigación que tiene como objetivo explorar formas de vida alternativas aplicando teorías liberadoras sobre el ámbito de la cotidianeidad, en las que serán radicalmente eliminadas cualquier tipo de inhibición personal o estructura –política, social, económica– preestablecida para así ceder al individuo el control sobre su entorno.

Se trataba también de incidir de nuevo sobre la necesaria interrupción del fenómeno vinculado al consumo de bienes inducido por la industria, que el grupo había iniciado unos años antes con la producción de objetos sobrecargados de valores sagrados, mitológicos y mágicos, utilizando "la poesía y lo irracional"[8] para convertirlos en el fondo sobre el que se representarían los rituales cotidianos.

---

[6] CHASE, Stuart. *The Proper Study of Mankind: An Inquiry into the Science of Human Relations (1948). Studio dell'umanità. Inchiesta per una scienza delle relazioni umane.* Milán: Bompiani, 1952.
[7] DEBORD, Guy. *Tésis situacionistas sobre el tráfico.* En VV.AA. *Antología de la Internacional Situacionista.* Op.cit., p.49. *Positions situationnistes sur la circulation*, aparecido originalmente en Internationale Situationniste #3 (París, diciembre de 1959).
[8] SUPERSTUDIO. *Design d'invenzione, Design d'evasione.* Domus nº 475, (Junio, 1969). Pág. 28.

El reto consistía ahora en cómo transmitir una nueva visión de esa vida diaria sobre la que pretendían actuar sin utilizar las herramientas –arquitectónicas– tradicionales (edificios) ni los objetos de diseño que, aunque íntimamente ligados a lo cotidiano, eran vistos como cómplices de un sistema corrupto pensado para producir riqueza y estatus social:

> *"La destrucción de los objetos, la eliminación de la ciudad y la desaparición del trabajo son eventos estrechamente relacionados. Por destrucción de los objetos entendemos la destrucción de sus atributos de "estatus" y las connotaciones impuestas por aquellos en el poder, y así vivir con objetos (reducidos a la condición de elementos neutrales y disponibles) y no para ellos. Por eliminación de la ciudad entendemos la eliminación de la acumulación de las estructuras formales de poder, la eliminación de la ciudad como jerarquía y modelo social en busca de un nuevo, libre estado igualitario en el que cualquiera puede alcanzar grados diferentes de desarrollo de sus posibilidades, empezando desde el mismo punto de partida. Por el fin del trabajo entendemos el fin del trabajo especializado y repetitivo, visto como una actividad alienante, ajeno a la naturaleza humana; la consecuencia lógica será una nueva, revolucionaria sociedad in la que todo el mundo debería alcanzar el pleno desarrollo de sus posibilidades; y en la que el principio de "para todo el mundo, de acuerdo a sus capacidades, para todo el mundo, de acuerdo a sus necesidades" se llevará a la práctica. La construcción de una sociedad revolucionaria en su forma de producir, consumir, vivir...".*[9]

[9] SUPERSTUDIO. *Distruzione, metamorfosi e ricostruzione degli oggetti*. IN. *Argomenti e immagini di design*, nº 2-3, Marzo-Junio 1971. Págs.15-21. Reproducido en LANG, Peter; MENKING, William. *Superstudio: Life without objects*. Milan: Skira, 2003. Pág. 120.

Dejaban claro, por tanto, que la redefinición del concepto de domesticidad debía ir acompañado de una reestructuración radical de aquellas instituciones sociales en las que el diseño estaba plenamente implicado, por lo que:

> *"Una vez que hemos aclarado que:*
> *a. el diseño es una mera inducción al consumo;*
> *b. los objetos son símbolos de estatus, la expresión de modelos propuestos por la clase dominante. Su progresiva accesibilidad por parte del proletariado forma parte de una estrategia de 'nivelación' que trata de evitar el estallido de la lucha de clases;*
> *c. la posesión de objetos es la expresión de una motivación inconsciente: a través del análisis puede alcanzarse la eliminación de la motivación subyacente,*
>
> *entonces es urgente destruirlos... ¿o no?"*[10]

Llegados a este punto, y conscientes de que la solución final no podía pasar por la erradicación de todos los bienes de consumo, los miembros del grupo optan por proponer como posible camino a seguir la "metamorfosis" de dichos bienes, activada mediante una especie de proceso de reutilización que debía sustituir la instrumentalizada función original por una más poética con la que poder borrar los "lazos sintácticos que atan el objeto al sistema".

Una vez destruido el objeto, eliminados todos los mensajes simbólicos y *superestructurales* que comunica, y activada su consiguiente metamorfosis desmitificadora, este se convierte en pura materia que

---

[10] Ibid. Pág. 121.

cada uno podrá utilizar espontáneamente sin tener que adecuarse a su propósito original, finalizando así su ansiada "reconstrucción".

Este complejo proceso de purificación, exorcismo y restablecimiento del aura, en el fondo, lo que nos muestra es que Superstudio con este ensayo planteaba la necesaria reconsideración de la posición dominante que los objetos ocupaban dentro de la esfera doméstica. Una especie de re-sacralización con la que reclamaban un mayor protagonismo para las acciones en sí mismas y con la que estos objetos se convertían en los nuevos talismanes que determinarían nuestra forma de vida, presagiando en cierta medida alguno de sus proyectos posteriores:

> *"Los objetos que necesitamos serán solo talismanes, señales de una existencia, que continúa, o simples utensilios para operaciones simples. (...) Objetos, que pueden ser fácilmente transportables si elegimos convertirnos en nómadas, para permanecer en un único lugar para siempre."* [11]

Supernomadismo mágico

Tras las reflexiones del grupo sobre la malla generadora de los *Histogramas* y su capacidad para neutralizar arquitectura y diseño a través de una reproducción sin fin, de las investigaciones paralelas sobre la "superficie neutra", del inquietante viaje a través del globo protagonizado por el último y definitivo *supermonumento* del s.XX, del cuestionamiento de los límites convencionales de la disciplina en forma de *Architettura Riflessa, Nascosta* e *Interplanetaria*,

---

[11] Ibid.

de la constatación hiperbólica de nuestro mundo "ideal", y de la llamada a la destrucción de todo objeto... y su necesaria refundación antropológica, Superstudio emprende en febrero de 1971 un nuevo proyecto que supondrá el paso decisivo en la disolución de la fisicidad de la construcción planteada en el marco de sus exploraciones en torno a una arquitectura "no física": la *Supersuperficie* [●CR. 488].

Más allá de la imposibilidad manifiesta que transmitían sus últimas propuestas, utilizadas para señalar la impotencia de la profesión para ofrecer soluciones reales alejadas tanto de lo construido como de lo utópico - percibidos por el grupo como armas represoras y de sometimiento del individuo al control autocrático - Superstudio da un paso más en su apuesta por una arquitectura liberada del edificio, potenciando aquella arquitectura "de papel" activada años atrás.

La habilidad de las revistas para conectar personas en diferentes partes del mundo es vista ahora como el entorno definitivo para el desarrollo final de la propia arquitectura, entendida no como aquella que se resigna a albergar o dar refugio a la humanidad exclusivamente, sino que une diferentes comunidades a través de la propia información.

Con la *Supersuperficie* el grupo comienza a explorar futuros escenarios desde una perspectiva más optimista y propositiva, donde los edificios han desaparecido definitivamente del paisaje para dar paso a un sistema de ocupación del territorio en forma de malla bidimensional que se expande indefinidamente por la superficie de la Tierra.

Esta intención totalizadora y a la vez reduccionista, que parece revisitar las investigaciones en torno a

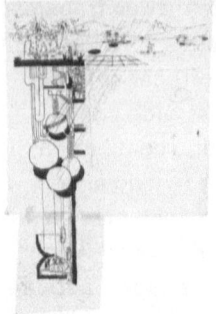

Figs.02,03,04. "Air Architecture". Yves Klein, Claude Parent y Werner Ruhnau, 1961.

la *Air Architecture* Figs.02,03,04) llevadas a cabo por Yves Klein, Claude Parent y Werner Ruhnau a principios de los años 60[12] [★**CR.563**], recupera también la tensión de algunas imágenes producidas para su antecedente inmediato, el *Monumento Continuo*, pero ahora este se presenta más radicalizado, desprovisto de cualquier componente figurativo o referencial, convertido en un avanzado sistema infraestructural sin espesor generado para albergar una forma de vida pensada para las nuevas generaciones, basada en la ausencia de delimitaciones físicas y en la libertad de movimiento ligada al nomadismo, y sin vinculación a ningún tipo de arquitectura u

[12] En 1961 Yves Klein presenta los resultados de sus investigaciones en torno a la inmaterialidad aplicada a la arquitectura bajo el título de *Air Architecture*, un trabajo empezado en 1957 y llevado a cabo en colaboración con los arquitectos Claude Parent y Werner Ruhnau. El objetivo era tantear la posibilidad de generar estructuras de aire comprimido que permitieran climatizar el entorno mediante un gigantesco 'techo' invisible que nos protegería de las inclemencias del clima. Sus visiones eran una especie de nuevo 'Edén' donde todo el mundo pasearía desnudo y desprovisto de incómodas pertenencias, un paraíso que sería posible gracias a una compleja maquinaria subterránea que satisfaría todas las funciones necesarias para el mantenimiento de la vida. "*Of course, with all the progress made by science, this is no longer a utopia today. Technique, however, could in fact realize such things!... To find nature and live once again on the surface of the whole of the earth without needing a roof or a wall. To live in nature with a great and permanent comfort*". Klein formula más o menos la misma visión con la que Moholy-Nagy, veinte años antes, había soñado: edificios con paredes generadas a partir de corrientes de aire comprimido: "*These suggestions may be disturbing to a few people, who probably would be more aghast at the Utopian plan of Professor Bernal of Cambridge, England, to construct houses the walls of which are produced by compressed air, by rotating air streams. The walls would insulate perfectly. The question arises why one should live between stone walls when one could live under the blue sky between green trees with all the advantages of perfect insulation?*" MOHOLY-NAGY, Laszlo. *Space-Time and the Photographer*. American Annual of Photography, 1942.

objetos - tal y como anunciaban en el artículo de *IN*. La expansión amenazante de aquel *Monumento* que auguraba "la desaparición de la arquitectura", se convierte en una progresión continua sobre la que ahora el grupo pretende fundamentar su nueva idea de arquitectura, pero no de un edificio, sino de personas e información a través de la *Supersuperficie*: el *Monumento* se aplana, la retícula se traslada al suelo, y aparecen las personas (Fig.05). Más que de una *urbanización total* se trata de una *des-urbanización* global, donde todo se convierte en paisaje literal, energético, mediático... y humano.

Superstudio comienza a trabajar así en el diseño de un mundo finalmente desprovisto tanto de edificios como de objetos, regido por una sociedad liberada del trabajo y del sistema capitalista basado en el binomio producción/consumo, explorando la posibilidad de una forma de vida radicalmente nueva en la que los habitantes de la Tierra atravesarían su superficie como nómadas dirigiéndose allá donde sus pasiones les llevaran, dispuestos a recuperar la capacidad de "diseñar" sus propios comportamientos[13]. En su búsqueda de un lugar adecuado para instalarse, los individuos podrían periódicamente 'enchufarse' en una malla invisible o red energética

---

[13] Estas ansias de libertad del individuo y capacidad de adaptación del entorno urbano que ya manejaba Constant como características funcionales de su *New Babylon*, también las encontramos en propuestas contemporáneas como la *Do-It-Yourself City* (1969) de B. Tschumi y F. Montes [★CR.568], donde se primaban las conexiones entre los tres elementos básicos que componían la ciudad – personas/ideas/objetos – para garantizar una movilidad y cambio constantes a partir de las decisiones individuales. Para ellos, en consonancia con las experiencias seminales de Archigram (*Plug-in City, Computer City*, ambas de 1964), en esto consistía el éxito urbano (Fig. 06).

Fig.05. "Gli Atti Fondamentale, Vita (Supersurface), Viaggio da A a B". Superstudio, 1971.

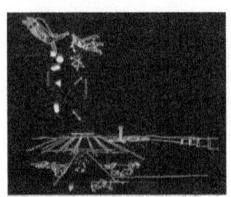

Fig.06. "Do-It-Yourself City". Bernard Tschumi, Fernando Montes, 1969.

Fig.07. "2000+". John McHale, , Architectural Design nº2, Febrero 1967 [♦CR.369].

Fig.08. "Suitaloon: Clothing for living in". Michael Webb (Archigram), 1966 [♦CR.478].

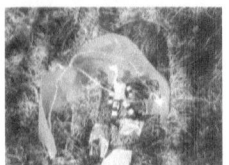

Fig.09. "Nomad". Peter Cook (Archigram), 1968 [♦CR.569].

tecnológicamente avanzada[14] dotada de puntos de conexión universales y cajas 'mágicas' electrificadas Figs.08, 09) – como aquella "soñada" por D. Green en el proyecto *L.A.W.U.N (Locally Available World Unseen Network)* (1969) [♦CR. 558] - que cubriría eficazmente la superficie habitable del planeta potenciando al mismo tiempo las prestaciones de la única envolvente/fachada admitida por Superstudio en su nueva idea de arquitectura: la piel del cuerpo humano.

No se limitan, por tanto, al diseño de una malla tecnológica capaz de generar "microambientes" artificiales, sino que, influidos por la abundante literatura de ficción y las arquitecturas por ella inspiradas[15], y por el interés generado entre algunos científicos en torno al concepto de *cyborg* o *superhombre*, tantean la posibilidad –teórica– de crear una membrana super-sofisticada que aplicada sobre el cuerpo del

---

[14] *"La 'città totale' come rete d'energia e di comunicazioni"*. Definición de la *Supersuperficie* recogida en cuaderno manuscrito de A. Natalini (Archivo Natalini, Florencia). Citado en GARGIANI, Roberto; LAMPARIELLO, Beatrice. *Superstudio*. Editori Laterza, 2010. Pág. 73.

[15] En 1967 John McHale, artista y sociólogo británico, miembro fundador del ICA de Londres y del *Independent Group*, fascinado por la cultura de masas norteamericana y por las tecnologías surgidas tras la Segunda Guerra Mundial, edita el número monográfico de febrero de 1967 de la revista *The Architectural Design* bajo el título "2000+" y dedicado al futuro [♦CR.369]. En dicho volumen se promulga la conquista del espacio y del océano como alternativa de futuro, convirtiendo el traje de astronauta en gran icono del nuevo y ansiado control climático del entorno, enfatizando la necesidad de autosuficiencia y aprovechamiento de los recursos solo posible a través de un control hiper-tecnificado de dicho entorno: "*From the skin as protective enclosure, we may go to the clothes, houses, to cars, planes, space capsules and submarines – as mobile skins giving progressively greater protection against environmental extremes*". McHALE, John. *2000+. Architectural Design* nº2, Febrero 1967. Págs. 85-88 Fig.07).

Fig.10. "Electric Skin".
Haus-Rucker-Co, 1968
[▲CR.396].

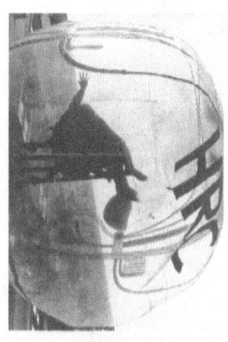

Fig.11. "Balloom für Zwei".
Haus-Rucker-Co, 1967
[▲CR.429].

Fig.12. "Pneumatic Skin".
Haus-Rucker-Co, 1970
[▲CR.335].

individuo regulara su temperatura y respiración para garantizar la supervivencia. Las experiencias previas de M. Webb y Peter Cook (Archigram) Figs.08,09) y las contemporáneas de algunos radicales austriacos como Haus-Rucker-Co. Figs.10,11,12) son decisivas para que el grupo dedique una especial atención a definir esta "servoskin per la sopravvivenza in un ambiente ostile (o non favorevole)."[16]

El hipotético paisaje que nos presentan, configurado a partir de la interacción y el movimiento de personas libres sobre una red imperceptible y autosuficiente de información y energía vital que trata de manera idéntica las tierras habitables y las cultivables, existiría una vez que aquellos cambios fundamentales demandados en sus proyectos anteriores hubieran alterado las rígidas estructuras sociales, ampliamente ridiculizadas en las 12 Ciudades y en cierto modo intuidas también en películas como la contemporánea Zabriskie Point[17]

[16] Definición de la Servoskin o 'piel autogestionada' recogida en cuaderno manuscrito de A. Natalini (Archivo Natalini, Florencia). Citado en GARGIANI, Roberto; LAMPARIELLO, Beatrice. Superstudio. Editori Laterza, 2010. Pág. 77. Los miembros de Superstudio consultan numerosas publicaciones específicas sobre sistemas de climatización y sobre las nuevas tecnologías aplicadas a modelos alternativos de vida, como TUCKER, Anthony. Climate for living. London: McDonald, 1967; HOPKINS, Budd, DE BELL, Garrett. The environmental handbook. New York: Ballantine Books, 1970; GÉRARDIN, Lucien. La Bionica. Milano: Il Saggiatore, 1968.

[17] En 1970 Antonioni estrena la segunda de sus tres películas en habla inglesa (contratado por el productor Carlo Ponti), Zabriskie Point. En ella viaja al inconformismo juvenil en EEUU, utilizando una estética deudora de la contracultura de finales de los 60, cargada de nihilismo, desesperación y desencanto. No resulta difícil encontrar cierto paralelismo entre los paisajes del Valle de la Muerte reproducidos en la película y los photo-collages de Superstudio para el Monumento Continuo - además de compartir en cierta manera su posicionamiento vital – y con

Figs.13-14. "Zabriskie Point". Michelangelo Antonioni, 1970 [■CR.514].

[■CR.514] del director italiano Michelangelo Antonioni Figs.13, 14).

Coincidiendo con el desarrollo del concepto de la *Supersuperficie*, los miembros de Superstudio son invitados a participar en la gran exposición que sobre las últimas tendencias en el diseño y la arquitectura italianos iba a tener lugar en el Museo de Arte Moderno de Nueva York (MoMA) entre los meses de mayo-septiembre de 1972. El mediático evento, titulado *Italy: The New Domestic Landscape. Achievements and Problems in Italian Design*, permitirá al grupo –y a sus colegas radicales– mostrar su rechazo a moverse dentro de las estructuras arquitectónicas dominantes en un gran escaparate internacional, eligiendo precisamente el mundo sin objetos y sin edificios planteado en la *Supersuperficie* como ejemplo de 'obra total' con la que explorar la posibilidad de una nueva arquitectura basada en los rituales cotidianos capaz de infundir en sus usuarios un sentimiento radicalmente democrático de libertad.

Asalto al MoMA

En Noviembre de 1968 el incombustible Arthur Drexler[18] anuncia el nombramiento de un joven Emilio Ambasz[19] como nuevo Director Asociado de Diseño del Museo de Arte Moderno de Nueva York.

la "nueva forma de vida sobre la Tierra" promulgada en la *Supersuperficie* (Fig. 19).
[18] Arthur Drexler ejerció como director del Departamento de Arquitectura del Museo de Arte Moderno de Nueva York (MOMA) durante casi treinta años (1956-85), a lo largo de los que dejó su sello en forma de polémicas exposiciones.
[19] Emilio Ambasz, nacido en Argentina, pertenece a la generación del propio Natalini, y tiene 26 años cuando es propuesto para dirigir el Departamento de Diseño del MOMA. Formado

Bajo el impulso de esta importante responsabilidad el joven comisario decide emprender un ambicioso y agresivo programa de renovación dentro del área de la institución que le habían encomendado, llevando a la práctica teorías personales que reflejaban una visión claramente post-industrial del mundo, en la que el diseñador debía involucrarse a una "escala territorial ampliada" donde los limites tradicionales establecidos entre diseño y arquitectura se diluían, para pasar a formar parte de lo que definiría como "diseño ambiental".

Estimulado por el entusiasmo propio del recién llegado consigue involucrar al Museo y al recientemente creado IAUS[20] en la puesta en marcha de una plataforma desde la que estudiar y reflexionar críticamente sobre las tendencias contemporáneas dentro de la cultura del diseño, que bajo el nombre de *Program on Environmental Design* [*Programa de Diseño Ambiental*] difundirá sus investigaciones aprovechando el emergente poder mediático de las pequeñas publicaciones[21], convertidas desde principios de los años 60 en altavoces imprescindibles de las propuestas minoritarias y fundamentalmente teóricas de las neo-vanguardias[22].

en Estados Unidos, una vez graduado entra como profesor en la Facultad de Arquitectura de Princeton, y ejerce también como profesor visitante en la Hochschule fuer Gestaltung de Ulm.
[20] IAUS, Institute for Architecture and Urban Studies, New York (1967–1984).
[21] "*The most crucial design contributions of the last decade which merit 'collecting' have in many cases not been objects but rather theoretical essays and design proposals.*" AMBASZ, Emilio. *The Museum of Modern Art and the Man-Made Environment: An Interim Report.* Members Newsletter (Primavera de 1970).
[22] Para una interesante inmersión en el mundo de las publicaciones alternativas y su nuevo papel como herramientas centrales para la expansión de las revolucionarias propuestas radicales ver COLOMINA, Beatriz; BUCKLEY, Craig. *Clip Stamp Fold. The*

Fig.15. Cartel de la exposición "Italy: the new domestic landscape. Achievements and Problems of Italian Design". MOMA, 1972.

En consonancia con las experiencias llevadas a cabo durante la segunda mitad de los 60 por aquellos todavía relativamente desconocidos grupos anti-diseño italianos entre los que se encontraba Superstudio, Ambasz defiende que más allá de crear objetos que se adaptaran discretamente a la esfera doméstica, ahora el diseñador debía erigirse como el nexo de unión entre disciplinas, pasando a convertirse en el responsable de la planificación del entorno a través de nuevas herramientas y métodos conceptuales que le iban a permitir multiplicar exponencialmente el número de actividades a abordar[23].

Es precisamente este conocimiento y empatía con las actividades de los movimientos contra-culturales de la década anterior lo que también le impulsa, a principios de los 70, a presentar en el Museo su gran apuesta curatorial: *Italy: the new domestic landscape. Achievements and Problems of Italian Design*[24] [●CR.435] (Fig.15).

radical architecture of little magazines 196X-197X. M+M Books, Princeton University. Actar, 2010.

[23] La crítica y profesora Felicity D. Scott resume así esta circunstancia: "*This is a situation in which architecture and design are no longer understood to have precise disciplinary boundaries, they are considered not as distinct media but rather as relays functioning within larger environmental systems and new information ecologies. This is why both disciplines could cede to new media formats, new materialities and processes, new institutional logics, even new relations to human subjects.* SCOTT, Felicity D. *Architecture or Techno-Utopia: Politics After Modernism*. Cambridge: MIT Press, 2007. Págs.89-90.

[24] AMBASZ, Emilio. *Italy: The New Domestic Landscape. Achievements and Problems of Italian Design*. The Museum of Modern Art, New York, Mayo-Septiembre de 1972.

Concebida inicialmente como un gran escaparate donde mostrar al público americano las últimas creaciones del codiciado producto *Made in Italy* [25], Ambasz, más interesado en presentar el "caso italiano" como un modelo experimental, se las ingenia para colocar junto a figuras consagradas como Zanuso, Colombo ó Bellini, las propuestas anti-sistema de un grupo de "activistas" que critican abiertamente el abrazo por parte de la profesión del consumismo al estilo americano, para defender una "tercera vía" que como apuntaba Giulio Carlo Argan pasaba por recuperar la función social del objeto de diseño[26].

La exposición, por tanto, era entendida por Ambasz también como una oportunidad para arrojar luz sobre los problemas del diseño italiano, ahora convertido en un "micro-modelo" en el que una importante variedad de posibilidades, limitaciones y cuestiones críticas relativas al diseño contemporáneo eran abordadas desde distintos –y en ocasiones enfrentados– puntos de vista al mismo tiempo, analizando tanto el ascenso meteórico del producto del país, como la consiguiente reacción violenta en contra del abrazo por parte de la profesión del modelo de consumo importado de América.

---

[25] La muestra es prácticamente financiada en su totalidad por capital italiano, incluido el gobierno, que la entiende como una gigantesca y sutil campaña de promoción de la emergente industria vinculada al diseño nacional.

[26] Giulio Carlo Argan sugiere que, frente a la separación entre el objeto y su contexto que supone la producción en masa, algunos diseñadores italianos exploraron una "tercera vía" donde la investigación no se centraba en el objeto en sí, sino en su papel como signo (vínculo entre el hombre y su entorno) y su capacidad para definir su contexto. ARGAN, Giulio Carlo. *Ideological development in the thought and imagery of Italian design*. En *Italy: The New Domestic Landscape. Achievements and Problems of Italian Design*. (1972). Pág.360.

En el texto introductorio el comisario argumentaba:

"Es posible diferenciar hoy en Italia tres actitudes predominantes respecto al diseño: la primera es conformista, la segunda es reformista, y la tercera es, más bien, contestataria, empleando tanto la investigación como la acción."[27]

Las tres posturas son utilizadas por Ambasz para organizar el resto de la exposición, y analizando cada una de ellas podremos entender mejor la incorporación de los trabajos expuestos de Superstudio en las distintas secciones resultantes.

La actitud conformista, según el comisario, caracterizaba a aquellos diseñadores que entendían su trabajo *"como una actividad autónoma responsable solo de sí misma; no cuestionan el contexto sociocultural en el que trabajan, sino que continúan refinando las formas y funciones ya establecidas."*[28] Este acercamiento al diseño, que Ambasz admitía como el responsable de la parte más visible de la producción italiana, había dado lugar a una amplia gama de objetos singulares que en gran medida se ajustaban a las funciones y tipologías establecidas, pero que no habían tratado de investigar sobre la naturaleza de esas funciones o de cómo los propios objetos encajaban en un determinado patrón de domesticidad.

El talante reformista venía marcado por *"una profunda preocupación sobre el papel del diseñador en una sociedad que fomenta el consumo como medio de inducción de la felicidad individual, asegurando así*

---

[27] AMBASZ, Emilio. *Introduction*. En *Italy: The New Domestic Landscape. Achievements and Problems of Italian Design*. (1972). Pág.19.
[28] Ibid.

la estabilidad social."²⁹ Según Ambasz, estos diseñadores se encontraban en un conflicto permanente, al intentar reconciliar su desconfianza en una disciplina aparentemente corrupta con su propia formación técnica que debía permitirles desarrollar soluciones viables para los profundos males sociales. Como consecuencia, estos diseñadores habían desarrollado una manera retórica de hacer frente a estas contradicciones *"rediseñando objetos convencionales con nuevas, irónicas y en ocasiones autocríticas referencias sociales y estéticas."*¹³⁰ Las diferentes tácticas utilizadas para llamar la atención sobre la función social del objeto de diseño incluían el *revival* estilístico, la explotación del kitsch, la alteración de la escala, la imitación de las formas naturales, el bricolaje - reciclaje, o el ocultamiento de la función a través de medios estilísticos o formales, muchas de las cuales, como ya vimos en capítulos anteriores, habían sido empleadas por Superstudio y sus colegas radicales durante varios años atrás.

Ambasz admitía también que la distinción entre estas dos posturas –conformista y reformista– no era tan clara como su introducción exponía, apuntando que la oscilación entre ambas reflejaba las contradicciones y paradojas resultantes de *"dudar de los beneficios de nuestra sociedad de consumo, y a la vez representar el papel de 'voyeurs' del sueño tecnológico."*¹³¹

Precisamente los exponentes de la tercera actitud, la contestataria, trataban de hacer frente a esta situación adoptando a su vez dos posturas bien diferenciadas: por un lado estaban aquellos que optaron por

---

[29] Ibid.
[30] Ibid.
[31] Ibid. Pág.20.

el *"rechazo absoluto a participar en el actual sistema socio-industrial"* mediante la abstención del trabajo productivo en favor de la *"acción política y el enfoque filosófico"*; y por otro los que creían en una participación crítica cuyo *"acercamiento holístico se manifestaba en el diseño de objetos funcionalmente flexibles que permitían múltiples formas de uso y disposición."*[32]

A partir de aquí Ambasz decide dividir la exposición en dos secciones principales: Objetos (*Objects*) y Ambientes (*Environments*).

Como su título indica, la primera estaba dedicada a mostrar los objetos de diseño producidos en los últimos años en Italia −objetos cotidianos técnicamente refinados pero cuyo uso convencional no era cuestionado− y a su vez se dividía en tres grupos dependiendo de su naturaleza: el primero reunía aquellos objetos seleccionados en función de sus características formales y técnicas; el segundo los seleccionados por sus implicaciones socioculturales[33]; y el tercero los seleccionados por la incorporación de patrones más flexibles de uso y ensamblaje[34]. Cuando se observan detenidamente las numerosas imágenes que ilustran cada uno de los tres grupos, se puede comprobar cómo, grosso modo, el primero incluye los

---

[32] Ibid. Págs.20-21.
[33] *"The objects within this group are those whose formal characteristics are derived from, or motivated by, the semantic manipulation of established sociocultural meanings."* AMBASZ, Emilio. *Italy: The New Domestic Landscape. Achievements and Problems of Italian Design.* New York: The Museum of Modern Art, 1972. Pág.93.
[34] *"The objects in this section are flexible in function, permit multiple modes of arrangement and use, and propose more informal patterns of behaviour in the home than those currently prevailing."* AMBASZ, Emilio. *Italy: The New Domestic Landscape. Achievements and Problems of Italian Design.* New York: The Museum of Modern Art, 1972. Pág.111.

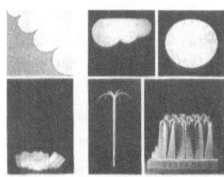

Fig.16. Algunos de los objetos recogidos en la sección 'Objects' de la exposición "Italy: the new domestic landscape. Achievements and Problems of Italian Design". MOMA, 1972. Entre ellos 'Bracciodiferro' (1968) de Archizoom y 'Pratone (Big Meadow)' (1970) del Gruppo Strum.

Fig.17. Publicación de la empresa Poltronova con motivo de la exposición del MOMA, donde se recogían estos y otros objetos expuestos producidos por la marca.

objetos producidos según una actitud "conformista", y los otros dos integran aquellos producidos por dos posibles tendencias "reformistas".

Evidentemente, una parte de los jóvenes diseñadores italianos no aceptaban ninguna de estas dos posiciones - consideraban que incluso la "reformista" seguía alimentando y participando en la cuestionada sociedad de consumo – adoptando, como ya hemos visto, el rechazo total como táctica con la que enfrentarse a la crisis desde posiciones más filosóficas. Sorprende por tanto encontrar en esta sección objetos diseñados por Superstudio – lámpara *Passiflora* (1966) [●CR.198] – o Archizoom – sofá *Superonda* (1966) [■CR.313] ; silla *Mies* (1969) [■CR.243] Figs.16,17) –, aunque estos estuvieran seleccionados por sus "implicaciones socioculturales", pero hay que recordar que las piezas elegidas habían sido elaboradas al inicio de sus carreras, cuando todavía confiaban plenamente en el objeto de diseño como catalizador de futuras reacciones capaces de "exorcizar nuestra indiferencia"[35].

Sus nuevos posicionamientos "contestatarios", que recibirán una considerable atención crítica, serán expuestos en la siguiente sección en la que, bajo el título de *Environments,* Ambasz daba a un selecto grupo de inconformistas la oportunidad de crear un 'entorno total' en el que mostrar –al lado de otros ideados por figuras más reconocidas como Zanuso, Colombo , Bellini o Sottsass Jr.– sus controvertidas exploraciones vinculadas a los nuevos modos de habitar que ahora promulgaban, en los que el diseño era entendido, no como la producción de objetos 'aislados', sino como el desa-

---

[35] Ver comienzo del presente capítulo.

rrollo de nuevas posibilidades de interacción entre estos y el usuario.

El propio comisario alentaba a los participantes en el catálogo a *"buscar el significado de los 'ritos y ceremonias' de las veinticuatro horas del día, y a diseñar los 'artefactos y espacios' que les dieran forma"* [36], una postura muy próxima a la línea de trabajo abierta por los miembros de Superstudio un año antes, según la cual los nuevos objetos producidos debían activar y apoyar los eventos y rituales domésticos diarios, acciones cotidianas sobre las que ahora giraban sus recientes teorías.

Sin embargo Ambasz iba un poco más allá, animando a los diseñadores invitados no solo a presentar ese tipo de 'objetos' que nunca nadie les iba a pedir, sino también a planificar las actividades, los rituales y los modos de vida que reclamarían dichos diseños:

"(...) el objetivo particular de este Programa de Diseño es plantear un entorno doméstico, lo suficientemente adaptable como para permitir la representación de nuevos y diferentes eventos privada y comunitariamente imaginados, pero al mismo tiempo lo suficientemente definidos como para permitir la recreación de aquellos aspectos pertenecientes a nuestra memoria individual y social. Se le pide por tanto al participante que proponga microambientes y microsucesos: debe 'diseñar los espacios y artefactos' que, individual y colectivamente, sustenten la vida doméstica; y también debe 'mostrar los patrones ceremoniales y rituales' en los que estos deberían ser usados." [37]

---

[36] AMBASZ, Emilio. *Design Program.* En *Italy: The New Domestic Landscape. Achievements and Problems of Italian Design.* (1972). Pág.139.
[37] Ibid. Págs. 139-140. Ambazs, al igual que Superstudio y que los Situacionistas antes que ellos, defendía que antes de poner en marcha

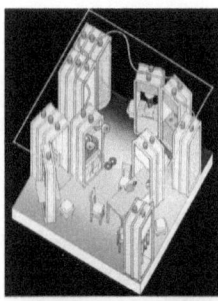

Figs.18,19. "House Environment". Ettore Sottsass Jr. Sección 'Environments. Design as Postulation', dentro de la exposición "Italy: the new domestic landscape. Achievements and Problems of Italian Design". MOMA, 1972 [■CR.248].

El comisario también establecía las limitaciones físicas del espacio disponible para cada participante (planta cuadrada de 4,80m de lado; altura de 3,60m), exigiendo que las paredes exteriores estuvieran pintadas de negro, que la iluminación interior la estableciera cada participante, y que el prototipo final debía ser fabricado en Italia y enviado en un contenedor estándar. Además, se establecía como requisito indispensable que cada 'environment' incluyera una pantalla de televisión de 23 pulgadas que sería utilizada para proyectar "*una película que represente los diferentes patrones de las ceremonias, rituales y usos del espacio propuesto*"[38], algo que ponía de manifiesto la opinión del propio Ambasz sobre las formas alternativas de mediación, consideradas un complemento necesario en los entornos del futuro que él mismo había imaginado.

Finalmente, las propuestas presentadas serían divididas tanto en la exposición como en el catálogo en tres grupos dependiendo de la 'actitud' del arquitecto o diseñador.

El primero de estos grupos, *Design as Postulation* [*Diseño como postulado*], reunía instalaciones 'ambientales' entendidas como posibles prototipos aplicables a nuevos programas de vivienda masiva, divididas a su vez en dos categorías: *House Environments*, que incluía proyectos de Gae Aulenti, Ettore Sottsas Jr. Figs.18,19) y Joe Colombo, y *Mobile*

---

un nuevo 'programa de diseño' era necesario transformar la vida cotidiana, apoyándose para ello en las teorías de Henri Lefebvre sobre la transformación de la experiencia diaria a través de la acción colectiva: "*Self-design and self-management indicate the road toward the transformation of everyday existence. Language plays in this a necessary role- but it does not suffice; life is not changed miraculously by magic words.*" LEFEBVRE, Henri. *The Explosion: From Nanterre to the Summit*. Paris: Monthly Review Press, 1969. Citado en Ibid. Pág. 144.
[38] Ibid. Pág. 142.

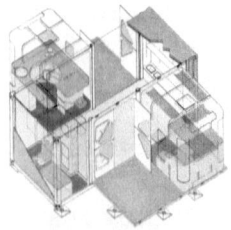

Figs.20,21. "Mobile Environment". Marco Zanusso y Richard Sapper. Sección 'Environments. Design as Postulation', dentro de la exposición "Italy: the new domestic landscape. Achievements and Problems of Italian Design". MOMA, 1972.

Fig.22. Pietro Derossi (Gruppo Strum), Ugo la Pietra, Andrea Branzi (Archizoom) y Piero Frassinelli (Superstudio) en la inauguración de la exposición "Italy: the new domestic landscape". MOMA, 1972.

Environments, que mostraba las propuestas 'portátiles' de Alberto Rosselli, Marco Zanusso + Richard Sapper Figs.20,21) y Mario Bellini.

El segundo grupo, *Design as Commentary* [Diseño como comentario], estaba comprimido en una única y peculiar propuesta de Gaetano Pesce instalada en el hueco de uno de los ascensores del museo, y que simulaba una excavación arqueológica realizada en el año 3.000 de unas viviendas construidas en el año 2.000.

El tercer grupo era el más interesante. Bajo el título de *Counterdesign as Postulation* [Antidiseño como postulado], integraba las instalaciones planteadas por aquellos que reclamaban la revisión y rediseño de las instituciones sociales como paso previo para volver a crear/proponer nuevos objetos y espacios, una actitud que Ambasz relacionaba con el deseo de enfatizar la necesidad de renovar el discurso filosófico y defender el compromiso social y político como una forma de lograr cambios estructurales en la sociedad. Los 'microambientes' aquí mostrados no reflejaban necesariamente soluciones concretas sobre un futuro mundo ideal, sino que, de acuerdo con las intenciones de los participantes, incidían sobre la necesaria destrucción y posterior redefinición del objeto como parte imprescindible dentro de una estrategia compartida que confiaba en la necesidad de un cambio cultural.

Evidentemente esta sección aglutinaba las propuestas de los arquitectos 'radicales' representados en la muestra (Fig.22), entre los que se encontraban Ugo la Pietra, Archizoom (Fig.23), Gruppo Strum Figs.24,25) y el propio Superstudio.

Fig.23. "Grey Room". Archizoom. Sección 'Environments. Counterdesign as Postulation', dentro de la exposición "Italy: the new domestic landscape. Achievements and Problems of Italian Design". MOMA, 1972 [■CR.169].
Imagen: Leonardo LeGrand.

Fig.24. "Strumenti per l'informazione alternativa". Primera propuesta del Gruppo Strum para el 'ambiente' del MOMA, que no llegó a materializarse por falta de fondos [■CR.257].

Un modelo alternativo de vida sobre la Tierra

La instalación presentada por los miembros de Superstudio en la sección *Environments* de la exposición del MOMA confirma la progresiva reducción de la componente irónica que acompañaba sus proyectos críticos anteriores protagonizados por inquietantes estructuras monolíticas o representados en forma de catárticos 'cuentos inmorales'.

Varios meses atrás el grupo había empezado a distanciarse de aquel desapego irónico que cargaba estas propuestas para sustituirlo gradualmente por fórmulas retóricas más sinceras y directas con las que proceder a describir una vida ideal sin objetos representada finalmente en la *Supersuperficie*.

La línea de pensamiento abierta por esta malla energética universal, claramente basada en la sublimación del concepto de *anti-diseño* incorporado con los *Histogramas*[39], se continúa en el *Microenvironment* diseñado para el MOMA, donde vuelven a mostrar la posibilidad de una vida sin arquitectura, sin ciudad y sin objetos, pero ahora convertida en una teoría de partida que les permitirá reconsiderar cómo la cotidianeidad debe ser vivida, enfrentando al espectador con un posible 'modelo alternativo de vida' sobre el planeta en el que los individuos adoptarían el nomadismo permanente y abandonarían su apego ritual a los objetos para experimentar su entorno de una manera más íntima.

---

[39] Ver *Histogramas: nihilismo cuadriculado* en este capítulo.

Figs.25. "The Struggling for Housing/The Mediatory City/Utopia: Fotoromanzi". Gruppo Strum. Sección 'Environments. Counterdesign as Postulation', dentro de la exposición "Italy: the new domestic landscape. Achievements and Problems of Italian Design". MOMA, 1972 [■CR.170].

Este es, en líneas generales, el argumento de la película de nueve minutos que bajo el título *Supersurface: An Alternative Model for Life on the Earth*[40] (Fig.26) Superstudio proyecta en el monitor que, según instrucciones de Ambasz, este debía formar parte de la instalación. Finalmente, el grupo lo utiliza como un componente más de aquella versión en miniatura —en forma de diorama que sumerge al visitante en un espacio ilusorio e infinito generado a partir de efectos ópticos producidos por espejos (Fig.27)— de sus ideas sobre cómo podría ser el trabajo del diseñador si este adoptara una actitud autocrítica sobre su producción:

> *"(...) presentamos el modelo de una actitud mental. Este no es una maqueta tridimensional de una realidad a la que se le pueda dar forma a partir de una mera transposición de escala, sino una interpretación visual de una actitud crítica respecto a (o un deseo de) la actividad del diseño, entendida como una especulación filosófica, como un medio de conocimiento, como existencia crítica."*[41]

En el fondo, la *Supersuperficie* es el instrumento elegido por el grupo —tras una atenta relectura de

---

[40] SUPERSTUDIO. *Supersurface: An Alternative Model for Life on the Earth*. Película en 35mm, a color y con sonido, proyectada y dirigida por el grupo florentino, producida por *Marchi Produzioni* y financiada por la *Azienda Nazionale Idrogenerazione Combustibili* (ANIC). Florencia, 1972.
[41] SUPERSTUDIO. *Description of the Microevent/Microenvironment*. En *Italy: The New Domestic Landscape. Achievements and Problems of Italian Design*. (1972). Pág.242.

Fig.26. "Gli Atti Fondamentali, Vita (Supersuperficie)", 1971-72. Supersurface. An alternative model for life on Earth, 1972. 16mm, 9'40".

Fig.27. "Microevento/Microenvironment". Superstudio. Sección 'Environments. Counterdesign as Postulation', dentro de la exposición "Italy: the new domestic landscape. Achievements and Problems of Italian Design". MOMA, 1972. Imagen: Cristiano Toraldo di Francia.

McLuhan[42]– para abordar las ventajas intuidas de un mundo basado en la movilidad extrema, en el libre desplazamiento de las personas y en la distribución expandida de información: la malla evita la parcelación especulativa del espacio, facilitando la circulación de los individuos que la utilizan libremente, pero a la vez, su ubicuidad e hiper-tecnificación nos muestra –mucho antes de que *Internet* se convirtiera en la trascendental herramienta comunicativa que es hoy en día– cómo esta versión de una arquitectura desmaterializada se convierte en vehículo conceptual que permite un mayor acceso a la información, y por extensión, al conocimiento.

---

[42] Se puede detectar aquí un cambio importante en el acercamiento de Superstudio a la tecnología, ya que frente al rechazo de las propuestas tecnófilas de sus colegas de Archigram escenificado unos años antes para criticar aquellos trabajos ostensiblemente inspirados en visiones futuristas vinculadas al auge de la ciencia-ficción, ahora el grupo opta por el abrazo McLuhaniano de la tecnología como medio para liberar al sujeto, aquel optimismo tecnológico expresado por el gurú de los medios en su influyente *Understanding Media: The Extensions of Man* (1964) [●CR.419]. Curiosamente, en el libro McLuhan dedica un apartado a *La automatización: aprender a vivir*, donde detalla cómo los mecanismos computerizados servirán para liberar al hombre de su apego a las tareas mundanas y repetitivas asociadas a la industrialización, y describe al nuevo sujeto 'conectado' como un nómada: "*De repente, el hombre se ha convertido en nómada recolector de conocimientos, nómada como nunca, mejor informado que nunca, más libre que nunca de la especialización fragmentaria, aunque implicado como nunca en el proceso social total, ya que, con la electricidad, extendemos globalmente nuestro sistema nervioso central y lo relacionamos instantáneamente con toda la experiencia humana.*" MCLUHAN, Marshall. *Comprender los medios de comunicación. Las extensions del hombre*. Barcelona: Paidós, 1996. Pág. 362.

Los integrantes de Superstudio dejaban claro que la 'vida en la *Supersuperfície*' recreada en la película no pretendía proponer un marco definitivo para el futuro del planeta, sino sólo un ejercicio de liberación momentánea, un acto efímero de libertad con el que responder a la llamada del comisario Ambasz invitando a los participantes a proponer nuevas ideas que abordaran la necesaria reelaboración de la vida cotidiana como anticipo de un nuevo programa arquitectónico. Los florentinos incluso van un poco más lejos, cuando defienden que la redefinición del modo en que vivimos implicará una nueva forma de hacer arquitectura más adecuada, que debería encontrar sus principios básicos en la vida misma:

"La vida será el único arte ambiental."[43]

Años después el propio Ambasz aclaraba su, por aquella época, compartida visión del diseño – arquitectónico o no –que también defendía Superstudio– y en ciertos aspectos algunos de sus colegas *radicales* -, ese diseño entendido como una actividad que debía servir como soporte de las actividades humanas más elementales:

"Esta (la arquitectura) consistía, en esencia, en proporcionar una morada para aquellos tres gestos básicos: nacer, amar, morir. La Arquitectura, para ellos (los 'radicales'), se convertía en sustancia solo cuando podía albergar estas tres necesidades básicas. El resto de las actividades se desmenuzarían en un refinado polvo".[44]

---

[43] SUPERSTUDIO. *Description of the Microevent/Microenvironment*. En *Italy: The New Domestic Landscape. Achievements and Problems of Italian Design*. (1972). Pág.248.

[44] AMBASZ, Emilio. *Architettura Radicale*. En *Emilio Ambasz Inventions: The Reality of the Ideal*. New York: Rizzoli, 1992. Pág. 81.

Se puede decir entonces que el trabajo presentado en el MOMA finalmente funcionará como el vínculo necesario entre aquellos objetos diseñados por el colectivo años atrás para reclamar una arquitectura que debía actuar como soporte de los rituales cotidianos –en especial desde el lanzamiento de la serie *Quaderna*[45]– y la nueva línea argumental, que ya se vislumbra, en la que el grupo terminará defendiendo que es la propia vida diaria liberada de cualquier soporte material la que debe ser entendida como forma definitiva de arquitectura.

Como veremos a continuación, en los meses posteriores a la exposición y hasta la disolución del grupo en 1978, Natalini y compañía pondrán en marcha una serie de procesos e iniciativas con las que explorar las implicaciones de considerar las actividades cotidianas como arquitectura, empezando por aquella que tenía que ver con su obsesión por definir esa arquitectura considerada más 'conveniente', una arquitectura del día a día que supondrá el estadio definitivo en el que alcanzarán su simbólica –y perseguida– desmaterialización como paso previo para la elaboración de una propuesta definitiva de refundación filosófica y antropológica de la propia disciplina.

Redención metafísica en *Cinco Actos*

En julio de 1972, con la exposición del MOMA todavía abierta al público, la revista Casabella publica un artículo firmado por Superstudio con el título

---

[45] Ver *Crear sin esfuerzo* en el *Apartado 4.1. Las tumbas de los arquitectos* de esta investigación. Figs. 39-41).

Fig.28. "Vita, Educazione, Cerimonia, Amore, Morte. Cinque Storie del Superstudio". Superstudio. Primera página del artículo publicado en la revista Casabella nº367, Julio 1972.

Vita, Educazione, Cerimonia, Amore, Morte. Cinque storie del Superstudio[46] (Fig.28).

El ensayo supone la primera entrega de una serie de 5 'relatos' que el grupo publicará periódicamente en la misma revista durante el siguiente año, girando todos ellos en torno al tema en el que ya habían empezado a trabajar durante la preparación del *Microentorno* del MOMA: la relación entre la arquitectura y esos hitos básicos que definen nuestra existencia.

Así, los miembros de Superstudio, conscientes de que durante muchos años la arquitectura había actuado como promotora de una visión renovada de los patrones de vida de los ciudadanos utilizando el propio edificio como herramienta formal que los guiaba y estructuraba las acciones que los conformaban, y una vez declarada la pertinencia de un mundo sin objetos ni edificios –sustituidos por una ubicua malla energética– comienzan a replantearse de nuevo el papel del arquitecto, ahora entendido no como cómplice de las maquinaciones del sistema, sino como el de una nueva figura capaz de encontrar soluciones que permitieran a los humanos diseñar sus propias vidas.

En esta ocasión los florentinos, tras denunciar la corrupción de las instituciones sociales y abogar por su desmantelación y rediseño como paso previo para el avance de la disciplina, llevan sus demandas un poco más lejos al señalar a la arquitectura como una parte esencial en la consecución de ese cambio sociocultural que debía tener lugar, de manera

---

[46] SUPERSTUDIO. *Vita, Educazione, Cerimonia, Amore, Morte. Cinque storie del Superstudio.* Casabella nº 367, Julio 1972. Págs. 15-26.

que cualquier alteración de aquellas instituciones (políticas, religiosas, culturales...) que 'ordenaban' la vida diaria eran por tanto consideradas en sí mismas actos arquitectónicos:

"Nuestra única arquitectura será nuestra vida."[47]

Posiblemente influenciados por la llamada a la transformación del arte en 'actos elementales' que dos años antes hacía Germano Celant en su presentación del *Arte Povera*[48], por la violenta irrupción de *Fluxus* en el panorama cultural a principios de los años 60 [●CR.025] con sus provocadoras propuestas que disolvían el arte en lo cotidiano[49], e incluso por las experiencias previas e iniciáticas del *Independent Group* en su exposición *Parallel of Life and Art* (1953) [◆CR.394], los jóvenes arquitectos florentinos aplicaban ahora una nueva fórmula en la que la vida se equiparaba a la arquitectura, pero una arquitectura que encontraba su razón de ser en devolver a

---

[47] SUPERSTUDIO. *Vita, Educazione, Cerimonia, Amore, Morte. Cinque storie del Superstudio. Morte.5.* Casabella nº 380-381, Agosto-Septiembre 1973. Pág.49.

[48] CELANT, Germano. *Arte povera*. Milano: Gabriele Mazzotta, 1969. Pág. 227. Celant animaba en su escrito a sustituir los discursos vinculados a corrientes como el *Pop*, el *Op* o el *Minimal Art* en 'hechos mágicos' donde los elementos naturales como el aire, el agua y el fuego narrarían eventos comunes como la vida, la muerte, el amor o la locura.

[49] George Brecht, una de las figuras clave dentro del movimiento *Fluxus*, defendía, parafraseando a Tristan Tzara, que la vida era mucho más interesante que el arte, lo que se tradujo en un trabajo cuya característica más importante era el modo en que transportaba al espectador fuera del Museo para introducirlo en un mundo observado bajo una nueva luz. Posiblemente por aquellos los miembros de Superstudio años buscaban esa 'nueva luz' con la que iluminar una disciplina que consideraban estancada, quizás necesitaban un destello provocador que cambiara el estado de las cosas, como ya estaba sucediendo en el mundo del arte.

las necesidades más básicas del ser humano una nueva dignidad ritual, en recuperar el simbolismo de lo cotidiano, más allá de la alienante globalidad que según ellos invadía la sociedad contemporánea.

Nace así la secuencia de historias que, bajo la denominación de *Gli Atti Fondamentali* [*Los Actos Fundamentales*] [CR.158], el colectivo dedica a cinco aspectos básicos de nuestra experiencia vital –la vida, la educación, la ceremonia, el amor y la muerte– con la intención de convertirlos en la base de su pensamiento arquitectónico y de paso en la declaración más rotunda de su retirada definitiva del proceso de diseño:

> *"Los grandes temas, los temas fundamentales de nuestra vida, raramente son abordados por la arquitectura. La arquitectura, que permanece al margen, sólo interviene en algún momento del proceso de, normalmente cuando todo comportamiento ya ha sido codificado, proporcionando respuestas a problemas rígidamente planteados. Incluso cuando las propias soluciones son aberrantes o subversivas, la lógica que rige la producción y el consumo impide cualquier trastorno real. La arquitectura no propone conductas alternativas, ya que utiliza instrumentos perfeccionados por el sistema con el fin de evitar cualquier desviación sustancial.*
>
> *Por consiguiente, las casas de la clase trabajadora y las villas majestuosas se basan en los mismos modelos y el arquitecto radical termina siendo lo mismo que su equivalente académico: la diferencia reside únicamente en las cantidades implicadas; todas las decisiones sobre la calidad de vida ya se han tomado.*
>
> *Al aceptar este papel, el arquitecto se convierte en cómplice de las maquinaciones del propio sistema cuya aprobación busca. El arquitecto de vanguardia desem-*

peña uno de los papeles más estereotipados, en vez de ser el héroe byroniano aporta a la pieza el conflicto romántico y la ironía dramática necesaria.

Finalmente, al reconocer su situación, el arquitecto podrá detectar en su trabajo y en sí mismo ciertas connotaciones cosméticas, polución medioambiental y consolatrix afflictorum, que le detienen bruscamente en su bien preparado terreno.

A partir de este momento se convierte en un acto de coherencia, o en un último intento de salvación, concentrarse en la redefinición de los actos primarios, y examinar en primer lugar cuales son las relaciones entre la arquitectura y tales actos. Esta operación se convierte en una terapia para la eliminación de todas las arquimanías...

El intento de refundación antropológica y filosófica de la arquitectura se convierte en el centro de nuestros procesos reductivos. "[50]

Este corto pero demoledor manifiesto revela la irreversible postura crítica que los integrantes de Superstudio mantenían como grupo respecto al estado de una disciplina que desde hacía años consideraban corrupta. Ahora, incluso el 'temido' arquitecto *radical* es también considerado culpable de haber contribuido al estancamiento del desarrollo humano, al haber sucumbido ante algunas de las convenciones arquitectónicas sólo dignas de aquel arquitecto *académico* cómplice de un proceso en el que las decisiones sobre cómo debíamos vivir y trabajar eran dirigidas por fuerzas que se escapaban a su control.

---

[50] SUPERSTUDIO. *Vita, Educazione, Cerimonia, Amore, Morte. Cinque storie del Superstudio. Gli Atti Fondamentali.* Casabella nº 367, Julio 1972. Pág. 16.

Finalmente, para Superstudio la arquitectura se convierte en un medio metafísico en el que la única manera de crear un entorno que no hiciera uso de elementos represivos era invertir el proceso de pensamiento: la vida, y no la arquitectura, debía servir como punto de partida[51]. Y aquí es donde entran en juego los *Actos Fundamentales*.

En un principio la intención del grupo era mostrar las cinco historias en forma de cinco películas dedicadas cada una a un tema diferente, lo que les permitiría generar de nuevo un producto mediático alejado de los modos tradicionales de promoción arquitectónica - que tan buen resultado les había dado con su primer *film* dedicado a la *Architettura Interplanetaria* finalizado en 1971[52]. Sin embargo, por diferentes razones, principalmente vinculadas a la falta de presupuesto, solo dos de los *Actos –Vita* y *Cerimonia–* se convertirán en película, y aquellos *storyboards* producidos previamente para persuadir

---

[51] Unos años más tarde Alessandro Mendini, 'il capo' de Casabella en la etapa en que la revista se abrió al mundo radical, defendía una postura similar a la de los florentinos, que debía ser activada a la hora de ejercer la profesión: *"Es necesario sustituir la palabra 'proyecto' por la palabra 'vida', en el sentido que, mientras el vivir nos implica a todos, el proyectar implica solo a los especialistas. Es importante tender hacia la no-especialización del proyecto, hacia la adquisición de actitudes existenciales, discontinuas, incoherentes, liberatorias y corporales, enfrentando el proyecto vivo de uno mismo contra quien se obstina en cumplir el pedante proyecto de las cosas. Es necesario que el proyecto pierda aquel sentido misionario, católico y retórico, típico del Movimiento Moderno, que ha querido dispensar, desde lo alto, la racionalidad."*
MENDINI, Alessandro. *Per un'architettura banale*. Casabella, 1978. Reproducido como *Por una arquitectura banal* en MAUBANT, Jean Louis; MIGAYROU, Frédèric ; JARAUTA, Francisco. *Arquitectura Radical*. Centro Andaluz de Arte Contemporáneo, Sevilla, 2003 (catálogo exposición). Pág. 254.
[52] Ver *Terapias didácticas...* en el *Capítulo 4*.

a posibles patrocinadores serán también incorporados, junto a textos e imágenes, para ser publicados en Casabella.

Vida

El primer episodio de esta investigación aparece en julio de 1972 bajo el título *La Vita (O dell'immagine pubblica dell'architettura veramente moderna)*[53], y retoma las ideas presentadas en la película proyectada en el MoMA sobre la *Supersurface: An Alternative Model for Life on the Earth*, incorporando varios de los fotomontajes que formaban parte de su introducción y del catálogo general de la exposición.

Sin embargo, ahora las características técnicas e innumerables funciones de la malla, que posibilitaban aquella vida sin objetos y sin arquitectura, ceden el protagonismo a las acciones que en ella pueden tener lugar, señalando la capacidad del proyecto para generar un nuevo paisaje sociopolítico en el que de nuevo el trabajo es relegado a un segundo plano:

> *"Tras la comprobación y extrapolación de datos y tendencias de otras disciplinas (desde las técnicas de control corporal a la filosofía, de la lógica a la medicina, a la biónica, a la geografía...) se puede visualizar una imagen guía: una vida que ya no se basa en el trabajo (ni en el poder y la violencia relacionada con él), sino en relaciones humanas no alienadas."*[54]

---

[53] SUPERSTUDIO. *Vita, Educazione, Cerimonia, Amore, Morte. Cinque storie del Superstudio*. Casabella nº 367, Julio 1972. Págs. 15-26.
[54] Ibid. Pág. 16.

Superstudio canaliza así una de las demandas principales de la izquierda italiana en aquellos momentos que, como vimos anteriormente, en consonancia con el espíritu de rechazo que impregnaba los movimientos obreros y estudiantiles de la segunda mitad de los años 60, defendía la total abstención de un trabajo que consideraban alienante.

Al analizar algunas de las ilustraciones que acompañaban al texto, en las que pequeños grupos de jóvenes de apariencia *hippie* participan libremente en diferentes actividades de ocio sobre aquella malla que les proporcionaba todo lo necesario para disfrutar de una libertad total, también podemos detectar ecos de aquel *homo ludens* de Huizinga que 'habitaba' la New Babylon de Constant , un hombre que gracias al progreso se veía liberado de las consecuencias represivas de la sociedad moderna –y entre ellas de la más represiva: el trabajo– y dedicado ahora al juego y al desarrollo espiritual[55].

En la misma línea la *Supersuperficie* aparece ahora como metáfora de un mundo en el que el desarrollo emocional y espiritual del hombre alcanza la perfección, y donde a través de un estilo de vida nómada – un nuevo paralelismo con la *New Babylon* – sin las restricciones vinculadas a la propiedad privada y alejada del

---

[55] Como veíamos en el Capítulo 2: *Provocación lúdica*, para los situacionistas la sociedad futura que resultaría de la revolución estaría caracterizada por la conversión de todo tiempo en tiempo de ocio, puesto que la producción sería realizada por máquinas. Siguiendo al famoso sociólogo Johan Huizinga, el *homo ludens* sustituiría al *homo faber*. Ver Huizinga, J. *Homo ludens* (1938). Madrid, 1972. Uno de los primeros textos que Constant publica en el entorno situacionista es "*El gran juego del futuro*" (originalmente publicado en *Potlatch* 1, julio 1959) donde señala la necesidad de incluir lo lúdico en la vida social cotidiana y por lo tanto en el urbanismo.

caos generado por el super-consumo, sus habitantes serán capaces de alcanzar una vida ideal dirigidos por sus renovadas facultades mentales y físicas:

> *"La Tierra, homogeneizada a través de una red de energía e información, se convierte en el soporte natural de una nueva vida mejorada: (...) la mente y el cuerpo como únicas herramientas."*[56]

Como resumen de todas las ideas anteriormente citadas, el artículo de Casabella también incluía el storyboard –re-editado para su publicación– elaborado para la película expuesta en el MoMA, un resumen gráfico en forma de viñetas acompañadas cada una por un pequeño texto en inglés que repetía el esquema utilizado con motivo de la publicación del guion gráfico del *Monumento Continuo* aprovechando su gran capacidad expositiva y sintética.

Educación

El segundo de los 'actos fundamentales' según Superstudio era *Educazione*, publicado de nuevo en la revista Casabella[57] en diciembre de 1972 y para el que el grupo también elabora un minucioso guion gráfico con la intención de convertir el proyecto en una película de 12min. que nunca llegarán a rodar.

La mayor parte del artículo inicial se presenta bajo el título de *Educazione. Un esempio di ceremoniale. Una conferenza* y toma la forma de apuntes para una hipotética charla en la que el grupo defendía la Educación como la imagen pública de la ciencia y de la libertad,

---

[56] Ibid. Pág. 16.
[57] SUPERSTUDIO. *Vita, Educazione, Cerimonia, Amore, Morte. Cinque storie del Superstudio. Educazione.* Casabella nº 372, Diciembre 1972. Págs. 27-31.

Figs. 29,30. "Vita, Educazione, Cerimonia, Amore, Morte. Cinque storie del Superstudio. Educazione. Un esempio di cerimoniale. Una conferenza (6)." Superstudio. Ilustraciones incluidas en el artículo publicado en la revista Casabella nº372, Diciembre 1972.

y denunciaban la relación estéril y jerárquica que en aquellos años se había instaurado entre los 'maestros' –o las estructuras empleadas para educar, como las escuelas o las instituciones– y los jóvenes estudiantes, sometidos a una intolerable presión sicológica ejercida a través del control continuo y las imposiciones éticas sutilmente aplicadas por el propio sistema.

Esto provocaba una psicopatía colectiva que Superstudio comparaba con la que padecían los miembros más jóvenes de las tribus australianas de los *Kani*, obligados a superar una serie de pruebas impuestas por los 'ancianos' de aquella sociedad arcaica que aunque disfrazadas de rituales, no eran más que medidas que protegían el 'viejo orden', reprimiendo las necesidades subversivas del individuo.

Con cierto sarcasmo Superstudio establecía un paralelismo entre estos ritos de iniciación de las tribus australianas analizados por Theodor Reik en 1916[58] y los de los llamados 'indígenas' italianos de la sociedad de masas, sólo diferenciados de los anteriores por estar basados no en el dolor físico, sino en la capacidad mental y el sufrimiento psíquico Figs. 29,30).

De forma metafórica el grupo exponía su convencimiento de que la tarea de la Educación consistía en preservar el orden existente, la paz y la estabilidad de una sociedad, pero indirectamente también incidía sobre la necesidad de una transformación de este concepto para poder ser aplicado a las nuevas generaciones.

Paralelamente a estos devaneos pseudocientíficos y etnológicos iniciales en torno al concepto de Educación, los miembros de Superstudio trabajaron en varios textos que abordaban la misma cuestión

---

[58] *The Puberty Rites of Savages.* REIK, Theodor (1916).

pero que permanecían inéditos hasta hace unos años cuando Martin van Schaik y Otakar Macel los recuperaron en su interesante libro *Exit Utopia: Architectural Provocations, 1956-76*[59]. El artículo aquí reproducido –en inglés– lleva por título *Education, or the Public Image of Science and Liberty*, y está dividido en dos partes: la primera también se presenta en forma de una supuesta conferencia, en este caso sobre un arquitecto ficticio, y en la segunda se describía una avanzada y premonitoria red de intercambio de información globalizada que debía cambiar la forma de enseñar.

Amerigo Baccheschi –abreviado como AB en el text – era el nombre de aquel arquitecto y teórico imaginario largamente olvidado a cuya obra se dedica la charla, y que es utilizado alegóricamente por Superstudio como estandarte de la cultura arquitectónica italiana anterior al nacimiento del fenómeno radical[60]. Su vida y su obra se debaten entre la desilusión inicial respecto al clima arquitectónico europeo –su solicitud de acceso en la Bauhaus había sido rechazada por el propio Gropius, molesto ante las críticas del joven AB que había declarado: "*In thirty years, all this will be indigestible*"[61]– y el abrazo final a la cultura oficial –cuando por fin su 'gran obra' es construida–, e incluso su muerte también refleja esa dualidad

---

[59] Los textos aparecen reproducidos en inglés, acompañados de abundante material gráfico. VAN SCHAIK, Martin; MACEL, Otakar. *Exit Utopia: Architectural Provocations, 1956-76*. IHAAU-TU Delft, Prestel, 2005. Págs. 191-211.
[60] Según se desprende de la narración biográfica de AB, este muere (o se suidida) en 1966, el mismo año en el que se fundan Superstudio y Archizoom y que muchos historiadores establecen como el nacimiento de la *Architettura Radicale*.
[61] "*En treinta años todo esto va a ser indigesto*". En *Exit Utopia: Architectural Provocations, 1956-76*. Pág. 201.

interior: AB muere justo antes de la inauguración de su edificio-emblema, al caerse (o lanzarse, no lo dejan muy claro) desde lo alto de un andamio cuando se disponía a pintar sobre la fachada el eslogan *"Architecture is for the bosses"*[62].

El hipotético conferenciante –un miembro de Superstudio– terminaba la charla exponiendo los evidentes paralelismos que a su entender existían entre la vida y carrera profesional de AB y la comprometida situación en la que se encontraba la arquitectura, preguntándose si el nuevo arquitecto debía luchar contra el orden establecido, o por el contrario rendirse al sistema que controlaba la producción arquitectónica:

> *"AB ya ha soñado todos nuestros sueños. Nuestra 'pesada' arquitectura es solo la recreación diurna de estos fantasmas. Nuestras (de Superstudio) acciones son esfuerzos lógicos por sustituir el sueño por una realidad total."* [63]

Esta *realidad total* a la que alude Superstudio equivale, según el grupo, a una nueva era de la información a la que AB fue incapaz de hacer frente, ya que por mucho que intentara luchar contra la cultura arquitectónica dominante –representada por la Bauhaus– había sido finalmente devorado por el ansia monumental compartida por 'los jefes'.

La conclusión a la que el conferenciante pretende conducirnos es que la arquitectura debe superar el pesado lastre de la monumentalidad arcaica para empezar a considerar las nuevas tecnologías de la

---

[62] *"La Arquitectura es para los jefes"*, expresión que recuerda a las pintadas que florecían en las calles de París durante el Mayo del 68.
[63] Ibid. Pág. 203.

información como el nuevo paradigma arquitectónico, un paso más en su reflexión sobre la fisicidad del trabajo del arquitecto que queda reflejada en la última frase:

> "Nuestra arquitectura actual sólo es la búsqueda de un estado diferente que podría finalmente prescindir de la arquitectura."[64]

En la segunda parte del artículo los integrantes de Superstudio imaginan un escenario para este *estado diferente*, desarrollando el *"Proyecto para un sistema universal de intercambio de información"*[65] en el que los procesos educativos serían totalmente descentralizados al sustituir las aulas por puntos de acceso a un ordenador conectado en red que de nuevo nos anticipa nuestra actual *World Wide Web*.

Pero la propuesta de los florentinos va un poco más allá, acercándose incluso a lo que hoy en día se conoce como *Web 2.0*, ya que no solo sustituyen la figura-autoridad del profesor por una red de acceso universal convertida en paradigmática herramienta de aprendizaje democrático e individualizado, sino que además incorporan al sistema la posibilidad de una retroalimentación continuada por parte de los usuarios, de manera que estos tendrán el control sobre el contenido de dicha información[66] (Fig.31).

---

[64] Ibid. Pág. 203.
[65] *"A Project for a universal system of information Exchange"*. Ibid. Pág. 204.
[66] El ejemplo más claro y extendido de esta forma de 'producir' información es Wikipedia.

Evidentemente, todas estas reflexiones y propuestas estaban vinculadas al principal objetivo del grupo, que no era otro que alcanzar una forma de vida más democrática, en la que el individuo finalmente fuera capaz de educarse a sí mismo, quedando recogidas de forma comprimida en el *storyboard* que acompañaba el primer artículo publicado en Casabella.

Ceremonia

La tercera entrega de aquella especie de teleología de una vida humana que Superstudio exploraba en los *Atti Fondamentali* se centra – una vez completada la *Educazione* – en aquellos rituales diarios que componen la propia vida cotidiana, y por lo tanto está dedicada a la *Cerimonia*.

El trabajo es publicado en Casabella en Febrero de 1973[67] (Fig.32), y en esta ocasión el grupo recupera la fórmula de breves cuentos alegóricos y metafóricos ya empleada en las *12 Città Ideali* un año antes, dividiendo el artículo en siete partes: la primera escrita a modo de introducción, y las seis siguientes dedicadas a describir mundos ficticios en los que ciertos ritos se infiltraban en las comunidades que los habían engendrado y acababan por dominarlas.

La Cerimonia Totale es el título de una primera parte en la que Superstudio acota el tema de estudio apoyándose en tres textos fundamentales: *Las formas elementales de la vida religiosa* (1912) de E. Durkheim, *Tótem y Tabú* (1907) de S. Freud, y del ensayo *Antropologia funzionale* (1968) de C.T. Altan.

---

[67] SUPERSTUDIO. *Vita, Educazione, Cerimonia, Amore, Morte. Cinque storie del Superstudio. Cerimonia.* Casabella n° 374, Febrero 1973. Págs. 35-41.

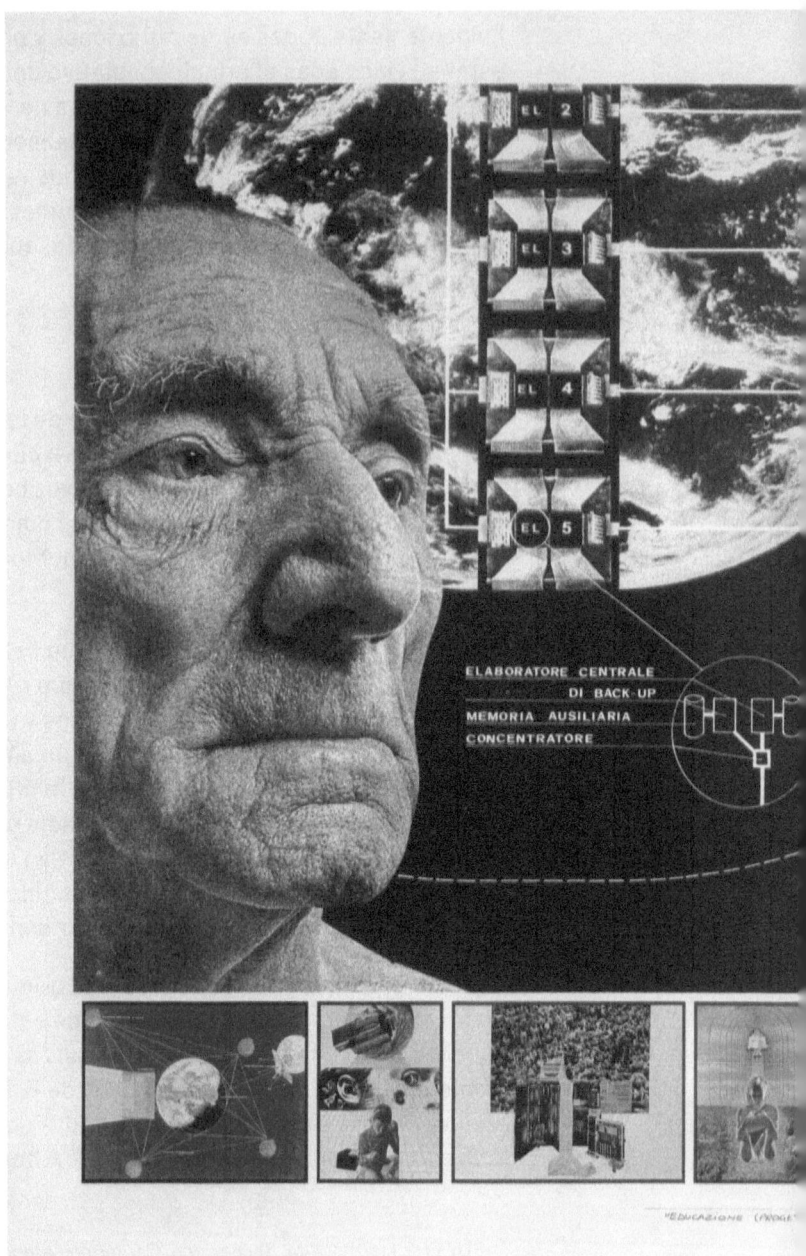

Fig.31. "Gli Atti Fondamentali, Educazione (Progetto 1)". Superstudio 1971, 1973. Litografía.

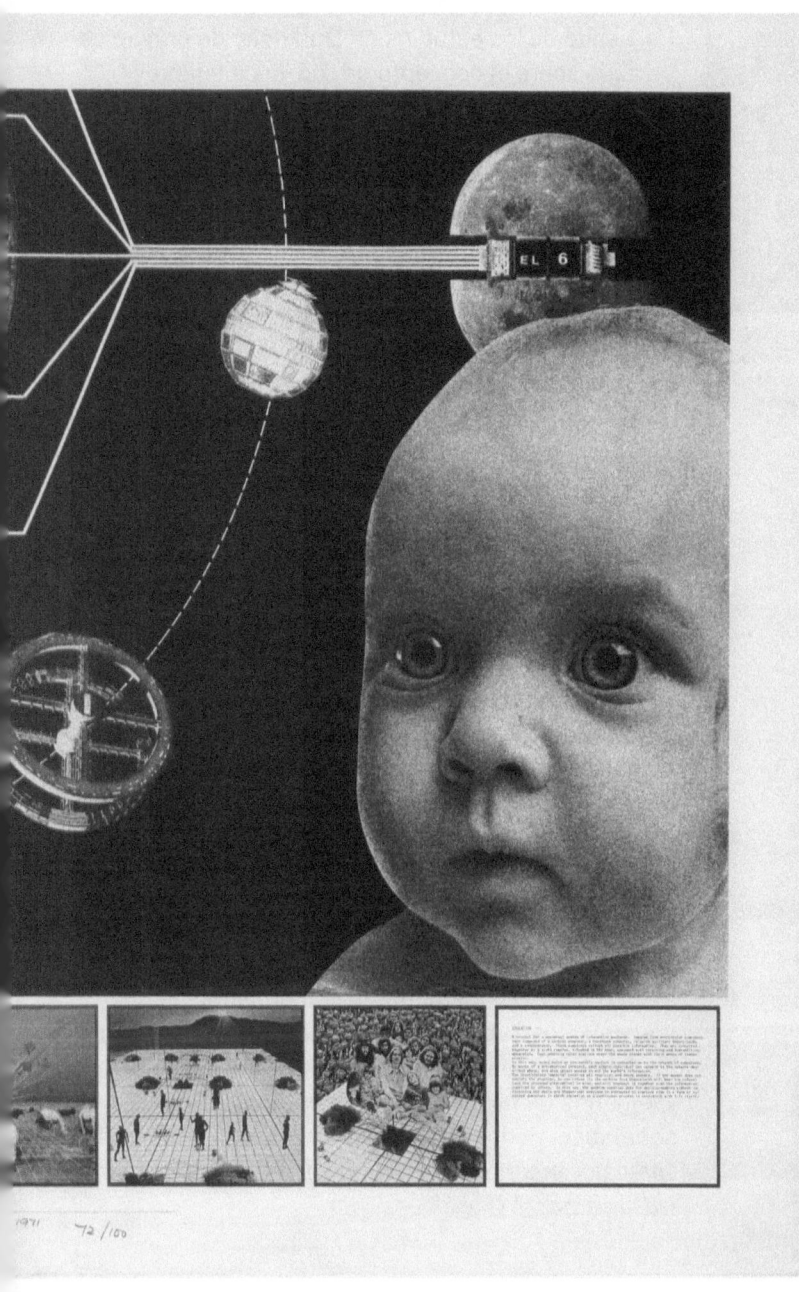

Fig.32. Casabella n°374, Febrero 1973. En la portada: "Gli Atti Fondamentali, Cerimonia (Il grande pellegrinaggio). Fotomontage.

Partiendo de los estudios de Durkheim de principios de siglo sobre el concepto de rito, los miembros del grupo aplicaban sus postulados a la sociedad contemporánea sobre la base de que el ritual había estado siempre estrechamente ligado al ámbito de lo sagrado y trascendente, y que el ceremonial relacionado con este siempre se había entendido como un comportamiento defensivo y reconfortante. Sin embargo, el posterior análisis sociológico de Superstudio evidenciaba la ausencia en la realidad contemporánea de un conocimiento profundo de los mecanismos a través de los cuales se ejercía el poder y el dominio, que en ambos casos se relacionaba directamente con el uso de una ritualidad cuyo 'diseño' y parámetros habían permanecido siempre en manos de unos pocos privilegiados. Asumiendo por tanto que la vida contemporánea se podía definir como un conjunto de rituales, y que en el lenguaje común el concepto de rito se limitaba al ámbito religioso, terminan por considerar más adecuado centrar la investigación en la noción de 'ceremonia', un término más 'flexible' que también admitía aplicaciones laicas como las ceremonias militares, de estado, etc.

Paralelamente, y tras la lectura de Freud, el grupo denuncia la neurosis a la que se había visto sometido el individuo como consecuencia de una práctica continuada de estos ritos ceremoniales, sosteniendo que solo mediante la comprensión de los mecanismos subyacentes podrían desenmascarar las líneas de fuerza del poder y evitar las trampas y engaños de la sociedad manipuladora. Solo así, señalaban, podremos por fin movernos libremente *"para una mejor comprensión del mundo y de nosotros mismos"*[68] (Fig.33).

[68] Ibid. Pág.36.

Los seis relatos siguientes abordaban metafóricamente varios temas como el concepto de 'ceremonia' en el seno de una civilización aislada, desconocida, y desconocedora de la arquitectura, simple pero feliz – *Quelli che non alzano muri e sono felici* -, el consumismo entendido como un rito de la sociedad capitalista – *Il grande pellegrinaggio* (Fig.34)-, la obsolescencia del producto – *Un rito espiatorio* - y del consumo visual de imágenes y mitos en la realidad contemporánea – *Gli uomini che vollero il deserto*-, para terminar con un análisis de la relación entre arquitectura y poder – *Un edificio per una cerimonia sconosciuta* – y entre el medio y el mensaje – *Ogni architettura sulla terra e'un edificio per una cerimonia sconosciuta* Figs.35,36).

En este último y corto relato, escrito a modo de manifiesto, Superstudio da un paso más en su proceso reduccionista al plantear la necesaria descodificación de la producción arquitectónica: asumiendo que toda arquitectura está cargada con un valor simbólico que a menudo permanece oculto, lo que la convierte en *"formalización de los símbolos del conocimiento, de la dominación, de la procreación y de la inmortalidad (...) como un iceberg ocultando la mayor parte de sí mismo"* [69], el grupo se propone revelar – y neutralizar - ese aspecto codificado, desmitificando así el poder y la autoridad acumulado entre sus estructuras:

> *"Podemos desmontar la arquitectura pieza a pieza, y ponerla sobre la mesa, hasta que por fin esté disponible para su uso sin más trucos misteriosos. Podemos llenarla de etiquetas bien visibles, para que muestre todos sus propósitos secretos."* [70]

---

[69] Ibid. Pág.39.
[70] Ibid. Pág.39.

Fig.33. "Vita, Educazione, Cerimonia, Amore, Morte. Cinque storie del Superstudio. La ceremonia totale". Superstudio. Ilustración que acompañaba la introducción del artículo incluido en la revista Casabella n°374, Febrero 1973.

Fig.34. "Vita, Educazione, Cerimonia, Amore, Morte. Cinque storie del Superstudio. Il grande pellegrinaggio." Superstudio. Ilustración que acompañaba el tercer relato del artículo incluido en la revista Casabella n°374, Febrero 1973. En este fotomontaje, que representa la última parodia contra la sociedad consumista, una multitud 'hollywoodiana' asciende por una escalera monumental para alcanzar la montaña sagrada y entrar, tras haber sido despojados de todas sus pertenencias, en la caverna del eremita o 'Dios desnudo' (en realidad un simio).

Solo así aquellas ceremonias básicas que Superstudio ahora deseaba preservar, aquellos *actos fundamentales* que debían servir como punto de partida para una hipotética refundación de la disciplina, podrán ser liberados de los edificios que las albergan, un deseo que proclaman al final del artículo:

> *"Y más allá de toda ilusión, podríamos tratar de construir una realidad donde todas las ceremonias y ritos fueran exclusivamente nuestros y pudieran incluso ser rápidamente olvidados."*[71]

A finales de 1973 *Cerimonia* se convierte en una película de 12min. que, como resumen de los siete relatos anteriores, narra el 'feliz' desenlace planteado por el grupo de la muerte de la arquitectura y el diseño devorados por el flujo de la vida cotidiana. El documento comprime toda la intensidad de aquella visión catastrófica a la que Charles Jencks aludía en su artículo *The Supersensualists* definiéndola como de una cierta 'angustia metafísica'[72] que guiaba el trabajo de los florentinos en la culminación de su proceso de abstención productiva.

Figs.35,36. "Vita, Educazione, Cerimonia, Amore, Morte. Cinque storie del Superstudio. Un edificio per una cerimonia sconosciuta." Superstudio. Imágenes que acompañaban el sexto relato del artículo incluido en la revista Casabella nº374, Febrero 1973.

---

[71] Ibid. Pág.39.
[72] *"No one, to my knowledge, has ever explored the relations, which no doubt do exist, between sensual love, metaphysical angst, beauty, advanced technology and (perhaps) Marxism before the recent generation of Italian designers and film-makers insinuated themselves on the scene."* JENCKS, Charles. *The Supersensualists (Part 1).* Architectural Design, Junio 1971. Págs. 345-347.

Amor

El cuarto de los cinco ensayos que exploraban las nuevas implicaciones de los *Actos Fundamentales* estaba dedicado al *Amore*. Publicado en Casabella en Mayo de 1973[73], Superstudio vuelve a utilizar aquí el formato de fábulas que ya habían explotado con éxito en las *Doce Ciudades* y en *Cerimonia*.

En esta ocasión el artículo se dividía en cinco pequeñas historias, la primera de las cuales era presentada en forma de 'carta de amor' que permitía al grupo aprovecharse de la rica simbología y reclamo asociados a este 'género' literario.

Lettera d'amore per Maddalena y las cuatro historias restantes constituyen una especie de catálogo que recoge todas las perversiones y falsas ilusiones sobre el amor alimentadas por la sociedad contemporánea —el amor fetichista, el pedófilo, el sadomasoquista, el amor a la guerra, a la Nación, etc.— para someterlas posteriormente a un análisis demoledor con el que trataban de negar todas las distinciones mencionadas con anterioridad para demostrar la excesiva institucionalización y manipulación a las que este sentimiento —y ritual— estaba sometido.

Así, los personajes retratados buscan el amor a través de diferentes formas de mediación mecánica, ya sea a través de la máquina de escribir del 'enamorado' de Maddalena, de la eficiente *macchina innamoratrice* que estimula bizarros sentimientos amorosos en aquellos que entran en

---

[73] SUPERSTUDIO. *Vita, Educazione, Cerimonia, Amore, Morte. Cinque storie del Superstudio. Amore.* Casabella nº 377, Mayo 1973. Págs. 30-35.

contacto con ella, o incluso a través de los propios edificios (Fig.37), que según Superstudio a menudo funcionan como intentos del ser humano de representarse a sí mismo, lo que raras veces consiguen, por lo que el amor a uno mismo, concluyen, seguirá siendo esquivo.

En *Amore* podemos observar cómo los escenarios ficticios descritos por el grupo se asemejan a nuevos "cuentos con moraleja" cuyas consecuencias uno siempre espera evitar, advirtiéndonos en esta ocasión del peligro de una sociedad en la que la intimidad solo pueda ser alcanzada a través del uso de sustitutivos técnicos, algo que curiosamente 50 años después también deberíamos volver a replantearnos[74].

Muerte

La investigación de Superstudio en torno a los *Atti Fondamentali* se cierra –como no podía ser de otra forma– con el capítulo dedicado a la *Morte*, publicado en Casabella en Agosto de 1973[75].

Este episodio final, en el que participa de forma destacada Alessandro Poli –incorporado al grupo dos años antes y al que aporta su particular visión en torno a la necesidad de actuar sobre la cotidianei-

---

[74] En este sentido, por ejemplo, la película *Her* (2013) de Spike Jonze (Fig.38) supone un interesante análisis sobre las consecuencias – ¿futuras? - de la feroz imbricación entre las nuevas tecnologías y nuestras relaciones afectivas, que ya los miembros de Superstudio empezaban a adivinar varias décadas atrás.
[75] SUPERSTUDIO. *Vita, Educazione, Cerimonia, Amore, Morte. Cinque storie del Superstudio. Morte.* Casabella nº 380-381, Agosto-Septiembre 1973. Págs. 43-52.

Figs.37. "Gli Atti Fondamentali, Amore, Un edificio nella giungla." Fotomontaje. Superstudio, 1972.

Fig.38. "Her". Spike Jonze, 2013. Fotograma de la película en el que el protagonista, Theodore Twombly (Joaquin Phoenix), observa la representación física de Samantha (con voz de Scarlett Johansson), su novia virtual.

dad como procedimiento regenerador– comenzaba con un análisis comparativo de diferentes ritos funerarios pertenecientes a varias culturas procedentes de países tan dispares como Etiopía, Australia, Sudán o Estados Unidos[76], seguido de un detallado estudio que bajo el título de *Discorsi dei tempi e delle morti* abordaba la evolución diacrónica del término 'muerte' a través de la recuperación de fuentes tan variadas como algunos textos sagrados de los antiguos egipcios, griegos, musulmanes o taoístas, que se alternaban con fragmentos de textos sobre tanatología recuperados de volúmenes dedicados a medicina forense conservados en la Biblioteca Nacional de Florencia, e incluso con extractos de ensayos de Sartre, Schopenhauer o Nietzsche.

En las dos páginas siguientes el grupo introduce una nueva perspectiva desde la que afrontar el tema principal, utilizando un estilo mucho más técnico en el que tanto imágenes como texto adoptaban un lenguaje claramente científico para desarrollar un intencionado análisis sobre la manipulación contemporánea de los valores asociados a la vida y a la muerte, que según ellos se habían convertido en herramientas utilizadas por el sistema para dirigir a las masas y, como consecuencia, para el mantenimiento de su propia estructura. En este sentido utilizaban una cita de Marcuse para recordar cómo el uso contemporáneo de la muerte era un problema ligado a nuestro concepto de tiempo y de existencia:

---

[76] En la primera página del artículo se mostraba un catálogo de costumbres fúnebres procedentes de diferentes culturas recogidas en manuales de etnología y citados en el *Dictionnaire Infernal* (1818) de Collin de Plancy, e irónicamente presentados por Superstudio en forma de recetario.

> "(...) el fluir del tiempo ayuda al hombre a olvidar lo que era y lo que puede ser, hace que se olvide de un pasado mejor y de un futuro mejor. (...) Olvidar es también perdonar lo que no debe ser perdonado (...) olvidar el sufrimiento pasado es olvidar las fuerzas que lo provocaron – sin derrotar a esas fuerzas."[77]

Superstudio introduce así el concepto de memoria –entendida como 'almacén' de enseñanzas y orientaciones que las civilizaciones del pasado legaban a las del presente– para convertirlo en el centro del discurso expuesto en la tercera parte del artículo bajo el título *Ovvero: dell'imagine pubblica del tempo e della memoria* [*O: de la imagen pública del tiempo y de la memoria*], que en forma de fábula reproducía parte de la documentación presentada dos años antes al concurso para la ampliación del Cementerio de San Cataldo en Módena, ahora utilizado como *Un esempio didattico*[78].

El proyecto de 1971, además de continuar con el proceso de 'destrucción' de la consistencia física de la arquitectura iniciada con la *Supersuperficie* como premisa para una –necesaria– regeneración contemporánea de la disciplina, permite al grupo iniciar su investigación en torno a la representación de la esencia del monumento, de los ritos y los significados en los que se fundamentaba dicha consistencia, que culminará con el quinto episodio de los *Atti Fondamentali*.

---

[77] MARCUSE, Herbert. *Eros and Thanatos*. En *Eros and Civilization: A Philosophical Inquiry into Freud*. Beacon Press, 1955.
[78] SUPERSTUDIO. *Morte 4. Un esempio didattico: il nuovo cimiterio di Modena*. En *Vita, Educazione, Cerimonia, Amore, Morte. Cinque storie del Superstudio. Morte.* Casabella n° 380-381, Agosto-Septiembre 1973. Págs. 48-51.

La solución propuesta describía un cementerio del futuro que respetaba el pasado, inspirado en la idea de Alfredo Bianco según la cual este tipo de lugares debían convertirse en *"la imagen en negativo de la ciudad que los alimenta"*[79], y representado por una extensa superficie reticulada superpuesta a la naturaleza que mostraba ciertas similitudes con la citada *Supersuperficie*:

> *"A lo lejos, donde la superficie cuadriculada llegaba a tocar la naturaleza inalterada, se podían ver las líneas terminar abruptamente contra las rocas, la hierba o las plantas, como si el plano reticulado continuara inalterado bajo la naturaleza.*
>
> *Una vez se llegaba, el edificio no tenía nada especial. Un examen cuidadoso revelaba quizá su única particularidad en la voluntad de sus constructores de hacerlo 'neutro'."*[80]

Sin embargo, a diferencia de la malla precedente –reducida a un plano sin objetos ni edificios– en este caso una gran construcción[81] emerge en el

---

[79] Alessandro Poli hace referencia en uno de sus cuadernos de notas a la obra de Bianco, transcribiendo algún párrafo de la misma: "*Sovrabbondano le 'storie' delle metropoli, e scarseggiano. Anzi mancano le 'storie' delle necropoli. (...) ogni cimitero presenta, in negativo, l'immagine della città che lo alimenta, perché fra l'uno e l'altra intercorrono rapporti precisi di superficie e di popolazione, di prosperità e di religiosità.*" BIANCO, Alfredo. *Il cimitero urbano di Asti*, 1957. Citado en GARGIANI, Roberto; LAMPARIELLO, Beatrice. *Superstudio*. Editori Laterza, 2010. Pág. 122 (Nota 43).

[80] SUPERSTUDIO. *Morte 3. Ovvero: dell'imagine pubblica del tempo e della memoria*. En *Vita, Educazione, Cerimonia, Amore, Morte. Cinque storie del Superstudio. Morte*. Casabella n° 380-381, Agosto-Septiembre 1973. Pág. 48.

[81] En una nueva alusión al pasado y a la memoria, la hipotética construcción representa una reproducción perfecta de la iglesia de San Cataldo en Módena.

centro de su ilimitada expansión, compuesta por elementos prefabricados de color rojo y destinada a asumir una función 'inmortalizante' y simbólica: en su interior un gran pozo circular recoge y almacena metafóricamente la memoria de las personas fallecidas, a la cual podrán tener acceso ilimitado sus familiares a través de avanzados dispositivos que funcionarán como "*capsule della memoria*" o 'terminales' conectados a un sistema central para crear una especie de memoria colectiva de aquellos que nos han dejado (Fig.39):

> "*Varios ordenadores estarán conectados para formar gigantescas unidades centrales. Dichas unidades podrán cubrir toda la Tierra utilizando satélites transmisores. En cualquier lugar y a cualquier hora todo hombre podrá acceder a la memoria colectiva.*"[82]

Como en propuestas anteriores –véanse los planes diseñados por el grupo para el sistema educativo del futuro expuesto en *Educazione*– en este último episodio la carga arquitectónica 'desaparece', no se aplica sobre un lugar definido, se ha convertido en pura información almacenada y difundida a través de redes invisibles de distribución en las que los únicos edificios previstos se convierten en centros de almacenaje teóricos, y los cementerios pensados por Superstudio en 'máquinas de la memoria' o cerebros electrónicos que acumulan los datos de una humanidad desaparecida con la que también se ha disuelto toda forma convencional de monumento y, de paso, la mística que rodeaba al 'acto final de nuestros días'.

---

[82] SUPERSTUDIO. *Morte 4. Un esempio didattico: il nuovo cimiterio di Modena*. En *Vita, Educazione, Cerimonia, Amore, Morte. Cinque storie del Superstudio. Morte.* Casabella nº 380-381, Agosto-Septiembre 1973. Pág. 49.

Fig.39. "Gli Atti Fondamentali, Morte (Il Cimitero di Modena)". Superstudio 1971- 1973. Litografía, 1973.

De esta manera el grupo pretendía denunciar cómo nuestra preocupación por la Muerte nos había llevado a levantar a lo largo de la historia inmensas 'locuras' arquitectónicas y a acumular compulsivamente posesiones innecesarias, defendiendo que una vez aceptada la realidad de este hecho como parte de la Vida[83] la necesidad de añadir todavía más objetos al paisaje iría desapareciendo progresivamente.

De nuevo este tipo de reflexiones refuerzan el objetivo principal que activaba los últimos trabajos del grupo, que no era otro que el de alcanzar una vida cotidiana potenciada por una conexión activa y más íntima con los demás y con el medio ambiente[84], en la que la arquitectura finalmente pasaría a un segundo plano para dar paso a los primeros peregrinos de "*la alegría de vivir*"[85]:

[83] "*Nel momento in cui accetteremo la Morte come fatto della Vita (non più come limite, stato diverso) cadranno i terrori e i loro linimenti: in quel momento cadrà anche il bisogno di un'architettura come coagulo di materia ordinata, come accumulazione rituale di beni per l'oscuro viaggio.*" SUPERSTUDIO. *Morte 5*. En *Vita, Educazione, Cerimonia, Amore, Morte. Cinque storie del Superstudio. Morte*. Casabella nº 380-381, Agosto-Septiembre 1973. Pág. 49.

[84] Es de suponer que esta tendencia reduccionista experimentada por los miembros de Superstudio estuviera ligada a la lectura de Lefevre, en particular de su ensayo *La Vie quotidienne dans le monde moderne* publicado por Gallimard en 1968, donde el filósofo mostraba en clave *situacionista* su preocupación por la sistematización y estructuración que estaba sufriendo nuestra cotidianeidad para convertirse en el principal producto de la sociedad de consumo, y defendía la posibilidad de cambiar las cosas a partir de la introducción de cambios radicales en nuestra vida diaria: "*La única manera de detener el sistema, es conquistar lo cotidiano, atacarlo y transformarlo haciendo uso de otro tipo de estrategias.*" LEFEBVRE, Henri. *La vida cotidiana en el mundo moderno*. Madrid: Alianza Editorial, 1984. Pág. 72.

[85] "*No nos interesa nada ser revolucionarios (...) somos los últimos prófugos de las revoluciones culturales (...). Somos los primeros peregrinos de la alegría de vivir.*" Adolfo Natalini citado en LUENGO, Miguel. *Indisciplina cuadriculada*. REIA #01, 2013. Pág. 78.

"En ese momento la masa no deberá sustituir a la energía de la memoria, la fisicidad no necesitará afirmarse como única existencia ni como talismán. No necesitaremos nunca más una arquitectura de la Muerte.

Nuestra única arquitectura será nuestra vida."[86]

Esta última frase resume el punto de no-retorno alcanzado por Superstudio en su decidido y liberador proceso de limpieza de la disciplina iniciado con los *Histogrammi* y finalizado con los *Atti Fondamentali*, en el que todo agente contaminante ha sido ya neutralizado para poder empezar de nuevo, para finalmente mostrar las posibilidades que se esconden tras las acciones humanas aparentemente más triviales, tras la posibilidad de la espontaneidad y la acción individual dentro de las estructuras arcaicas de carácter monumental profundamente represivas y regresivas, experimentando la arquitectura a través del mero acto de vivir, una rotunda reducción conceptual que dejaba poco espacio para una hipotética continuidad productiva del grupo.

¿Qué más quedaba por hacer entonces, una vez declarada la "muerte" de la arquitectura?

Después de 1973 el trabajo del colectivo entra en una segunda fase en la que sus miembros tratan de reinsertarse lo mejor que pueden en aquella disciplina que habían vaciado, cambiando el enfoque principal de su actividad para dirigirlo, como vere-

---

[86] SUPERSTUDIO. *Morte 5*. En *Vita, Educazione, Cerimonia, Amore, Morte. Cinque storie del Superstudio. Morte.* Casabella nº 380-381, Agosto-Septiembre 1973. Pág. 49.

mos a continuación, hacia una mayor implicación docente, un retiro educativo que funcionará como bálsamo regenerador o *impase* previo a la definitiva disolución del grupo pocos años más tarde.

Procesos de reinserción: del desencanto a la docencia

"En 1973, sentimos que nuestra misión en la vanguardia había seguido su curso. No habíamos ganado la guerra, sólo unas pocas batallas. Creíamos que el tiempo de la destrucción había terminado y que ahora era el momento de la reconstrucción. Con nuestros amigos y con estudiantes universitarios (...) empezamos a trabajar en una refundación antropológica de la arquitectura, examinando tanto objetos simples y cotidianas como la cultura material extra-urbana. Buscamos las raíces de la creatividad y de la necesidad. Analizamos necesidades básicas y deseos (sueños)."[87]

Con estas breves palabras resumía Adolfo Natalini en 2005 las circunstancias en las que se encontraba el grupo tras su desestabilizadora propuesta de los *Atti Fondamentali*, cuya síntesis reduccionista había conducido a la disciplina a un callejón sin salida para el que buscaban ahora posibles alternativas.

---

[87] NATALINI, Adolfo. *Superstudio in Middelburg: Avant-garde and Resistance.* En BYVANCK, Valentijn. *Superstudio: The Middelburg Lectures.* (Middelburg: De Vleeshal and Zeeuws Museum, 2005). Págs. 25-26.

Unos meses antes, el poderoso y mediático desembarco del diseño italiano en el MOMA había provocado al mismo tiempo una reacción decisiva por inesperada, al actuar como detonante que, paradójicamente, supondría el inicio del declive de la recientemente etiquetada *Architettura Radicale*.

Varios críticos e historiadores argumentan que, para sus integrantes, participar en aquella gran puesta en escena utilizando el marco incomparable de un prestigioso museo, implicaba la renuncia a las formas marginales de poder que les habían mantenido alejados de las "corruptas" instituciones cómplices de aquella disciplina que pretendían refundar, y al mismo tiempo ponía de manifiesto la peligrosa– y preocupante– capacidad del sistema para integrar sus críticas.

Pronto se hizo evidente que, tras un intenso pero corto periodo de actividad 'clandestina', los *radicales* acababan de participar en el ceremonioso acto que certificaba su propia muerte:

> *"En realidad, la exposición hizo más por sellar el destino del movimiento radical que por presentar cualquier cosa que en aquel momento todavía pudiera ser considerado de vanguardia o realmente experimental. En otras palabras, Ambasz no descubrió el diseño Radical, básicamente escribió su réquiem."*[88]

Tal y como apuntaba Natalini, había llegado el momento de poner en marcha un proceso de 'reconstrucción', que en este caso no sólo debía ocu-

---

[88] LANG, Peter. *Superstudio's Last Stand, 1972-1978*. En BYVANCK, Valentijn. *Superstudio: The Middelburg Lectures*. (Middelburg: De Vleeshal and Zeeuws Museum, 2005). Pág.46.

parse de regenerar operativamente una disciplina profundamente cuestionada, sino que también se enfrentaba al reto de mantener vivo un movimiento que en la última década había dinamitado el panorama arquitectónico con multitud de propuestas experimentales, generando la última arquitectura con aspiraciones socio-políticas responsable de un vibrante legado teórico que debía ser gestionado, pero que ahora había entrado en una fase de involución teórica que nadie parecía poder detener.

Ante esta previsible situación, Branzi escribía ya a principios de 1972 sobre la trascendencia de la interacción entre los protagonistas de la vanguardia:

> *"Es muy importante, en este momento, establecer contactos permanentes entre los diferentes grupos y centros operativos de la vanguardia, para conseguir que se pueda hacer de manera más eficaz el intercambio de experiencias mutuas, de forma directa y no mediada por la crítica."*[89]

Así, a partir de la exposición del MOMA, se suceden varios intentos de 'reanimación' colaborativa vinculados básicamente a la búsqueda de una actividad docente alternativa, que coinciden con una vuelta progresiva de algunos miembros de Superstudio a la Universidad –de la que se habían mantenido alejados durante sus años más productivos– donde tratarán de aplicar como profesores sus últimas y conocidas teorías sobre un tipo de arquitectura radicalmente abierta e inclusiva.

---

[89] BRANZI, Andrea. Carta a Richard Carr, 10 de Enero de 1972 (Archivo Deganello, Milán). Extracto reproducido en GARGIANI, Roberto. *Archizoom Associati 1966-1974. Dall'onda pop alla superficie neutra*. Milano: Mondadori Electa S.p.A, 2007. Pág. 300.

Fig.40. Reunión fundacional de 'Global Tools'. Oficinas de Casabella en Milán, 12 de Enero de 1973 (Fotografía de Carlo Bachi).

En consonancia con ese objetivo más amplio de convertir en 'arquitectos' a la gente común y siguiendo las recomendaciones de Branzi, el grupo se alía con otros profesionales ligados a la vanguardia con los que compartían ideas similares para formar, a principios de 1973, *Global Tools*, un ecléctico colectivo que, como veremos, entre otras aportaciones defendía la vuelta a los métodos de producción artesanales, el uso de materiales naturales y el libre aprendizaje como una forma de combatir las tendencias totalizadores de la sociedad capitalista.

Herramientas globales para el hombre no-intelectual

El 12 de Enero de 1973 se reúnen en las oficinas de la revista Casabella en Milán, bajo el impulso de su director Alessandro Mendini, los principales protagonistas de la neo-vanguardia italiana para crear *Global Tools*[90] [■CR.175], un sistema alternativo de laboratorios que empezarían a funcionar posteriormente en Florencia como experimento educativo destinado a promover el estudio y la aplicación de materiales naturales y el análisis de los comportamientos inducidos, y fomentar-estimular el libre desarrollo de la creatividad individual y la comunicación espontánea con el loable y a la vez difuso objetivo de configurar las bases de una nueva fundación *radical* de la Arquitectura[91] (Fig.40).

---

[90] Para una lectura más detallada sobre las experiencias de *Global Tools* ver BORGONUOVO, Valerio; FRANCESCHINI, Silvia. *Global Tools 1973-1975*. Estambul: SALT/Garanti Kültür AS, 2015.
[91] *"Y esta es la hipótesis que da origen a Global Tools. No tanto la aspiración a medir fuerzas heterogéneas sobre un plano de verificación abstracta de "contenidos", sino la de hacer converger sobre temas simples y directos todas aquellas energías que hoy sacan*

Fig.41. Portada de "Casabella", 377. Mayo 1973. Fotomontaje de Adolfo Natalini.

La iniciativa se hará pública unos meses más tarde al protagonizar la portada –diseñada por Natalini– del número de Mayo de Casabella[92], donde aparecían retratados los miembros de colectivos como Archizoom, Superstudio, UFO, Gruppo 9999 y Zziggurat, junto a figuras como Ugo la Pietra, Gaetano Pesce, Remo Butti, Franco Raggi, Riccardo Dalisi, Gianni Pettena, Ettore Sottsass Jr., Alessandro Mendini y varios colaboradores de la propia Casabella y de la revista *Rassegna* (Fig.41).

La revista también incluía en sus primeras páginas un pequeño manifiesto fundacional del proyecto, en el que se recogían los objetivos iniciales arriba mencionados[93], seguido de un editorial firmado por Mendini en el que, bajo el título *Didattica dei mestieri*[94] [*Enseñanza de los oficios*] y utilizando un lenguaje menos abstracto, incidía sobre el interés principal de los promotores que, a nivel práctico, consistía en el retorno a las técnicas tradicionales de producción artesanal, pero integradas paralelamente en los procesos de industrialización modernos. Branzi lo explicaba así en un artículo publicado unas páginas más adelante:

fuerza de la crisis de situaciones que son externas a ellos. Tales energías podrán quedar mañana barridas por la ausencia de profundas raíces y motivaciones, o podrían por el contrario configurar el primer núcleo de una nueva fundación radical de la Arquitectura." BRANZI, Andrea. *Global Tools*. Casabella XXXVII, nº 377, 1973. Reproducido en MAUBANT, Jean Louis; MIGAYROU, Frédèric ; JARAUTA, Francisco. *Arquitectura Radical*. Centro Andaluz de Arte Contemporáneo, Sevilla, 2003 (catálogo exposición). Pág. 243.
[92] Casabella nº 377, Mayo 1973. En este número también se reproducía el 'episodio' dedicado al *Amore* de los *Actos Fundamentales*.
[93] *Documento 1*. Ibid. Pág.4.
[94] Ibid. Pág.5.

"El trabajo manual y las tecnologías artesanas (o pobres) promovidas por Global Tools, no deben ser vistas en absoluto como técnicas alternativas a la producción industrial, (...) sino como instrumentos tanto para redefinir el propio campo de la producción (...), como para estimular la creatividad individual y la comunicación espontánea."[95]

Esta pretendida imbricación con el ámbito productivo formaba parte de una precisa estrategia programática que requería como paso previo la creación de una serie de talleres conceptuales y experimentales – que comenzarían a organizarse en Florencia – cuyos resultados serían mostrados primero en las páginas de las revistas milanesas, y después incorporados a la industria como etapa imprescindible que debía completar el proceso.

Las intenciones que acompañaban a este planteamiento operativo despiertan el interés de Franco Castelli, fundador de la galería de arte milanesa *Galleria L'uomo e l'arte*, quien decide ofrecer a *Global Tools* apoyo logístico y financiero para abrir una oficina en Milán desde la que coordinar todas las actividades.

Castelli también aporta los fondos para la publicación de las dos primeras ediciones del *Bolletino* oficial - editado por una joven Paola Navone – donde, en la línea de las últimas investigaciones de Superstudio y como respuesta al creciente poder académico de orientación *rossiana*[96], se hacía una idealizada defensa de la

---

[95] BRANZI, Andrea. *Global Tools*. Casabella XXXVII, n° 377, 1973. Pág.8.
[96] Como ya veíamos en los primeros capítulos de esta investigación, el adjetivo 'radical' aplicado a muchos de los que finalmente se unieron en torno a *Global Tools* está relacionado con la palabra latina '*radix*' (raíz), y expresa la defensa de una vuelta a las raíces

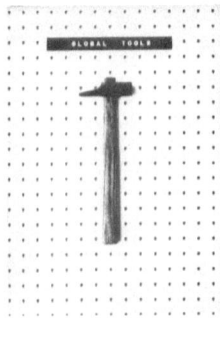

"vida como educación global permanente"⁹⁷ Figs.42-46), probablemente inspirada por las ideas que el pensador austriaco Ivan Illich había expuesto en su libro de 1971 *La sociedad desescolarizada* [✤CR.572], en el que haciendo un notable ejercicio de anticipación declaraba que la formación de los jóvenes ya no se producía en el contexto de la escuela sino en otros lugares y circunstancias que se escapaban a su control, basadas en dinámicas de acción compartida que serían propiciadas por las nuevas tecnologías:

> *"La búsqueda actual de nuevos 'embudos' educacionales debe revertirse hacia la búsqueda de su antípoda institucional: tramas educacionales que aumenten la oportunidad para que cada cual transforme cada momento de su vida en un momento de aprendizaje, de compartir, de interesarse."*⁹⁸

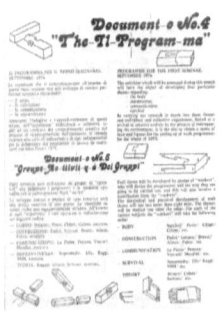

Figs.42-44. Global Tools. Bolletino nº1, Junio 1974. Ediciones L'uomo e l'arte. Cubierta diseñada por Remo Butti; Documento Nº 1, The La Constituziome; Documento Nº 4, The II Programma; Le Vite The lives; contraportada.

olvidadas de la disciplina. Sin embargo, podemos encontrar otras formas de 'radicalidad' en los años 70, otras maneras de recuperar el pasado que en muchas ocasiones eran incompatibles con las ideas de nuestros jóvenes protagonistas, como la preconizada por Aldo Rossi y su 'escuela racionalista', que defendía la vuelta a un lenguaje arquitectónico más primitivo compartido por otros arquitectos de la *Tendenza* que ejercían como profesores en las escuelas de Venecia y Milán, y contra los que se diseñan las nuevas '*herramientas globales*' que buscan un poco más atrás en un tipo de sabiduría arcaica que abraza el nomadismo para abandonar incluso la propia ciudad. Esta actitud rupturista se enmarca en un intento de hacer 'tabula rasa' protagonizado por los nuevos arquitectos y diseñadores con el fin de liberarse de un tipo de enseñanza en la que productos y arquitectura eran sometidos sistemáticamente a procesos racionalizados que olvidaban cuestiones ahora consideradas básicas por el colectivo.

[97] *"The teaching and exchange of experiences around themes like the working of iron and wood, ceramics, tailoring, music, gymnastics, singing and dance, gastronomy, photography and film, can constitute an approach to the ideal point at which education coincides with life itself."* NATALINI, Adolfo. En un 'documento' de *Global Tools*, 1973.

[98] *"The current search for new educational funnels must be reversed into the search for their institutional inverse: educational webs*

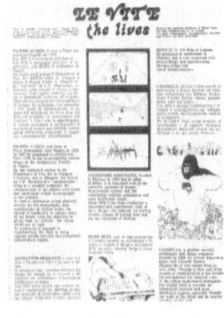

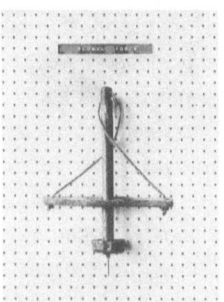

Un año más tarde, en la misma línea, Branzi y sus compañeros de Archizoom ya alertan sobre la necesidad de reformar la enseñanza de la arquitectura y en general de la transmisión de conocimiento en una sociedad que, según su visión ideológica, debía tender a la 'abolición del trabajo'[199], proponiendo como objetivo la generación de un tipo de información técnica no elaborada[100] 'almacenada' en las *nuevas universidades* y distribuida automáticamente evitando cualquier posible manipulación cultural o ideológica. Branzi cuestionaba así aquel prototipo de enseñanza que pretendían abolir:

> *"De la escuela y de la prisión, nada bueno obtendremos: todos aquellos que creen que algún día existirá una escuela en la que se enseñe como hacer una revolución, no entienden esta verdad."*[101]

Figs.45-44. Global Tools. Bolletino nº1, Junio 1974. Ediciones L'uomo e l'arte. Cubierta diseñada por Remo Butti; Documento Nº 1, The La Constituziome; Documento Nº 4, The II Programma; Le Vite The lives; contraportada.

which heighten the opportunity for each one to transform each moment of his living into one of learning, sharing." ILLICH, Ivan. *Deschooling Society. Introduction.* New York: Harper & Row, 1971.
[99] *"L'abolizione del lavoro' prima di essere una rivoluzione produttiva diviene una profonda rivoluzione umana: il tempo libero cessa di essere la controforma neutra di una vita dedicata interamente al lavoro. La creatività, la fantasia, l'immaginazione, atrofizzate nell'uomo da secoli di sfruttamento della forza lavoro, divengono le sue doti più emergenti."* ARCHIZOOM. Processo di tendenza. Manuscrito, 1973. Archivo Deganello, Milán. Extracto reproducido en GARGIANI, Roberto. *Archizoom Associati 1966-1974. Dall'onda pop alla superficie neutra.* Milano: Mondadori Electa S.p.A, 2007. Pág. 308 (Nota 56).
[100] Por esa misma época Archizoom y Germano Celant trabajan en *Information*, un artículo en el que teorizaban sobre la reducción de la información a puros datos privados de cualquier elaboración, una tendencia ya explorada previamente por la vanguardia literaria de los años 60.
[101] BRANZI, Andrea. *L'abolizione della scuola*. De la serie de artículos *Radical Notes* publicados por Branzi enre Casabella entre 1972-1976. *Casabella* 373, Enero 1973.

Se pone en marcha así una aventura docente que en cierto modo se hacía eco de las ideas expuestas por el diseñador y filósofo Victor J. Papanek en su libro de 1971 *Design for the Real World: Human Ecology and Social Change*[102] [●CR.350], donde arremetía contra el fracaso de la enseñanza contemporánea del diseño al estar focalizada en los beneficios y los clientes en vez de potenciar el compromiso con las necesidades sociales[103]:

> "El diseño, si ha de ser ecológicamente responsable y socialmente receptivo, debe ser revolucionario y radical (volviendo a las raíces) en el sentido más verdadero. Debe dedicarse al 'principio del mínimo esfuerzo' de la naturaleza, es decir, inventario mínimo para diversidad máxima (para usar una buena frase de Peter Pearce) o, haciendo más con menos. Esto significa consumir menos, usar las cosas más tiempo, y ser frugal respecto al reciclaje de materiales."[104]

En este sentido la iniciativa *radical* será entendida como un intento anti-disciplinar de establecer una plataforma abierta al libre intercambio de ideas y experiencias, donde la educación institucionalizada era sustituida por un sistema de educación continua sin profesores ni alumnos que implementaba una

---

[102] El libro es traducido al italiano y publicado en 1973 - el mismo año de la creación y lanzamiento mediático de *Global Tools* - bajo el título *Progettare per il mondo reale. Il design come è e come potrebbe essere*.

[103] Para profundizar en los paralelismos entre el trabajo de Papanek y las 'didácticas radicales' ver CLARKE, Alison J. *The indigenous and the autochthon*. En BORGONUOVO, Valerio; FRANCESCHINI, Silvia. *Global Tools 1973-1975*. Estambul: SALT/Garanti Kültür AS, 2015. Págs.126-142.

[104] PAPANEK, Victor J. *Design for the Real World: Human Ecology and Social Change*. New York: Pantheon Books, 1971. Pág.346.

F I U
FREE INTERNATIONAL UNIVERSITY
Abschlußveranstaltung
Sonntag, den 2.Oktober 1977
16.00 Uhr, Fridericianum, Kassel
DOCUMENTA 6

"DASS DIE DENKENDEN KÖPFE SICH NICHT BEUGEN"

Offene Diskussion aktueller Fragen mit
   Joseph Beuys   Düsseldorf
   Rudolf zur Lippe   Oldenburg
   Johannes Ernst Seiffert   Kassel
   Christine von Weizsäcker   Kassel
   Manfred Wilke   Berlin
   und anderen

Figs.47,48. Cartel del evento organizado por la 'Universidad Libre Internacional' en la Documenta 6, Octubre 1977, y taller dirigido por Beuys en torno a la actividad y objetivos de la Universidad.

amplia gama de procesos innovadores tanto a nivel de contenidos como en cuanto a las herramientas educativas utilizadas.

La propuesta iba en la dirección de lo que por aquellos años defendía el polifacético y controvertido artista alemán Jopseph Beuys, quien preocupado por el creciente elitismo que dominaba el arte y en contra de la generalizada idea conservadora sobre la institución del museo, se asocia con el escritor Heinrich Böll para fundar en 1974 la *Universidad Libre Internacional* [✤CR.187] Figs.47,48), iniciativa que se afirma en el compromiso del cuerpo social en el arte, la creatividad como ciencia de la libertad y el sentido revolucionario de la disciplina como mecanismo transformador de la sociedad[105]. En el camino hacia su gran meta –que consistía en unir arte y vida– estas propuestas lo llevan a enunciar su conocido mantra "cada hombre es un artista"[106] y cada acción una obra de arte, convocando al mismo tiempo a la propia intuición para *"así entendernos a nosotros mismos como centro de escolarización e información."*

---

[105] Previamente a la creación de esta peculiar Universidad sin sede, en Enero de 1971 Beuys ya trabaja en la creación de una "Academia libre", creando en Noviembre del mismo año el "Comité para una Universidad Libre". En Abril de 1973 va un paso más allá creando la "Asociación para el fomento de una Universidad Libre Internacional para la creatividad y la investigación interdisciplinar", junto a K. Staeck, W. Bongard y G. Meistermann.

[106] BEUYS, Joseph, BODENMANN-RITTER, Clara. *Joseph Beuys: cada hombre, un artista: conversaciones en Documenta 5-1972.* Madrid: Editorial Visor, 1995. Con esta frase Beuys resume su idea de "arte ampliado", según la cual la auténtica obra de arte residía en la transformación de la conciencia del espectador para activar la realidad y el pensamiento. Unos años antes, en 1969, declaraba su compromiso con la educación con la frase *'To be a teacher is my greatest work of art'*.

Figs.49,50. Riccardo Dalisi. Workshop con niños en Rione Traiano, Nápoles, 1971-1975 (Archivo Riccardo Dalisi).

Figs.51,52. Primer número de la revista contra-cultural 'Whole Earth Catalog' fundada por Stewart Brand, Otoño 1968. Portada con el sugerente subtítulo 'Acces to tools' y páginas interiores.

Este último 'capítulo' de la *Architettura Radicale*, como hemos visto, encuentra en las técnicas tradicionales ligadas a los trabajos artesanales una alternativa operativa a la super-tecnología vanguardista característica del sistema capitalista, utilizando como fuente de inspiración directa las investigaciones en torno a la *Tecnica Povera*[107] de Riccardo Dalisi y sus experiencias napolitanas con los niños desfavorecidos del barrio de Rione Traiano[108] Figs.49,50), y la filosofía del *Whole Earth Catalog* de Stewart Brand[109] [●CR.117] Figs.51-52), en la

---

[107] DALISI, Riccardo. *Tecnica Povera e Produttività Disperata/ Minimal Technology and Desperate Productivity*. Casabella 382. 1973, p.46-47.

[108] Trabajar con niños en edad preescolar para aprender nuevos modelos de comportamiento es otra de las posibilidades que exploran los integrantes de *Global Tools* para su pretendido retorno a un grado-cero cultural. Las principales fuentes de inspiración en este sentido incluyen las experiencias del arquitecto napolitano Riccardo Dalisi en torno al trabajo en el que se involucra durante varios años (1971-75) con los niños de Rione Traiano [■CR.571], una ciudad-satélite construida a las afueras de Nápoles en la posguerra, y amenazada por graves problemas de deterioro urbano y delincuencia organizada. Aquí Dalisi trata de redescubrir la energía creativa – o constructiva - de la ignorancia – o del estado Salvaje – mediante el desarrollo de investigaciones en torno a la recuperación y al libre desarrollo de la creatividad de las personas, la tecnología mínima (o 'pobre'), el rechazo operativo a la ideación de los objetos, y el refuerzo de una comunicación descodificada y espontánea, no contaminada por la cultura. Evidentemente este tipo de 'experimentos' se convertirán en el punto de partida para el desarrollo del programa didáctico de la nueva 'iniciativa' docente de los *radicales*.

[109] En el otoño de 1968 Stewart Brandt, en colaboración con el Portola Institute [●CR.504] (Fig.54) publica el primer número del *Whole Earth Catalog*, revista periódica que con el sugerente subtítulo de *Access to tools* quería convertirse, según su editor, en universal herramienta liberadora de la creatividad del individuo: "*A realm of intimate, personal power is developing—power of the individual to conduct his own education, find his own inspiration, shape his own environment, and share his adventure with whoever*

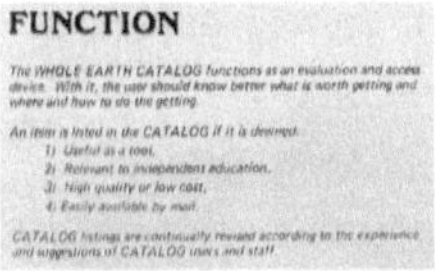
FUNCTION

The WHOLE EARTH CATALOG functions as an evaluation and access device. With it, the user should know better what is worth getting and where and how to do the getting.

An item is listed in the CATALOG if it is deemed:
1) Useful as a tool,
2) Relevant to independent education,
3) High quality or low cost,
4) Easily available by mail.

CATALOG listings are continually revised according to the experience and suggestions of CATALOG users and staff.

Fig.53. Declaración de intenciones del 'Whole Earth Catalog'.

que se inspiraban Natalini, Pecchioli y Buti cuando defendían que uno de los objetivos de la iniciativa conjunta era producir "*un catálogo de herramientas autodidactas: un catálogo que debería estar basado en aquello disponible, siendo objeto de revisión y expansión con cada nueva actualización y requerimientos.*"[110]

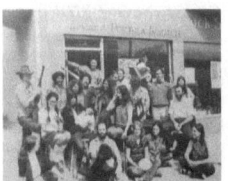

Fig.54. Miembros del Portola Institute, fundación educativa sin ánimo de lucro creada en Menlo Park, California, en 1966 por Dick Raymond, y editora del 'Whole Earth Catalog'.

Rescatan así el concepto de "hombre no-intelectual" y su antiquísima sabiduría innata, portador de aquellas supuestas facultades creativas que pensaban habían sido atrofiadas por la actual sociedad del trabajo, para crear una no-escuela absolutamente anti-didáctica y abstracta, basada en el redescubrimiento y activación de la relación directa entre el oficio y el objeto sin pasar por la conceptualización de un diseño – salvando así la distancia alienante entre las funciones de las manos y la mente.

Con este objetivo se forman inicialmente cinco grupos de trabajo vinculados a diferentes líneas de investigación y actividades:

is interested. Tools that aid this process are sought and promoted by the 'Whole Earth Catalog'". BRAND, Stewart. *Purpose. Whole Earth Catalog n°1,* Otoño 1968. Menlo Park: Portola Institute. Varios de los objetivos aquí declarados, serán incorporados años después al documento fundacional de *Global Tools.* Para una sugerente lectura en torno a los paralelismos entre ambas iniciativas ver SADLER, Simon. *The hammer and the garrote: a parable of 'tool globalism'.* En BORGONUOVO, Valerio; FRANCESCHINI, Silvia. *Global Tools 1973-1975.* Estambul: SALT/Garanti Kültür AS, 2015. Págs.69-90. Para entender mejor el impacto de la revista contracultural Americana ver TURNER, Fred. *From Counterculture to Cyberculture: Stewart Brand, the Whole Earth Network, and the Rise of Digital Utopianism.* University of Chicago Press. 2006.

[110] NATALINI, Adolfo; PECCHIOLI, Roberto; BUTI, Remo. *Tipologia didattica | Didactic typology: Nota 2.* Casabella 379, Julio 1973. Pág. 45.

Cuerpo: todas las actividades sicomotoras y estéticas conectadas con el cuerpo y sus estímulos más inmediatos: baile, música, cosméticos, tatuajes, gimnasia, diseño de ropa, peluquería, ornamentos, joyería, comunicaciones somáticas, imitación, proxémica, rituales, ergonomía, comportamiento.

Construcción: todas aquellas actividades relacionadas con las tecnologías humildes o tradicionales: carpintería, trabajo de la madera y de la piel, cerámica, papel, vidrio, plástico, papel maché, tejido, hilado.

Comunicación: todas aquellas actividades relacionadas con las herramientas y tecnologías de la comunicación: fotografía, litografía, tipografía, cine, vídeo, teatro, música.

Supervivencia: actividades relacionadas con la supervivencia física y síquica: agricultura, tecnología hidropónica, exploración, acampada, gastronomía, meditación, contemplación, astronomía.

Teoría: actividades meditativas o totalmente teóricas: religión, meditación, contemplación, ayuno, rituales, ideología, teorías cósmicas, procesos reductivos, oración.[111]

Aunque todos ellos funcionaban de forma interconectada, evitaban cualquier vinculación a un campo disciplinar preestablecido, al considerar la herencia de aquella estricta y convencional subdivisión de las áreas del conocimiento y la acción como la base de un sistema represivo que tendía a canalizar las capacidades creativas individuales hacia modelos ligados a los sistemas actuales de cualificación y clasificación:

[111] *First hypothesis for the founding of a School of Popular Arts and Techniques.* Documento de *Global Tools* no fechado. Archivo Ugo la Pietra. Reproducido en BORGONUOVO, Valerio; FRANCESCHINI, Silvia. *Global Tools 1973-1975.* Estambul: SALT/Garanti Kültür AS, 2015. Pág.24.

"Es nuestra intención no volver a cumplir con la lógica de las involuciones y estructuras disciplinarias, sino simplemente actuar con medios que son más afines a nosotros, no dentro de una realidad abstracta (la realidad de las disciplinas), sino en relación directa con una más amplia realidad común."[112]

Los miembros de Superstudio son los encargados de dirigir, junto al Gruppo 9999, la sección dedicada a la *Sopravvivenza,* y serán los primeros en organizar un taller experimental vinculado a la nueva 'escuela' de *Global Tools*.

Entre el 1 y el 4 de Noviembre de 1974, se celebra en Sambuca –la tierra de Roberto Magris, en la provincia de Florencia– el primer *workshop* [CR.317] que a modo de 'experimento de supervivencia' tenía como objetivo crear una situación extra-urbana de *decondicionamiento*[113] cultural como premisa para organizar la línea trabajo de la nueva escuela, y al mismo tiempo servir como 'banco de pruebas' para el establecimiento de las condiciones necesarias

---

[112] DALISI, Riccardo. *The strategic role of humble technique in creative teaching*. En *Reprocità e Creatività*, artículo escrito por Dalisi para uno de los 'documentos' de *Global Tools*, 1973. Material no publicado, reproducido en BORGONUOVO, Valerio; FRANCESCHINI, Silvia. *When education coincides with life*. En BORGONUOVO, Valerio; FRANCESCHINI, Silvia. *Global Tools 1973-1975.* Estambul: SALT/Garanti Kültür AS, 2015. Pág.42.

[113] La palabra decondicionamiento es un neologismo introducido en el castellano a través de las traducciones de autores franceses como Jacques Lacan, Jacques Derridá y Jean Baudrillard. Las pretensiones del término abarcan lo social y lo cultural: se afirma que toda persona ha sido educada en un determinado contexto, en una realidad consensuada que inevitablemente limita la libertad personal, de modo que los individuos carecen de verdadera capacidad de elección (excepto dentro del marco que su propia cultura les ha proporcionado).

Fig.55. Portada de la revista Casabella 397 (Enero 1975) dedicada a los encuentros de Sambuca.

previas al inicio de los cursos programados para la primavera del año siguiente.

Con la colaboración de todas las figuras implicadas en el incipiente proyecto educativo (Fig.55), Sambuca se convierte en el escenario perfecto para activar una especie de terapia de grupo basada en el aprendizaje instantáneo, una auténtica sesión colectiva de auto-antropología que desencadenaba una serie de 'procesos reductivos' que iban desde la privación sensorial –como *performances* comunicativas o el desarrollo de técnicas de nutrición básica– hasta la 'pérdida' de la cultura –como la adaptación de objetos 'usados', la producción de cine 'casero', y otras actividades manuales–, todo ello en paralelo a la celebración de charlas y debates.

En este sentido, se podría decir que *Global Tools* articula la transición teórica de sus promotores desde la *ciudad* –tema central hasta este momento para la *Arquitectura Radical*– a la *naturaleza*, y de esta de nuevo al objeto, pero ahora íntimamente ligado al cuerpo y sus limitaciones –desde la vestimenta a la supervivencia– para terminar reflexionando sobre el concepto más general de *hábitat* y su relación con la cultura popular.

Este proceso reductivo y esencial paralelamente también dirige los últimos trabajos de Superstudio que, como veremos, suponen uno de los más ingeniosos intentos llevados a cabo por un grupo conceptual o colectivo artístico de salir airosos del 'enredo' filosófico-metafísico que ellos mismos habían alimentado.

Sin embargo, y pese al esfuerzo y la energía de la mayoría de los implicados, la falta de una visión coherente y de un programa estable consensuado por todos los fundadores, los enfrentamientos entre varios de ellos con motivo de su participación en la

XV Triennale di Milano[114], la desilusión o desaliento que se instala entre muchos, la ausencia de control y las críticas llegadas desde el *establishment,* desencadenan - dos años después de su fundación - el final de un proyecto pedagógico que, aunque fallido en su dimensión 'institucional', hoy nos descubre los ecos de una apuesta operativa –teoría + acción– que cuarenta años más tarde sigue invitando a una relectura atenta de la que se siguen extrayendo reveladoras conclusiones.

La disolución definitiva de aquel intento por cohesionar y dar continuidad a una constelación de prácticas dispares precisamente en un momento en el que los *radicales* que las habían promovido estaban empezando a dispersarse, es aprovechada individualmente por cada uno de ellos para seguir finalmente caminos diferentes: algunos optan por incorporarse a la maquinaria de la industria, otros, como varios miembros de Superstudio, por la vuelta a la Universidad una vez que, según ellos, la *"cultura hegemónica"* había sido liquidada, y algunos como

---

[114] La XV Triennale di Milano celebrada en 1973 se convierte en escenario de choque no solo entre la vanguardia radical y la escuela *rossiana*, sino también entre algunos grupos de la propia neovanguardia. Las dos secciones principales estaban comisariadas respectivamente por Sottsass Jr. y Branzi, y por Rossi, reuniendo la primera las propuestas vinculadas al diseño radical, la arquitectura conceptual, el anti-diseño, la utopía, la tecnología '*povera*', la iconoclastia, etc., y la segunda mostrando la relación entre arquitectura y ciudad analizada bajo la luz del racionalismo internacional. La participación de Superstudio en ambas secciones (son los únicos *radicales* invitados por Rossi) desata las críticas de Branzi, que llega a tachar el texto de los florentinos publicado en el catálogo como *"el más reaccionario"* (*Radical Notes 12. Si scopron le tombe*. Casabella 383, Noviembre 1973. Págs.10-11). Esta polémica surgida entre los dos grupos más influyentes de la neovanguardia italiana comienza a debilitar el proyecto conjunto de *Global Tools*.

Branzi, Raggi o Pettena, optarán por el camino más árido de la divulgación teórica.

Para muchos, la entrada de algunos miembros de Superstudio en la 'academia' es vista como una retirada o renuncia a las posturas más combativas que estos habían defendido, aunque, como ahora veremos, el trabajo que desarrollarán durante sus años docentes en la Universidad de Florencia sea una continuación de la provocadora senda iniciada varios años atrás hacia una arquitectura cada vez más desmaterializada.

El final de un viaje (al reino de la memoria)

En 1973 Natalini obtiene la cátedra de *Plastica Ornamentale* en la Facultad de Arquitectura de Florencia, donde ese mismo año pondrá en marcha el nuevo curso con la colaboración de Toraldo di Francia, Frassinelli, Poli y Michele de Lucchi[115].

Aquellos que varios años antes habían participado activamente en las revueltas estudiantiles de finales de los 60, y dedicado su corta pero intensa carrera profesional a dinamitar –entre otras cosas– el poder de las instituciones, volvían al lugar del conflicto, pero ahora para desempeñar el papel de la 'autoridad'.

[115] El joven arquitecto y diseñador florentino Michelle de Lucchi entra en contacto con el mundo *radical* a través de su relación con Natalini todavía siendo estudiante, para fundar en 1972 el grupo *Cavart* junto a Bortolami, Brombin, Pastrovicchio y Tridenti [■CR.316]. El grupo desarrolla una actividad teórica contra-cultural, destacando la organización en 1975 del seminario "*Arquitectura culturalmente imposible*" en Montericco Quarry (Monselice), con el fin de experimentar sobre la *realidad* de las arquitecturas imposibles [■CR.261].

La aparente contradicción, interpretada por algunos en su momento como un acto de 'arrepentimiento', es justificada diez años más tarde por sus protagonistas sin un atisbo de nostalgia:

> *"En la universidad había quedado muy poco por destruir, con lo que el programa de la neo-vanguardia, 'la destrucción técnica de la cultura', sonaba fuera de lugar. La cultura hegemónica ya había sido liquidada; estudiantes extranjeros, estudiantes extraviados, estudiantes trabajadores, seguidores del 68, 'frikis', e "indígenas metropolitanos" tenían otras cosas en la mente.*
>
> *El proceso de transformación de la universidad, su transición hacia una universidad de masas a través de la proletarización, su transformación en un lugar para la lucha y el refinamiento de la estrategia (supervivencia política) la convierten en uno de los escenarios clave – junto a otros ejemplos como la fábrica, el campo o la ciudad."*[116]

Defendían por tanto que aquel éxito táctico –ya asumido– de las revueltas de finales de la década de los 60, que había posibilitado la aparición y trascendencia de voces alternativas y posiciones subjetivas, estaba ahora representado en el ámbito académico gracias a la incorporación de los propios protagonistas.

Según ellos, la institución universitaria evoluciona así para convertirse en un lugar más para la discusión y el debate permanente, al lado de los ya

---

[116] NATALINI, Adolfo; NETTI, Lorenzo; POLI, Alessandro; TORALDO DI FRANCIA, Cristiano. *Cultura Materiale Extra-urbana*. Florencia: Alinea, 1983. Reproducido en inglés en LANG, Peter; MENKING, William. *Superstudio: Life without objects*. Milan: Skira, 2003. Pág. 222.

tradicionales como la fábrica y la ciudad, escenarios recurrentes vinculados a la lucha social.

Sin embargo, sorprende que a estos dos 'focos calientes' los miembros de Superstudio añadan ahora el 'entorno rural' como posible ámbito para la insurrección, más aún teniendo en cuenta la preocupación que en aquel momento mostraban los historiadores por el dramático cambio que se estaba produciendo en la población del país debido a la creciente migración hacia las ciudades y el consiguiente abandono del campo.

La explicación la encontramos en la nueva línea de trabajo abierta por el grupo con motivo de la puesta en marcha del programa docente para los laboratorios experimentales de *Global Tools*, y paralelamente también con el inicio de la actividad investigadora desarrollada en el seno de la Universidad: para Natalini y compañía, la Italia rural representa una zona privilegiada para continuar sus reflexiones sobre una arquitectura basada en lo cotidiano, en un momento en el que el país se encuentra sometido a un estado de cambio continuo que sin embargo no parece afectar a la vida de los humildes campesinos.

Así, mientras otros colegas como Dalisi continúan centrados en sus experimentos en torno al potencial teórico de la pobreza urbana, Superstudio decide buscar fuera de la ciudad, dedicando los sucesivos cursos en la Escuela florentina a profundizar en la modesta 'cultura material extra-urbana' como extensión de sus intentos previos por cuestionar la disciplina:

> *"Las técnicas empleadas en liberar la arquitectura incluían su rechazo como disciplina, su aislamiento, y la destrucción de su carácter específico, como un*

lenguaje codificado. Ocasionalmente los modos de actuación eran la ironía, la provocación, la paradoja, los falsos silogismos, el terrorismo, el misticismo, el humanismo, la simplificación y la mordacidad.

(...) Pero ahora los métodos de análisis y de acción han modificado la antropología cultural, la investigación del hombre y sus producciones mentales y materiales, intentos conscientes de modificar nuestro entorno y a nosotros mismos, son todos partes de un proceso de educación permanente que nos implica por completo."[117]

Dejan claro por tanto que en estos primeros años de la década de los 70 el grupo se enfrenta a una profunda reevaluación de su trabajo, que les lleva a sustituir los métodos manifiestamente discontinuos utilizados hasta el momento para 'perturbar' la disciplina[118] por un enfoque más antropológico, vinculado al campo de los estudios culturales con el que sienten que pueden avanzar en sus investigaciones en torno a la relación entre el entorno construido y la vida diaria.

Así, Natalini y sus colaboradores aprovechan el curso que dirigen en la universidad entre 1974 y 1983 para poner en marcha un exhaustivo trabajo de investigación sobre las sociedades campesinas primitivas [CR.439], sobre los utensilios y refugios que utilizaban, obteniendo gracias al trabajo de los estu-

---

[117] Ibid.

[118] Métodos a los que el historiador Filiberto Menna se refería como la estrategia del '*movimiento del caballo*', para incidir sobre la naturaleza discontinua y cambiante del trabajo de Superstudio, según la cual, por ejemplo, un proyecto podía reaccionar críticamente contra el anterior. MENNA, Filiberto. *A design for new behaviours*. En AMBASZ, Emilio. *Italy: The New Domestic Landscape. Achievements and Problems of Italian Design*. The Museum of Modern Art, New York, Mayo-Septiembre de 1972. Págs. 405-07.

Fig.56. Portada del libro 'Cultura Material Extraurbana', 1983. Adolfo Natalini, Lorenzo Netti, Alessandro Poli y Cristiano Toraldo di Francia.

diantes una amplísima documentación que mostraba no solo el estilo de vida de los aislados pueblos de Italia, sino también los rigores y exigencias de la pobreza, de la vida humilde. Los resultados de estos años de investigación serán publicados en 1983 en el libro *Cultura Materiale Extraurbana* (Fig.56).

Precisamente esta cultura 'inferior y marginada' ofrecerá a Superstudio los contra-modelos a partir de los cuales imaginar una forma de vida alternativa basada en el establecimiento de *"relaciones no alienantes"*[119] activadas por la participación y la experiencia compartida, que según sus investigaciones ayudaban a desarrollar metodologías simples a menudo económica e inteligentemente creativas en el multiuso de materiales reciclados, la conservación y ahorro de energía y la distribución de recursos.

Este interés en las comunidades rurales y sus habilidades para diseñar su propio entorno a través de utensilios y estrategias específicamente planteadas para la supervivencia enlaza, como ya hemos visto, con las experiencias del colectivo generadas en el marco de la fugaz aventura docente de *Global Tools*, donde de igual forma se privilegiaba el conocimiento 'local' sobre la 'pericia' profesional. Pero además, este renovado interés en aquellos objetos que el hombre utilizaba para mediar entre su cuerpo y el entorno inmediato, supone –tras la renuncia de unos años antes– la vuelta de Superstudio al objeto, estudiado ahora como entidad antropológica capaz de desvelar las conexiones directas entre este y el entorno al que pertenece y que en cierta forma moldea:

[119] NATALINI, Adolfo; POLI, Alessandro; TORALDO DI FRANCIA, Cristiano. *Viaggio con la matita tra gli artefatti del mondo contadino*. En la revista *Modo* n°7, Marzo 1978. Págs. 49-53.

"Objetos y herramientas representan un campo particular de investigación por tres razones: la primera es la falta total de investigación en este campo (no hay nada acerca de la historia de los objetos, a excepción de algunas monografías históricas sobre artes menores), y la segunda es por su capacidad para ser utilizados como piezas clave en la interpretación de relaciones complejas. En otras palabras, estos objetos pueden ser estudiados como aquellas herramientas examinadas por el paleontólogo en un intento por reconstruir el significado y la historia de períodos enteros.

La tercera y última razón para dicha investigación es que estos objetos son los testigos directos del impulso creativo, (...) que representa una relación total e independiente con el hombre, la sociedad y el medio ambiente.

En particular, es a través de este tipo de objetos como se percibe una identidad entre el hombre y su entorno, entre los distintos momentos del ritmo de nuestras vidas (no dividido en el tiempo de ocio y de trabajo), y por último entre realidad y significado."[120]

Por todo ello estos objetos generan entre los miembros de Superstudio una especie de fascinación que pronto se transforma en atención académica y los convierte en el centro de su investigación –no como paso previo para producir nuevos objetos, sino como fin en sí misma– para terminar protagonizando muchas de las charlas del profesor Natalini, en las que este mostraba su extensa colección de

---

[120] NATALINI, Adolfo; NETTI, Lorenzo; POLI, Alessandro; TORALDO DI FRANCIA, Cristiano. *Cultura Materiale Extra-urbana*. Florencia: Alinea, 1983. Reproducido en inglés en LANG, Peter; MENKING, William. *Superstudio: Life without objects*. Milan: Skira, 2003. Pág. 226.

Fig.57. Imagen de una de las clases de Adolfo Natalini dentro de la asignatura 'Plastica Ornamentale', dedicadas a la 'cultura material-extraurbana entre 1974-1983 en la Facultad de Arquitectura de Florencia.

bastones tallados por campesinos (Fig.57) para reflexionar sobre la relación entre el hombre y la naturaleza, el hombre y el trabajo, el hombre y la historia, presentados finalmente como testimonio directo de la creatividad, del uso y de lo manual, habilidades que según él era necesario recuperar como sustitutos del diseño especializado:

"En el análisis de las culturas subalternas o marginales descubrimos los mecanismos de supervivencia que, más allá de los patrones de desarrollo del sistema, presiden las transformaciones llevadas a cabo. Es en este enorme caudal de conocimientos donde podemos rastrear no sólo las raíces de nuestra ciencia, sino también la posibilidad de una diferente. Teniendo en cuenta esta realidad, podemos analizar adecuadamente la relación directa entre el hombre y la naturaleza, entre el hombre y su capacidad para crear valores funcionales, en definitiva, entre los seres humanos y los objetos que emplean para satisfacer sus necesidades de conocimiento real usando la inteligencia y la creatividad que el sistema de división del trabajo ha convertido en atributos innecesarios para la producción de bienes."[121]

En su lucha contra la alienación moderna, que debía ser contrarrestada por la vuelta simbólica a lo rural como última fase de sus repetidos intentos por liderar una nueva refundación antropológica de la disciplina iniciada con los *Atti Fondamentali*, Superstudio trasciende el ámbito académico al presentar en la Bienal de Venecia de 1978 el proyecto

---

[121] SUPERSTUDIO. *Cultura Materiale Extra-Urbana. 1973-78*. Catálogo de la exposición *In-Arch*, 20-23, Marzo 1978. Instituto Nazionale di Archittetura, Roma. Págs.48-51.

La Coscienza di Zeno [CR.195], un intento extremo de verificar la existencia de una cultura común iniciado con el objetivo de descubrir los elementos fundacionales del conocimiento universal compartido, que hacía referencia a la novela homónima de Italo Svevo escrita en 1923, en la que, de forma autobiográfica, el protagonista Zeno Cosini utilizaba el psicoanálisis para intentar explicarse a sí mismo revisando sus memorias[122].

El trabajo, compendio de las exploraciones de tipo antropológico llevadas a cabo durante los cuatro años anteriores, documentaba la vida 'sencilla' del campesino toscano Zeno Fiaschi[123], analizando no solo las dinámicas de sus actividades agrícolas, sino también su habilidad específica para vivir de un modo completamente autosuficiente.

Era precisamente el carácter esencial y absoluto del significado de estas referencias populares, el requisito previo que el grupo utilizaba para el establecimiento de un nuevo enfoque ideológico por el que la relación entre la ciudad y el campo podía

---

[122] SVEVO, Italo. *La coscienza di Zeno*. 1923. En el libro el protagonista Zeno utiliza el psicoanálisis, dice, para descubrir el porqué de su adicción al tabaco. Tal y como revela en sus memorias, cada vez que ha dejado de fumar lo ha hecho con la férrea decisión de que ese sería su *último cigarrillo*, sintiendo con ello la estimulante sensación de que su vida comienza de nuevo sin el lastre de sus viejos hábitos y errores. Esta sensación, sin embargo, es tan fuerte y agradable que le impulsa a fumar de nuevo, aunque sólo sea para sentirla una vez más al volver a dejar de fumar.

[123] Zeno Fiaschi era un labrador de la región de Maremma nacido en 1903 en Riparbella, un pequeño pueblo de la región de Pisa. Había vivido toda su vida en la misma casa, que muchos años antes su abuelo había construido al aumentar la familia. Alessandro Poli lo conoció al comprar una casa de veraneo en la misma zona, y decidió convertirlo en el protagonista de la última deriva reduccionista del grupo (Fig.96).

Fig.58. Imagen de la exposición 'La memoria invece'. Adolfo Natalini. Studio Franca Pisani, Florencia, 1978.

ser subvertida, imaginando un modelo diferente de desarrollo *"basado en las necesidades reales y no en la mercantilización del deseo."*[124]

Sin embargo, aunque la propuesta pretendía promover entre los avezados espectadores el deseo de una vida más simple, liberada de las ataduras de la cultura urbana, esta fue interpretada por muchos como un ejercicio onírico que mostraba una visión utópica e imposible del mundo, donde el individuo se hallaba idealmente inmerso en su entorno y comprometido en cuerpo y alma con unos rituales de supervivencia diarios difícilmente exportables.

En Mayo de ese mismo año Natalini presenta *La memoria invece* [CR.194] en el *Studio Franca Pisano* de Florencia, una pequeña exposición dividida en tres actos, en los que la pieza más llamativa muestra una fosa de piedra (Fig.58), una especie de sepulcro dentro del que se exponen objetos básicos, rudos, artesanales, como bastones de madera, cestos, o incluso la silla en la que Zeno se había sentado durante 50 años, objetos que invitaban a un nuevo viaje mental, pero ahora con destino a los reinos de la memoria, donde la manualidad se impone a la mecanización, el usuario-constructor al simple consumidor, la materia prima a la ya sintetizada, y sobre todo, donde las cosas funcionan de manera natural como resultado de una continua investigación antropológica sobre el significado de la necesidad.

El proyecto presentado en Venecia es una de las últimas colaboraciones conjuntas de Superstudio, cuya actividad como grupo había ido disminuyendo

---

[124] 2A+P/A. *La coscienza di Zeno. Notes on a Work by Superstudio*. En *What's wrong with the primitive hut?*, revista SAN ROCCO, nº 8, 2013. Págs.6-14.

progresivamente desde 1974 hasta casi desaparecer. Se podría decir que tras haber articulado teórica y progresivamente la disolución de la arquitectura en el flujo diario de las experiencias más elementales, los miembros del grupo habían estado preparado paralelamente su propia desarticulación, para acabar paradójicamente engullidos por aquello contra lo que tanto habían luchado: la poderosa y convencional cultura arquitectónica que, pese a todos sus esfuerzos, se mantenía – y se mantiene - fiel a conceptos como la solidez y la permanencia.

Esta reabsorción disciplinar, particularmente llamativa en el caso de Natalini[125], plantea múltiples interrogantes en torno a la coherencia y coexistencia entre teoría y práctica dentro de nuestra compleja profesión, en la que cada vez es más difícil detectar aquella crítica incrustada por la que tanto trabajaron y que pronto abandonaron muchos de los jóvenes *radicales*.

---

[125] A partir de 1979 Natalini inicia una intensa actividad constructiva en solitario que le lleva a trabajar en varios países europeos y que mantuvo hasta su muerte en 2020, compartiendo estudio con su hijo y sucesor Fabrizio Natalini.

EPÍLOGO

"Me gusta viajar, incluso estoy seguro de que viajar es lo más importante en la vida. De hecho, siempre he imaginado mi vida como un viaje; un viaje que comprende muchos viajes diferentes."[1]

Seguro que esta frase nos resulta familiar. Muchos han utilizado el recurso del *viaje* para referirse o sintetizar la complejidad de un proceso que habitualmente desemboca en la fructífera indeterminación de un final abierto.

En este caso, la cita pertenece al texto escrito por Gian Piero Frassinelli en Diciembre de 2002 en el que, a modo de fábula y bajo el título de *Viaje al Fin de la Arquitectura*, trataba de condensar en pocas páginas el trabajo de Superstudio –colectivo al que se incorpora en 1968– y al mismo tiempo incidía sobre su todavía vigente visión un tanto trascendental, e incluso mística, de la disciplina.

Utilizando la metáfora del viaje, Frassinelli desgrana los episodios más relevantes de la minuciosa puesta en escena que el grupo había llevado a cabo durante sus años de mayor actividad en torno a la desaparición de la arquitectura como paso previo para su necesaria –aunque todavía no acometida– refundación.

Este objetivo último, sin embargo, solo aparece como un deseo, como la promesa o la posibilidad de encontrar la fórmula mágica –todavía secreta– con la que inventar una *Nueva Arquitectura*, y en esta necesaria búsqueda Frassinelli –o Superstudio– nos cede el testigo a cada uno de nosotros, convirtiendo el reto en una cuestión personal, involucrando a todo aquel que esté dispuesto a continuar: *"No es verdad. El viaje no acaba nunca. Solo los viajeros acaban."*[2]

---

[1] FRASSINELLI, Gian Piero. *Journey to the End of Architecture* (Dic. 2002). En LANG, Peter. *Suicidal desires*. LANG, Peter; MENKING, William. *Superstudio: Life without objects.* Milan: Skira, 2003. Pág. 82.
[2] SARAMAGO, José. *Viaje a Portugal* (1980). Cita en el texto de Frassinelli, que termina con una invitación a continuar el viaje, pero ahora de forma individual: *"Once we reached this place, we realized however that this search was no longer the business of the SUPERSTUDIO but of each one of us. In other words that another journey began here, this time an individual one."*

Al igual que en el texto de Frassinelli, al término de este recorrido exhaustivo a través de los *reinos* de Superstudio y después de reflexionar sobre lo acontecido durante el corto periodo *radical*, más que conclusiones o finales, lo que resultan son detonantes o inicios, más que el fin de algo lo que encontramos es un posible comienzo para futuras exploraciones.

Al principio del libro se manifestaba el interés por llevar a cabo una inmersión total en el periodo comprendido entre los primeros años 60 y el final de los 70, con el objetivo de resultado incierto –o abierto– de revisitar el breve pero intenso fenómeno conocido como *Arquitectura Radical*.

Tras exprimir al máximo los datos resultantes de un meticuloso e interesado rastreo cronológico y la capacidad operativa de las casi 600 imágenes procesadas[3], se decide convertir el trabajo de Superstudio, uno de los protagonistas más activos y ejemplo paradigmático de la actitud crítica compartida por el resto de operadores contemporáneos, en la excusa perfecta a partir de la cual interpretar y recuperar el legado de este periodo mediante la extrapolación de las experiencias más relevantes y revolucionarias de los arquitectos florentinos.

Confiando por tanto en la exploración de la periferia –entrelazado cronológico– como paso previo e imprescindible para adquirir la necesaria distancia crítica respecto a los protagonistas, y así contextualizarlos como un producto de su tiempo, el libro se centra en los diez años en los que Superstudio se mostró más activo, entre 1966 y 1976, con el fin de narrar el cambio trascendental que este trabajo supuso para la práctica arquitectónica, alejándola del diseño de edificios y centrándola en la adopción y aplicación de multitud de actividades no-tectónicas en un intento por separarse de lo que percibían como una disciplina corrupta.

---

[3] En la Introducción también se hace referencia a este proceso paralelo de recolección y procesamiento de imágenes relacionadas con el tema y periodo de estudio, encaminado a generar un "mapa visual" que iba en busca de un pensar entre imágenes activado por la resonancia, la fricción, la alteración y la yuxtaposición, y que finalmente ha dado como resultado un nuevo documento, un "campo de intersecciones" en el que se sintetizan algunas de las innumerables reflexiones activadas por ese 'acercamiento' visual que tanto excitaba a Aby Warburg.

A lo largo de su corta carrera en común, los seis miembros de Superstudio sustituyeron la construcción convencional por la explotación intensiva de medios alternativos –desde el diseño de mobiliario e iluminación y algunos experimentos en torno a la "arquitectura eléctrica", hasta la expansión mediática de su trabajo a través de revistas, películas, exposiciones y conferencias–, contribuyendo así a una provocadora destrucción de los límites autoimpuestos dentro de los que se movía la disciplina hasta ese momento.

A modo de acto político, sus propuestas estaban destinadas a servir como "virus" inoculados en el sistema arquitectónico, pero sin ser realmente absorbidas por el mismo. O, como los propios miembros defendían, habían decidido participar en aquel mundo que tanto criticaban, pero para producir ideas y objetos tan intencionadamente diferentes que fueran totalmente inutilizables por el sistema sin haber activado previamente una feroz autocrítica. Cada proyecto, por tanto, reflexionaba críticamente sobre el estado de la disciplina y se resistía a una fácil integración en el canon establecido.

Este libro analiza el significado de considerar aquello que ocupó gran parte de la actividad de Superstudio y de sus colegas radicales (muebles, revistas, instalaciones, películas, labor teórica y docente, y en última instancia incluso la vida cotidiana) como nuevas formas de arquitectura, en un intento por contribuir a renovar y reforzar la relevancia de una profesión que debe expandirse más allá de lo construido para colonizar todos los ámbitos de nuestro entorno diario.

En este sentido se evita la habitual recepción de estos trabajos única y erróneamente como imágenes que explotan el lenguaje de moda de los 60 y solo parecen representar la fascinación y reverencia de las generaciones pasadas por la ciencia-ficción y las utopías tecnológicas, una lectura superficial que a menudo pasa por alto las implicaciones teóricas e ideológicas de sus gestos críticos, precisamente aquello que este texto pretende sacar a la luz.

Así, aprovechando el ejemplo de Superstudio, se trata de no abandonar la componente política de las propuestas *radicales* en favor del abrazo estilístico sin más. Debemos ser conscientes de que aunque estos proyectos han sido absorbidos por la historia de la arquitectura de posguerra como representantes de un periodo especialmente señalado en la evolución del pensamiento arquitectónico, y de que encierran un gran atractivo para las generaciones más jóvenes, en muchas ocasiones las repetidas relecturas sólo adoptan el estilo impactante de las imágenes, olvidando el discurso latente y evidenciando la pobreza que propicia una simplista reducción a lo visual que permanece en la resbaladiza superficie de lo percibido.

Como respuesta o reacción, el libro desentraña las razones de ese gran atractivo inicial para descubrir que lo trascendental de esas sugerentes imágenes producidas por Natalini y compañía no es su inmediato impacto, sino aquello que las provoca: las intensas conexiones de sus autores con el "programa" e intenciones políticas que motivaban y subyacían bajo el trabajo del grupo, y por extensión del de sus colegas radicales, convertidos en protagonistas mediáticos de aquel momento. De esta manera se refuerza de paso la capacidad teórica de la imagen, en un intento por equilibrarla con su poderosa componente 'manipuladora'.

Si bien estas intenciones no son nuevas, el presente estudio las sintetiza en una serie de particularidades que convierten el trabajo de Superstudio en un poderoso catalizador de futuras y pertinentes reflexiones en torno al ejercicio de la profesión.

A continuación se enumeran dichas particularidades que justifican la elección del colectivo como ejemplo operativo, y forman parte de las razones por las que se ha considerado oportuna la revisión y el análisis de sus experiencias:

Por su respuesta al evidente agotamiento de la 'era moderna' en forma de desafío inicial a las nociones heredadas sobre el concepto de domesticidad y su inconformismo ante la realidad de la vivienda.

Por su meticulosamente cultivada conciencia crítica y su provocativo cuestionamiento razonado de la "obligación" de construir/producir y su intenso deseo de no repetir la fórmula impuesta que según ellos sólo prolongaría la explotación comercial del diseño vinculada al mercado, poniendo en marcha un implacable proceso de divorcio de lo que percibían como una disciplina corrupta, mediante un claro acto político: la retirada consciente de la producción/construcción, demostrando estar más preocupados por reflexionar sobre sus fundamentos que por perpetuar la práctica de un oficio ahora puesto en crisis. Este comprometido proceso, dirigido por una estricta visión crítica centrada en el análisis y reprogramación de su propio papel dentro de la gran cadena productiva, supone una de sus más relevantes aportaciones que alimentaron aquel deseo compartido de 'inventar' una nueva arquitectura para el futuro.

Por lo contemporáneo de sus teorías sobre el impacto ambiental de la arquitectura y sobre las consecuencias negativas de la tecnología.

Por sus denuncias ante la incapacidad de los políticos para abordar problemas sociales complejos, y ante la de arquitectos y diseñadores para cuestionar su propia autoridad narcisista. Frente a tal realidad Superstudio no dudó en poner en marcha su particular guerrilla existencial con la que pretendieron romper la cáscara estéril de la arquitectura profesional y tecnológica y así entrar en contacto con las fuerzas más subversivas de la protesta anti-burguesa para producir de forma continuada controvertidos gestos radicales, llegando a autodefinirse como *"una vanguardia real, en el sentido militar del término, un grupo que va por delante destruyendo las defensas enemigas y sacrificándose (él mismo) para abrir camino al resto del ejército."*[4] De esta forma sellan

---

[4] *"Superstudio fue un movimiento situacionista que usó las herramientas tradicionales de la arquitectura (dibujos y proyectos) para criticar no solo la arquitectura y sus modas, sino también la sociedad. Superstudio usó los mecanismos retóricos de la metáfora y la alegoría y las herramientas de la ironía y la imaginación, maniobrando en tierra de nadie entre el arte y la arquitectura con incursiones en la política, la sociología y la filosofía. Por esta razón, fue una vanguardia real, en el sentido militar del término, un grupo que va por delante destruyendo las defensas enemigas y sacrificándose (él mismo) para abrir camino al resto del ejército. Tratamos de destruir el sistema existente para dar paso a la creación de un nuevo sistema, libre de divisiones, colonialismo cultural, violencia y consumismo. Perseguíamos la utopía de un mundo libre y de una vida liberada del trabajo, una 'vida sin objetos'. Proyectos como el Monumento Continuo y las Doce Ciudades Ideales empleaban la idea de una utopía negativa. Otros, como los histogramas, señalaban un camino de racionalidad y minimalismo, mientras que otros, como los Actos Fundamentales, eran un ejercicio de meditación existencial."* NATALINI, Adolfo. *Superstudio in Middelburg: Avant-garde and Resistance.* En BYVANCK, Valuentijn. *Superstudio: The Middelburg Lectures.* Middelburg: De Vleeshal and Zeeuws Museum, 2005. Pág.25.

su compromiso con una postura ética basada en la crítica incondicional e implacable donde la negación de la disciplina y la destrucción de su especificidad son utilizadas como técnicas liberadoras activadas por la ironía, la provocación, la paradoja, el falso silogismo, la extrapolación lógica, el terrorismo, el misticismo, el humanismo, la reducción *profiláctica* y la exploración de lo grotesco.

Por su reciclaje inteligente de las enseñanzas de Umberto Eco, a través del uso consciente de la semiología incorporada a su trabajo en forma de efectivos discursos visuales como resultado de la pasión que demostraron por sus efectos de final abierto.

Por sus 'jugosas' contradicciones, o lo que Natalini definiría como *'trastorno bipolar de la personalidad'*[5], que nos han ayudado a descifrar el mapa generado por su obra y entender al mismo tiempo la propia máquina de subjetividad que la contemporaneidad encierra – o la incoherencia subyacente que apuntaba Koolhaas[6].

Por sus definitivas exploraciones antropológicas y su inmediata relevancia operativa, que situaban al individuo y su cotidianeidad en el centro de sus preocupaciones, en un intento por liberarlo del control autocrático que según ellos ejercía la arquitectura. Rechazando –como vimos– el 'edificio' y sustituyéndolo por una investigación en torno al potencial de la vida diaria, Superstudio pretendía alterar el ámbito de lo cotidiano - optando por el concepto de *diseñador–usuario* frente a las tradicionales connotaciones de cada figura por separado - como paso previo al establecimiento de un nuevo programa de acción que debía recuperar la construcción, pero ahora dirigida a una población recién

---

[5] En una de sus últimas entrevistas, Natalini reconoce que *"nel Superstudio avevamo una specie di 'disturbo bipolare della personalità"*. Citada en MASTRIGLI, Gabriele. *Superstudio, La vita segreta del Monumento continuo*. Libro de artista, edición limitada. Monditalia, Biennale di Venezia 2014.

[6] *"Incoherence, or more precisely, randomness, is the underlying structure of all architects' careers: they are confronted with an arbitrary sequence of demands, with parameters they did not establish, in countries they hardly know, about issues they are only dimly aware of, expected to deal with problems that have proved intractable to brains vastly superior to their own (...). Coherence imposed on an architect's work is either cosmetic or the result of self-censorship."* En KOOLHAAS, Rem KOOLHAAS, Rem; MAU, Bruce. *S.M.L.XL. Introduction*. New York: Monacelli Press, 1995.

'liberada' y supuestamente preparada para darle forma a un mundo *"sin arquitectos"*[7].

De los célebres cenotafios erigidos en honor del *arquitecto profesional* (*Istogrammi d'architettura*, 1969) y su resistencia al significado como afirmación última de una arquitectura que busca trascender la autoría y la referencia histórica, a "una vida sin objetos" (*Supersuperficie*, 1971) en un planeta transformado en dispositivo único que organiza la existencia humana y la hace posible, durante los últimos años de su actividad el grupo se embarcó en un proceso reduccionista comprometido con una estrategia de diseño que privilegiaba la autonomía del individuo en el control de su propio entorno.

Esta confianza y necesidad de un escenario claramente posibilista y en cierto modo utópico e inocentemente simplificado podría explicar al mismo tiempo el fracaso de esta y otras propuestas que formaron parte del proyecto crítico del movimiento *radical,* rápidamente sustituido por la inexorable llamada al orden del Posmodernismo.

Por animarnos a construir una mirada crítica sobre el entorno que nos rodea, enseñándonos que incluso emprender un agresivo proceso de *des-diseño* puede ser la clave para detectar los 'fallos' del sistema en el que nos encontramos inmersos y proceder a su *reseteo*.

Por su interés y efectividad compartidos con sus colegas *radicales* a la hora de adoptar y aplicar multitud de medios y actividades no-tectónicas al campo de la arquitectura y la facilidad con la que consecuentemente expandieron sus límites. Este desafío estructural, que podría extenderse a cualquier tipo de límite –social, disciplinario, político, etc.– propicia en cierta manera la aparición de nuevas líneas de trabajo,

---

[7] *"As you can clearly see, our journey, far from being a zigzagging course without a real destination, as was often reproached us, was according to me remarkably consistent and logical. A descent, perhaps apish but resolute, from one branch to the other, down to the roots of human doing, down to where Architecture is without Architects. To the only mental place where we might have been able to find (maybe!) the magic formula for the Invention of the New Architecture."* FRASSINELLI, Piero. *Journey to the End of Architecture* (Dic. 2002). En LANG, Peter. *Suicidal desires.* LANG, Peter; MENKING, William. *Superstudio: Life without objects.* Milan: Skira, 2003. Pág. 82.

como por ejemplo la abierta por AMO en 1999, la 'filial' de OMA que, aunque tutelada desde la disciplina, sus intereses trascienden el hecho constructivo para adentrarse en fenómenos socioculturales en apariencia tan dispares y complejos como la economía, la política, la sociología o los medios de comunicación. Sin embargo, mientras Superstudio defendía que es precisamente desde estos lugares desde donde puede articularse una crítica más efectiva del campo arquitectónico, Koolhaas prefiere enriquecer el trabajo del arquitecto 'conversando' con estas disciplinas envolventes, iniciando así una tendencia generalizada en la actualidad.

Por su implicación docente, primero como estudiantes comprometidos con la lucha por una universidad más democrática y la modernización de sus métodos didácticos, después como profesores convirtiendo sus clases en una extensión de las investigaciones llevadas a cabo como colectivo.

Por su capacidad de expansión mediática y su defensa de una arquitectura entendida como pura información, que implicaba alterar su difusión aprovechando la ubicuidad y carácter efímero de las revistas y su provocadora dependencia de medios desmaterializados como el texto y la fotografía.

Por la dualidad característica de su trabajo –por un lado melancólico-trascendental y serio, y por otro lúdico y ocurrente– que cargaba sus propuestas con las dosis necesarias de ironía y ambigüedad para evidenciar uno de los síntomas intrínsecos a una sociedad que estaba experimentando la transición desde el rígido concepto moderno a la complejidad posmoderna.

Pero, pese a todo lo anterior, este libro no sólo deposita su interés en la consideración histórica del movimiento radical y sus motivaciones ideológicas y políticas, ni tampoco exclusivamente en la minuciosa recuperación del trabajo de Superstudio, de las transferencias e implicaciones teóricas de sus gestos y actitudes críticas y de sus logros en torno a la arquitectura multimedia, sino que también señala la sorprendente actualidad de las cuestiones abordadas por los protagonistas radicales durante este periodo, poniendo así en marcha posibles reflexiones futuras sobre la resolución –o no– de las mismas y su eventual carácter cíclico.

Cabría entonces en este momento hacernos las siguientes preguntas:

¿Pueden estos paralelismos intuidos desencadenar nuevas respuestas operativas?

¿Cómo se ha reciclado la efervescencia experimental de este periodo y de qué forma se ha integrado su legado en el debate arquitectónico actual?

¿Supone este mirar atrás hacia un punto tan concreto la apertura de nuevas vías expandidas de investigación proyectual?

Y, por último, ¿es posible procesar aquella "revolución radical" (manifiestamente teórica y posiblemente incompleta) y aplicarla a la exigente práctica actual activando así nuevos escenarios? O, en otras palabras, ¿cómo pueden aquellos deseos solo formulados ser recuperados para llegar a transformar nuestros futuros entornos construidos?

La fugaz labor del grupo florentino, y por extensión la de sus colegas radicales, debe entenderse como una crítica demoledora a la disciplina que profesaban, perpetrada, como ya se apuntaba, desde dentro, a partir de un guion extremo que tenía como objetivo su desaparición progresiva en las vísceras de lo cotidiano para acabar siendo refundada en base a los gestos más básicos de la vida humana.

Ahora sabemos que la elección de esta vía de no-retorno, del descenso a las raíces, de la reducción al *grado cero* de la arquitectura, inevitablemente conducía a la disolución de aquel heterogéneo grupo de "anarquistas" conceptuales que no habían dejado nada más por 'destruir', y cuyos miembros serán reabsorbidos por la propia cultura arquitectónica de diferentes formas, ya sea como docentes, teóricos, constructores o diseñadores.

Pero al mismo tiempo hemos descubierto que su labor suicida generó un residuo fértil que no ha desaparecido con ellos, un residuo que debe seguir funcionando como una posible respuesta crítica para aquellos que pretenden dotar a su trabajo con ese poder inclusivo capaz de dar forma a los nuevos patrones de vida, convirtiéndose, en cierta manera, en nuevos *anti-arquitectos* (recuperando la definición que de él mismo hacía el gran Cedric Price[8] por aquellos mismos años) plenamente conscientes de la necesidad de recuperar y reconstruir las metodologías que devuelvan a la disciplina su capacidad para el diálogo crítico, rediseñando y actualizando simultáneamente habilidades ahora relegadas como la visión periférica, el inconformismo y la disposición a la rebelión, la anticipación, la falta de pedigrí, la facilidad para provocar desde dentro y para teorizar al mismo tiempo que se mantiene un inquebrantable compromiso con la realidad.

Cuarenta años después comprobamos que la arquitectura como disciplina, como práctica y como discurso, sigue siendo preocupantemente lenta para solucionar problemas, y peligrosamente inflexible en su capacidad relativa para reaccionar a las presiones –ya sean puntuales o crónicas– impuestas por los cambios de la cultura contemporánea. Aquel *anti-arquitecto* defendido por Price y reflejado en parte en nuestros jóvenes protagonistas *radicales*, sigue reclamando hoy en día su capacidad para comunicar arquitectónicamente, para activar el debate interdisciplinar lejos de la especialización autoimpuesta por una reaccionaria actividad *oficial* que pretende reivindicar así su valiosa identidad, convirtiendo al edificio en el medio con el que consolidar su poder.

Por todo ello este libro rescata aquella postura combativa y a la vez reflexiva que nos recuerda insistentemente la inherente responsabilidad social de nuestra disciplina y las enormes ventajas de incorporarla a nuestro trabajo para llevarla a la práctica.

En el momento actual de nuestra contradictoria profesión, según Koolhaas habitada *"en gran medida por dos tipologías humanas, constructores y pensadores, unidos en mutuo desdén"*[9], sería recomendable escuchar estas voces, analizar las singularidades de aquella *"tendencia energética"*

---

[8] Price se autocalificaba como *anti-arquitecto* para incidir sobre su persistente cuestionamiento de la práctica arquitectónica tradicional, frente a la que proponía una forma de construir ligada a las necesidades cambiantes de la sociedad y el individuo, atenta a la tecnología disponible, asumiendo el precio del paso del tiempo, el posible desgaste e incluso la pertinencia de la desaparición.
[9] Koolhaas, Rem; Obrist, Hans Ulrich. *Project Japan. Metabolist talks.* Taschen, 2011, p.12

que Branzi destacaba por su capacidad de proponer alternativas al sistema cultural, social y económico heredado para superar la decadencia de su contexto temporal y replantearse los límites de la propia disciplina revisitando aquella actitud persistente tan característica de los arquitectos *radicales* basada en un inconformismo y cuestionamiento ilimitados, y en la búsqueda de "nuevos idiomas" con los que profundizar en el complejo tejido de una sociedad permanentemente en crisis.

MATERIA PRIMA

Cronología de trabajo manipulable

Este libro apuesta por desgranar y entrelazar la historia del fenómeno radical y la del grupo florentino con la intención de afianzar la experiencia de Superstudio como un producto de su tiempo.

En consecuencia, la "cronología de trabajo" elaborada a partir de sus experiencias como colectivo se convierte en MATERIA PRIMA en constante alteración a partir de la incorporación de datos sobre el trabajo de otros operadores.

Sometida posteriormente a sucesivos procesos de análisis, esta cronología ha permitido ir generando aproximaciones a la estructura definitiva del texto, apareciendo recogida a continuación, ordenada por años según el siguiente formato con el que a la vez se incorporan referencias a la misma a lo largo del texto:

[CR.163]

CR.: CRONOLOGÍA

163: numeración del dato o evento recogido. Esta clasificación no corresponde a criterios cronológicos ni de relevancia, ni hace referencia al momento de su descubrimiento, sino que se refiere al orden en que estos han sido incorporados al flujo de la investigación.

Código País: hace referencia al país al que se vincula el dato o evento:

<u>Superstudio</u> Italia: [■CR.163]; Inglaterra: [◆CR.163]; Austria: [▲CR.163]; EE.UU: [●CR.163]; Francia: [★CR.163]; Otros: [❖CR.163

Por lo tanto, y como reflejo de esta estrategia, en el texto general conviven varios niveles de información acompañados por un discurso visual paralelo que permite generar y entrelazar conexiones transversales entre la historia envolvente, el caso particular de Superstudio y las intenciones finales de este libro que trata de arrojar luz y sacar conclusiones operativas, a la vez que activa posibles reflexiones futuras sobre el agitado y sorprendentemente fértil periodo *radical*.

1952

[♦CR.001] 1952 Primera reunión del *Independent Group* (considerado el precursor del arte Pop británico) bajo el impulso de Eduardo Paolozzi en el ICA (Institute of Contemporary Arts) de Londres. Las reuniones formales del grupo tuvieron lugar hasta 1955, pero los miembros del mismo (R.Banham, Richard Hamilton, los Smithson, etc) siguieron reuniéndose informalmente hasta 1963.

[■CR.347] 1952 Giorgio Monicelli (hijo del famoso director Mario Monicelli) lanza en Italia la revista semanal de ciencia-ficción "*I Romanzi di Urania*" (*Las novelas de Urania*) editada por Mondadori. La publicación, que introduce entre los lectores italianos la obra de famosos escritores como Isaac Asimov, Arthur C.Clark, J.G.Ballard, etc., era muy popular entre los integrantes del movimiento Radical, ya que las historias de ciencia-ficción que allí se recogían eran una especie de literatura alternativa o escapista que recuperaba entornos familiares con el fin de probar ordenes sustitutivos, otras posibilidades o futuros. Algunos años después de su lanzamiento la revista acorta su nombre pasándose a llamar simplemente "*Urania*".

[♦CR.427] 1952 Paolozzi en la portada del n°23 de Time Magazine con "*Will man outgrow the earth?*".

1953

[●CR.321] 1953 El compositor John Cage colabora en "*Tire Print*" de Robert Rauschemberg, donde la huella indicial se desarrolla como un arma contra la marca expresiva.

[★CR.410] 1953 La editorial parisina Seuil publica dentro de su colección *Pierres vives* (*Piedras vivas*) el ensayo de Roland Barthes "*El grado cero de la escritura*", en el que aborda la historia de la literatura francesa pero no mediante la habitual revisión de autores, corrientes u obras, sino que estudia los orígenes y transformaciones del concepto mismo de escritura literaria y su relación con distintos periodos históricos de Francia.

[✦CR.394] 1953 El 11 de Septiembre se inaugura en el ICA de Londres la exposición *"Parallel of Life and Art"* organizada por el *Independent Group* –N. Henderson, E. Paolozzi, R. Jenkins y los Smithson– donde exploran como las tecnologías de la reproducción afectan a los términos de la producción cultural. Más tarde R.Banham se referirá a esta exposición como un "locus classicus" (referencia) del movimiento *Nuevo Brutalismo*, ya que en ella se radicaliza el *ethos* brutalista: crudeza de la madera, el ladrillo y el hormigón en la casa que encuentra su traducción en las fotos de alto contraste y grano grueso de Nigel Henderson, inmediatez sensorial en las alusiones a la ciudad industrial de la casa y en los trozos de vida cotidiana que actúan como tema de la exposición, poética sin retórica, antiesticismo, *directness* (sinceridad) más allá del purismo de Le Corbusier o el absoluto muro miesiano.

[✦CR.466] 1953 El dramaturgo, novelista, crítico y poeta irlandés Samuel Beckett publica *"El innombrable"* en Olympia Press, Paris. En ella el personaje principal solo es presencia, solo "existe", es un hombre sin atributos.

1954

[✦CR.002] 1954 Se redacta el *"Manifiesto de Doorn"*, durante la reunión fundacional del Team X.

[▲CR.224] 1954 Monsignore Otto Mauer funda la galería *Nächst St Stephan* en Viena, que se convertirá en dinámico refugio del arte contemporáneo.

[▲CR.458] 1954 Oswald Wiener, miembro fundador del *Wiener Gruppe*, y que más adelante se convertiría hasta cierto punto en el cerebro estético y teórico de los accionistas vieneses, declara en su *"Manifiesto Frío"* que la producción artística debía desligarse de los objetos para centrarse en la obra de arte como acontecimiento, anticipando así la profecía formulada por Kaprow en su ensayo *"El legado de Jackson Pollock"* (1956).

1955

[●CR.265] 1955 Comienza la Guerra de Vietnam.

[●CR.277] 1955 El arquitecto alemán Konrad Wachsmann desarrolla entre 1955/56 su sistema para la construcción de hangares desmontables para las fuerzas aéreas estadounidenses (USAF).

[●CR.309] 1955 Aparecen los primeros dibujos de "*Mesa City*" de Paolo Soleri, como "*Proyecto Mesa: búsqueda de un entorno en harmonía con el hombre*". El proyecto se desarrolla durante los siguientes 5 años, y se convierte en el precursor de la idea de "*arcology*" desarrollada años mas tarde (1970) en su proyecto *Arcosanti*.

[●CR.461] 1955-59 R.Rauschemberg: "*Monogram*" (*assemblage* neodadaísta).

[◆CR.412] 1955 Reyner Banham publica el articulo "*Vehicles of desire*" en la revista Art (Sep.1955), donde apunta la necesidad de integrar la dimensión consumible y desechable de la arquitectura, e influenciado por lo "POP" aboga por una estética de "usar y tirar". El mismo año publica sobre este mismo tema el artículo "*A throw-away aesthetic*", donde comparaba un Bugatti Royale Type 41 con un Buick, señalando que este tipo de objetos complejos iban en contra de la sencilla fórmula de "la forma sigue a la función". Banham ponía de manifiesto que no existía ningún vínculo intrínseco entre la simplicidad geométrica y la función.

[❖CR.226] 1955 Arnold Bold pone en marcha la exposición de arte contemporáneo *Documenta* en Kassel, en cuya primera edición, junto al historiador de arte Werner Haftmann, presenta una retrospectiva de la Modernidad clásica, que había sido difamada por los Nazis como arte "degenerado", incluyendo también obras contemporáneas. La *Documenta* se celebra cada 5 años, y dura 100 días.

[■CR.266] 1955 Asger Jorn, Pinot-Gallizio y Piero Simondo fundan el "*Movimiento Internacional por una Bauhaus Imaginativa*" en Alba (Italia).

[★CR.370] 1955 Nicolas Schöffer, artista francés considerado el padre del arte cibernético, diseña para el "*Salon des Travaux Publics*" de Paris la

"*Maison à cloisons invisibles*", precedente construido de las posteriores propuestas de los años 60 de control del entorno a partir de medios tecnológicos y la vuelta a una vida supeditada a los instintos primarios del hombre.

[★CR.453] 1955 La exposición "*Le mouvement*" (16 de abril) en la galería parisina *Denise René* supone el lanzamiento del Arte Cinético o "cinetismo", con la participación de los "cuatro mosqueteros": Jesus-Rafael Soto, Yacov Agam, Pol Bury y Jean Tinguely, supuestamente liderados por Victor Vasarély. Diez años más tarde, la misma galería conmemoraría dicha exposición celebrando "*Mouvement 2*", que aunque concebida como una celebración victoriosa señalaría el pricipio del fin del Arte Cinético.

[●CR.356] 1955 Se inaugura *Disneyland*, parque temático y laboratorio para el "arqui-entretenimiento" surgido en las nuevas capitales del entretenimiento, promovido por Walt Disney en Anaheim, California.

[▲CR.003] 1955 Hans Sedlmayr publica "*La revolución del arte moderno*".

[❖CR.529] 1955 Herbert Marcuse publica "*Eros and Civilization: a Philosophical Inquiry into Freud*", libro que parte de la tesis sustentada por Freud –particularmente en *El malestar de la cultura*– de que la civilización necesita una rígida restricción del "principio del placer". Pero a la luz de la propia teoría freudiana, y basándose en las posibilidades de la civilización llegada a la madurez, Herbert Marcuse aduce que la existencia misma de ésta depende de la abolición gradual de todo lo que constriña las tendencias instintivas del hombre, del fortalecimiento de los instintos rivales y de las liberaciones del poder constructivo de Eros. Piensa Marcuse que los logros alcanzados por las culturas occidentales han creado ya los prerrequisitos para el surgimiento de una civilización no represiva, y señala las tendencias sociológicas y psicológicas que actúan en ese sentido.

1956

[✦CR.326] 1956 El TEAM X organiza el *CIAM X. Escalas de asociación* (Dubrovnik, Yugoslavia) bajo la supervisión del Comité Asesor del *CIAM X*. Durante las reuniones se ponen de manifiesto las divergencias existentes entre los postulados de los miembros más antiguos y las nuevas propuestas que cuestionan el modelo funcionalista.

[■CR.004] 1956 Pinot-Gallizio organiza en Alba el *"Congreso Mundial de Artistas Libres"*, sobre las artes liberales y las actividades industriales. Supone el tercer evento oficial del *"Movimiento Internacional por una Bauhaus Imaginativa"*.

[●CR.455] 1956 Allan Kaprow escribe *"El legado de Jackson Pollock"* (publicado en 1958), ensayo en el que cuestionaba el camino que seguiría el arte tras la muerte del artista ese mismo año.

[◆CR.005] 1956 En Agosto se celebra la exposición seminal *"This is tomorrow"* en la Whitechapel Art Gallery de Londres, concebida por el crítico de arquitectura Theo Crosby (editor de *Architectural Design*). El núcleo de la exposición está compuesto por los artistas del Independent Group. Tenía como tema el estilo de vida "moderno", y la exposición estaba basada en un modelo de práctica artística colaborativa. Richard Hamilton presenta su collage *"Just what is it that makes today's homes so different, so appealing?"*, que se convertiría en el manifiesto del arte pop británico. Esta exposición señala la culminación de la investigación sobre las relaciones entre el arte, la ciencia, la tecnología, el diseño de productos y la cultura popular emprendida después de la Segunda Guerra Mundial por el *Independent Group*, precursor del Pop británico.

[◆CR.359] 1956 En Noviembre la revista finlandesa ARK publica el artículo *"But today we collect ads"* de Alison y Peter Smithson, en el que defienden que los materiales no clasificados del día a día, como base de anuncios publicitarios, podrían proporcionar a artistas, arquitectos y diseñadores la información de la vida contemporánea y descubrir así nuevas fuentes para un adecuado diseño. Además, en este artículo aparece por primera vez publicada la expresión "pop-art" para referirse al arte popular.

[♦CR.006] 1956 Así nace el proyecto *"House of the Future"* de los Smithson, un intento de generar nuevas sensibilidades mirando hacia nuevas formas de vivir la casa de acuerdo con las necesidades del nuevo estilo de vida.

[★CR.443] 1956 Ionel Schein presenta su *"Mobile cabin hotel"* en el Tercer Salón Internacional del Equipamiento Hotelero (Paris). En la década de 1960, el concepto de movilidad en arquitectura parece concebible y aplicable en áreas específicas, tales como el comercio, la industria, la reconstrucción o el ejército, y asociada a una temporalidad reducida, al ocio. Inspirado por este tipo de construcciones, en su mayoría debidas a los ingenieros, muchos jóvenes arquitectos europeos tratarán de introducir una mayor movilidad en sus proyectos con el fin de crear nuevas formas de hábitat, individuales o colectivas, adaptadas a las exigencias de la vida contemporánea. Inicialmente, los proyectos involucran un solo elemento (tipo mueble y reposicionable) que no necesariamente constituye un hábitat completo, sino más bien una función para satisfacer una necesidad específica y puntual. Este es el caso del *"Mobile cabin hotel"*, desarrollado en paralelo con la *"Maison tout en plastique"*. Estas cabañas son consideradas el primer experimento con un elemento arquitectónico removible: la idea era que los albergues Schein, al estar expuestos a cambios radicales en la ocupación, deberían siempre ser capaces de adaptarse a los mismos. Por lo tanto, se necesita la capacidad de añadir o eliminar y Schein responde proponiendo "cabañas" autónomas prefabricadas, totalmente equipadas y fáciles de interconectar a una estructura principal. Aunque este proyecto nunca se realizó, los argumentos esgrimidos entonces - la flexibilidad, la autonomía, el montaje - marcan las mentes e influencian a muchos arquitectos de todo el mundo, incluyendo Kisho Kurokawa que visitó Francia en 1956 para estudiar estos prototipos y diseños que tuvieron un impacto innegable sobre las «cápsulas» que el arquitecto japonés desarrolló a partir de entonces.

[♦CR.476] 1956 Se funda en Hamburgo el *Quickborner Team* liderado por Eberhard y Wolfgang Schenelle con el objetivo de desarrollar ambientes de trabajo más colaborativos y humanos. Así nacerá el concepto de *Bürolandschaft* (oficina-paisaje). [*The post-WWII socialist environment in many Northern European countries engendered an egalitarian management approach. Office landscape encouraged all levels of staff to sit together in one open floor to create a non-hierarchical environment that increased communication and collaboration. Typical designs used contemporary but conventional furniture which was available at the time. Standard desks and chairs were used, with lateral file cabinets, curved screens, and large potted plants used as visual barriers and space definers. Floor plans frequently used irregular geometry and organic circulation patterns to enhance the egalitarian nature of the plan. Many designs used slightly lower than normal occupancy density to mitigate the acoustical problems inherent in open designs. Office furniture companies quickly developed panel-hung systems and other types of systems furniture which sought to provide some of the advantages of office landscape, but with slightly greater privacy, density, and storage capacity. Initially, the layouts typical of these systems imitated the irregular, organic forms of office landscape. However, they quickly degenerated into the regimented sea of cubicles common in modern offices and reminiscent of earlier Taylorism. The sea of cubicles effectively replaced office landscape by the mid-1970s* (https://en.wikipedia.org/wiki/Office_landscape)].

1957

[●CR.533] 1957 L.I.Kahn y Anne Tyng presentan su proyecto para la *City Tower* ("*Tomorrow's City Hall*") en Filadelfia, en el que trabajaban desde 1952.

[✦CR.268] 1957 Se constituye en Madrid el grupo "El Paso".

[✦CR.270] 1957 Rusia lanza al espacio el "*Sputnik*", primer satélite de la historia.

[■CR.484] 1957 Sergio Cammilli funda *Poltronova* como un pequeño centro de estudios dedicado a la producción de piezas esenciales modernas como las de Aulenti o Vignelli. Poco después Sottsass es nombrado director artístico de la firma, convirtiéndola en uno de los pilares del diseño radical italiano.

[■CR.416] 1957 Gio Ponti diseña la *Superleggera*, su versión industrial de la silla *Chiavari* (Giuseppe Gaetano Descalzi, 1807).

[●CR.269] 1957 John Cage publica su famoso ensayo "*Musica Experimental*", precedente de la posterior explosión del arte del comportamiento o "happenings". Cage estaba interesado en la idea de entender el azar y la aleatoriedad como modalidades universales que estructuran el universo.

[●CR.406] 1957 Se publica por primera vez la novela de Jack Kerouac "*On the road*", terminada en 1951, donde se describe un modo de vida romántico y bohemio claramente ligado a la movilidad (nomadismo), conceptos recuperados y explotados pocos años más tarde por los movimientos críticos contra-culturales.

[★CR.468] 1957 R. Barthes publica "*Mythologies*", libro en el que examina la tendencia de los sistemas de valores sociales contemporáneos a crear mitos modernos. Barthes combinó el pensamiento antropológico de Claude Lévi-Strauss con el trabajo semiológico de Ferdinand de Saussure en el desarrollo de un modelo analítico para debatir sobre ciertas manifestaciones culturales populares, actualizando el sistema de análisis de los signos de Sussure añadiendo un segundo nivel donde los signos eran elevados a la categoría de mitos. El énfasis de Barthes sobre el objeto en el contexto del consumo y su interés en la "imagen" del objeto más que en su "uso" trazaron un nuevo rumbo para los estudios de aquella época sobre cultura material. El enfoque de Barthes se expresaba en un momento en que la repercusión de los medios de comunicación sobre la cultura popular, incluyendo los objetos e imágenes de diseño, sólo empezaba a atisbarse plenamente. Aunque se podría decir que los diseñadores siempre habían entendido tácitamente la importancia de la imagen, la crítica que había acompañado a su trabajo desde los primeros años del siglo XX pretendía equiparar sus logros con los del arquitecto y el ingeniero y no había reconocido ni admitido su aptitud como creadores y manipuladores de imágenes en el contexto del mercado.

[❖CR.007] 1957 Se funda la *Internacional Situacionista* (el movimiento más comprometido políticamente de la posguerra) como fusión del "*Movimiento Internacional por una Bauhaus Imaginativa*", la "*Internacional Letrista*" y la "*Asociación Psicogeográfica de Londres*". Se convierte en azote del urbanismo funcionalista promovido en los CIAM. Entre los promotores se encontraban Guy Debord, Gianfranco Sanguinetti, Asger Jorn, Raoul Vaneigem y Constant Nieuwenhuys. Así, entre 1957 y 1972 este grupo de filósofos, arquitectos, pintores, críticos y activistas políticos, desde diversas perspectivas y con diversas técnicas, plantearon el interrogante sobre el papel del hombre y la cultura en la sociedad de consumo de postguerra. Desde una perspectiva radicalmente crítica e inconformista, cuestionaron el orden social.

1958

[■CR.472] 1958-63 Entre estos años se produce en Italia el periodo más intenso de lo que se conoce como "milagro económico".

[▲CR.520] 1958 Hundertwasser publica su *"Verschimelungs-manifest"* [*Manifiesto del enmohecimiento*].

[▲CR.448] 1958 Comprobado el fracaso de la arquitectura funcionalista tras la 2ª Gerra Mundial en Austria, a finales de los 50 la reacción comienza en Viena a partir de lo literario: tres manifiestos marcan la inusual crítica temprana del funcionalismo. Hundertwasser elabora el *Veschimmelungsmanifest*, Arnulf Rainer y Markus Prachensky pretendían construir *"Architecture with your hands"* y Feuerstein abogaba por la *"Incidental Architecture"*.

[▲CR.021]1958-60 Hans Hollein, Friedrich St Florian y Raymund Abraham se trasladan a EEUU. Los dos últimos se quedarán a trabajar y enseñar en ese país, convirtiéndose en punta de lanza de la vanguardia radical europea en América. Hollein retorna a su Viena natal dos años después.

[★CR.008] 1958 Yona Friedman publica el manifiesto *"L'Architecture Mobile"*, que constituye a su vez el documento fundacional del GEAM (*Groupe d'etude d'architecture mobile*), grupo integrado también por Paul Maymont, Frei Otto, Eckhard Schulze-Fielitz (se une en 1961), Werner Ruhnan y D.G.Emmerich.

[★CR.211] 1958 Sale el primer número de la revista *"Internationale Situationniste"* en Paris, revista dirigida por Guy Debord.

[★CR.511] 1958 Le Corbusier, junto con Iannis Xenakis y el músico Edgar Varese (padre de la música electrónica) presentan su proyecto multimedia "*Poeme electronique*" para el Pabellón Phillips en la Expo Universal de Bruselas.

[▲CR.360] 1958-60 En su búsqueda de la hibridación formal entre arquitectura y escultura (influido por el trabajo de su compatriota Fritz Wotruba) Hans Hollein trabaja en su proyecto "*Stadte*", en el que hipotéticas ciudades aparecen en el paisaje como si de un macizo rocoso se tratase (metáfora ciudad-roca). Unos años más tarde Pichler generará una serie de geometrizaciones en su roca habitada que constituirá el trabajo en torno a la "*Compact City*" (1963-65).

[★CR.272] 1958 Se estrena la película "*Mi tío*" de Tati.

[●CR.273] 1958 Mies finaliza el *Seagram Building* en Nueva York.

[●CR.278] 1958 Se funda la NASA.

[◆CR.470] 1958 El crítico y comisario Lawrence Alloway, integrante del *Independent Group*, publica en el numero de Febrero de la revista Architectural Record el artículo "*The arts and the mass media*", donde utiliza el término *cultura popular de las masas* (*popular mass culture*).

[❖CR.271] 1958 Fidel Castro impone su revolución en Cuba frente a la dictadura de Batista.

[❖CR.343] 1958 La filósofa y política alemana de origen judío Hannah Arendt publica "*La condición humana*", donde expresa el temor de que la edad moderna termine "*en la más mortal y estéril pasividad que la historia nunca haya conocido*".

[■CR.274] 1958 El grupo BBPR (Banfi, Barbiano, Peressuti y Nathan-Rogers) finaliza la *Torre Velasca* en Milán.

[★CR.219] 1958-60 Chanéac desarrolla el concepto de "*L'architecture Industrialisée Poetisée*" (*Poética Arquitectura Industrializada*), a través de sus propuestas de "células polivalentes" de poliéster reforzado para apostar por la "implantación libre de células individuales, evolutivas y móviles", que patentará en 1960.

1959

[✦CR.009] 1959 CIAM XI, Otterlo, Holanda. Disolución de la organización, ante los puntos de vista divergentes de sus miembros.

[✦CR.220] 1959 Eckard Schulze-Fielitz, pionero en Alemania en la investigación sobre la morfología estructural, influenciado por Konrad Waschmann y por las propuestas móviles de Friedman, desarrolla "*Raumstadt*", sistema de ocupación a partir de estructuras adaptables de crecimiento indefinido compuestas por tetraedros y octaedros.

[✦CR.275] 1959 El pintor y escultor suizo Jean Tinguely realiza "*Métamatic*", primera escultura de arte cinético realizada bajo la tradición dadaista con la que pretendía satirizar la superproducción mecánica de objetos materiales, avanzando la sociedad industrial.

[■CR.010] 1959 Pinot-Gallizio presenta el "*Manifiesto de la pintura industrial*" como un intento de refundación de la pintura, y la produce para la exposición "*Caverna de anti-materia*".

[▲CR.011] 1959 Günter Feuerstein dicta sus seminarios sobre "*Arquitectura incidental*" en la Universidad Técnica de Viena.

[●CR.459] 1959 Cy Trowmbly realiza sus series de grafemas somáticos de efectos desublimatorios, exacerbados pocos años después en las pinturas de los futuros precursores del Accionismo Vienés como Brus y Frohner.

[●CR.298] 1959 La comisaria de arte Dorothy Miller organiza la exposición "*16 Americans*" en el MOMA, donde destacan las primeras pinturas "minimal" de Frank Stella (serie *Black Paintings*, pinturas protagonizadas por impersonales líneas negras). Desde los primeros años 40 hasta los primeros 60 Miller organizó seis exposiciones sobre artistas americanos contemporáneos (*The Americans Shows*) en los que, en contraste con las grandes exposiciones colectivas en donde cientos de artistas eran representados por una sola obra, desarrolló un formato según el cual presentaba una gran selección de trabajos de unos pocos artistas cada vez.

[◆CR.012] 1959 Reyner Banham publica *"Neoliberty. La retirada italiana de la arquitectura mod*erna" en el n°747 de Architecture Review. El articulo internacionalizaba el debate surgido principalmente en Italia y el Reino Unido en torno a la revisión del proyecto de la arquitectura moderna tras la Segunda Guerra Mundial, enfrentándose las propuestas italianas que pregonaban el retorno a la historia como fuente legitima para operar, con las defendidas por las principales figuras de la escena británica, que se mostraban más preocupadas por llevar a cabo una revisión vinculada a la sociología, a las nuevas formas de agregación urbana o a la producción tecnológica.

[◆CR.285] 1959 El artista y activista político de origen alemán y emigrante judío en Inglaterra Gustav Metzger publica *"Auto-destructive Art Manifesto"*, documento que no se debe entender como un tratado iconoclasta al uso, sino que realmente se propone la construcción de momentos de máxima creatividad, aunque ésta, en rigor con el lenguaje del propio arte llevado a sus consecuencias más radicales y originarias, no se constituya en otra cosa que la destrucción del propio arte. Si sumamos a las lecciones de David Bomberg (del que fue alumno), el ambiente de la Inglaterra de los años sesenta, con el movimiento *anti-bomba* que lideró Bertrand Russell, al que Metzger se sumó desde un principio, podemos entender perfectamente el espíritu que se perseguía con esta llamada a la destrucción del propio arte. El evangelio de esta época podemos encontrarlo en *Bomb Culture*, el libro en el que Jeff Nuttall recoge los textos y parábolas, acciones y predicas que marcaron ese tiempo.

[CR.013] 1959-60 Comienzan la carrera Frasinelli, Natalini y Toraldo di Francia en la Facultad de Florencia.

[◆CR.014] 1959-74 Constant trabaja en su *"New Babylon"*, abriendo la cultura del proyecto a otros territorios.

[◆CR.015] 1959 Kenzo Tange, antes de iniciar su periodo docente en el MIT (*Massachussets Institute of Technology*) encarga a su mano derecha en *Tange Lab*, Takashi Asada, buscar a jóvenes y prometedores arquitectos y diseñadores japoneses para participar en el *World Design Conference* que iba a tener lugar el año próximo en Japón. Con la ayuda de Kawazoe reúne a un grupo de talentos emergentes formado por él mismo, Kurokawa y Kikutake, que se convertirán en el germen del grupo Metabolista.

[❖CR.474] 1959 Se inaugura en NY la sede de *The Living Theatre*, uno de los grupos paradigmáticos de la creación colectiva en la década de los sesenta creado por Julian Beck y Judith Malina en 1946 / 47 en Nueva York, en un contexto en el que se va a cuestionar prácticamente la totalidad de las convenciones teatrales: el lugar del actor en el teatro, la función del público, la utilidad de un texto escrito, la necesidad de un espacio específicamente teatral, etc. El *"teatro de creación colectiva"* surge como parte del deseo de muchos grupos que quieren reflejar una actitud antisistema y antijerárquica, que está en consonancia con las tendencias más radicales de los cincuenta, sesenta y setenta.

[●CR.456] 1959 Aparece la primera obra que emplea el termino *happening* acuñado por el creador: *"18 Happenings in 6 parts"*, de Allan Kaprow en la *Reuben Gallery* de N.Y.

1960

[❖CR.019] 1960 Maki y Otaka se unen a los *Metabolistas*, y juntos (los 5) redactan el manifiesto *"Metabolism 1960: The Proposals for New Urbanism"*, con el que se dan a conocer en la *World Design Conference* de Tokyo 1960 y en el que anuncian su idea fundacional: suelo artificial (*artificial ground*).

[◆CR.411] 1960 Reyner Banham publica su tesis doctoral *"Teoria y Diseño en la primera era de la maquina"*, libro en el que aborda el progreso del pensamiento moderno, es decir, la formación de actitudes, formas y temas característicos de los artistas y arquitectos europeos que, entre 1900 y 1930, vieron su trabajo confrontado con los nuevos adelantos tecnológicos de la primera era de la máquina. El estudio pretendía entender las fuerzas abstractas que ocasionaban que tantos arquitectos y diseñadores revisaran las bases filosóficas y estéticas sobre las que ejercían. Banham se concentró en las que pensaba que eran las tres causas principales del cambio: un creciente sentido de la responsabilidad social (ejemplificado por el trabajo y las ideas de los seguidores de William Morris y que encontraba su plena realización en las actividades del Deutscher Werkbund); el acercamiento estructural a la arquitectura (como en el caso de Viollet-le-Duc); y la tradición de la enseñanza académica, especialmente tal como se impartía en París. Insiste además en obtener una distancia respecto a los maestros modernos, desafiando sus hipótesis funcionalistas y/o racionalistas (la forma debe seguir a la función y/o a la técnica) y recuperando otros imperativos negados por ellos, abogando por lo tanto por una imagen Futurista de la tecnología en términos expresionistas (es decir, según formas a menudo esculturales y a veces gestuales) como el motivo principal del diseño avanzado no solo en la *Primera Era de la Maquina* sino también en la *Segunda Era de la Maquina* (o *Primera Era Pop.* Hal Foster).

[★ CR.518] 1960 Pierre Restany, apercibiéndose del atractivo promocional derivado de la organización de artistas en un colectivo que operase bajo una misma bandera, organiza un grupo de ellos en Paris con la intención de crear un movimiento de vanguardia y forma el *Nouveau Réalisme* (vertiente europea del Pop americano según Peter Bürger). El manifiesto fundacional fue firmado el 27 de Octubre en el apartamento de Yves Klein por el mismo Klein y Restany, Arman, Francois Dufrêne, Raymond Hains, Martial Raysse, Daniel Spoerri, Jean Tinguely y Jaques de la Villeglé, para reclamar un nuevo enfoque perceptivo de lo real ("Nuevo Realismo=nuevas percepciones de lo real"). Posteriormente se unen al grupo César, Christo, Deschamps, Rotella y de Saint Phalle, pero pese a ello en 1970 se celebra oficialmente la muerte del movimiento, escenificada en un banquete y la presentación de *La Vittoria* de Tinguely frente a la catedral de Milan.

[■CR.016] 1960 Pasolini publica el ensayo *"Pasión e ideología"*, mientras filma su primera película *"Accatone"*, que se estrenará un año más tarde.

[■CR.345] 1960 F. Fellini estrena *"La Dolce Vita"*, punto de inflexión entre sus anteriores trabajos "neorrealistas" y su posterior periodo "simbolista".

[■CR.494] 1960-64 Michelucci construye la Iglesia de San Giovanni Battista a "orillas" de la *Autostrada del Sole* a las afueras de Florencia, evocando imágenes de cuevas, tiendas de campaña y bosquecillos de arboles como metáforas de lugares para la reunión ritual, confirmando con este proyecto el abandono de sus tempranos proyectos Racionalistas y Neorrealistas para moverse en la dirección de una imaginería más dramática y expresionista.

[▲CR.460] 1960 Günter Brus: "*Untitled*" (*Action Painting*).

[✦CR.213] 1960 Plan para la Bahía de Tokio, de K. Tange.

[✦CR.214] 1960 *Ciudad Agrícola* de Kurokawa.

[✦CR.227] 1960 *Ciudad Marina* de Kikutake.

[●CR.330] 1960 Richard Buckminster Fuller en colaboración con Shoji Sadao presentan "*Geodesic Dome City*", gigantesca cúpula geodésica sobre Manhattan.

[●CR.017] 1960 El MOMA organiza la exposición "*Arquitectura visionaria*". Entre otros proyectos se expone la "*Endless House*" de Frederick Kiesler.

[✦CR.222] 1960 Tiene lugar en Essen la exposición "*Spatial City Model*" dedicada al trabajo de Schulze-Fielitz.

[✦CR.342] 1960 La IS en el Stedelijk.

[◆CR.018] 1960 En la muestra del MOMA se incluye el proyecto de cuarto curso de carrera de Michael Webb para la Asociación de Fabricantes de Muebles (1958), alumno del Regent Street Polythechnic de Londres y futuro miembro de ARCHIGRAM.

[★CR.020] 1960 Yona Friedman desarrolla su concepto de "*Ville spatiale*".

[■CR.542] 1960 "*Grande oggeto pneumatico*", del Gruppo T Miriorama. Galeria Pater, Milán.

1961

[■CR.267] 1961 Apropiándose de la célebre frase de Kurt *Schwitters* "*Todo lo que escupe el artista, es arte*", Piero Manzoni presenta "*Merda de artista*" y "*Esculturas vivientes*", claros ejemplos de un proceso de instrumentalización del cuerpo, y de cuestionamiento de la modernidad idealista.

[●CR.279] 1961 George Maciunas abre en Nueva York la *AG Gallery*, proyecto u organización dedicada a la literatura, la música y el cine que solo duró un año.

[●CR.331] 1961 William Katavolos publica en Holanda "*Organics*", ensayo-manifiesto que supone la base de lo que denomina "arquitectura química", concebida para poder crecer a partir de la utilización de polímeros. Propone un escenario en el que los programas podrían ser diseñados teniendo en cuenta ese factor de crecimiento, tanto en el diseño de muebles y edificios, como incluso en el de las ciudades, haciéndose eco de las ideas que sobre infraestructuras urbanas de composición abierta aparecían en los escritos del TEAM 10 y en el proyecto de *New Babylon* de Constant. Para Katavolos hablar de arquitectura "organica" es describir casi literalmente edificios hechos a partir de "ingeniería genética" aplicada a los materiales (como geles o fibras), capaces de reaccionar a los cambios del entorno y responder a los movimientos del cuerpo humano.

[★CR.563] 1961 Yves Klein presenta los resultados de sus investigaciones en torno a la inmaterialidad aplicada a la arquitectura bajo el título de "*Air Architecture*", un trabajo empezado en 1957 llevado a cabo en colaboración con los arquitectos Claude Parent y Werner Ruhnau. Interesante precedente de las propuestas reduccionistas de Superstudio y su Supersuperficie. *Air Architecture (1961), Yves Klein*. Una especie de espacio para vivir creado a partir del agua, el fuego y el vapor: "*Of course, with all the progress made by science, this is no longer a utopia today. Technique, however, could in fact realize such things!... To find nature and live once again on the surface of the whole of the earth without needing a roof or a wall. To live in nature with a great and permanent comfort.*" [Klein did experiments together with the German architect Werner Ruhnau to investigate the possibillity of such structures of compressed air. He imagined the whole world would be air-conditioned in this way, covered by an invisible roof of air, so that everybody would be freed from the bad vibes of the weather. His vision was a kind of new eden where everybody would walk around naked, without any cumbersome personal possessions. This paradise would be made possible by complex underground machinery, fulfilling all the functions necessary to sustain life. Klein formulated more or less the same vision as Moholy-Nagy, who several years before was dreaming of buildings with walls made of streams of compressed air: "*These suggestions may be disturbing to a few people, who probably would be more aghast at the Utopian plan of Professor Bernal of Cambridge, England, to construct houses the walls of which are produced by compressed air, by rotating air streams. The walls would insulate perfectly. The question arises why one should live between stone walls when one could live under the blue sky between green trees with all the advantages of perfect insulation?.*" Laszlo Moholy-Nagy, '*Space-Time and the Photographer*', American Annual of Photography, 1942)]

[❖CR.221] 1961 "*Abstraccion y sugestion*", de Schulze-Fielitz.

[❖CR.276] 1961 Yuri Gagarin protagoniza el primer vuelo espacial.

[❖CR.325] 1961 John Habraken publica "*De Dragers en de Mensen, het einde van de massawoningbouw*" (*Soportes, una alternativa al alojamiento de masas*). En 1972 sale a la venta el texto traducido al inglés.

[●CR.357] 1961 Claes Oldenburg presenta dentro de una exposición colectiva en la galería Martha Jackson de Nueva York su entorno "*The Store*", a base de esculturas a gran escala que representan objetos comerciales y productos manufacturados.

[◆CR.022] 1961 Sale a la venta el primer número del panfleto "*Amazing Archigram*", autopublicado por los miembros del recién creado grupo del mismo nombre: Warren Chalk, Peter Cook, Dennis Crompton, David Greene, Ron Herron y Michael Webb.

[◆CR.339] 1961 La denominada "madre del teatro moderno" Joan Littlewood, encarga a Cedrid Price el proyecto del *Fun Palace* para Londres, con la idea de construir un "laboratorio de la diversión". [The theatrical impresario Joan Littlewood proposed the idea of the *Fun Palace*, which she described as a 'laboratory of fun' and a 'university of the streets', which was to be developed with Cedric Price. It was to be a recreational and educational facility engaging and stimulating its visitors through providing topical and thus ever-changing spaces, places, and opportunities. The Fun Palace was not intended for passive, Disneyland-style entertainment; the Price response was a design consisting of towers, gantry cranes, movable floors, walls and ceilings, suspended auditoria and walkways, vapour barriers and horizontal and vertical blinds. All these components were designed to accept constant change. Price began to investigate new ways of relating temporality and form, asserting that any built environment would become inhibiting, restrictive, and ultimately obsolete unless its inhabitants could accommodate the indeterminate and the impermanent. The Fun Palace was the first of many buildings and projects supporting Price's idea that architecture should not determine human behaviour but rather enable possibility. http://jodilindenberg.blogspot.com.es/2008/09/cedric-price.html]

[CR.023] 1961-62 Comienza la carrera Alessandro Magris en la Facultad de Florencia.

[■CR.038] 1961 Nace la revista *Quaderni Rossi* promovida por un grupo de "herejes" de izquierda encabezados por Mario Tronti y Raniero Panzieri (relaciones entre Capitalismo y Trabajo).

[●CR.471] 1961 Roy Lichtenstein pinta *"Look Mickey"*, primera obra en la que directamente se apropia de una imagen de comic.

[●CR.353] 1961 La divulgadora científica, teórica del urbanismo y activista político-social Jane Jacobs publica su obra más influyente *"Muerte y vida de las grandes ciudades americanas"*, en la que critica duramente las practicas de renovación urbana de los años 50 en EEUU, cuyos planificadores asumieron modelos esquemáticos ideales que según ella condujeron a la destrucción del espacio público, y por lo tanto de la diversidad y vitalidad de las ciudades. Utilizando métodos científicos innovadores e interdisciplinares, Jacobs defiende la "diversidad urbana" (que hoy llamaríamos "complejidad") en contra de la ortodoxia del racionalismo funcionalista y de su aplicación interesada por los nuevos promotores de zonas monofuncionales y homogéneas a lo largo de ciudades americanas y europeas.

1962

[★CR.530] 1962 Marc Saporta, escritor de origen turco afincado en Francia, publica el artefacto hipertextual *"Composición n°1"*, y en el prefacio, nos avisa: *"Se ruega que el lector disponga de estas páginas como de una baraja de cartas. Que corte, si lo desea, con la mano izquierda, como si fuera una cartomántica. El orden en el que las hojas salgan de la baraja orientará el destino de X. (...) Del encadenamiento de las circunstancias depende que la historia acabe bien o mal. Una vida se compone de elementos múltiples. Pero el número de composiciones posibles es infinito*". Más allá del experimento, del divertimento, Saporta está investigando sobre una forma de conocimiento diferente, convirtiendo este libro-caja en uno de los precursores más conspicuos de los textos no lineales, de los discursos fragmentados que hoy son el gran paradigma de la literatura hipertextual en la que cada lector crea su propio libro. Marc Saporta lo que nos ofrecen es el azar, un juego estocástico que rompe la estructura de la novela decimonónica (inicio, desarrollo, desenlace), puesta en entredicho por los escritores de *Nouveau Roman* - corriente de la que era miembro- y nos introduce de lleno en el paradigma de la hipertextualidad al que nos han acostumbrado las nuevas tecnologías (un único clic sobre un enlace hace que un texto nos lleve a otro).

[■CR.024] 1962 Umbreto Eco publica "*Opera Aperta*".

[■CR.280] 1962 Pasolini estrena "*Mamma Roma*".

[✦CR.212] 1962 El *Stedelijk Museum* de Amsterdam, bajo el impulso de su director Willem Sandberg y el influjo del "*Autotheatre*" de Tinguely y Spoerri, organiza la exposición "*Dylaby: dynamic labyrinth*", con el objetivo de ampliar los límites del arte, mediante la activación del espectador convertido en participante. Spoerri fue el responsable de la selección de los artistas participantes, de la organización y de la instalación de la exposición, y Pontus Hulten produjo el catalogo.

[●CR.025] 1962 George Maciunas organiza *Fluxus* (flux = estado de cambio continuo), movimiento artístico nacido en EEUU que se desarrolla también en Europa y Japón. Caracterizado por una intensa actitud dadaísta promueve la experimentación artística mezclada con el activismo político y social. Sus participantes fueron un grupo de individualistas cuyo tema en común más importante era su interés en lo espontaneo y el humor. Sus miembros evitaron cualquier teoría del arte limitadora, y rechazaron los objetivos puramente estéticos. Sus actividades se materializaron en diversos eventos o situaciones, a menudo denominadas "acciones" -que desafiaban la definición de arte focalizado en el objeto- como performances, teatro callejero, conciertos de música electrónica, etc, similares a lo que en América se denominó "*happening*".

[●CR.281] 1962 La galería Ferus de Los Angeles organiza la primera exposición individual de Andy Warhol, exposición en la que se incluyen sus piezas basadas en las latas de sopa Campbell's. Supone el debut del movimiento pop en la costa oeste.

[■CR.490] 1962 Tronti publica en "*Quaderni Rossi nº2*" su influyente ensayo "*La fabbrica e la società*" donde advierte que en una fase avanzada del capitalismo, la fabrica no será el único lugar del trabajo, sino que toda la sociedad se convertirá en una fábrica. La producción se extenderá así a todas las actividades urbanas: ocio, educación, consumo y vivienda.

[✦CR.286] 1962 George Maciunas pone en marcha el primer festival *Fluxus* en Alemania: "*Internationale Festspiele Neuester Musik*" (*Festival Internacional de la Nueva Música*) en Weisbaden.

[✦CR.026] 1962 The Beatles se forman en Liverpool, y graban su primer sencillo "*Love me do*".

[✦CR.027] 1962 The Rolling Stones se forman en Londres.

[▲CR.028] 1962 Walter Pichler y Hans Hollein reclaman en el manifiesto "*Absolute Architektur*" un antifuncionalismo total y la vuelta a los valores de la comunicación simbólica aniquilados por el Movimiento Moderno.

[✦CR.029] 1962 Marshall McLuhan publica "*The Gutenberg Galaxy: the making of typographic man*". La aldea global a través de las nuevas tecnologías.

[✦CR.030] 1962 Archigram lanza el segundo número de su revista.

[✦CR.284] 1962 Fluxus organiza el "*Festival of Misfits*" ("inadaptados sociales") en la Gallery One del ICA de Londres, primera edición dirigida por Robert Filliou y Daniel Spoerri.

[✦CR.361] 1962 La exposición "*This will be your city*" celebrada en Tokio, muestra las primeras propuestas Metabolistas.

[✦CR.215] 1962 Kikutake presenta su "*Ikekuburu Plan*", como propuesta de regeneración del distrito del mismo nombre en Tokio, consistente en el trasplante de una de las islas de su *Marine City* al centro de la ciudad.

[■CR.031] 1962 Bertolucci estrena su primera película *"La commare secca"*.

[■CR.513] 1962 Antonioni estrena *"L'eclise"*, película que Eco cita como ejemplo de un modo contemporáneo de dar forma al alejamiento y la alienación.

[★CR.032] 1962 Se disuelve el GEAM.

[▲CR.033] 1962 *"Regreso a la arquitectura"*, conferencia pronunciada por Hollein en la galería St. Stephan de Viena que no persigue un ejercicio retrospectivo sino más bien la contemplación/recuperación de las cualidades fundamentales de la arquitectura. En ella Hollein declara la *"necesidad de crear construcciones físicas para la gente, imbuidas de significado trascendental"* [*The Austrian Phenomenon*]. *"¿Lo que distingue a la arquitectura de la escultura? En mi opinión, las distinciones clásicas entre las artes ya no son válidas, ya que las artes se fusionan. Se convertirán en estructuras que dan forma al mundo y las vidas humanas, en las que es posible vivir como uno desea y crea conveniente"* [*The Austrian Phenomenon*].

[■CR.034] 1962 Abre sus puertas la galería *ART/TAPES/22* de Florencia, centro de video-producción fundado por Maria Gloria Bicocchi, espacio impulsor del videoarte italiano. Permanecerá abierta hasta 1982.

[■CR.420] 1962 A principios de los años sesenta, Ettore Sottsass, Jr., en aquel momento asesor y diseñador de firmas como Olivetti y Poltronova, ya era una figura relevante en el mundo del diseño. En junio de 1962, mientras seguía un tratamiento en el Centro Médico de Stanford University en Palo Alto (California), lanza una publicación independiente en colaboración con su mujer, Fernanda Pivano. En un principio, *Room East 128 Chronicle* adoptó la forma de una carta abierta dirigida a varios de sus amigos que estaban en Italia. Sottsass y Pivano utilizaron una imprenta manual y recortes de periódico y revistas. En los primeros tres números proponían una versión ficticia de su rutina diaria y de los achaques de salud de Sottsass, Jr., además de incluir predicciones meteorológicas, crucigramas surrealistas y comentarios sobre la cultura pop norteamericana. Más que una carta, *Room East 128 Chronicle* era un *fanzine* que traslucía la fascinación del matrimonio por el mito americano. Cuando Sottsass y Pivano regresaron a Milán, la revista pasó a denominarse *East 128* y adoptó varios formatos, desde una felicitación de Navidad hasta un catálogo de exposiciones, pasando por una colección de textos. En 1967 *East 128* se convertirá en la editorial de *Pianeta fresco*, otra revista de fabricación artesanal producida por Sottsass, Jr. y Pivano.

[CR.035] 1962-63 Comienza la carrera Alessandro Poli en la Facultad de Florencia.

[●CR.358] 1962 Tras la exposición de 1961 Oldenburg produce a principios de 1962 la segunda versión de *"The Store"*, esta vez en forma de galería-supermercado abierta durante dos meses en el East Side de Nueva York, donde vende grandes reproducciones en plástico de objetos familiares y comida, y organiza performances y eventos teatrales. Con esta propuesta Oldenburg explota la habilidad de los valores materiales para incorporarlo todo dentro de un contexto mercantil, abrazando las mercancías de la cultura materialista como tema de trabajo. Con *"The Store"* Oldenburg transfiere sus impulsos figurativos de las personas a los objetos, tratando dichos objetos arrugados y vanidosos como sustitutos del cuerpo humano.

[▲CR.454] 1962 La *performance* conjunta de Nitsch, Mühl y Frohner titulada *Die Blutorgel* (*El órgano sangriento*) supone el acontecimiento fundacional del Accionismo Vienés. Su formación, como la de casi todas las actividades artísticas de posguerra, se produce al enfrentarse por un lado a las ruinas de la vanguardia europea y por otro a la fuerza abrumadora de la neovanguardia americana, en emergencia durante el periodo de reconstrucción europea. Sus primeros pasos se dirigen hacia la completa destrucción de la pintura de caballete, lo que suponía la destrucción del lienzo y la espacializacion del proceso pictórico.

[●CR.473] 1962 V. Scully publica su ensayo sobre Louis I. Kahn, donde analiza su obra como reacción crítica al Mov. Moderno y ejemplo de la relación entre historia y proyecto.

1963

[▲CR.036] 1963-65 "*Ciudades compactas*" de Pichler.

[▲CR.231] 1963 "*Superstructure over Manhattan*" de Hollein.

[▲CR.223] 1963 Se celebra en Graz la primera edición de la *Bienal Trinacional* (TRIGON) con la participación de Austria, Italia y Yugoslavia, marco periódico de confrontación de investigaciones de variado origen cultural y catalizador de interferencias y conexiones entre las diferentes disciplinas.

[▲CR.390] 1963-68 Hollein "*Transformations series*", created between 1963 and 1968. In each, an agricultural or urban landscape, often apparently barren, becomes the site for a monumental object. The drawings are visual parodies of Le Corbusier's concept of architecture as an object in the landscape, an idea exemplified in his seminal book "*Vers une Architecture*" (*Toward a new architecture*), with its images of ocean liners, automobiles, and airplanes-examples of technological ingenuity that stand as singular objects, more worthy of an absolute and dominant place in the world than any other current example of monumental architecture. The transformations and transpositions actually need no special explanation. They are charged with a multitude of meanings, there are many layers of a different significance as one's mind penetrates them, provoking a stream of associations. https://dprbcn.wordpress.com/2009/11/19/hans-hollein-transformations/.

[★CR.446] 1963 R. Barthes publica su ensayo-manifiesto "Actividad estructuralista", el intento más interesante que se ha hecho para definir el estructuralismo sin reducirlo a un esquema ideológico y considerándolo como una nueva mentalidad. Según Barthes, "*el estructuralismo esencialmente es una actividad, es decir, la sucesión regulada de cierto número de operaciones mentales*" y puede hablarse de "*actividad estructuralista de la misma manera que se ha hablado de actividad surrealista*". En una palabra, Barthes no admite que el estructuralismo sea una escuela o un movimiento, aunque prevé que llegará a serlo. De momento, los estructuralistas tienen un parentesco meramente léxico o, todo lo más, de método. "*El objetivo de cada actividad estructuralista reflexiva o poética, es el recons-*

truir un objeto, en modo tal que se manifiesta en esta reconstrucción las reglas de funcionamiento (las funciones) de este objeto. La estructura es, entonces, en realidad un simulacro del objeto, pero un simulacro orientado, interesado, dado que el objeto imitado hace aparecer alguno que hasta el momento era invisible o, si se prefiere, ininteligible al objeto natural. El hombre estructural toma lo real, lo descompone, y luego lo recompone; es poco, en apariencia. Sin embargo, desde otro punto de vista, este poco es decisivo; porque entre los dos objetos, o los dos tiempos de la actividad estructuralista, se produce algo nuevo y esto nuevo no es nada menos que lo inteligible general."

[■CR.346] 1963 F. Fellini estrena "8-1/2", espectacular investigación personal y confesión sicológica sobre el estado existencial del cine y la sociedad.

[■CR.037] 1963 En octubre se constituye en Palermo el movimiento literario neo-vanguardista *Gruppo 63* que integraba a intelectuales italianos como Edoardo Sanguineti, Elio Pagliarani, Nanni Balestrini, Antonio Porta, Renato Barilli, Luciano Anceschi, Giorgio Manganelli, y Umberto Eco. Todos ellos compartían el deseo de promover una ruptura radical con el presente conformista que se había instalado en la sociedad italiana tradicional, mediante la renovación de la forma y el contenido del lenguaje literario a partir de una investigación experimental. Muchos autores ven en esta actitud el precedente inmediato y directo de las experiencias radicales que surgieron en Italia 3 años después.

[■CR.039] 1963 Nace en Génova la revista interdisciplinar *Marcatré*, fundada y dirigida por Eugenio Battisti y ligada al *Gruppo 63*. Se edita hasta 1970.

[■CR.040] 1963 Enzo Mari funda el grupo *Nuova Tendenza* en Milán.

[▲CR.409] 1963 R. Abraham publica "*Elementare Architektur*", donde teoriza sobre sus diseños de ciudades imaginarias que recuperan aspectos naturales y cualidades arcaicas, siempre en relación a sus vivencias infantiles (el libro como celebración de esos recuerdos).

[◆CR.041] 1962 Theo Crosby consigue que el ICA Gallery de Londres encargue a Archigram la exposición "*Living City*", que finalmente tendrá lugar en 1963. [In the *Living City* man is the ultimate subject and principal conditioner. The theme is interpreted by presenting evocations, accentuations, and simulations of city life, not a display of suggested forms. The image is a total image of it all like a film. http://www.arcspace.com/bookcase/archigram---a-guide-to-archigram-1961-1974/]

[◆CR.042] 1963 The Beatles lanzan su primer gran éxito, el disco *"Please Please Me"*.

[◆CR.228] 1963 Sale a la venta *Archigram 3*.

[●CR.570] 1963 El fotógrafo americano Melvin Sokolsky publica en Harper's Bazaar el reportaje *Bubble*, inspirado en los mundos oníricos representados por El Bosco.

[◆CR.288] 1963 El ICA de Londres inaugura la exposición *"The Popular Image"* organizada en colaboración con la Illeana Sonnabend Gallery de Paris. Esta exposición es considerada como la primera que presenta de manera exhaustiva en Inglaterra el trabajo de pintores americanos empleando principalmente lo que los críticos llamaron "imaginería popular". Alan Solomon escribió para el catálogo: *"(...) Rauschemberg fue el primero en reconocer positivamente la necesidad de conciliar el arte y la vida, para romper el aislamiento del arte respecto a los modos convencionales de la experiencia, para aceptar el arte como una condición importante de la vida, y no como un complemento de esta"*.

[▲CR.457] 1963 A partir de 1963 Otto Mühl se identifica únicamente como «poeta y director», declarando que su proyecto artístico es el *destructivismo* (presumiblemente, por oposición con el Constructivismo), y anuncia que su dogma, anarquista y nihilista, consiste en *«la revuelta absoluta, la total desobediencia y el sabotaje sistemático [...] Todo el arte será destruido, aniquilado y exterminado, y emergerá algo nuevo»*.

[■CR.043] 1963 Revueltas estudiantiles en Italia.

[●CR.044] 1963 Asesinato de Kennedy.

[◆CR.045] 1963 Joseph Rykwert publica *"The idea of a town"*.

[★CR.046] 1963 Paul Virilio y Claude Parent fundan el grupo *Architecture Principe*.

[★CR.287] 1963 Julio Cortázar escribe en Paris y publica *"Rayuela"*, obra de estructura aleatoria muy influida por *"Composición n°1"* (1962) de Marc Saporta, de cuya obra había dicho: *"(...) el lector de Saporta ha de ser activo".*

1964

[■CR.047] 1964 El crítico Cesare Vivaldi acuña el término *Scuola di Pistoia* para definir al grupo artístico de inspiración pop al que perteneció durante esos años Natalini.

[■CR.372] 1964 Se celebra la *XIII Triennale di Milano*, cuya *"Sezione introduttiva a carattere internazionale"* estaba comisariada por U. Eco y Vittorio Gregotti y dedicada al *"Tempo libero"*. [Negli anni caratterizzati dal boom economico e da un diffuso benessere sociale il tema affrontato nella XIII Triennale fu quello del tempo libero come fruizione e valorizzazione, e dei consumi. Per la prima volta vengono affrontati i problemi di qualificazione nei consumi del tempo libero e il problema della quantità del tempo libero rispetto al tempo lavorativo. Particolarmente suggestiva è la sezione introduttiva a carattere internazionale curata da Umberto Eco e Vittorio Gregotti in cui spiccano gli otto condotti a ridosso dello Scalone d'Onore e il Caleidoscopio nel Salone d'Onore. Per la prima volta gli allestimenti esterni non si trovano nel Parco Sempione ma nell'area verde antistante l'ingresso principale del Palazzo dell'Arte, collegati dal ponte in ferro progettato da Aldo Rossi e Luca Meda. http://www.triennale.it/it/archivio/esposizione/21690-13trn?filter_catphoto=+]

[✦CR.048] 1964 Fumihiko Maki publica *"Investigations in collective form"*, libro en el que se emplea por primera vez escrita el termino "megaestructura".

[✦CR.216] 1964 Keiji Ekuan presenta su *"Dwelling City"*, propuesta de sistema en racimos para el distrito de Koto en Tokio, propenso a sufrir inundaciones.

[✦CR.289] 1964 El Stedelijk Museum de Amsterdam inaugura la expo *"American Pop Art"*, comisariada por Alan Solomon. Se exponen obras de

Rauschemberg, Jim Dine, Lichtenstein, Claes Oldemburg, James Rosenquist, Warhol, etc.

[CR.049] 1964 Expo individual de pinturas de Natalini en la galería *Jolly 2* de Pistoia

[♦CR.340] 1964 Cedric Price presenta los primeros planos de su proyecto para el *Fun Palace*.

[♦CR.050] 1964 Gordon Pask accede a dirigir el "*Fun Palace Cybernetics Cometee*" como instrumento fundamental para el desarrollo del proyecto de Cedric Price.

[♦CR.376] 1964 *Fun Palace Camdem*: a pesar de que la construcción del mítico Fun Palace para Lea Valley (el conocidísimo y laureado hermano mayor) fuera denegada por primera vez a mediados de 1963, Cedric Price y Joan Littlewood habían estado buscando otros emplazamientos en Londres y otras ciudades británicas, entre los que destacaba un pequeño solar abandonado y sin planeamiento existente en el barrio de Camden. Al igual que el Fun Palace original, este prototipo serviría a menor escala para dar cabida a pequeños programas artísticos y de ocio relacionados con el barrio siguiendo los preceptos de su hermano mayor: flexibilidad y control ambiental. En este caso el equipamiento era un kit compuesto de unidades de proyección, estructuras ligeras de protección acústica, proyección o equipadas, paneles de suelo ligeros, estructuras inflables... así como una serie de módulos industrializados modulares que podían componer distintas estructuras superiores customizables y totalmente colonizables (primer estudio de lo que luego sería su alabado *GENERATOR*). El edificio era por lo tanto una combinación de todos estos elementos que servía de unión también entre dos zonas de una red de carreteras principal y por la que atravesaba también un viaducto de comunicaciones rodadas. El proyecto, sin embargo, careció de financiación aunque tuvo el apoyo popular. Puede considerarse el germen de lo que luego sería el *INTERACTION CENTER*.

[♦CR.229] 1964 Sale a la venta *Archigram 4*.

[★CR.311] 1964 Claude Parent publica "*Vivir en lo oblicuo*", libro en el que enuncia su hipótesis de la "función oblicua" según la cual proponía el plano inclinado como soporte para el asentamiento humano y defendía las ilimitadas posibilidades de esta nueva forma de ocupar el espacio. Según Parent, lo oblicuo encarnaba la posibilidad de llevar a cabo una arquitectura verdaderamente dinámica, libre y participativa.

[★CR.383] 1964 R. Barthes publica "*Èlements de Semiologíe*", libro-compendio sobre la creación de la semiología que influye decisivamente en el trabajo de Eco en esos años.

[✦CR.475] 1964 Después de intentos de resistencia, más denuncias y algunas semanas en prisiones federales, la primera aventura norteamericana del *Living Theatre* finaliza y en 1964 comienza su ya legendaria migración de más de cuatro años a lo largo de Europa, durante la cual crean sus espectáculos más importantes. El *Living* europeo no sólo realiza sus mejores puestas en escena y desarrolla muchos conceptos y metodologías fundamentales como la creación colectiva, la improvisación como herramienta de creación y de representación, la inclusión del público en los espectáculos; sino que también construye una comunidad de convivencia y trabajo organizada a partir de unos ideales anarcopacifístas que intentan promover en la sociedad.

[■CR.051] 1964 Tiene lugar la XXXII Biennale di Venezia, que supone la consagración del Pop Art a nivel internacional. Robert Rauschenberg obtiene el Gran Premio de la muestra.

[■CR.283] 1964 Argan publica "*Salvezza e caduta nell'arte moderna*" (*Salvación y caída del arte moderno*), donde expone su teoría sobre "la muerte del arte", y propone como salida el entenderlo no como algo acabado sino como proyecto y modelo de acción.

[■CR.384] 1964 En febrero nace la histórica revista de la izquierda obrera "*Clase Operaia*", como una escisión de "*Quaderni Rossi*". Integraba en su consejo editorial importantes personajes de la Nueva Izquierda Italiana como Tronti y Asor Rosa. En su libro "*Architettura Radicale*" Navone y Orlandoni apuntan que la politización de la arquitectura experimental italiana procede principalmente del contacto íntimo entre el grupo editorial de "*Classe Operaia*" y la *Lega Architetti Studenti*, formada por varios de los futuros miembros de Archizoom (Ver paralelismos entre el "workerism" y Archizoom).

[●CR.052] 1964 Bernard Rudofsky publica "*Architecture without architects*", libro que acompaña la exposición del mismo nombre organizada por el MOMA en Diciembre.

[●CR.282] 1964 La galería Bianchini de Nueva York inaugura la exposición "*American Market*", uno de los primeros momentos en los que se confronta al público con el PopArt, abordando la cuestión planteada por las vanguardias clásicas acerca de qué podía ser arte.

[♦CR.233] 1964 Sale a la venta *Archigram 5*.

[♦CR.332] 1964 Archigram presenta "*Capsule Homes Project*".

[♦CR.531] 1964 "*Walking City*", de Ron Herron (Archigram).

[♦CR.532] 1964 "*Plug-in City*", de Peter Cook (Archigram).

[●CR.378] 1964 En la Universidad de California, Berkeley, se organiza la protesta estudiantil *Free Speech Movement* que perseguía la eliminación de la prohibición de las actividades políticas en el campus, y el reconocimiento del derecho de los estudiantes a la libertad de expresión y la libertad académica.

[▲CR.054] 1964-68 Günter Feuerstein crea los *Klubseminar*, lugar de encuentro y debate extra-universitario en Viena que se convierte en terreno abonado para la arquitectura no-convencional. Como resultado de cada uno de los encuentros se editan 10 números de la revista *KLUB* entre 1964-68. En algunos seminarios participaron entre otros Laurids Ortner (que más tarde fundaría el grupo Haus-Rucker-Co) y Wolf Dieter Prix (co-fundador de Coop Himmelblau).

[●CR.419] 1964 Marshall McLuhan publica "*Understanding Media: The extensions of man*", libro en el que entre otros temas aboga por "el retorno a una forma no especializada de hábitos y espacios, a la búsqueda de más usos para la habitación, las cosas y los objetos, en una palabra: a lo icónico." También en este libro introduce una de sus célebres frases: "*The médium is the message*", entendiendo que la forma del medio se incorpora en el mensaje, creando una relación simbiótica según la cual el medio condiciona como el mensaje es percibido. Esta frase dará pié a su posterior libro "*The medium is the massage*" de 1967.

[▲CR.521] 1964 El arquitecto y teorico austriaco Christopher Alexander publica "*Notes an the synthesis os form*", libro donde reflexiona por primera vez sobre el papel potencial de los nuevos medios en el campo de la arquitectura.

[★CR.433] 1964 "*Six-shell bubble*": la casa fue presentada en la *Feria del Hogar* en 1956, como uno de los primeros prototipos prefabricados en plástico. La idea partió del arquitecto Jean Maneval (1923-1986) que pretendía construir una unidad de vivienda hecha de materiales sintéticos, toda una revolución en los 50, para producirla en masa y comercializarla. En 1964 Maneval desarrolla el prototipo que la empresa Batiplastique produjo en 1968 para construir una serie de casas burbuja a partir del diseño de la cáscara de Jean Maneval, formando una pequeña urbanización en un pueblo de vacaciones situado en Gripp, en los Altos Pirineos.

Este conjunto incluye veinte casas burbuja fabricadas de forma idéntica y construidas con una afección mínima del lugar. El color de las cáscaras es la única diferencia entre las casas y varía del blanco al verde, pasando por el marrón, de manera que el conjunto encajase mejor en el paisaje. Cada burbuja se compone de seis conchas unidas por juntas desmontables y se coloca sobre una estructura metálica que descansa en apoyos de hormigón de dimensión mínima. La fabricación de estas burbujas se detuvo alrededor de 1970 y se limitó a treinta ejemplares, la mayoría destinados a residencias de vacaciones íntimamente ligadas con la naturaleza.

[★CR.434] 1964 As space became popular in 1960's television programs like '*Star Trek*', '*Barbarella*' and '*2001: A Space Odyssey*' Pierre Cardin explored the idea of dressing for the future. Cardin's embrace of science and technology, together with the notion of progress was expressed in his Space Age Collection, which featured white knitted skintight catsuits, ta-bards worn over leggings, tubular dresses, and his growing interest in man made fibres. Some of his fashions were made entirely of metal and plastic. His female models were dressed in shiny vinyl, skin-tight catsuits, high-legged leather boots and even space helmets. Collars, when used, were typically over sized and cut-outs were very revealing. He created his own fabric, Cardin, in 1968, a bonded, uncrackable fibre incorporating raised geometric patterns. [https://www.tumblr.com/search/abbigliamento%20spaziale]

1965

[▲CR.053] 1965 Dimitriou, Feuerstein, Hollein, Peichl y Pichler son nombrados directores de la revista BAU. Como fenómeno híbrido, *Bau* adopta el lenguaje visual de las "revistas contestatarias y underground de arquitectura", pero a la vez es el órgano oficial de la *Zentralvereinigung der Architekten Österreiches* (*Asociación de Arquitectos Austriacos*). *Bau* nació a raíz de las protestas que Hans Hollein y Günther Feuerstein dirigieron a la publicación de la *Zentralvereinigung*, llamada *Der Bau*; a raíz de ello, les confiaron la dirección de la revista. El proceso de reinvención se inició con la supresión del artículo masculino *der*, un cambio cuyo carácter agresivo y a la vez humorístico parece corresponderse con la elección de la imagen de Lichtenstein. El consejo de redacción inicial –formado por Sokratis Dimitriou, Günther Feuerstein, Hans Hollein, Gustav Peichl y Walter Pichler (responsable del grafismo) – trabaja en la revista de forma voluntaria. El primer número presenta en la portada una serie de imágenes relacionadas con las reflexines de Hollein sobre "el futuro de la arquitectura", eslogan inverso al de "la arquitectura del futuro" surgido en torno a 1958 como expresión patética del proyecto visionario que trataba de reactivar la vena futurista y expresionista de principios de siglo.

[■CR.055] 1965 En Octubre se celebra la conferencia *COMES* dedicada a las vanguardias. Elio Pagliarani (miembro del *Gruppo 63*) presenta su texto "Per una definizione dell'avanguardia".

[●CR.056] 1965 Sale a la venta el n°63 de la revista *Design Quarterly*, Minneapolis, con el título "*A Clip-on Architecture*". Dirigido por Peter Seitz y coordinado por Reyner Banham, el número introducía las prácticas europeas de vanguardia al público estadounidense.

[●CR.290] 1965 Tras varios años viviendo en EE.UU. la artista japonesa Yayoi Kusama protagoniza sus primeros happenings en Nueva York, actividad que mantendrá durante el resto de su carrera.

[◆CR.057] 1965 "*Rubber Soul*" de The Beatles.

[◆CR.234] 1965 Sale a la venta *Archigram 6*.

[●CR.058] 1965 Asesinato de Malcolm X.

[●CR.059] 1965 EE.UU envía 50.000 soldados a Vietnam.

[❖CR.407] 1965 El diseñador holandés Andries van Onck publica el artículo "*Metadesign*" en la revista Edilizia Moderna nº 85 (1965), donde desarrolla el concepto que da título al artículo definiéndolo como un marco conceptual que tiene como objetivo la definición y creación de estructuras sociales, económicas y técnicas en las que nuevas formas de diseño colaborativo pueden tener lugar. En palabras de Onck "aquello que es presentado estáticamente en el objeto final es reinterpretado por el metadesign como un estado de *movimiento congelado*". De hecho, de manera similar a la concepción de "Opera Aperta" por parte de Eco, también abordada en el mismo número de la revista, Onck plantea un "sistema de diseño abierto" en el que el producto final es uno de los infinitos resultados posibles.

[★CR.060] 1965 Muere ahogado Le Corbusier.

[★CR.351] 1965 Se estrena "*Alphaville*" de Godard, que utiliza como telón de fondo el extrarradio de Paris para hacer una crítica del entorno "moderno".

[★CR.218] 1965 Se forma en Paris el GIAP "*Groupe International d'Architecture Prospective*" liderado por el escritor Michel Ragon e integrado por Yona Friedman, Walter Jonas, Chanéac, Paul Maymont, Georges Patrix, Ionel Schein y Nicolas Schöffer. Ese mismo año el grupo publica "*Les visionnaires de l'architecture*".

[❖CR.327] 1965 Reyner Banham publica el articulo "*A home is not a house*" en el nº2 de la revista Art in America, con ilustraciones del arquitecto y diseñador François Dallegret. Destaca el relato fantástico "Burbuja ambiental", donde se describe una optimista visión liberadora cuyo propósito era hacer realidad las promesas que el Movimiento Moderno no había conseguido cumplir, es decir, construir el entorno-equipamiento para una sociedad ideal de individuos libres. Banham argumenta a favor de una casa que es totalmente determinada por sus servicios. Una anti-casa, en palabras de Charles Jencks, donde su absoluto funcionalismo elimina cualquier intención o pensamiento simbólico, lo cual sería la conclusión lógica de la tradición histórica arquitectónica. Banham inicia su artículo mencionando la cantidad y complejidad de tubos, cañerías, cables, artefactos, etc., que contiene la casa moderna (y, por tanto, la cotidianidad moderna), que permitiría que se sostuviera a si misma sin la necesidad de otros elementos técnico-significativos. Los artefactos y sus conexiones, sin la necesidad de un envoltorio de orden arquitectónico, podría ser aquello llamado "casa" ya que este embalaje de formas y simbolismos solo sería una forma de cubrir púdicamente toda la parafernalia "tecnológica" que la compone. En otras palabras, una casa que solo necesitaría conectarse a una matriz principal, para operar y servir a sus usuarios. Algo que hoy parece ocurrir si se analizan algunas de las condiciones que definen a la obra de arquitectura, pero evidentemente no se ha despojado de las ropas que cubren sus partes pudendas. Tanto Banham como Dallegret se muestran a sí mismos desnudos, como la casa que proponen, en una burbuja transparente donde lo único solido es un artefacto de control ambiental, necesario –al parecer- para sortear los efectos climáticos.

[▲CR.061] 1965 Hollein construye la tienda de velas *Retti* en Viena, un "icono" de la nueva arquitectura austríaca, claro ejemplo que ilustra el amplio espectro que podía abarcar la arquitectura en aquel momento: un signo, una ilusión, un espacio, una idea, una célula, una cápsula, un ritual, una obra de arte. Mostraba que existía una enorme materia prima disponible en Viena con la que empezar a predicar una nueva visión de la arq. La inspiración e influencias empezaban a llegar desde muchas direcciones, algo parecido a la idea de una nueva *Gesamtkunstwerk* (*total art work*).

[▲CR.397] 1965-68 Walter Pichler y Hans Hollein desarrollan entre estos años sus "*Ambientes/entornos mínimos*" (*Minimalumwelt*), en paralelo a las experiencias de "sufrimiento corporal" de los accionistas vieneses. La primera propuesta la presentarán en la Bienal de Paris de ese mismo año bajo el título "*Telefonzelle*", que consistía en la apropiación de una típica cabita telefónica vienesa para convertirla en vivienda mínima.

[▲CR.537] 1965 Hollein publica el artículo "*Technik*" en BAU 2.

[CR.062] 1965-66 Natalini y Toraldo di Francia asisten al curso megaestructuralista de Savioli, centrado en la transformación utópica de la vida a través del uso de estructuras móviles, flexibles e inflables, siguiendo el trabajo de Archigram, Utopie y otros.

[▲CR.063] 1965-67 Günter Feuerstein editor de *BAU*.

[▲CR.437] 1965-69 En 1965 Huth y Domenig reciben el encargo del proyecto de desarrollo urbano para el valle de Ragnitz (Austria). El proyecto fue rechazado, pero años más tarde ganarían con el mismo el premio *Grand Prix d'Urbanisme et d'Architecture* en Cannes (febrero de 1969). Según Reyner Banham, es una de las megaestructuras mejor detalladas, y se considera un proyecto pionero en el desarrollo del concepto de gran edificio multifuncional. Las cápsulas de vivienda se integraban en otras células espaciales de materiales sintéticos que se sustentaban a su vez en una gran megaestructura urbana por la que transcurrían los conductos de instalaciones. El espacio dedicado a la individualidad es mínimo en relación con el provisto para las zonas comunes.

[■CR.388] 1965 Mario Tronti escribe *"The Strategy of Refusal"* como parte del libro *"Operai e Capitale"* publicado en 1966. Este artículo tendrá una profunda influencia en los artistas y arquitectos del momento, en particular es evidente el paralelismo con la obstinada abstención "constructiva" de Superstudio.

[●CR.382] 1965 Cuatro estudiantes de Colorado compran 28.000m2 de terreno al norte de Trinidad y fundan *Drop City*, primer ejemplo-manifiesto de una actitud relacionada con la vida nómada que nace a principios de los 60. Inspirada en las ideas de Fuller y Steve Baer esta comunidad (considerada la primera "comuna hippy rural") se construye a partir de chapas metálicas organizadas poliédricamente dando lugar a un complejo de viviendas en forma de cúpulas geodésicas. La idea de los promotores era crear un lugar "siempre libre y abierto a todo el mundo" que funcionara sinérgicamente entre compañeros para generar innovación artística experimental.

[■CR.414] 1965-67 Sottsass jr. Presenta la serie *"Superbox"*, totems de influencia pop destinado a irrumpir en el espacio domestico como *armarios-monolitos* desestabilizadores.

[■CR.415] 1965 Abre sus puertas en Roma el primer *"Piper"* italiano concebido como lugar para el happening y la liberación de la creatividad individual (ver *"Radical Notes. Rock e rivoluzione"*, Andrea Branzi, Casabella 374, 1973).

[■CR.519] 1965 Comienza su actividad el *Centro Proposte* de Florencia, que bajo la dirección de la historiadora Lara Vinca Masini se convierte en espacio de difusión de propuestas artísticas y arquitectónicas experimentales, promoviendo la investigación visual más avanzada y las relaciones entre arte, música y teatro. *"Il Centro Proposte nasce con questa intenzione, come sede di incontro, di discussione, aperta ad ogni ricerca operativa sull_arte che si imposti con serietà di programma a livello di dialettica culturale"*. Lara Vinca Masini en *Nac* n°1, 1973. Pag.12.

[■CR.417] 1965 *Zanotta* comercializa el primer sofá enteramente de poliuretano revestido con tejido plastificado: el *"Throw-away"* de Willie Landes.

1966

[■CR.492] 1966-67 Leonardo Savioli, que junto con Leonardo Ricci crean las bases para los futuros experimentos radicales a través de su actividad docente en la Facultad de Florencia, pone en marcha el curso *"Spazio di coinvolgimento"* (espacio de participación), donde critica la ciudad contemporánea existente al entenderla como un espacio sicológico responsable de la producción de patrones rígidos de comportamiento, donde gestos y movimientos estaban limitados por una estructura urbana precisamente organizada para producir beneficio económico. Savioli defendía que el objetivo del arquitecto debía ser diseñar espacios que promovieran el comportamiento libre, rescatando zonas sometidas a la uniformidad de la rígida escenografía urbana. De manera similar Ricci abogaba por la abolición del *piano regolatore* (Plan Urbano) como conjunto de normativas que regulaban los patrones de vida de los ciudadanos, proponiendo aplicar el *piano creatore* (plan creativo) que basándose en la flexibilidad de sus parámetros proponía trabajar con factores adaptables que integraran la mutabilidad de las necesidades humanas.

[■CR.362] 1966 Umberto Eco se convierte en profesor de *Comunicación Visual* en la Facultad de Arquitectura de la Universidad de Florencia.

[CR.064] 1966 Natalini entrega su proyecto fin de carrera, tutelado por Leonardo Savioli

[■CR.065] 1966 Branzi entrega su proyecto fin de carrera, tutelado por Domenico Cardini.

[■CR.232] 1966 Pietro Derossi diseña la discoteca "*Piper Pluriclub*" en Turín, junto a Giorgio Ceretti y Riccardo Rosso, de nuevo un híbrido entre night-club, galería de arte, sala de conciertos y happenings.

[■CR.418] 1966 Sebastián Matta diseña el sofá + otomano "*Malitte*", producido por *Gavina* un año más tarde y obtenido a partir del tallado de piezas de espuma de poliuretano.

[●CR.066] 1966 Robert Venturi publica "*Complexity and contradiction in Architecture*".

[●CR.322] 1966 El Jewish Museum de Nueva York inaugura la exposición "*Primary Structures*". Comisariada por Kynaston McShine se convierte en la primera exposición museística sobre el minimalismo, que además supone el punto de partida del concepto de artista como "diseñador" y no necesariamente "productor".

[●CR.421] 1966 A la vez que "*Primary Structures*" Lucy Lippard comisaría la exposición "*Eccentric Abstraction*" también en New York, que supone la primera exhibición galerística sobre un arte que marcaba distancias con el Minimalismo, tanto formal como sicológicamente, planteando una alternativa "erótica o emotiva" respecto al mismo.

[◆CR.478] 1966 Michael Webb diseña el "*Suitaloon*": Clothing for living in - or if it wasn't for my Suitaloon I would have to buy a house. The space suit could be identified as a minimal house. In the previous Cushicle, the environment for the rider was provided by the Cushicle - a mechanism like a car. In this project the suit itself provides all the necessary services, the Cushicle being the source of (a) movement, (b) a larger envelope than the suit can provide, (c) power. Each suit has a plug serving a similar function to the key to your front door. You can plug into your friend, and you will both be in one envelope, or you can plug into any envelope, stepping out of your suit which is left clipped on to the outside ready to step into when you leave. The plug also serves as a means of connecting envelopes together to form larger spaces. [http://archigram.westminster.ac.uk/project.php?id=92]

[◆CR.522] 1966 Michael Webb diseña el "*Cushicle*" donde investiga sobre el concepto de vivienda como cáscara o envolvente fácilmente transportable y de fabricación en serie. Según el propio Webb, *Cushicle* permite a las personas *transportar consigo un hábitat completo* (entendido como ambiente en el que vivimos). Esencialmente la propuesta consiste en un artefacto capaz de variar su forma y tamaño en función de las necesidades del usuario. El término Cushicle deriva de la unión de las palabras *cushion* (almohadón o cojín) y *vehicle* (vehículo). Así pues, Webb parece querer combinar el confort y comodidad con la facilidad de transporte o el espíritu de la vivienda nómada. Esta característica es una constante en muchas de las propuestas de Archigram, cuyos proyectos tratan de dotar al usuario de la mayor libertad posible a la hora de situar el emplazamiento de su vivienda, ya sea a escala de ciudad (*Walking city*) o de la propia vivienda (*Capsule Houses*).

[■CR.491] 1966 Tronti publica "*Operai e capitale*", que incluye "*La strategia del rifiuto*", donde se aborda la posición de los *operaisti* ("obreristas") de "rechazo al trabajo" como una necesidad para vivir, incorporando el lema de la clase trabajadora "*più soldi e meno lavoro*".

[■CR.067] 1966 Se celebra la XXXIII Biennale di Venezia, donde aparecen los primeros proyectos Pop italianos.

[◆CR.068] 1966 "*Revolver*" de The Beatles.

[◆CR.235] 1966 Sale a la venta *Archigram* 7.

[◆CR.442] 1966 "*Living Pod*", David Greene. A combination of two passions of Greene: the first towards the idea of the sculpted shell: his enthusiasm for Freidrich Kiesler's '*Endless House*' which informed Greene's own 'Mosque' project [as featured in Archigram 1] and the idea of 'burrowing' explored by Greene in Archigram 2. The second towards the ironic as well as problem solving aspects of gadgetry. The pod is the natural fusion of them both. Yet it can also be regarded as the most sophisticated of the 'capsules' – there are a number of Greene suggestions for the stacking of the pods in a frame structure. [http://archigram.westminster.ac.uk/project.php?id=82]

[◆CR.237] 1966 K. Kikutake construye el *Miyakonojo Civic Center*, un "oído humano".

[●CR.464] 1966 *"Equivalent VIII"* de Carl Andre.

[★CR.069] 1966 Sale a la venta el primer número de la revista *Architecture Principe* dirigida por los componentes del grupo del mismo nombre Paul Virilio y Claude Parent.

[●CR.385] 1966 En enero Warhol comienza a organizar una serie de eventos multimedia llamados *Exploding Plastic Inevitable (EPI)*, que tendrán lugar entre 1966-67. Incorporaban performances musicales de *The Velvet Underground* y Nico, proyecciones de películas del propio Warhol y performances de danza. Una especie de "multi-media light performance" que utilizaba la sobrecarga sensorial y un alto grado de estimulación, pero bajos niveles de resolución visual-auditiva para llenar el espacio con una nueva forma de "entorno".

[●CR.374] 1966 Se inaugura el *Vertical Assembly Building* en el *Kennedy Space Center* de Cabo Cañaveral, Florida. El edificio, que contenía el mayor espacio simple jamás construido por el hombre con un volumen de 424.752 metros cúbicos, mantenía entre los arquitectos el sueño de que los mega-edificios propuestos en esos años no quedaran en mera utopía, sino que pudieran convertirse en propuestas posibles. El *"Vertical Assembly Building"* no sólo es referenciado en gran parte de las predicciones de Jenks o Banham, sino que además representa la idea de "Monumento Contemporáneo" por su hiper-escala y carácter representativo y funcional de la conquista del espacio por parte del hombre. Este edificio ilustrará también el manifiesto de Superstudio en torno a su idea del *"Monumento Continuo"*, proyecto que desarrollaron de 1969 a 1970, explorando un ámbito arquitectónico del manifiesto por imágenes como objeto crítico.

[◆CR.070] 1966 Archigram y BASA (*British Architectural Students Association*) organizan el congreso *IDEA* (*International Dialogue of Experimental Architecture*) en Folkestone. Participan ponentes como Cedric Price, Buckminser Fuller y Reyner Banham, y figuras europeas como Hans Hollein, Claude Parent y Frei Otto. Durante la conferencia de Ron Herron, Banhan interrumpe para preguntarle a modo de lamento: *"Ron, ¿porque seguimos hablando de ciudades?"*, poniendo en duda que el diseño urbano fuera la cura para todos los males.

[▲CR.523] 1966 Hans Hollein presenta su propuesta de ampliación de la Universidad de Viena, en la que sustituye el edificio existente por un aparato de televisión, un indicio o precedente de lo que hoy conocemos como "educación a distancia", o de manera mas amplia "ciberespacio".

[▲CR.524] 1966 Walter Pichler presenta "*Grosser Raum*" [*Gran sala*].

[▲CR.526] 1966 "*Living Capsule*" de R. Abraham, hábitat extremo (pertenece a la serie "*Space Cities*") en el que los individuos habitan en capsulas esféricas de interior adaptable al cuerpo humano. Una mezcla entre las utopías climáticas de Fuller o Frei Otto y las experiencias de entornos mínimos de Archigram.

[♦CR.319] 1966 Jeff Nuttall, John Darling, Laura Gilbert y Mark Long fundan "*People Show*", compañía de teatro experimental afincada en Londres considerada la primera compañía de arte performativo de la ciudad, y que tuvo un papel seminal en la evolución del teatro alternativo británico. Nuttall es considerado uno de los pioneros del "*happening*" en Inglaterra.

[♦CR.320] 1966 Gustav Metzger y John Scharkey organizan el Londres el *DIAS* (*Destruction in Art Symposium*), congreso internacional, multicultural y multidisciplinario en el que durante tres días artistas europeos (entre ellos varios pertenecientes al movimiento denominado "accionismo vienés") y norteamericanos (como algunos integrantes de *Fluxus*), debatieron sobre las experiencias ligadas al "arte destructivo". Un comunicado de prensa anunciaba: "*El catastrófico incremento en el potencial destructivo del mundo desde 1945 está indisolublemente ligado a las tendencias más inquietantes del arte moderno, y a la proliferación de los programas de investigación en nuestra sociedad*".

[●CR.291] 1966 Robert Smithson publica en la revista *ArtForum* el ensayo "*Entropia y los nuevos monumentos*", en el que aborda la forma en la que ese fenómeno irreversible afecta al arte y la arquitectura (de la ciudad), afirmando que los nuevos monumentos (monumentos-paradoja) "*parecen hacer que olvidemos el futuro*", ya que no son construidos para durar sino para desintegrarse, negando así el futuro en la muerte. Su fijación por los paisajes industriales en ruinas se relaciona con el interés por los vacíos y los márgenes urbanos, esos espacios olvidados, termómetros del desorden y a la vez depósitos de la memoria".

[●CR.465] 1966 En 2001 se descubrió una caja de cartón sin ninguna identificación en el almacén donde se conservaban los últimos documentos pertenecientes al legado de Robert Smithson. Entre otras obras, en su interior se encontró una obra que jamás había sido anteriormente registrada como parte de la obra del artista. Se trataba de una variación en positivo de una impresión fotográfica en negativo de 1966 que había sido catalogada por Eugenie Tsai como *Untitled (S.F. Landscape)*, y que venía fechada y titulada a mano por el propio artista como *Proposal for a Monument at Anartica*. El descubrimiento de esta obra, que se encuentra actualmente integrada en la colección permanente del *LACMA*, nos hace reconsiderar la importancia de estas dos versiones sobre el mismo tema. Ambas obras contituyen una representación de los primeros experimentos fotográficos de Smithson realizados a partir de una fotografía encontrada que muestra una escena de tres buques mercantes y a un grupo de trabajadores sobre una superficie nevada que tira de uno de ellos para acercarlo a tierra. Sobre este tema el artista añadió una extraña estructura poligonal cristalina, muy similar a esculturas como las tres versiones de *Alogon* y a *Plunge*, realizadas por Smithson ese mismo año. Sin embargo, en la versión en negativo, los contornos blancos de la estructura hace que se asemeje mucho más a los *Incomplete Open Cubes* de Sol LeWitt. Posteriormente se realizaron varias impresiones fotostáticas de la imagen resultante en distintos tamaños tanto en negativo como en positivo. Esta inversión de tonos y colores hace que las dos imágenes tengan un carácter completamente distinto y estén sujetas a diferentes asociaciones narrativas: En el fotostato positivo *Proposal for a Monument at Anartica* (recientemente descubierto), resulta evidente que Smithson estaba trabajando sobre una escena polar y que los buques eran probablemente rompehielos. *(This image represents one of Smithson's first experiments with photography: starting with a found photograph of oil tankers being pulled ashore, the artist added a strange crystalline structure—part Martian outpost, part Minimalist sculpture—to the scene. He then printed the montage as a photostat (a commercial technique used by architects), making it into a hallucinatory science-fiction vision of a prehistoric future.)* En el fotostato negativo, *Untitled (S.F. Landscape)* la imagen resulta sorprendente e inquietante, propia de un paisaje de ciencia ficción, por la que tanto se interesó Smithson durante la década de los '60, tal y como queda reflejado en su ensayo "Entropy and the New

Monuments": *"Many architectural concepts found in science-fiction have nothing to do with science or fiction, instead they suggest a new kind of monumentality which has much in common with the aims of today's artists."* [http://www.metmuseum.org/toah/works-of-art/2001.292]

[●CR.515] 1966 Robert Smithson realiza el collage *"Proposal for a Monument on the red sea"*, cuya perspectiva crítica será inyectada en las posteriores propuestas de Superstudio, especialmente si tenemos en cuenta los comentarios de Jennifer L.Roberts en su libro "Mirror-Travels": *"Si esta imagen parece inquietante o distópica, es fundamentalmente porque los collages de Smithson introducen cambios discordantes en la experiencia visual del espacio del espectador (...) rechazando el encaje en la estructura figurativa de la propia imagen"*. Además, entre las similitudes compartidas por Superstudio y Smithson, se encuentra el mismo interés oculto por el HIPERESPACIO (*Superstudio double-take: Rescue Operations in the Realms of Architecture*, Laura Chiesa.).

[✧CR.323] 1966 El *Moderna Museet* de Estocolmo, por iniciativa de su director Pontus Hulten, organiza la exposición *"She- A Cathedral"*, concebida por de Saint Phalle, Tinguely y Ultvedt.

[★CR.328] 1966 Reunidos en la casa de los Pirineos del filosofo marxista Henri Lefebvre, junto con el filosofo, sociólogo, critico cultural y teórico de la posmodernidad Jean Baudrillard, y el arquitecto Jean-Paul Jungmann como cabezas visibles, fundan el grupo *Utopie* con base en Paris, que durante la siguiente década articula la critica a la arquitectura, el urbanismo y la vida cotidiana desde posiciones ultraizquierdistas.

[●CR.377] 1966 Susan Sontag publica *"Against Interpretation"*, una colección de ensayos en la que destaca el que da título al libro y que sostiene que en la nueva aproximación crítica a la estética la importancia espiritual del arte está siendo reemplazada por el énfasis en el intelecto. En vez de reconocer las grandes obras creativas como posibles fuentes de energía, los críticos contemporáneos muy a menudo dan por sentado el poder transcendental del arte, y se centran más bien en sus propias abstracciones intelectuales construidas como "forma" y "contenido". En efecto, escribe Sontag, la interpretación se ha convertido en "la venganza del intelecto sobre el arte." El ensayo termina con las palabras *"en lugar de una hermenéutica, necesitamos una erótica del arte"*.

[■CR.071] 1966 Desbordamiento del Arno en Florencia.

[■CR.072] 1966 Aldo Rossi publica *"La arquitectura de la ciudad"*.

[CR.073]1966 Natalini y Toraldo di Francia fundan Superstudio. Con una importante dosis de cinismo deciden convertirse en SUPER.

[●CR.364] 1966 *Serial Project nº1*, Sol Lewitt. En 1966, el cubo se convierte en el element básico del lexico de LeWitt: *"The most interesting character-istic of the cube is that it is relatively uninteresting. Compared to any other three-dimensional form, the cube lacks any aggressive force, implies no motion, and is least emotive. Therefore, it is the best form to use as a basic unit for any more elaborate function, the grammatical device from which the work may proceed."* Ese mismo año presenta *Cubic Modular Piece No. 2 (L-Shaped Modular Piece)* (1966): five columns of six stacked cubes serially aligned in the shape of the letter *L*. The grid became a flexible medium through which a defined shape could take visible form in whatever scale he determined. Though the arrangements of his towerlike structures are conceptually simple, depending on the vantage point of the viewer, the cubes overlap, challenging depth perception and concentrating the overall intensity of the works. [http://www.walkerart.org/collections/artists/sol-lewitt-10]

[●CR.399] 1966 Dick Higgins, compositor y poeta, y uno de los más tempranos artistas componentes de *Fluxus*, acuña el término *"Intermedia"* para describir su actividad artística, en un ensayo publicado bajo el mismo nombre en el primer número de *Something Else Newsletter* (New York, 1966). Con este término trata de describir las a menudo confusas actividades interdisciplinares que tenían lugar entre las disciplinas o géneros predominantes en los 60. Así, aquellas áreas comprendidas entre el dibujo y la poesía, o entre la pintura y el teatro, eran descritas como *INTERMEDIA*. Finalmente, estos nuevos géneros entre géneros podían desarrollar sus propios nombres, como por ej. Poesía visual o arte performativo.

[●CR.483] 1966 El Moma presenta la exposición *"The Object Transformed"*, comisariada por Mildred Constantine (*Associate Curator of Design in the Museum's Department of Architecture and Design*) y diseñada por A. Drexler (*Director of the Department*). Según la comisaria "(...) *Most objects occupy what may be called a psychological temperate zone.*" Una "*zona (de diseño) templada*" ó un área de cautividad y monotonía/sosería innata enmascarada por un espeso barniz de corrección funcional que no puede estar más reñida con muchos de los diseños producidos en Italia en la segunda mitad de los 60 y celebrados en "*Italy: the new...*".

[●CR.556] 1966 Claes Oldemburg presenta el collage "*Lipsticks in Picadilly Circus, London*".

[●CR.504] 1966 *The Portola Institute* was a "nonprofit educational foundation" founded in Menlo Park, California in 1966 by Dick Raymond. The Portola institute helped to develop other organizations such as *The Briarpatch Society*. It was also the publisher of Stewart Brand's *Whole Earth Catalog* beginning with the first issue in 1968, which notes that the catalog is one division of *The Portola Institute* and that other activities of the Institute include: "computer education for all grade levels, simulation games for classroom use, new approaches to music education, Ortage Park Teacher's Laboratory." Raymond and Brand later collaborated to form the *Point Foundation*. [https://en.wikipedia.org/wiki/Portola_Institute]

[■CR.074] 1966 A. Branzi, Gilberto Coretti, Paolo Deganello y Massimo Morozzi fundan Archizoom, nombre que claramente hace referencia al grupo inglés Archigram, uno de cuyos panfletos, el nº4, se titulaba "*Zoom! Amazing Archigram*" (1964)

[■CR.078] 1966 Muestra *SUPERARCHITETTURA* en la sala *Jolly 2* de Pistoia (4-17Dic) de Superstudio con los también recién creados Archizoom. Celebración irónica de la abundancia.

[◆CR.075] 1966 Banham publica "*Zoom Wave Hits Architecture*", articulo en el que destaca la nueva ola de pequeñas revistas independientes (publicaciones contestatarias de la contracultura arquitectónica) en Inglaterra y su poderoso impacto.

[◆CR.307] 1966-68 Los hermanos David y Stuart Wise forman el grupo artístico radical "*ICTERIC*" y la revista del mismo nombre, que opera en Newcastle durante un corto periodo de tiempo. Se trata de un grupo vanguardista que sabía cómo utilizar los principios de las primeras vanguardias y por lo tanto, siguiendo el verdadero significado de "vanguardia" participa en su propia disolución.

[■CR.313] 1966 Archizoom presenta su sofá "*Superonda*" para Poltronova, pero se comienza a producir en 1967. Para su fabricación utilizan el poliuretano revestido de tejido plastificado, según la tendencia de esos años.

[CR.198] 1966-67 Superstudio comienza a trabajar en el diseño de las primeras lámparas: diseño de iluminación como artefacto y fetiche. El momento Radical como relámpago (lightning) más que como iluminación (lighting). En 1966 diseñan la lámpara "*Passiflora*" para la exposición de Pistoia, que dos años más tarde será producida por *Poltronova*.

[✦CR.080] 1966-67 Revolución Cultural China iniciada por Mao Zedong, quien publica su *Libro Rojo*.

[▲CR.076] 1966 Exposición "*Urban Fiction*" en la galería *St. Stephan* de Viena, comisariada por G.Feuerstein muestra como las ideas son articuladas en las nuevas generaciones: su visión de la arq. que va más allá del racionalismo y es transmitida en forma de señal ferviente, liberada y con una poderosa intensidad.

[■CR.541] 1966 La galería *Sperone* de Turín organiza la exposición "*Arte abitabile*", evento decisivo para entender el alcance y trascendencia de las investigaciones del posterior Arte Povera en torno a la cultura material y lo cotidiano. Se exponen obras de Piero Gilardi, Gianni Piacentino y Michelangelo Pistoletto.

[■CR.545] 1966 Luciano Fabro presenta "*Il cubo*": "*It is an air chamber conceived to measure the single individual, in which man is the only yardstick for the portion of space which he occupies, as shown by a photographic sequence which depicts the artist intent on verifying the dimensions and properties of his cube. By measuring the space through the extension of his body and exploring the richness of physical and sensory variations it offers, simple actions enable him to rediscover the basis for a behavior which is also a form of inner coordination, in some way spontaneous and unconscious...*". [http://feelingaroundinthefog.tumblr.com/post/46247384233/il-cubo-in-cube-1966-luciano-fabro-it-is-an]

[■CR.512] 1966 Vittorio Gregotti publica "*Il territorio dell'architettura*", libro en el que anticipa uno de los temas más empleados como evasión del academicismo: la atención al contexto.

1967

[●CR.505] 1967 Se publica "*The médium is the massage. An inventory of effects*", de McLuhan y el diseñador grafico Quentin Fiore. En el libro, entre otras muchas cosas, aparece el termino "*allatonceness*" (¿simultaneidad?) para referirse a un "mundo plano" como resultado de la era digital.

[●CR.538] 1967 Fuller diseña el pabellón de EEUU para la Expo'67 en Montreal.

[■CR.363] 1967 Umberto Eco publica "*Appunti per una semiología delle comunicazioni visive*", donde recoge los fundamentos del curso sobre Comunicación Visual que imparte en la Facultad de Arquitectura de Florencia, acercando la arquitectura a posiciones estructuralistas derivadas de Roland Barthes, mediante las que ampliar el conocimiento de la función en el mov. Moderno, y que supuso prender la mecha de los agitadores anti-diseño florentinos.

[★CR.077] 1967 Se publica el primer número de la revista *Utopie*.

[★CR.292] 1967 Guy Debord publica "*La sociedad del espectáculo*", extenso análisis crítico acerca del rol de la mediación cultural como sustrato ideológico de dominación.

[★CR.447] 1967 Raoul Vaneigem, filósofo belga y miembro de la *Internacional Situacionista* entre los años 1961-70, publica "*The Revolution of Everyday Life*"(en francés "*Traité de savoir-vivre à l'usage des jeunes générations*"), un análisis de la afectación de la vida cotidiana por parte del sistema autoritario capitalista y de la reducción del mundo a mercancía, trazando perspectivas para un cambio radical en la vida cotidiana tanto individual como colectiva, afirmando que el punto esencial de la emancipación no es otro más que cambiar la vida. Vaneigem's work discusses the possibility of revolutionary changes in the everyday life of individuals. He states the aims of the revolution as follows: "*In its chaotic underground development, the new society tends to find practical expression as a transparency in human relationships which promotes the participation of everyone in the self-realization of everyone else. Creativity, love and play are to life what the needs for nourishment and shelter are to survival."* (*Architecture and Modernity: a critique*, Hilde Heynen, p.156).

[CR.079] 1967 Superstudio diseñan la lámpara *"Gherpe"* para *Poltronova*.

[■CR.081] 1967 Morozzi entrega su proyecto fin de carrera, tutelado por Domenico Cardini

[■CR.495] 1967 La revista DOMUS dedica varios artículos a revisar la obra de Mc Luhan (*"The Gutenberg Galaxy"*, *"Understandig Media"* y *"The médium is de massage"*), artículos que muy probablemente fueron leídos con atención por muchos estudiantes que en aquellos años asistían a las clases de Eco y Savioli en Florencia.

[▲CR.082] 1967 Walter Pichler presenta la exposición *"Tragbaren Wohnzimmers"* (*"La sala de estar portátil"*)

[▲CR.525] 1967 Walter Pichler presenta *"Intensive-Box"*.

[▲CR.083] 1967 Laurids Ortner, Manfred Ortner, Günther Zamp Kelp y Klaus Pinter fundan el grupo Haus-Rucker-Co en Viena (disuelto en 1992).

[●CR.413] 1967 *The Dom* del East Village de Manhattan se reconvierte en la discoteca y "night-club" *Electric Circus*, que bajo el lema "play games, dress as you like, dance, sit, think, tune in and turn on", comenzó a organizar espectáculos de luz, música, actuaciones circenses y teatro experimental, encarnando el lado salvaje y creativo de la cultura de club de los 60.

[CR.084] 1967 Roberto Magris se incorpora a Superstudio

[CR.085] 1967 Segunda expo *SUPERARCHITETTURA*, Sala Comune de Modena (Marzo-Abril) Superstudio + Achizoom.

[CR.203] 1967 Superstudio diseña la luminaria *"Polaris Excelsior"* para Poltronova. Se puede considerar el primer "Superdesign".

[◆CR.086] 1967 *"Sgt. Pepper's lonely hearts club band"* de los Beatles.

[◆CR.369] 1967 John McHale, artista y sociólogo británico, miembro fundador del ICA de Londres y del *Independent Group*, fascinado por la cultura de masas norteamericana y por las tecnologías surgidas tras la Segunda Guerra Mundial, edita el número monográfico de febrero de 1967 de la revista *The Architectural Design* titulado *"2000+"* y dedicado al futuro. En dicho volumen se promulga la conquista del espacio y del océano como alternativa de futuro, convirtiendo el traje de astronauta en gran icono del nuevo y ansiado control climático del entorno, enfatizando la necesidad de autosuficiencia y aprovechamiento de los recursos solo posible a través de un control hiper-tecnificado de dicho entorno.

[■CR.087] 1967 La galería *La Bertesca* de Génova inaugura la exposición *"Im Spazio"* en, donde un grupo de trece artistas italianos (Giovanni Anselmo, Alighiero Boetti, Pier-Paolo Calzolari, Luciano Fabro, Jannis Kounellis, Mario y Marisa Merz, Giulio Paolini, Pino Pascali, Giuseppe Penone, Michelangelo Pistoletto, Emilio Prini y Gilberto Zorio), empuñando las únicas armas que poseían (desechos, basura, etc) comenzaron a gestar la guerrilla del *Arte Povera*, y asentaron las bases sobre las que surgirá el actual arte reciclado. El *arte povera* se construye contraculturalmente, contra el op art, contra el pop art, contra toda tendencia artística imperante. Pero aún más, contra el uso de los materiales convencionales del arte. En el nuevo movimiento italiano, el creador es un alquimista, un hacedor que busca las cualidades ocultas del material cotidiano, de los objetos desvalorizados comercialmente para despertar sentidos dormidos en el letargo capitalista.

[■CR.293] 1967 Germano Celant acuña el término *"Arte Povera"* para el catalogo de la anterior exposición, y publica en la revista *FlashArt* el artículo *"Arte Povera: apuntes para una guerrilla"*, donde critica el concepto de arte imperante en los sesenta *"en el que el artista, como nuevo juglar del sistema, satisface los consumos refinados y produce objetos para paladares cultos"*.

[■CR.088] 1967 Ugo la Pietra, influenciado principalmente por los radicales vieneses (Hollein y Pichler) formula su teoría *"Sistema disequilibrante"*, a través de la cual investiga las relaciones entre la gente, los objetos y las ciudades, profundizando en temas sociológicos y políticos, y utilizando como herramientas el desplazamiento y el descubrimiento para "empujar" el motivo de la investigación fuera de su zona de confort (visual, gestual o de comportamiento), consiguiendo así nuevas percepciones de la condición humana y urbana.

[■CR.089] 1967 Gio Ponti, fundador de *DOMUS*, abre la revista a los radicales con la publicación de *"Arrivano gli Archizoom"* en el n° 455 de Octubre.

[▲CR.449] 1967 Cuatro estudiantes de Arquitectura en Viena (Timo Huber, Bertram Mayer, W.M. Pühringer, Hermann Simböck) fundan el grupo *Zünd-Up*, cuyo nombre es indicativo de las fuertes influencias inglesas de los sesenta: la segunda parte del nombre está en inglés, y la primera significa "burn", trayéndonos a la memoria eventos contemporáneos como Paris 68, Woostock (1969) o Vietnam. Sus propuestas se distancian del supuesto "esteticismo" de sus colegas vieneses (Haus-Rucker y Himmelblau) para situarse en una provocativa y socialmente comprometida critica que articulan utilizando los medios de "la acción" y las películas para la televisión. Esta crítica se dirige también a la topografía interior de los hogares convencionales: la burguesa prisión/jaula domestica es sometida a un proceso de transformación y liberación.

[●CR.090] 1967 Se crea el *Institute for Architecture and Urban Studies* (IAUS) en Nueva York.

[●CR.238] 1967 Se produce un amplio movimiento de protesta contra la guerra de Vietnam en todo el mundo.

[●CR.386] 1967 El crítico norteamericano C. Ray Smith publica en la revista *Progressive Arch.* varios artículos sobre interiores/exteriores instantáneos mediante la apropiación de dispositivos de proyección para uso doméstico con el objetivo de generar ambientes modificables.

[●CR.496] 1967 The writer and critic C.Ray Smith (1929-1988) coined the term *"Supergraphics"* to describe what he saw as a radical departure in the use of colour and graphics amongst a group of post-modern architects he named the Supermannerists."Supergraphics are so gigantic that they cannot be contained within the frames of a single architectural plane. Either they extend on to adjacent planes –from wall to floor or ceiling if their forms are painted in toto – or they appear as fragments of an overall graphic image"."Grass, peyote, and LSD experiences were adapted to 'psychedelic' interior and graphics designs, resulting in nebulous wavy lines, ambiguous forms and textures, and flashing light schemes. University of Houston students called it 'LSDesign'". "The graphics grew out of the architectural forms and out of Mrs Stauffacher's own vocabulary of signs; arrows lead into each side of the building, up the stairs; stripes progress around corners. The motifs make the rooms appear bigger and visually reinforce the beams, roof angles, and multiple levels that were lost when the rooms were all white". "Not a decorative-device – repeat – not a decorative-device, the Supermannerist's use of bold stripes, geometric forms, and three-dimensional images is, emphatically, a spatial experimentation" [http://uniteditions.com/blog/1-supergraphics/].

Esos continuos juegos interiores son evidentes en intervenciones como las distorsiones perspectivas de William Grover en su *"Hallway with reverse perspective stripe"* (1967), en el que dibuja una línea roja a lo largo de un pasillo de 7 puertas y 9 metros de longitud, en contra de la perspectiva para reducir la extensión visual del mismo, o ilusiones ópticas como su *"Supergraphic Cone"* (1966), de Hugh y Tiziana Hardy, dibujando en su propio apartamento de Nueva York un cono sólo aparentemente visible desde una posición determinada. Paralelamente aparecen también distorsiones de escala en la relación o señalización de elementos o relaciones dentro del ámbito de la vivienda como en *"Telephone Locator"* (1966) de Dough Michels, una gran flecha de pizarra que sitúa al teléfono como elemento principal de su casa de New Haven. Muchas de estas intervenciones se emparentan con el auge en los sesenta de del Op Art (optical art) y los trabajos de ilusiones ópticas de Víctor Vasarely, Briget Riley o Supernova y el conceptualismo de artistas como Sol Lewitt.

[●CR.497] 1967 Sin embargo, es en el proyecto para su propia casa *"House in New Haven"* (1967), cuando Charles Moore (que se había trasladado de Berkeley a Yale para llevar el departamento de arquitectura de esa universidad) saca mayor partido de la capacidad de cambio de escala, distorsión y camuflaje la supergráfica, al convertir toda la vivienda en un verdadero campo de experimentación de sus recursos formales, adquiriendo los mismos un carácter tridimensional al ser combinados con todo tipo de aberturas, volúmenes u objetos asociados a los mismos, convirtiéndose de esta manera los supergráficos en elemento principal de articulación del espacio y no en esa decoración posterior de los proyectos anteriores. El proyecto de la casa de Moore coincide con la popularización de esta manera de "revestir" la arquitectura, a partir de la publicación de varios de estos proyectos en la revista LIFE del 3 de Mayo de 1968 dónde ya Moore expone la capacidad de juego de estas estrategias calificando los supergráficos como "*un dispositivo magnífico para jugar con la escala. Convierten una habitación en un juguete*". [1] (Moore, 1968, p.82) "*Our own places, like our lives, are not bound up in one continuous space. Our order is not made in one discrete inside neatly separated from a hostile outside. We lead lives, more importantly, in discontinuous spaces*".

En la casa de Moore destaca el hall principal de la misma en la que a aparecen una serie de discos gigantes recortados y superpuestos en diferentes planos (algunos de ellos fuertemente coloreados) que generan relaciones visuales (distorsionadas) del resto de la vivienda, del cual Moore explica:

"*Quería que estos gráficos formaran parte de un mundo cada vez más grande. Es una manifestación tardía del complejo Piranesi. El siglo XVII se esforzó por dibujar a la gente demasiado pequeña, y yo pensé que podía conseguirlo, haciendo los gráficos dos veces más grande. Aparecen de esta manera como grandes ruedas rodando y moliendo sobre vosotros.*"*[2]* (Moore, 1967, p.159)

La manera que Charles Moore presenta a la supergráfica como heredera de Piranesi, es denominada por C. Ray Smith como "*Supermannerism[3]*"(supermanierista), por sus condiciones superlativas relativas al usos del cambio de escala y la supergráfica y la sistemática de juegos formales que la emparenta con el manierismo (comparación ya evidente en "*Complejidad y Contradicción en la Arquitectura*" (1966) de Robert Venturi).

[1] "Moore calls supergraphic: a magnificent device for playing with scale. They make a toy out of a room". "It's Supergraphics!", Life, 3 de Mayo de 1968, pp.79-82. [2] "I wanted these graphics to seem like part of an ever-bigger world. It is a latter-day manifestation of a Piranesi complex. The 18th Century got its kicks by drawing the people too small, and I thought I could get mine by making the graphics twice too big. These are like pieces of great wheels rolling around and grinding over you". Smith, C. Ray: "Implications of Giants" en: Progressive Architecture, May 1967, pp.147-160. [3] Cuyo libro manifiesto es: Smith, C. Ray: Supermannerism: new attitudes in post-modern architecture, Dutton, University of Minnesota, 1977. [http://arqueologiadelfuturo.blogspot.com.es/2012/08/

cambio-de-escala-hipergrafica-1967.html]

[●CR.534] 1967 "*Supercube*" de Lester Walker. NYC.

[▲CR.091] 1967 Haus Rucker-Co presentan "*Pneumakosm*" (*Pneumatic Plug-In Living Cell*), megaestructura lineal para uno de los frentes maritimos de Manhattan.

[■CR.424] 1967 Experiencias similares a la de los austríacos tienen lugar por parte de diseñadores y arquitectos italianos. La "*Macchina per esperimenti psicologici*" (1967), diseñada por Enzo Mari para la *VI Biennale di San Marino*, propone una inmersión en una máquina en la que metes la cabeza para contemplar tu cara inmersa en un paisaje de reflejos.

[■CR.092] 1967 Ettore Sottsass Jr. funda la revista auto-publicada *Pianeta Fresco* con Nanda Pivano (la crítica literaria que tradujo y dio a conocer a la generación beat en Italia) y Allen Ginsberg. Pivano fue nombrada "*responsable de la redacción*", mientras que Allan Ginsberg asume el papel de "*irresponsable de la redacción*" y Sottsass Jr. el de "*guardián de los jardines*". Esta revista, publicada e impresa por los mismos autores, defiende lo que el grupo llama "cultura del autogobierno". Con un formato y una composición multicolor única para cada página, explora una amplia gama de temas, de la poesía a la psicodelia, del pacifismo a las prácticas artísticas emergentes. Pianeta Fresco puede entenderse como un proyecto artístico autónomo y a la vez como una innovadora plataforma intelectual. La publicación promovía "los caminos del placer" y sus colaboradores luchaban de forma creativa a favor de la "no-violencia". Cada tarde a las seis, un grupo de jóvenes se daba cita en el apartamento de Pivano y Sottsass Jr. En el seno de este colectivo contracultural, entre palabras y volutas de humo, cobra vida la revista. Se trata de un proyecto colectivo en el que participan artistas, arquitectos y trabajadores, amigos de la pareja.

[■CR.093] 1967 Lapo Binazzi funda en Florencia el grupo experimental *UFO* con Foresi, Maschietto, Bachi y Cammeo (todos alumnos de Eco durante 1966), pero solo estará activo a partir de la ocupación estudiantil de la Facultad de Florencia un año más tarde.

[■CR.506] 1967 Pietro Derossi y los futuros componentes del *Gruppo Strum* diseñan el famoso *L'Altro Mondo Club* en Rímini.

[★CR.329] 1967 Jean-Paul Jungmann comienza a experimentar con arquitecturas hinchables, desarrollando *Dyodon*, proyecto de hábitat neumático extensible y transportable. *"El privilegio de las vanguardias conlleva ideológicamente el culto a lo efímero"*, J. Baudrillard.

[●CR.393] 1967 La más romántica de las metáforas naturales, la nube, también es referente de camuflaje para ciudades que preconizan la climatización artificial y la ligereza máxima como alternativas de futuro. En ese sentido será en 1967, Buckminster Fuller, quién utilice sus esferas geodésicas para configurar sus *"Cloud 9"*, ciudades volantes de milla y media de diámetro, a modo de nubes manufacturadas artificiales. *"Así se fabrican las nubes. Como esferas geodésicas se hacen más grandes de media milla de diámetro que se conviertan en estructuras flotantes nubes. Tales cielo-esferas geodésicas flotantes pueden ser diseñadas para flotar en altitudes preferidas de miles de metros. El peso de los recursos humanos que se añade a estos nueves "nube" prefabricados sería relativamente insignificante"*. Sky, Alison; Stone, Michelle: Unbuilt America: forgotten architecture in the United States from Thomas Jefferson to the space age: a book, McGraw-Hill, Chicago, 1976, p.98.

[■CR.094] 1967 Se inaugura la exposición **"*L'Architecttura Sperimentale*"**, en el *Instituto Nationale D'Architettura* de Roma.

[CR.508] 1967 Superstudio diseña la discoteca/piper *Mach2* en Florencia, en una antigua bodega, un pequeño espacio sólo configurado a través de unas bandejas perforadas metálicas rosas en el techo iluminadas y un sistema de raíles en las paredes rojos y amarillos también iluminados, como únicos elementos que generan un ambiente en el que sólo es posible la orientación a partir de ellos, conectando el aseo, la entrada, la barra o el DJ.

[■CR.096] 1967 Archizoom trabaja y comercializa sus "Dream Beds", modernos Caballos de Troya destinados a invadir los principios del buen gusto que regulaban los hogares burgueses.

[▲CR.097] 1967-69 Haus Rucker-Co desarrollan diferentes versiones de las series *"Mind Expander"*, dispositivos de expansión mental, transformadores de la realidad a través de cascos tecnológicos. La arquitectura como distorsión de la realidad (visión + percepción auditiva). La arquitectura se desmarca de su condición puramente formal e inamovible.

[▲CR.429] 1967 Haus Rucker-Co presentan "*Balloom* für Zwei" (*Globo para dos*).

[▲CR.430] 1967 Haus Rucker-Co presentan "*Gelber Herz*" (*Yellow Heart*).

[★CR.402] 1967 El artista conceptual Daniel Buren comienza su serie de pinturas/esculturas/acciones basadas en la repetición de bandas verticales de diferentes colores, llegando a romper el "marco" institucional de la galería para ir más allá de sus confines, pidiendo al espectador que determine en que punto estas piezas dejaban de ser "pinturas" –objetos con rareza, originalidad, etc- y comenzaban a formar parte de otro sistema de objetos: banderas, sabanas tendidas, toldos, etc. Es decir, Buren estaba explorando la legitimidad del poder del sistema para conferir valor a la obra.

[●CR.496] 1967 Los ingenieros Billy Klüver y Fred Waldhauer, y los artistas Robert Rauschemberg y Robert Whitman fundan *EAT (Experiments in Art and Technology)*, una organización sin ánimo de lucro establecida para desarrollar colaboraciones entre artistas e ingenieros con el objetivo de expandir el papel del artista en la sociedad contemporánea y ayudar a eliminar la separación entre el individuo y los cambios tecnológicos.

1968

[CR.208] 1968 Superstudio diseña la lámpara "*Olook*" para Poltronova, basándose en la técnica del bricolaje.

[CR.098] 1968 Frassinelli entrega su proyecto fin de carrera, tutelado por el Prof. Giuseppe Gori y se incorpora a Superstudio.

[CR.199] 1968 Superstudio diseña la lámpara *Onda*, de producción propia.

[◆CR.236] 1968 Sale a la venta *Archigram 8*.

[◆CR.099] 1968 Sale a la venta "*Beggars Banquet*" de The Rolling Stones.

[◆CR.318] 1968 El polifacético Jeff Nuttall escribe "*Bomb Culture*", texto clave para entender la revolución contra-cultural de los años 60 en

Inglaterra, donde dibuja los vínculos entre la aparición de alternativas a las normas sociales tradicionales y el amenazador telón de fondo de la potencial aniquilación nuclear.

[●CR.100] 1968 Chip Lord y Doug Michels fundan el colectivo *Ant Farm* en San Francisco.

[●CR.101 1968 Asesinato de Martin Luther King.

[●CR.482] 1968 Los pensadores Warren G. Bennis y Philip E. Slater publican "*The temporary society*" donde acuñan el término/concepto **ADHOCRACIA** para intentar describir un nuevo modelo de organización flexible, intuitiva e innovadora. Incluso ya había existido durante la Segunda Guerra Mundial un prototipo de organización del futuro concepto de adhocracia: los equipos *ad hoc* (aquí y ahora) que los ejércitos montaban y disolvían después de terminar una misión específica y transitoria. Pero fue durante el poshippismo de los años setenta cuando el concepto de adhocracia maduró gracias a pensadores como Henry Mintzberg o Alvin Toffler. Ambos desconfiaban del mundo vertical. De las soluciones cuadradas. De los expertos endogámicos. Del farragoso aparato de las organizaciones grandes. De los gobiernos. De las burocracias. Y por eso se esforzaron en crear un imaginario de adhocracia, un cuerpo teórico de organización flexible, multidisciplinar y dinámica. El término *adhocracia* fue ideado para describir la antítesis de una estructura rígida, centralizada y burocrática. *(Adhocracy is characterized by an adaptive, creative, and flexible integrative behavior based on non-permanence and spontaneity. It is believed that these characteristics allow adhocracy to respond faster than traditional bureaucratic organizations while being more open to new ideas. The circumstances in which we now live have arguably made Bennis' thinking more relevant than ever. New patterns of consumer behaviour and changing expectations, new technology, combined with a bewilderingly complex social, cultural, economic, political, and environmental landscape, make the idea of an 'adhocracy' appear particularly attractive. Centralized, hierarchical systems made sense in a world in which information and knowledge were relatively scarce commodities and could be tightly controlled, but the decentralization of knowledge, brought about by the inexorable rise of the internet, combined with a collapse of trust in traditional sources of authority and expertise, legitimizes the creation of* flatter, decentralized operational models. Rapidly changing customer expectations are also forcing institutions to operate and respond in real time, placing a premium on agility, flexibility, and an ability to improvise. Longer term planning and cautious, careful deliberation are increasingly becoming luxuries that few organizations can afford. The adhocracy has finally found its moment). [http://belshaw.blogspot.com.es/2014/03/bureaucracy-adhocracy-and-computing-and.html]

[◆CR.102] 1968 El ICA de Londres inaugura la exposición "*Cybernetic Serendipity*", comisariada por Jasia Reichardt. Gordon Pask presenta "*Colloquy of Mobiles*", instalación en la que ensaya su noción de entorno interactivo.

[▲CR.355] 1968 Los *Accionistas Vieneses* (Günter Brus, Otto Muehl, Peter Weibel y Oswald Wiener) organizan la escandalosa performance "*Art and Revolution*" ocupando una sala de conferencias universitaria en Viena. Deudores de las propuestas de Hermann Nitsch iniciadas en 1962 bajo la denominación de "Orgen Mysterie Theater" (intento por recuperar la intensidad de la experiencia ofrecida en el pasado por la catarsis de la tragedia clásica, los rituales redentores del cristianismo, la opera y el teatro barroco, su trabajo encuentra sus raíces en un rico mundo histórico-cultural, moviéndose dentro de un abanico que va de lo sagrado a lo grotesco, del *Teatro de Orgías y Misterios* de Nitsch a los grotescos exorcismos de Mühl en sus *Materialaktion*. Los jóvenes arquitectos austríacos contemporáneos transformarán el carácter opresivo y doloroso de los Accionistas en cualidades completamente hedonistas y eróticas.

[◆CR.333] 1968-69 Archigram trabaja en "*IDEAS CIRCUS*", como parte de una serie de investigaciones en torno a las infraestructuras móviles capaces de transportar información especializada. Los recursos culturales son "movilizados" invadiendo a modo de espectáculo circense una serie de ciudades inglesas sin posibilidades de albergar eventos estables. Estas investigaciones darán como resultado un año mas tarde al presentar el proyecto de "*Instant City*".

[◆CR.334] 1968 Archigram presenta "*Milanogram*" en la *Triennale di Milano*.

[◆CR.426] 1968 Extensión visual a través de la televisión como comunicador extremo es propuesta por Peter Cook en su proyecto "*Info Gonks*" de

1968, unas gafas construidas con unas minitelevisiones de una pulgada y media que te permiten estar permanentemente conectado con el exterior.

[■CR.507] 1968 Tomaso Trini publica en Domus 458 el artículo "*Divertimentifici*" sobre las discotecas de Derossi.

[■CR.539] 1968 Sottsass, cada vez más interesado en la generación de ambientes, produce sus "mandala altars" como esculturas cerámicas de gran escala para la exposición "*Landscape for a Fresh Planet*" que tendría lugar en 1969 en el *Nationalmuseum* de Estocolmo. Estas piezas ó "mandalas" tridimensionales compuestas por discos elípticos de terracota vidriada de color verde, apilados en varias alturas y según círculos concéntricos, estaban destinadas a funcionar como "silenciosas estancias para la meditación".

[■CR.564] 1968 Alberto Mondadori y el cientofico Felice Ippolito fundan la revista cientofica mensual *Le Scienze*.

[▲CR.103] 1968 Wolf D. Prix , Helmut Swiczinsky y Michael Holzer fundan el grupo *Coop Himmelblau* en Viena.

[▲CR.225] 1968 Se inaugura la exposición "*Super Design*" en la galería *St. Stephan* de Viena. Hollein y Pichler participan en la misma.

[▲CR.104] 1968 Hollein publica "*Alles ist Architektur*" (*Todo es arquitectura*) en la revista *BAU*.

[▲CR.105] 1968 Coop Himmelblau presenta el proyecto "*Villa Rosa II*", como prototipo de Unidad de vivienda neumática.

[▲CR.241] 1968-72 Coop Himmelblau presenta "*Cloud*".

[▲CR.400] 1968 "*Svodoair*" de Hollein, "*el spray con el que tus alrededores cambian!*".

[●CR.567] 1968 B. Fuller y Shoji Sadao proyectan la *Tetrahedron City* en Yomiuraland, Japón. El proyecto formaba parte de una investigación iniciada años atrás en torno a la posibilidad de diseñar grandes ciudades compactas en forma de "pirámide" dotadas de un sistema de población que les permitiera ser instaladas en cualquier parte del mundo, como en la bahía de San Francisco o en la de Tokio. Fuller and Sadao designed this crystalline pyramid for Matsutaro Shoriki, a Japanese financier. The form is a tetrahedron (a four-sided triangular solid), with each edge measuring two miles. The buoyant metropolis was designed to accommodate one million citizens in 300,000 apartment units, and it even includes a huge interior harbor. Fuller, who spent his career searching for "ever higher performance with ever less investment of material resources," envisioned Tetrahedron City as an efficient response to two major problems of architecture and urban planning: construction costs and land acquisition. The tetrahedral composition with an aluminum octet truss system makes the structure's enormous size feasible and economical. Additionally, by designing the city to float at sea (in this case in Tokyo Bay), the cost of real estate is diverted. Fuller and Sadao's radical urban proposal was never built. [http://www.moma.org/collection/works/863?locale=es]

[❖CR.297] 1968 El *Gemeente Museum* de La Haya presenta la exposición "*Minimal Art*", primera muestra de arte minimal en Europa. Comisariada por Enno Develing el catalogo incluye textos de Lucy R. Lippard.

[★CR.106] 1968 *Utopie* presenta la exposición "*Structures gonflables*" en el *Musée d'art Moderne* de la Ville de Paris.

[★CR.244] 1968 El grupo *Utopie* publica "*Mobile Living Fair*" en el mítico numero de *Architectural Design* dedicado a estructuras neumáticas (Pneuma).

[■CR.401] 1968 La revista *Pianeta Fresco*, editada por E. Sottsass, dedica una edicion doble n°2/3 al tema de la "*Tecnologia del decondizionamento*", consistente en utilizar el motivo sistemático de las bandas junto con el trabajo de neutralización de las formas o de los soportes que lleva a cabo en la misma época –aunque con otros fines- el artista Daniel Buren con sus "papeles rayados", cuestionando también el poder de los marcos/divisiones a través de los cuales opera el poder. Este "descondicionamiento" sugiere la falta de presencia física del objeto. [La palabra decondicionamiento es un neologismo introducido en el castellano a través de las traducciones de autores franceses como Jacques Lacan, Jacques Derridá y Jean Baudrillard. Hasta el momento ni esta forma ni la más castellanizada *descondicionamiento* han sido aceptadas por la Real Academia de la Lengua Española. El decondicionamiento es un proceso de rechazo y *desaprendizaje* deliberado de los gustos y creencias que uno ha ido tomando de la cultura a la que pertenece. En particular, su significado se opone al de "condicionamiento", en el sentido en que se popularizara en psicología a través del experimento del perro de Pavlov, o en la literatura mediante la novela *Un mundo feliz* de Aldous Huxley. Aunque es un término común en corrientes filosóficas como el postestructuralismo y el posmodernismo y se utiliza también para describir doctrinas místico-filosóficas (chamanismo, hermética, budismo, discordianismo), el concepto ocupa un lugar central en la corriente contracultural Magia del Caos, desarrollada hacia 1980. Para situarla es preciso tener en cuenta la evolución de la contracultura británica y estadounidense a partir la ruptura cultural del entorno hippie, alrededor de personajes como Timothy Leary, Genesis P. Orridge, Phil Hine, Grant Morrison o Douglas Rushkoff, entre otros. Las pretensiones del decondicionamiento abarcan lo social y cultural: se afirma que toda persona ha sido educada en un determinado contexto, en una realidad consensuada que inevitablemente limita la libertad personal, de modo que los individuos carecen de verdadera capacidad de elección (excepto dentro del marco que su propia cultura les ha proporcionado)]. [https://es.wikipedia.org/wiki/Decondicionamiento]

[★CR.107] 1968 Durante los meses de Mayo y Junio tienen lugar en Francia, especialmente en Paris, la cadena de protestas estudiantiles y obreras conocidas como el *Mayo francés* o *Mayo del 68*.

[●CR.108] 1968 Stanley Kubrick estrena "*2001: una odisea en el espacio*".

[❖CR.299] 1968 Se inaugura la *Neue National Gallery* de Berlin, de Mies van der Rohe.

[■CR.546] 1968 Mario Merz expone "*Iglú de Giap*", el primero de una serie de "espacios para habitar" a partir del cual recurriría, en distintas épocas, a la misma estructura, la del casquete semiesférico, para trabajarla en materiales distintos, destinados a ámbitos diversos. El significado del iglú dentro de la trayectoria artística de Merz fue esencial, pues le permitió expresar de modo sintético su pensamiento plástico. Desde un punto de vista simbólico es una toma de posición política, su deseo de no acceder ni a lo anecdótico ni a lo teatral, el carácter del iglú puede asociarse al de la cúpula, con todo lo que ello representa. Observado como configuración geométrica, posee un carácter marcadamente racional que choca con el primitivismo inherente a la construcción de los nómadas esquimales. Merz no sólo se interesó por estos aspectos constructivos, sino que logró mostrar, a través de los materiales utilizados, que su preocupación también residía en la noción espacial. Con el tema del iglú, Merz permite que el observador comprenda cuán importante es el espacio exterior, en unas ocasiones, y, en otras, cuán significativo resulta el espacio interior. Aunque Mario Merz emplease materiales nuevos, como los tubos de neón, las baterías y los acumuladores, no dejó de utilizar otros materiales que ya tenían una tradición en el arte del siglo xx, como los que aparecen en el citado *Iglú de Giap* (los saquitos de arena y el armazón metálico sobre los que los situó).

[■CR.109] 1968 Germano Celant acuña el término "*Arquitectura Radical*".

[◆CR.557] 1968-69 "*Logplug & Rockplug*", de David Green (Archigram).

[■CR.110] 1968 Se inaugura la XIV Triennale de Milano sobre el tema "*Il grande numero*". (La mostra, dedicata al tema del *grande numero*, affronta le diverse problematiche legate all'industrializzazione e ai mutamenti causati *dall'incremento quantitativo*, fenomeno che caratterizza, in ogni settore, la condizione contemporanea). Como parte del movimiento de Mayo del 68 estudiantes ocupan las instalaciones de la muestra y se constituye una Asamblea de Ocupación que reivindica un tipo de produccion artistica desvinculada del sistema convencional.

[■CR.425] 1968-71 El carácter inmersivo es abordado por Ugo La Pietra a través de sus "*Immersioni*", desarrolladas entre 1968 y 1971, por las que propone una serie de dispositivos que presentan experiencias sensoriales diversas como alternativa disuasoria de la hostilidad de la ciudad, lugares de relax en los que intensificar la vida urbana. "*Casco Sonoro*" para la XIV Triennale di Milano de 1968, propone la inmersión en un casco transparente en el que se reproducen estímulos auditivos que te aíslan del exterior visual, "*Immersione nell'acqua*" (1968-69), dónde el individuo se enfrenta a la sensación de una cascada de agua o "*Colpo di Vento*" (1970) que reproduce un golpe de viento directamente a la cara de la persona que acciona el dispositivo. El verdadero objetivo de todas estas intervenciones es permitir a la persona tomar conciencia de la realidad urbana alienante en la que se encuentra, para así poder retomar ese poder de acción que según La Pietra ha perdido. Su "*Uomouovosfera*" (1968), sitúa en medio de la trama urbana una serie de cápsulas de aislamiento traslucidas que permiten disfrutar de esa libertad individual perdida en el espacio público, de la misma manera que lo hacen algunos experimentos ambientales derivados de la contracultura norteamericana como el "*Stroboscopic Crystal Waterfall*", diseñado en 1969 por el grupo *Alleph*.

[■CR.111] 1968 Lucia y Dario Bartolini se unen a Archizoom.

[■CR.112] 1968 Archizoom diseña sus *Gazebo Series*, publicadas en *Pianeta Fresco* n°1 bajo el título "*Le stanze vuote e i gazebi*", en forma de catálogo por correo de cenadores estilo "árabe".

[■CR.113] 1968 *UFO* organiza en Florencia la primera de una serie de instalaciones urbanas denominadas "*Urboeffemeri*", que tienen lugar de manera regular en la ciudad del Arno desde febrero de ese año. Son promovidas por el grupo como "rituales arquitectónicos socio-urbanos". Para la ocasión publican un Manifiesto titulado "*Urboeffimero scala 1/1*" en el que invitan a la "ocupación" de un solar en el Palazzo S.Clement.

[■CR.245] 1968 Archizoom diseña el sofá "*Safari*" en 1967 para Poltronova, que lo comercializa en 1968. Perversiones naturales, relaciones tribales, reflexiones en torno a lo falso.

[◆CR.569] 1968 Peter Cook presenta *Nomad*: The Nomad is a follower of Webb's '*Cushicle*' on the one hand and the miniaturisation of the '*Village*' on the other. Several Archigram projects take on the speculation of '*how much can a man carry that can turn into an environment?*' [http://www.archdaily.com/472429/this-was-our-utopianism-an-interview-with-peter-cook]

[❖CR.368] 1968 El artista búlgaro Christo "envuelve" el *Kunsthalle* de Berna. A partir de esta intervención se dedica a "silenciar" la mayoría de los monumentos institucionales del mundo occidental.

[❖CR.294] 1968 Entre enero y agosto tiene lugar la denominada "*Primavera de Praga*", periodo de liberalización política en Checoslovaquia que termina con la invasión del país por parte de la URSS y sus aliados del Pacto de Varsovia.

[●CR.295] 1968 Yayoi Kusama presenta su performance (es el sujeto y no el objeto el elemento constitutivo de la obra artística) *"Nacked Event"* en varios lugares de Nueva York.

[●CR.296] 1968 Walter de Maria presenta *"Mile Long Drawing"*, pieza de land art en el desierto de Mojave, que podría considerarse una manifestación previa a su proyecto de 1962 *"Mile Long Parallel Walls in the Desert"*, nunca construido. Es evidente que el descubrimiento de este proyecto por parte de Superstudio en 1969 a través de los artículos de Celant en Casabella influyó decisivamente en el nacimiento del *Monumento Contínuo*.

[■CR.499] 1968 Savioli organiza la exposición *"Ipotesi di spazio"* en el *Centro Gavina* de Florencia en colaboración con el *Centro Porposte* dirigido por Lara Vinca Masini. Se exponen los trabajos de los alumnos del curso *"Spazio di coinvolgimento"* impartido por Savioli (asistido por Natalini) durante el año académico 1966-67.

[▲CR.246] 1968 Hollein diseña el pabellón austriaco en la *XIV Triennale di Milano*. Pasillos sensoriales y gafas distorsionadoras.

[■CR.391] 1968 Los futuros integrantes del grupo *9999* reivindican la arquitectura virtual a través de una transformación profunda del Ponte Vecchio mediante proyecciones varias utilizándolo de fondo. De esta manera cambiaban el paisaje urbano de una ciudad histórica como Florencia para transformarla completamente mediante lo que ellos denominaban como *"Arredo urbano"* (*Mobiliario urbano*).

[■CR.500] 1968 Se celebra la *XXXIV Biennale di Venezia*.

[★CR.544] 1968 Roland Barthes publica el ensayo *"La mort de l'auteur"*.

[★CR.566] 1968 Baudrillard publica *Le système des objets,* su tesis doctoral que con el mismo título y bajo la dirección de H. Lefebvre había presentado dos años antes. El libro ofrece una crítica cultural de los productos de la sociedad de consumo. Mediante categorías freudianas y saussurianas, y con una perspectiva esencialmente marxista, consigue transmitir todas las ideas candentes de la época. Baudrillard propone una triple clasificación de los objetos que solemos usar cotidianamente: funcionales, no funcionales y metafuncionales. El análisis semiológico de la decoración y del diseño de interiores le sirve para contrastar objetos funcionales «modernos» y «tradicionales». Su tratamiento de objetos no funcionales o «marginales» se centra en las antigüedades y en la psicología del coleccionismo. La categoría metafuncional aborda los objetos inútiles, aberrantes, «esquizofuncionales». Finalmente, analiza las implicaciones del crédito y de la publicidad en nuestra vida diaria. Se trata de un *tour de force* de semiótica materialista del primer Baudrillard, quien, en retrospectiva, se revela como una referencia iluminadora sobre las ideas de la época: Bataille y su política económica del «gasto»; la teoría del regalo de Mauss; la muchedumbre solitaria de Reisman y la sociedad tecnológica de Jacques Ellul; el estructuralismo de Roland Barthes en *El sistema de la moda*; el estudio de Henri Lefebvre acerca de la construcción social del espacio y, por último, la crítica situacionista del espectáculo, de Guy Debord.

[**CR.114**] 1968 Toraldo di Francia entrega su proyecto fin de carrera, tutelado por Prof. Domenico Cardini.

[**CR.201**] 1968 Superstudio diseña el sofá *"Sofo"* para *Poltronova*, primer sofá sin estructura, resultante del corte de un cubo de poliuretano.

[**CR.115**] 1968-69 Comienza la carrera Roberto Magris.

[**CR.207**] 1968 Superstudio diseña la serie *"Lamps"* para *Misura*, empleando alabastro en su construcción.

[❖**CR.116**] 1968 Prada Poole presenta su *"Smart Structure"*.

[▲**CR.396**] 1968 Haus-Rucker-Co presentan *"Electric Skin"*.

[▲**CR.398**] 1968 Haus-Rucker-Co presentan *"Flyhead (Environment Transformer)"*, una mezcla entre cabeza "voladora"+ cabeza de mosca.

[●**CR.117**] 1968 Se publica el primer número de *"Whole Earth Catalog"*, creada por Stewart Brand. La revista lleva el elocuente subtitulo *"Access to tools"*. Publicada por el *Portola Institute* creado dos años atrás, incluye numerosas referencias a la denominada *funck architecture*, termino que indica generalmente la arquitectura auto-construida en aquellos años por jóvenes hippies expresando una voluntad de interaccionar con el ambiente natural de manera no traumática, a la manera de las poblaciones nómadas de los nativos americanos, cuyas arquitecturas se convirtieron en modelo de referencia por ser compatibles con el entorno y su extensión (trabajan en los espacios físicos sin contaminar, lejos de intervenciones perturbadoras). Esta misma temática aparece en otras dos publicaciones del *Portola Institute* como son *Shelter* y *Place*.

[●CR.405] 1968 W. de María presenta en la galería Heiner Friedrich de Munich "*1600 Cubic Feet of Level Dirt, Pure Dirt*", fantástico paisaje interior a partir del cual pareciera que Superstudio hubiera proyectado su "*Città 2000T*" (1971), según apunta G. Celant en su artículo sobre de María en Domus n° 334, Marzo 1969.

[●CR.555] 1968 M. Heizer realiza "*Dissipate #8 of nine Nevada depressions*" en el desierto de Black Rock, Nevada.

[■CR.118] 1968 Archizoom presenta en la *XIV Triennale di Milano* la instalación "*Centro di Cospirazione Eclettica*" en estilo "*afro-tiroles*" y dedicada a Malcom X.

[■CR.250] 1968 Ugo la Pietra diseña la boutique "*Altre Cose*" sobre la discoteca *Bang Bang* en Milán.

[■CR.404] 1968 Pettena convierte el Palazzo d'Arnolfo a San Giovanni Valdarno de Florencia en un "*Monumento Segnale*" para la muestra del Premio Masaccio. (Hipergráfica)

[CR.119] 1968-69 Superstudio trabaja y finalmente publica su 1er catalogo: "*Proyectos y pensamientos: viaje a las regiones de la razón*". Abordan el concepto de "tiempo suspendido" y "razón subjetiva e individual"

1969

[■CR. 243] 1969 Archizoom presenta su sillón elástico "*Mies*", para Poltronova.

[CR.095] 1969 Superstudio publica el manifiesto "*Diseño de la invención. Diseño de la evasión*" en el n° 475 de DOMUS, escrito en el que definen su ámbito de trabajo: el contra-diseño, y su rechazo explicito a trabajar dentro de los limites tradicionales de la disciplina. En este momento comienzan a internarse en el precario mundo de la utopía después de la abundancia, considerada por tanto en términos negativos (distopía).

[CR.200] 1969 Superstudio diseña la lámpara *"Falling Star"* (*"lo importante es evitar el tipo"*), de producción propia.

[CR.120] 1969-71 Superstudio trabaja y finalmente publica su 2º catalogo: *"Histogramas arquitectónicos"*, que definirán como "la tumba del arquitecto". Diagramas reduccionistas en los que la retícula se contrapone a la escala.

[■CR.489] 1969 Tafuri publica su trascendental ensayo *"Per una critica dell' ideologia architettonica"* en el nº1 de 1969 de la revista marxista *Contropiano*, primer intento relevante de vincular una perspectiva marxista con un análisis crítico de la arquitectura moderna. En aquel momento muchos de los arquitectos de las nuevas generaciones vieron en las criticas de Tafuri el punto de partida para una revisión radical, no tanto de la arquitectura en si misma, sino del papel del arquitecto como productor cultural.

[■CR.547] 1969 Carla Accardi presenta *"Triplice tenda"*. La ricerca basata sul segno-colore trova un'ulteriore radicalizzazione nelle opere successive quando Carla Accardi usa come supporto le superfici trasparenti di silicofoil e accentua la natura del quadro come diaframma luminoso. L'interesse per la relazione tra opera e ambiente giunge alla radicalità nel lavoro Triplice tenda del 1969-'71, una vera e propria struttura "abitabile" e percorribile dallo spettatore. [http://www.archimagazine.com/bcarlaccardi.htm]

[▲CR.423] 1969 Coop Himmelblau presentan "Heart Space-Astro Balloon" y "Soul-flipper" en Viena, un Habitáculo y sensor-burbuja de reconocimiento de emociones y gestos faciales, que reproduce sonidos y olores acordes con los mismos a través de conductos plásticos.

[▲CR.444] 1969 Coop Himmelblau presentan *"The White suit"*, otro ejemplo de los incipientes experimentos en los que la arquitectura se convierte en una membrana interactiva flexible que estimula la experiencia cognitiva y sensorial.

[CR.202] 1969 Superstudio diseña el sofá modular *"Bazaar"* para Giovannetti, con estructura de fibra.

[CR.204] 1969 Superstudio diseña la serie *"Luxor"* para Poltronova, optando por el "efecto super-lujo".

[■CR.251] 1969 *UFO* construye en el patio de la Facultad de Arquitectura de Florencia la *Casa A.N.A.S.*, estructura inflable de 6 metros de altura que ejemplifica el objetivo de los primeros trabajos de este colectivo: los procesos de "terciarización" en una sociedad postindustrial como la italiana, y la renovación y trabajo sobre las viviendas vinculadas al A.N.A.S. (*Azienda Nazionale Autonoma delle Strade*), construidas durante las dos décadas fascistas, sirve para resaltar este objetivo. En el libro "*Architettura Radicale*" Navone y Orlandoni se refieren a este proyecto como "arquitectura de la burocracia".

[■CR.510] 1969 *UFO* diseña el restaurante temático *Sherwood* en Florencia.

[♦CR.558] 1969 "*L.A.W.U.N. (Locally Available World Unseen Network)*", David Green (Archigram).

[▲CR. 1969 Hollein presenta "*Mobiles Burö*", oficina móvil para el trabajador nómada en forma de burbuja de plástico.

[▲CR.247] 1969 Hollein presenta "*Eternit Ausstellung*" en el *Internationalen Wasserversorgungskongress (International Water-Construction Congress)* de Viena. Diferentes instalaciones interiores y exteriores utilizando tubos prefabricados de canalizaciones de agua.

[▲CR.249] 1969 Haus-Rucker-Co presentan la instalación "*Vanilla Future*", **en la que** dulcifican la idea de futuro dominado por la tecnología que al final se rebela contra el hombre creador, para no tener que prescindir de ella. Representan la tecnología bajo formas suavizadas, edulcoradas, atractivas para el usuario, dejando de lado el carácter maquinista y frío con el que se presentaban muchas de las opciones de futuro en esta época. *"El futuro aparece frío para mucha gente. Lleno de robots crueles, rayos misteriosos y catástrofes artificiales. La manera en que nosotros vemos el futuro es de color amarillo brillante. Como un helado de vainilla. Refrescante, de olor dulce, suave. UN FUTURO DE VAINILLA."*.

[♦CR.122] 1969 "*Abbey Road*" de The Rolling Stones.

[♦CR.352] 1969 Tom Woolley y Peter Wild, junto con sus estudiantes de la AA, fundan la revista *ARse* (1969-72), publicación altamente política con intención de abarcar una práctica más amplia mas alla de la arquitectura. El acrónimo del título cambió varias veces, desde "*Architects for a Really

Socialist Environment" a "Architectural Radicals, Students and Educators", siempre aludiendo a la conocida revista *Architectural Review*. ARse era producida en colaboración con su "centro comunitario de ayuda técnica" denominado SUPPORT, el cual proporcionaba servicios de arquitectura a comunidades de vecinos. Imprimida en blanco, negro y rojo, *ARse* se convirtió en una publicación decididamente de izquierdas creada para criticar la complicidad de la profesión de arquitecto con la sociedad capitalista.

[●CR.123] 1969 El Apolo XI llega a la luna. Neil Armstrong es el primero en pisarla (20 de julio).

[◆CR.366] 1969 Se estrena el "western" espacial "*Moon Zero Two*", dirigida por el británico Roy Ward Baker.

[◆CR.371] 1969-70 Foster diseña la *Fred Olsen Line Terminal*, prototipo de "planta abierta" estudiada por Superstudio para su *Supersuperficie*.

[❖CR.239] 1969 Wolf Vostell y Dick Higgings publican "*Pop Architektur*" ("*Fantastic Architecture*" en su traducción inglesa), libro que trata de "restaurar el espíritu de la investigación estética en la arquitectura" a través de un conjunto heterogéneo de propuestas visuales y textuales de agentes casi todos ajenos a la disciplina de la arquitectura, como los influyentes Fluxus o artistas conceptuales y pop.

[●CR.367] 1969 "*Space Cowboys Meets Plastic Businessman*", de AntFarm.

[●CR.324] 1969 Muere Mies van der Rohe a los 83 años en Chicago.

[●CR.422] 1969 En mayo el Withney Museum de New York inaugural la exposición "*Anti-illusion: Procedures/Materials*", uno de los primeros reconocimientos institucionales del Postminimalismo que se centraba en el Arte Procesual.

[◆CR.124] 1969 Banham publica "*The Architecture of the Well-Tempered Enviroment*", libro en el que aborda la influencia de las instalaciones ambientales en el diseño arquitectónico desde finales del siglo XIX. Para Banham, estas instalaciones han sido parámetros de diseño tan importantes como en su día lo fueran el hormigón o el metal. Su repaso es bastante exhaustivo y comprende desde la vivienda americana de principios de siglo a las grandes estructuras de eventos en las que el Pompidou se comporta como modelo definitivo. Defiende que los sistemas mecánicos estaban dando lugar a una arquitectura de luz eléctrica (*electric light*) que se podría expandir a escala urbana y comprimir a la escala del habitáculo doméstico.

[■CR.125] 1969 Se forma en Florencia el *Gruppo 9999*, integrado por G. Birelli, C. Caldini, F. Fiumi y P. Galli. Su nombre hace referencia al reloj "digital" convertido en icono universal en 1965 con el *Cifra 3* de Gino Valle.

[■CR.493] 1969 Se forma en Florencia el gruppo *Zziggurat*, integrado por Alberto Breschi, Gigi Gavino e Roberto Pecchioli, interesados en la arquitectura entendida como comunicación, historia, mito e inconsciente. Años más tarde formarán parte del proyecto *Global Tools*, donde tratarán de aplicar una técnica de prospección tipo arqueológica para tratar de "imaginar" el futuro. El mismo año presentan su proyecto "*Città Lineare*": "*Il progetto Città Lineare-proposta di corridoio urbano- è prima di tutto un materiale visivo di idee con significati politico culturali alternativi alla crescita urbana della città esistente come polo turistico nazionale. Come 'manifesto' politico il corridoio urbano fatto di infrastrutture, spazi pubblici e nuove tipologie abitative intende collegare fisicamente i quartieri periferici, ad alto sviluppo demografico, con la parte più abbiente e turistica del centro storico da cui sono socialmente e culturalmente esclusi. Le grande scalinate, i gradoni delle coperture degli edifici sono di uso pubblico facilmente e sempre accessibili dall'interno ad un'altezza da terra che permetta la vista di un'architettura storica appena conquistata*".

[■CR.387] 1969 *9999* diseña el "*Space Electronic*", discoteca florentina cuyo proyecto coloca a esta tipología en el centro del debate arquitectónico: la discoteca como "palacio de la diversión". Varios de los integrantes de 9999 habían vivido en EEUU, y su propuesta está claramente influenciada por los night-clubs americanos como el "*The Electric Circus*", sus viajes a Las Vegas ó las *EPI* de Warhol. "Se puede diseñar con electricidad" (Caldini). Esta experiencia forma parte del denominado "*Piper Club Phenomenon*", arquitectura electrónicamente ampliada para responder a la invitación de Banham de hacer arquitectura más ágil temporalmente tomando prestados los ciclos de consumo de los productos creados por el diseño industrial. 9999 encuentra un nuevo instrumento para registrar un nuevo tipo de tiempo.

[■CR.126] 1969 Fundación de las *Brigadas Rojas*, organización de lucha armada revolucionaria italiana paulatinamente transformada en grupo terrorista.

[✦CR.127] 1969 Se inaugura la revolucionaria exposición de Harald Szeemann *"When Attitudes Become Form"* (*Cuando las actitudes devienen formas*) en la Kunsthalle de Berna.

[■CR.128] 1969-72 Archizoom trabaja en la *"No-Stop City"*: la ciudad sin arquitectura, compendio de las ideas adquiridas a la luz del operaismo, del anti-reformismo y del anti-utopismo, proponiendo en vez de cambiar la realidad existente de la ciudad, exagerarla hasta el absurdo para poder estudiar así sus consecuencias políticas.

[■CR.129] 1969 Los miembros de Superstudio asisten al encuentro-exposición-conferencia *"Utopia e/o Rivoluzione"* organizada por Pietro Derossi en Turin entre el 25 y 27 de abril, y en la que participan algunos de los más importantes exponentes de la arquitectura experimental del momento: los colectivos Archigram, Architecture Principe, Archizoom y Utopie, y los arquitectos Ronaldo Giurgiola, Yona Friedman y el turinés "americanizado" Paolo Soleri. Braudillard, miembro del grupo francés Utopie, critica la arquitectura visionaria. La revista Marcatré (fundada por el *Gruppo 63*) dedica una edición especial a este evento, incluyendo textos de participantes como Noam Chomsky, Paolo Soleri, Architecture principe, Archizoom, Yona Friedman, Archigram, James Agee...

[CR.130] 1969 Superstudio participa en el concurso dedicado a *"Arquitectura y Libertad"* de la Bienal Trinacional de Graz TRIGON 69, presentando una secuencia de fotomontajes del *"Monumento total"* o *"Modelo arquitectónico de urbanización total"* (antecedente del Monumento Continuo).

[●CR.131] 1969 Buckminster Fuller publica su *"Operating Manual for Spaceship Earth"*.

[●CR.379] 1969 En abril se escenifica la movilización ciudadana para la construcción del *People's Park* en terrenos abandonados propiedad de la Universidad de California, Berkeley. Otro ejemplo de "tierra ocupada".

[●CR.392] 1969 En enero la revista Domus n°470 publica *"Planning on a National Scale"* de Alan Boutwell y Mike Mitchell, donde aparece su propuesta "*Continuous City for 1.000.000.000 human beings*" sobre la que escriben: "*Esta es nuestra ciudad. No somos sensacionalistas. Todo lo que hemos descrito es factible hoy en día [...] Si no actuamos ahora, a pesar de todas las dificultades aparentemente insuperables, llegaremos a un estado en el que la acción ya no será posible.*"

[★CR.132] 1969 Henri Lefebvre publica "*La revolución urbana*".

[CR.133] 1969 Con motivo de la TRIGON 69 Superstudio presenta la expo *GRAZERZIMMER* (*La habitación de Graz*) en la *Künsterhaus*, donde exponen un fragmento del *Monumento* (meditaciones sobre la medida).

[★CR.365] 1969 Jean-Pierre Raynaud presenta "*La Maison*".

[CR.134] 1969 DOMUS publica "*Superstudio: projects and thoughts*" en el n° 479 de Octubre.

[CR.135] 1969 En diciembre DOMUS N°481 publica el artículo "*Discorsi per imagini*" (junto a uno de Archizoom del mismo título) síntesis del trabajo y reflexiones para Graz.

[CR.197] 1969 Superstudio participa en la "*Antique Biennale*" de Florencia con la instalación "*Per un antiquariato definitivo*".

[CR.210] 1969 Superstudio diseña la serie "*Tall Lamps*" para *Poltronova*.

[▲CR.535] 1969 Zünd-up presentan "*Great Vienna Auto-Expander*".

[▲CR.536] 1969 Zünd-up presentan "*Kunst und Technische Umwelt*" (*Arte y entorno tecnológico*).

[✧CR.136] 1969 Prada Poole presenta su "*Estructura discontinua*", construcción-ensayo para *Expoplástica 69*.

[✧CR.306] 1969 El *Moderna Museet* de Estocolmo inaugura "*Poetry must be made by all. Transform the world*". Impulsada por Pontus Hulten y comisariada por Ron Hunt supone un intento por vincular la actividad de partidos revolucionarios con prácticas artísticas de vanguardia, para representar un mundo cambiante.

[●CR.477] 1969 George Lucas realiza su primer largometraje titulado *THX 1138* finalmente estrenado en 1971, una versión alargada de un corto que él mismo realizó durante su formación en la escuela de cine de la Universidad de Southern California y que llevaba por título *"Electronic Labyrinth THX-1138:4EB"* (1967). La película, ejemplo extremo del potencial disolvente de la tecnología sobre la arquitectura, supone una especulación sobre la sociedad futura marcada por la electrónica, y se desarrolla en un espacio (carcelario) blanco, homogéneo e infinito y carente, no sólo de arquitectura, sino también de objetos.

[●CR.554] 1969 In 1967 and 1968, Bruce Nauman produced a number of films and videos in which he captured himself performing various repetitive, tasklike exercises within the privacy of his studio—from bouncing against a corner of the room to slowly and deliberately walking around the perimeter of a delineated square. By the early 1970s, with his corridors and other large-scale rooms and environments, Nauman had withdrawn his own presence, shifting the focus of his work to manipulating the movement and experience of the beholder. *Performance Corridor* (1969) marks the pivotal moment of this transition. The work originated as a prop for a solitary, videotaped performance, *Walk with Contrapposto* (1968), in which Nauman is seen walking up and down a narrow passageway, shifting his hips back and forth with each step in an exaggerated imitation of the conventional pose of classical sculpture. The corridor itself was a makeshift structure: two parallel wallboards form a 20-inch-wide passage that is blocked at one end; the narrow space could just contain the movement of the artist's body. For the Whitney Museum in New York's seminal 1969 show, *Anti-Illusion: Procedures/Materials*, Nauman transferred this prop to a public exhibition space, where it was left to the individual beholder, deprived of instructions, to decide whether or not to enter the structure and how to move through it. *Performance Corridor* imposed certain physical limits on its audience, but Nauman nevertheless recalled feeling some frustration at not being able to more fully "control the situation."1 In subsequent corridors, he developed a number of devices to accomplish just this, from mirrors and intense, colored fluorescent light (see, for example, *Green Light Corridor*, made in 1970) to the closed-circuit video technology of contemporary surveillance systems. Related to part of a multi-corridor installation that Nauman constructed earlier in 1970 at the Nicholas Wilder Gallery in Los Angeles, *Live-Taped Video Corridor* features two stacked television monitors at its far end, both linked to a camera mounted at the corridor's entrance: the top monitor plays live feed from the camera, while the bottom monitor plays pretaped footage of the empty passageway from the identical angle. Walking down the corridor, one views oneself from behind in the top monitor, diminishing in size as one gets closer to it. The camera's wide-angle lens heightens one's disorientation by making the rate of one's movement appear somewhat sped up. Meanwhile, the participant is entirely, and uncannily, absent from the lower monitor. The overall result is an unsettling self-conscious experience of doubling and displacement. [http://www.guggenheim.org/new-york/collections/collection-online/artwork/3148]

[CR.137] 1969-70 Superstudio presenta su tercer Catalogo: "*El Monumento Continuo*", primera metáfora urbana surgida a partir del procedimiento de "*demonstratio per absurdum*". Introducen la teoría de la utopía negativa o anti-utopía, línea extrema de pensamiento. Arquitectura sin ciudad (Branzi).

[■CR.560] 1969 Archizoom trabaja en la serie "*Fotomontaggi urbani*", entre los que destaca "*Quartieri Paralleli per Berlino*", imagen que presenta un evidente paralelismo con el contemporáneo *Monumento Continuo* de Superstudio.

[✦CR.314] 1969-71 "*Killing Metabolism with information*". Isozaki invita a las nuevas fuerzas emergentes de Occidente a contribuir a las series "*Dismantling of Architecture*" ("*Kenchiku no kaitai*") en la revista *Bijutsu Techo*, dándole a las nuevas generaciones japonesas alternativas al Metabolismo. En la serie de 10 articulos, Isozaki reconoce el efecto deshumanizador de un entorno dominado por tecnócratas (positivismo tecnológico) y una cultura mercantilizada. Estas piezas serían recopiladas y publicadas en forma de libro en el año 1975 ("*Kenchiku no kaitai*", Bijutsu Shuppansha, Tokio, 1975).

[CR.142] 1969 Superstudio presenta la serie de mobiliario "*Misura*", ¡Histogramas para todo!

[★CR.568] 1969 B. Tschumi + Fernando Montes presentan su *Do-It-Yourself City*, un sistema de equipamientos y terminales que facilitaban las conexiones entre los diferentes elementos que componían la ciudad: PERSONAS / IDEAS / OBJETOS. Para ello elaboran un catálogo de soluciones en las que aparecen torres móviles, plataformas habitables, cápsulas de aislamiento, soportes para el intercambio de información, etc.

1970

[■CR.462] 1970-76 A. Mendini asume la dirección de la revista Casabella. Con il direttore "underground" Alessandro Mendini, Casabella diventa una rivista alternativa soprattutto per i temi trattati e la grafica usata: dai progetti di Archigram ai radicali italiani, dalle radical notes di Branzi ai testi critici di Germano Celant sugli earthworks."Clip, Stamp, Fold", non giunge alla conclusione della tesi espressa, ovvero l'importanza della rivista nella diffusione del pensiero "radicale", ma tuttavia ha un merito primario: il confronto tra le diverse esperienze editoriali della controcultura. Attraverso lo strumento del libro si afferma con determinazione la forza della rivista come mezzo per presentare le teorie delle avanguardie e le relative sperimentazioni; con forme grafiche e di assemblaggio innovative e dirompenti rispetto alla tradizione delle pubblicazioni esistenti. Ma ciò che è evidente, per un europeo, italiano, è l'aver dato visibilità a coloro che hanno fatto parte del team di ricerca al pari dei curatori. In questo modo si percepisce il libro come opera collettiva dalla quale ripartire, attraverso il corollario di materiali (le interviste ai direttori, i colloqui), per nuove modalità interpretative. [https://emanuelepiccardo.wordpress.com/tag/alessandro-mendini/].

[CR.138] 1970 Se incorporan a Superstudio Alessandro Magris y Alessandro Poli (este último solo hasta 1972)

[CR.121] 1970-71 Superstudio trabaja en el *"Catalogo di Ville"*. Se publica finalmente en el nº de Marzo de *Japan Interior Design* (1971), número dedicado al *"Diseño Único"*.

[●CR.463] 1970 La revista americana *Design Quarterly* dedica un doble numero monográfico 78/79 a la *Conceptual Architecture.*, en el que entre otros participa Superstudio con su *Hidden Architecture*. Eisenmann publica *"Notes on Conceptual Architecture: towards a definition"*, y un año más tarde *Appunti sulla architettura concettuale: verso una definizione*, en "Casabella" 1971, n. 359-360, pp. 49-58.

[♦CR.254] 1970 Sale a la venta *Archigram 9*.

[CR.559] 1970 Superstudio presenta sus *"Oggetti Misuratori"*.

[♦CR.440] 1970 "*Atmosfield*", Graham Stevens.

[❖CR.139] 1970 Se celebra la Expo Universal de Osaka.

[♦CR.263] 1970 Con motivo de la celebración de Osaka'70 sale a la venta *Osakagram*, edición especial del panfleto Archigram.

[❖CR.264] 1970 Tange firma el proyecto para la *Festival Plaza* de la expo Osaka'70, bajo la influencia de los trabajos de Waschman, Friedman y Price.

[❖CR.436] 1970 Murata+Kawaguchi firman el proyecto del Fuji Pavillion Osaka 70, arquitectura inflable.

[■CR.540] 1970 Sottsass diseña la serie "*Mobili grigi*" para Poltronova.

[▲CR.240] 1970 Coop Himmelblau presenta el proyecto "*Hard Space*", donde exploran el uso de nuevas tecnologías para crear versiones tempranas de entornos de respuesta interactiva.

[▲CR.140] 1970 Coop Himmelblau presenta el proyecto "*Soft Space*", instalación urbana en una calle de Viena.

[▲CR.335] 1970 Haus-Rucker-Co presentan "*Piel Neumatica*", incidiendo de manera iconográfica sobre el tema recurrente en estos años de la generación de ambientes artificiales y controlados. Generan la imagen de una granja (paradigma del entorno rural y lo abiertamente natural) protegida de la polucion extrema por una piel neumática que integra una serie de mecanismos de autogestión (depuración de aire, reutilización del agua, etc) sin por ello perder su imagen tradicional de construcción en madera.

[▲CR.428] 1970 Haus-Rucker-Co presentan "*Billar Gigante*" en un museo de Viena y por medio de un fotomontaje en las calles de N.Y., acciones con las que lanzan el mensaje de que la ciudad es participación e interacción, utilizando un divertido juego de cambio de escala.

[●CR.300] 1970 El *New York Cultural Center* inaugura "*Conceptual Art and Conceptual Aspects*". Comisariada por Donald Karshan supone la primera exposición dedicada al arte conceptual.

[●CR.354] 1970 El MOMA inaugura *"Information"* (Julio-Sep.), exposición comisariada por Kynaston McShyne en la que se establece "formalmente" el arte conceptual como tendencia principal en EEUU. El propio McShine le describe a A.Drexler la exposición en los siguientes términos: *"As you know my exhibition 'Information' is primarily concerned with the strongest international art movement or 'style' of the moment which is 'conceptual art,' 'art povera,' 'earthworks,' 'systems,' 'process art,' etc. in its broadest definition. The exhibition will demonstrate the non-object quality of this work and the fact that it transcends the traditional categories of painting, sculpture, photography, film, drawing, prints, etc."*

[●CR.301] 1970 Paolo Soleri comienza la construcción de *"Arcosanti"* en el desierto de Arizona, ciudad experimental o laboratorio urbano generado de acuerdo al concepto de *"arcology"* (architecture+ecology).

[■CR.514] 1970 Antonioni estrena la segunda de sus tres películas en habla inglesa (contratado por el productor Carlo Ponti), *"Zabriskie Point"*. En ella viaja al inconformismo juvenil en EEUU, utilizando una estética deudora de la contracultura de finales de los 60, cargada de nihilismo, desesperación y desencanto. No resulta difícil encontrar cierto paralelismo entre los paisajes del Valle de la Muerte reproducidos en la película y los photo-collages de Superstudio para el Monumento Continuo -además de compartir su posicionamiento vital – y con la "nueva forma de vida sobre la Tierra" promulgada en la *Supersuperficie*.

[♦CR.498] 1970 Peter Cook publica *"Experimental Architecture"*.

[✦CR.395] 1970 *Sanyo Electric* presenta su prototipo de cápsula habitable: *"Living Capsule"*.

[CR.141] 1970 Terminan la carrera Alessandro Magris (Prof. Alfonso Stocchetti) y Alessandro Poli (Prof. Leonardo Savioli)

[CR.143] 1970-71 Superstudio trabaja en sus Proyectos didácticos: *"Arquitectura reflejada"*; *"Arquitectura escondida"*; *"Arquitectura Interplanetaria"*; *"Las 12 ciudades ideales"*.

[CR.205] 1970 *Zanotta* produce y comercializa las piezas de la *Serie Misura* de Superstudio bajo la denominación *"Quaderna"*.

[CR.431] 1970 Superstudio y 9999 inician *"S-Space"* o *"Separate School for Expanded Conceptual Architecture"*, grupo de discusión y trabajo que anticipa lo que luego será *Global Tools*, que tenía como sede ficticia la discoteca *Space Electronic* de Florencia diseñada un año antes por el Gruppo 9999. En 1971 adquirirá el formato de festival de arquitectura. Según sus fundadores: *"S-Space es un lugar no físico de producción, elaboración y transmisión de ideas, procesos, eventos, apariciones, profecías, recuerdos, situaciones, existencias. S-Space es experiencia y un catalogo para la generación de una arquitectura conceptual, expandida, imposible, imaginaria y reflexionada. S-Space es un sistema global teórico-práctico, de didáctica experimental para el afianzamiento de estrategias mentales"*.

[✧CR.432] 1970 Se publica póstumamente *"Teoría y critica"* de T. Adorno, recopilación de escritos datados entre 1961 y 1969. *"Para subsistir en medio de lo extremo y tenebroso de la realidad, las obras de arte que no quieren venderse como consuelo tienen que equipararse a lo extremo y tenebroso"*.

[▲CR.450] 1970 Hans Jascha, Wolfgang Brunbauer y Günther Matschina se unen a *Zünd-Up* y se forma el nuevo grupo *"Salz der Erde"* (*Sal de la Tierra*). Sus propuestas se alejan cada vez más de los canales convencionales de transmisión de la arquitectura, como por ejemplo dos de este mismo año: *"Action to the end the Salzburg Festival"* y *"Metro"*, esta ultima presentada al concurso para una estación de metro en forma de película.

[▲CR.452] 1970 Adolf Krischanitz, Otto Kapfinger y Angela Hareiter fundan el grupo vienés *Missing Link*.

1971

[●CR.144] 1971 Ant Farm publica *"Inflatcookbook"*, manual recopilatorio de sus experiencias con estructuras hinchables que los llevaron a autodefinirse como "inflatoexpertos".

[●CR.350] 1971 Victor Papanek (Viena 1923, USA 1998), diseñador y filósofo del diseño, publica *Design for the Real World: Human Ecology and Social Change*, libro en el que desarrolla el concepto de "Diseño Integral Anticipatorio" (junto a Bucky Fuller, que prologa el libro), una especie de diseño "social" o "responsable" que reclama la responsabilidad de diseñadores y creativos en los cambios del mundo real, defendiendo que se trata de diseñar para satisfacer las necesidades antes que para satisfacer deseos. "*Solo una pequeña parte de nuestra responsabilidad reside en el área de la estética*".

[■CR.145] 1971 Se funda el *Gruppo Strum* (abreviatura de "*strumentale*") en Turin, integrado por Giorgio Cerretti, Pietro Derossi, Carlo Gianmarco, Riccardo Rosso y Maurizio Vogliazzo. ("*grupo para la arquitectura instrumental*").

[■CR.223] 1971 Gianni Pettena presenta su "*Ice house I*", Minneapolis, primero de los dos proyectos de "tratamiento" de edificios a partir del hielo.

[■CR.315] 1971 Gianni Pettena organiza la performance "*Vestirsi di Sedie*" (*Wearable Chairs*) con los alumnos del *Minneapolis College of Art and Design*.

[■CR.255] 1971 El *Gruppo Strum* diseña el sillón "*Pratone*" para *Gufram*.

[CR.256] 1971 La revista Casabella publica el *Storyboard* del *Monumento Continuo* de Superstudio, en su nº 358.

[●CR.348] 1971 El MOMA organiza la exposición "*Education of an Architect*", en torno al método pedagógico de la Cooper Union School bajo la dirección del director del Dep. de Arquitectura Jhon Hejduk. Se presentaban trabajos de alumnos realizados entre 1964 y 1971.

[◆CR.308] 1971 El Moderna Museet de Estocolmo inaugura "Utopians and visionaries, 1871-1981", organizada por Pontus Hulten. Celebraba el primer centenario de la Comuna de Paris, y tuvo una participación sin precedentes, ya que animaba a los espectadores a producir (sus propios posters, fotografías, música, etc.) y no a consumir; a expresar sus visiones del futuro, de cómo sería el mundo en 1981.

[CR.561] 1971 "*Tre Progetti per il Pianeta*", Superstudio.

[◆CR.146] 1971 Alvin Boyarsky es elegido presidente de la AA de Londres, convirtiéndola en referente internacional en el mundo de la arquitectura. La dirigirá hasta su muerte en 1990.

[♦CR.147] 1971 Martin Pawley publica "*Architecture versus housing*".

[CR.209] 1971 Superstudio diseña la mesa "*Table 11*" para *Print*.

[CR.562] 1971 Superstudio presenta su proyecto para el concurso de la bienal Trigon'71.

[♦CR.148] 1971 Prada Poole construye su "*Ciudad Instantánea*" en Ibiza.

[■CR.349] 1971 Joe Colombo diseña la "*Total Furnishing Unit*", una especie de máquina para vivir que integraba 4 unidades diferentes (cocina-armario-baño-cama) en tan solo 28m2. Ambasz la expuso en el MOMA un año después en su conocida exposición sobre el diseño italiano.

[●CR.149] 1971 Jim Burns publica "*ARTHROPODS: new design futures*", primer momento de autentico análisis del mundo radical.

[▲CR.253] 1971 Haus-Rucker-Co presentan su instalación "*Inflatable finger*" en el marco del Simposio Urbano de Nuremberg.

[▲CR.336] 1971 Haus-Rucker-Co presentan una exposición en el Museo Haus Lange de Krefeld en torno a su trabajo para la creación de climas artificiales. Coincidiendo con la expo "aíslan ó cubren" la vivienda de Mies con una estructura neumática: "*The Lange House, designed in 1921 by Mies van der Rohe as a spacious single-family home, was roofed over with an air-supported hall made of a white-coated material. In response to the "L"-shaped plan of the house the barrel-vaulted hall with its rounded ends had a heart-shaped plan and also roofed a part of the terraced garden. In the interior the light, evenly filtered through the shell from all sides, created a pallid hothouse atmosphere in which not only the garden plants started to change but also the proportions of the house itself.*" [http://www.ortner.at/?load=haus-ruckerco&sub=hausruckerco_150&rub=hausruckerco&lang=en&site=ortner&PHPSESSID=abd57fccdafda482804bd5861f4bda35]

[▲CR.337] 1971 Haus-Rucker-Co trabajan en dos proyectos paralelos: "*Roof-Top Oasis Structures*" (1971-73) y "*DownTown Megastructures*" (1971), donde abordan las posibilidades de una re-naturalización artificial climatizada.

[▲CR.338] 1971 Coop Himelblau presenta "*Football City*", activación lúdica de la ciudad a partir de un juego fuera de escala.

[CR.150] 1971 Superstudio publica *"Las 12 ciudades ideales"* (escrito por Frasinelli) en el catalogo del festival *S-Space* n°1, Nov 1971, amarga reflexión sobre el pensamiento utópico desde la Ilustración y a lo largo del S.XX. Su trabajo en este proyecto había comenzado en la primavera de ese mismo año, pudiendo ser enmarcado en el marco de los "proyectos didácticos" junto con la Arq. Reflejada e Interplanetaria. Supone una nueva etapa en el proceso de extrapolación lógica de la realidad urbana, donde las metáforas resultantes evidencian las contradicciones de la ciudad contemporánea. Se podrían entender como 12 diseños críticos que ponían de manifiesto la incapacidad del planeamiento urbano del momento para resolver los problemas de la compleja ciudad-cambiante (ever-changing city). Cuentos inmorales (Rouillard, p.316), contra-utopías de vocación catártica, pesadillas urbanas donde el terror hará despertar nuestra conciencia de alienación y el absurdo del mundo que nos rodea. Según Branzi *"representan la radicalización de 12 características de la metrópoli actual (...) dirigidas a crear un universo de locura absoluta"*. Abordan temas recurrentes en una especie de sincretismo de historietas de ciencia-ficción distopicas: la procreación artificial, la nutrición automática, la satisfacción solamente de las necesidades básicas, la renovación mecánica de la ciudad, de los individuos, del jefe, la americanización galopante, etc. Representan un ensayo tardío de introducción de la arquitectura en el ámbito de aplicación de los procedimientos surrealistas. Serán duramente criticados por aquellos que no toleran que se deleiten en tales visiones del horror, abandonando la misión del arq. como "terapeuta" de la humanidad., cambiando la razón por la narración, y no dando más alternativa que la desgracia. (ver *Talking in parables*) Superstudio y 9999 colaboran en la co-producción "Vita, morte e miracoli dell'architettura", desarrollada entre el 9-11 de Noviembre de 1971 en el S-Space, donde presentan también su trabajo Street Farmer, Ant Farm, Pettena y La Pietra, con la intención de transmitir al público el concepto de arquitectura *"Unfunctional"* o *"Fiction Architecture"*, según Celant.

[CR.151] 1971 Superstudio publica *"Doce cuentos con moraleja para Navidad. Premoniciones del renacimiento místico del urbanismo"* en *Architectural Design* vol.XLI Dic. N°12, *storyboard* de las *12 ciudades*.

[CR.488] 1971 Superstudio trabaja en la *"Supersuperficie"*, una investigación sobre energía, información, nomadismo y migraciones: una reflexión en torno a la humanidad y su relación con el planeta.

[CR.152] 1971 Conferencia de Natalini en la AA de Londres invitado por Koolhaas (3 de Marzo). Discute con Hollein sobre la muerte de la arquitectura en Europa.

[CR.206] 1971 Superstudio presenta su propuesta para el concurso del Cementerio de Módena.

[♦CR.153] 1971 Peter Crump y Bruce Haggart, estudiantes de 5° curso en la AA, fundan el grupo *Street Farmer* y la revista del mismo nombre, donde abordan de manera recurrente el tema de la recuperación de la naturaleza a través de la destrucción de las ciudades.

[■CR.154] 1971 Superstudio, Archizoom, 9999, Ugo la Pietra, Sottsass Jr, Raggi, Archigram, Street Farmer, Ant Farm, Abraham, Hollein, Peintner, Coop Himmelblau, Haus-Rucker-Co, etc, participan en el n°1 (Enero-Febrero) de la revista IN dedicado a la "*Utopia*". IN había sido fundada dos años antes por Pier Paolo Saporito (junto con Paolo Scheggi, Vittorio Cosimini e Ippolito Calvi) y distribuida entre 1970 y 1982.

[■CR.486] 1971 Ugo la Pietra trabaja en la propuesta "*La casa telemática*" que será presentada en "*Italy: the new...*", un extraordinario estudio premonitorio sobre el espacio doméstico en el que lo privado y lo urbano están conectados a través de la tecnología, anticipando el fenómeno de INTERNET y los temas relacionados con el "*privacy design*" que ahora resultan tan contemporáneos.

[■CR.155] 1971 Superstudio y Archizoom editan el n°2/3 (Marzo-Junio) de la revista IN, dedicado a "*La destrucción del objeto*". En este número se publica el artículo de G.Celant "*Senza titolo*", donde aparece por primera vez el término "arquitectura radical". En este mismo número Superstudio publica fotogramas de la película "*Architettura Interplanetaria*" y un ensayo titulado *Distruzione, metamorfosi e ricostruzione degli oggetti*, "In" 1971, n. 2-3, pp. 15-21.

[■CR.571] 1971-75 El arquitecto napolitano Riccardo Dalisi comienza sus experiencias en torno al trabajo en el que se involucra durante varios años con los niños de Rione Traiano, una ciudad-satélite construida a las afueras de Nápoles en la posguerra, y amenazada por graves problemas de deterioro urbano y delincuencia organizada. Aquí Dalisi trata de redescubrir la energía creativa – o constructiva - de la ignorancia – o del estado Salvaje – mediante el desarrollo de investigaciones en torno a la recuperación y al libre desarrollo de la creatividad de las personas, la tecnología mínima (o 'pobre'), el rechazo operativo a la ideación de los objetos, y el refuerzo de una comunicación descodificada y espontánea, no contaminada por la cultura.

[▲CR.516] 1971 Friedrich St. Florian reivindica la simulación de procesos en su *"Amplifications of Natural Phenomena"* de 1971, diseñando varias simulaciones de fenómenos naturales para las celebraciones del Río Charles en Boston, buscando un contraste entre la realidad urbana y la ficción de la naturaleza en su estado más salvaje, a partir de Icebergs gigantes o tormentas espectaculares.

[▲CR.451] 1971 Zünd-up presenta *The ten objects*.

[✦CR.572] 1971 Ivan Illich publica *Deschooling Society*, notable ejercicio de anticipación donde declaraba que la formación de los jóvenes ya no se producía en el contexto de la escuela sino en otros lugares y circunstancias que se escapaban a su control, basadas en dinámicas de acción compartida que serían propiciadas por las nuevas tecnologías.

[CR.156] 1971 Superstudio y Gruppo 9999 organizan y co-producen el *S-Space Mondial Festival "Life, Death and Miracles of Architecture"*, seminario y exposición que tuvo lugar durante tres días en la discoteca *Space Electronic* de Florencia diseñada dos años antes por el Gruppo 999.

[CR.501] 1971 Superstudio participa en la *VII Biennale* de Paris, invitados por Achille Bonito Oliva (comisario general para Italia) a participar en la sección dedicada a la *"Urbanística"*. Archizoom participa en la dedicada a *"Arquitectura"*.

[✦CR.157] 1971 Joseph Beuys crea el *"Comité para una Universidad Libre"*.

[★CR.341] 1971 Rogers y Piano ganan el concurso de ideas para construir el *Centre Pompidou*.

[■CR.257] 1971-72 El *Gruppo Strum* diseña el ambiente *"Strumenti per l'informazione alternativa"* para la exposición del MOMA de 1972, montaje finalmente no ejecutado por falta de fondos. Con esta propuesta intentaban generar un lugar de hipercomunicación (todos los sistemas de la sala eran generadores de comunicaciones, ya sean máquinas de escribir, cámaras de video, posters en las paredes, dispositivos móviles para poder visualizar mensajes, etc.) proponiendo la creación de múltiples lugares como éste en las ciudades al defender la importancia del intercambio de información como forma de conocer el conjunto de la sociedad y poder mantener una opinión sobre la misma. Esta sala podría ser una especie de materialización del actual *Facebook*.

1972

[CR.502] 1972 Superstudio publica *"Las 12 ciudades ideales"* (escrito por Frassinelli) en Casabella n°361.

[CR.158] 1972-73 Superstudio trabaja en los *"Actos fundamentales"* en forma de Cinco historias (Vida, Educacion, Ceremonia, Amor, Muerte) sobre las que producen material grafico para posteriormente convertirlas en películas. A través de ellas exploran las conexiones entre la arquitectura y la vida real.

[●CR.435] 1972 Entre mayo y septiembre el MoMA de N.Y. organiza la exposición *"Italy: the new domestic landscape"*, comisariada por Emilio Ambasz. La exposición supone una gigantesca campaña de promoción financiada por el gobierno italiano con el doble objetivo de conquistar el mercado americano para los objetos de diseño/anti-diseño italianos y la confrontación directa entre la Arq. Radical italiana y su homóloga americana. Para muchos significa la apoteosis y la muerte de la Arq. Radical, al suponer para esta una renuncia a las formas marginales de poder.

[CR.159] 1972 Superstudio participa en la exposición *"Italy: the new domestic landscape"*, en el MoMA, con la película *"Vita"* (titulo largo: *"Supersurface, or the public image of truly modern architecture"*, película financiada curiosamente por *Anic*, una empresa de materiales plásticos), y con el "entorno" de 8x8m encargado por el museo bajo el titulo *Supersurface. An alternative model for life on earth*, intento de redefinición de la arquitectura sobre bases antropológicas y filosóficas en una secuencia de procesos reductivos.

[◆CR.160] 1972 Joseph Rykwert publica "*On Adam's house in Paradise*".

[◆CR.344] 1972 Rem Koolhaas y Elia Zenghelis, con la colaboración de Madelon Vriesendorp y Zoe Zenguelis como ilustradoras, presentan su propuesta "*EXODUS or The Voluntary Prisioners of Architecture*" al concurso organizado por Casabella bajo el título "*The City as a Significant Environment*". El trabajo se publica por primera vez en Junio de 1973.

[■CR.252] 1972 Gianni Pettena realiza la instalación "*Tumbleweeds Catcher*" en Salt Lake City, durante su periodo como profesor visitante en la Universidad de Utah. Definida por el autor como "*un rascacielos inusual, un lugar de ambigüedad y de claridad física y conceptual*", la gran torre-árbol reclama los derechos de la naturaleza en el contexto urbano.

[■CR.259] 1972 Gianni Pettena presenta su "*Ice house II*", Minneapolis, segundo de los dos proyectos de "tratamiento" de edificios a partir del hielo.

[■CR.565] 1972 Italo Calvino publica "*Las ciudades invisibles*".

[●CR.161] 1972 Robert Venturi, Denis Scott Brown y Steven Izenour publican "*Learning from Las Vegas*", libro en el que trataban de demostrar que la cultura pop había desarrollado una estética propia válida que, según afirmaban, podía servir de inspiración para arquitectos y diseñadores que buscaban una vía de salida del impasse de la modernidad. El placer de disfrutar de la experiencia de la cultura pop, explicaba Venturi, provenía de una apreciación de lo que esta podía ofrecer, a saber: insustancialidad, ornamentación, ironía, diversión, historicismo, eclecticismo y pastiche, valores que se oponían directamente a los defendidos por el heroico movimiento moderno. El atractivo que tenían las ideas de Venturi para la profesión de la arquitectura y el diseño consistía en esa recién encontrada libertad que les permitía superar el racionalismo y el universalismo al que aspiraban todos los profesionales del movimiento moderno. En un mundo que integraba cada vez más valores populares, este nuevo nivel de satisfacción consistente en adoptar sus formas resultaba muy atractivo.

[★CR.162] 1972 Guy Debord disuelve la *Internacional Situacionista*.

[●CR.163] 1972 Demolición del complejo residencial de Pruitt-Igoe en St. Louis (Minoru Yamasaki,1952-55), acto que según Charles Jencks supone la muerte de la Arquitectura Moderna.

[●CR.302] 1972 Se inaugura el *Kimbell Art Museum* en Fort Worth, Texas, de L.I. Kahn.

[CR.503] 1972 Superstudio publica *"Utopia, Antiutopia, Topia"* en la revista IN n° 6-7, dedicado igual que el anterior, a "la destrucción y reapropiación de la ciudad", pero en este caso más centrado en la reapropiación de la ciudad y en la refundación del sistema social y cultural que la connotaba.

[♦CR.375] 1972 Rem Koolhaas rinde homenaje a Superstudio en *"La Ciudad del Globo Cautivo"*, manifiesto gráfico del *Manhattanismo* y primera aproximación intuitiva a la arquitectura de Manhattan, exaltando la malla como generadora de la individualidad arquitectónica de cada manzana. Cada rascacielos es como el faro en una isla que contiene todos los componentes metropolitanos en su propio interior. Los dibujos celebran distintos aspectos de la vida metropolitana, de las cualidades de su arquitectura y de aquellos hitos que durante la Modernidad concibieron la Metrópolis como conjunto de rascacielos. La expresión gráfica de la ideología *Manhattaniana* se encuentra, como *proyecto conceptual y metafórico,* dentro de las tres categorías que desarrolla Koolhaas en su discurso sobre la metrópolis moderna: un urbanismo semi-espontáneo, una elevada densidad, la descoordinación y la congestión; en una retícula infinita e isótropa que organiza el territorio en manzanas, donde se ubican los edificios/rascacielos más heterogéneos. Reconocemos, entre otros, alusiones a Le Cobursier, Mies Van der Rohe y a la vanguardia rusa, con Leonidov; además de dos manzanas vacías en referencia a la muerte de los dogmas del urbanismo clásico y a la inclusión de la "naturaleza" dentro de los proyectos arquitectónicos modernos. Esta metáfora inquiere la existencia del todo en la parte, es decir, cada manzana funciona como isla independiente, con sus leyes organizativas, en su expresión y hasta con su cultura y su idioma individual; y este conjunto como representante de todo el planeta. Koolhass adopta el método paranoico-crítico -adoptado por Dalí a raíz de la contemplación de *"El Ángelus"* de Millet, 1857/59- analizando la ciudad a partir de sensaciones no racionales para llegar a su esencia.

[♦CR.164] 1972 Harald Szeemann dirige la *Documenta V* bajo el titulo *"Questioning Reality - Pictorial Worlds Today"*, convirtiéndose en un manifiesto de la nueva vanguardia. Dentro de la muestra organiza la exposición *"Individual Mythologies"*, en la cual trata de resumir la tendencia de los primeros años 70 hacia posiciones artísticas introvertidas y herméticas, presentando trabajos, generalmente instalaciones, diseñadas para ilustrar el a menudo idiosincrático cosmos intelectual de los propios artistas. Szeemann decía que pretendía crear muestras que fueran "poemas en el espacio" (proyectos espirituales capaces de invocar modos alternativos de organizar la sociedad), llevando su propio museo de obsesiones en la cabeza.

[❖CR.165] 1972 Prada Poole construye sus "*Cúpulas Neumáticas*" en Pamplona.

[❖CR.438] 1972 Masayuki Kurokawa presenta su "*Casa flexible*", pensada como unidad independiente destinada a parejas o estudiantes, con el objetivo de introducir en la rígida cultura japonesa la posibilidad de espacios individuales que se adaptaran a las nuevas formas de habitar, donde la privacidad empieza a ser un factor fundamental. Cada unidad está constituida por dos "contenedores" rígidos unidos mediante un elemento flexible, a modo de fuelle o acordeón. Ambos contenedores, que se pueden cerrar constituyendo una unidad, contienen todos los elementos necesarios para conformar la casa. Cerrado, el contenedor presenta unas condiciones óptimas (debido a su tamaño reducido y su poco peso) para ser fácilmente transportado.

[●CR.166] 1972 Ant Farm construye en Texas la "*House of the century*" en colaboración con Richard Jost.

[◆CR.167] 1972 The Rolling Stones publican "*Exile on Main St*".

[▲CR.168] 1972 Haus Rucker-Co presentan "*Oase N° 7*" en la Documenta 5, Kassel.

[■CR.169] 1972 Archizoom participa en la exposición "*Italy: the new domestic landscape*", en el MoMA con el "entorno" de 8x8m encargado por el museo bajo el titulo "*Habitare e facile*".

[■CR.248] 1972 Ettore Sottsass presenta "*Domestic enviroment*" en la exposición del MOMA.

[■CR.170] 1972 El Gruppo Strum participa en la expo del MOMA con sus "*Fotoromanzi*", donde apropiándose del formato de fotonovelas típicas en ese momento en Italia, y abordando temas de contenido socio-político, ponen en práctica su firme creencia en la arquitectura y el diseño como herramientas de propagación e investigación en torno a la propaganda política. Con el dinero de la FIAT publican tres "panfletos" ("*The struggle for housing*", "*Utopia*" y "*The mediatory City*"), 120.000 ejemplares de cada uno, y los distribuyen entre los visitantes de la exposición.

[■CR.258] 1972 El Gruppo 9999 gana por concurso su participación en la exposición del MoMA, con la propuesta "*Vegetable Garden House*", donde expresan su deseo de unir naturaleza y tecnología ya experimentado durante la celebración del *S-Space Mondial Festival* un año antes.

[■CR.316] 1972 Se forma en Padua el grupo CAVART (unión de las palabras inglesas "cave" y "art"), liderado por el todavía estudiante Michele De Lucchi e integrado también por Bortolami, Brombin, Pastrovicchio y Tridenti.

[❖CR.262] 1972 Kurokawa construye la *Nakagin Capsule Tower* (Tokio).

[❖CR.373] 1972-73 Isozaki diseña el *Fukuoka Mutual Bank*, con claras influencias del "*Catalogo de Villas*" de Superstudio.

[■CR.171] 1972 Casabella, bajo la dirección de Mendini y coincidiendo con la expo del MoMA publica en julio un número 367 dedicado al "*Diseño Radical*", con un gorila en la portada, lo que muchos entienden como el principio del fin del movimiento radical, al aparecer designado con este fácil adjetivo cultural. Superstudio publica "*Life*" como una reconsideración de lo presentado para el MoMA.

[■CR.487] 1972 Ugo la Pietra presenta "*Videocomunicatore*", un nuevo "*sistema disequilibrante*".

[CR.172] 1972 Superstudio publica "*Salvataggi di centri storici italiani*" en la revista IN n°5 (Mayo-Junio) dedicada a "*la destrucción y reapropiación de la ciudad*". A partir de este número se modifica la composición de la redacción de la revista: al lado de Pier Paolo Saporito, director, se incorporan de forma estable Ugo La Pietra, como jefe de redacción, Giovanni Bojardi y Vincenzo Ferrari.

[♦CR.440] 1972 Graham Stevens presenta su enorme inflable "*Desert Cloud*", manifiesto por una arquitectura "verde", capaz de hacer frente a los problemas del calentamiento global y el ahorro energético, sistema neumático espectacular experimentado en el corazón del desierto árabe. Un tejido flotante que protege los *derechos* de las amenazas del cielo y los elementos atmosféricos, la *nube del desierto* se ofrece como una cubierta de tela mínima, el modelo primitivo de la arquitectura de Gottfried Semper, que "cubre" las necesidades básicas de esos derechos. A través de un trabajo fuertemente influenciado por la poesía, Graham Stevens asume un discurso profundamente ecológico. Desde finales de 1960 empezó a interesarse por el efecto del intercambio de energía en el medio ambiente mediante su captación y transformación a través de arquitecturas (proto) ecológicas, como en *Atmóspheric Raft* (1969). A partir de esta investigación, la *Nube en el desierto* demuestra la posibilidad de condensación de agua en la atmósfera y por tanto la posibilidad de crear condiciones ambientales extremas propicias para el desarrollo de la vida. La estructura neumática, que consiste en una película de poliéster transparente, se hincha y se eleva gracias al aire calentado por el sol. El agua se condensa en las paredes de la bolsa y se recupera, proporcionando un elemento vital en el desierto. Refugio básico, puede cubrir las zonas desérticas para hacerlas habitables.

1973

[**CR.173**] 1973 Superstudio participa en la Sección Internacional de Arquitectura de la XV Triennale de Milano comisariada por A. Rossi bajo el titulo "*Archittetura Razionale*" (titulo general: "*Contatto Arte-Città*"), en la que se escenifica el debate entre la neo-vanguardia radical y la escuela rossiana. En esta sección exponen (son los únicos entre los grupos radicales que lo hacen) algunos proyectos del periodo 1968-70 y un fragmento del texto del *Monumento Continuo*. También participan en la Seccion Internacional de Diseño Industrial, comisariada por Sottsass y Branzi, con las películas "*Vita*" y "*Cerimonia*".

[**CR.174**] 1973 Natalini comienza su carrera docente en la Facultad de Arquitectura de Florencia. Ese mismo año, con la colaboración de Frassinelli, Toraldo di Francia y Poli desarrolla el curso dentro de la asignatura de "*Plastica ornamentale*".

[★CR.403] 1973 Daniel Buren presenta en la *John Weber Gallery* de Nueva York "*Within and beyond the frame*", obra enmarcada en lo que se denomina como "critica institucional", que tuvo su origen en la práctica de llamar la atención sobre los continentes supuestamente neutrales de la cultura y poner en entredicho esta supuesta neutralidad. Broodthaers también fue muy activo en este tipo de prácticas criticas.

[■CR.175] 1973 Superstudio participa junto con Archizoom Associati, Remo Buti, Riccardo Dalisi, Ugo La Pietra, 9999, Alessandro Mendini, Gaetano Pesce, Gianni Pettena, Ettore Sottsass Jr., Ufo y Zziggurat en el nacimiento de *Global Tools* el 12 de enero de 1973 en la redacción de Casabella en Milán, último intento por parte de la neo-vanguardia italiana de insuflar nuevas energías a un fenómeno en desaparición, a través de la creación de un sistema de laboratorios cuyo objetivo era estimular el libre desarrollo de la creatividad individual.

[●CR.389] 1973 Lucy Lippard publica "*Seis Años: la desmaterialización del objeto artístico de 1966 a 1972*", texto que da cuenta del naciente arte conceptual del momento en el que la idea trascendía su materialidad.

[●CR.176] 1973 EE.UU se retira de Vietnam.

[★CR.304] 1973 Comienzan las obras del Centro Pompidou en Paris, según el proyecto ganador de Rogers+ Piano.

[●CR.177] 1973 Ernst Friedrich Schumacher publica "*Lo pequeño es hermoso*", donde defiende una sociedad y una tecnología a la medida del hombre.

[■CR.178] 1973 Americo de Angelis publica su revelador artículo "*Antidesign*".

[▲CR.242] 1973 Coop Himmelblau presenta "*House with flying roof*".

[◆CR.179] 1973 El ICA de Londres organiza la exposición "*The Austrian*".

[◆CR.181] 1973 Peter Cook funda la galería-taller "*Art Net*" en el *Covent Garden* londinense. Para ofrecer documentación escrita de las actividades Cook lanza la revista *Art Net* de la que se publican dos números antes de ser sustituida por *Net* a partir de 1974. La galería cierra sus puertas en 1979.

[●CR.182] 1973 Nace la revista "*Oppositions*", fundada en Septiembre en el *Institute for Architecture and Urban Studies* de Nueva York por Peter Eisenman, Kenneth Frampton y Mario Gandelsonas. A partir de este momento y progresivamente se traslada el debate arquitectónico hacia Nueva York.

[CR.183] 1973 Se inaugura "*Fragments for a personal museum*" en la *Neue Galerie* de Graz, exposición retrospectiva de Superstudio, pero para la que empezaron a trabajar a principios de 1971.

[✦CR.303] 1973 Primera Crisis del Petróleo, desencadenada tras la decisión de la OPEP de no exportar más petróleo a los países que habían apoyado a Israel en la guerra del Yom Kippur contra Siria y Egipto.

[✦CR.305] 1973 Se inaugura la Opera de Sidney.

[■CR.184] 1973 Archizoom se traslada a Milán, donde desarrollan ese mismo año sus proyectos de "*Dressing design*". Un año más tarde el grupo se disuelve.

[CR.185] 1973-75 Expo itinerante por EEUU "*Sottsass & Superstudio: Mindscapes*"

1974

[◆CR.260] 1974 Sale a la venta *Archigram 9-1/2*.

[◆CR.180] 1974 Archigram se disuelve.

[▲CR.527] 1974 Haus-Rucker-Co presenta su eco-utopía "*Pulmón verde*".

[■CR.186] 1974 Se publica el libro "*Architettura Radicale*" de Paola Navone y Bruno Orlandoni.

[■CR.485] 1974 Enzo Mari publica "*Autoprogettazione*", una auténtica "biblia" del DIY que, salvo su carga marxista, supone un sorprendente retrato de la actual cultura del "hazlo tu mismo".

[✦CR.187] 1974 En febrero Beuys, junto a Heinrich Boll, funda la "*Universidad libre internacional*" (FIU) en Düsseldorf.

[♦CR.188] 1974 Martin Pawley publica "*The private future*". He foresaw a society with ever greater technical means of communication becoming paradoxically more insular and dysfunctional. Reading his description of what we now recognise as an iPod-plugged web surfer, you must remind yourself that it was written on an Olympia typewriter long before the advent of the word processor or the mobile phone. [http://www.theguardian.com/artanddesign/2008/mar/11/architecture.pressandpublishing]

[★CR.467] 1974 Foucault hace uso del término "*Biopolítica*" por primera vez durante una de las conferencias que dictó en el curso de medicina social de la Universidad del Estado de Río de Janeiro (Brasil) en octubre de 1974. Allí plantea que el control de la sociedad no sólo se realiza a través de la ideología, sino que requiere del control del cuerpo de los individuos. "*El control de la sociedad sobre los individuos no sólo se efectúa mediante la conciencia o por la ideología, sino también en el cuerpo y con el cuerpo. Para la sociedad capitalista es lo bio-político lo que importa ante todo, lo biológico, lo somático, lo corporal. El cuerpo es una entidad biopolítica, la medicina es una estrategia biopolítica.*" En la obra de Michel Foucault, *biopolítica* es el estilo de gobierno que regula la población mediante el *biopoder* (la aplicación e impacto del poder político en todos los aspectos de la vida).

[CR.317] 1974 En Noviembre tiene lugar en Sambuca el seminario "*All saints, all souls*" organizado por Superstudio para abordar la actividad futura de los laboratorios de *Global Tools*. Finalmente, el encuentro es considerado paradójicamente como el acto de clausura de esta "anti-escuela".

[●CR.189] 1974 Ant Farm presenta su instalación "*Cadillac Ranch*" en Texas, al borde de la famosa *Route 66*.

[CR.439] 1974-77 Natalini, junto a Toraldo di Francia, Poli, Netti y los alumnos de su curso *Plastica Ornamentale* de la Facultad de Arq. De Florencia, desarrollan un trabajo de investigación que años más tarde se publicará bajo el titulo de "*Cultura Materiale Extraurbana*" (1983).

1975

[CR.190] 1975 Termina la carrera Roberto Magris.

[CR.528] 1975 Superstudio diseña la "*House for a Super Star*".

[■CR.261] 1975 El grupo *Cavart* (Bortolami, Brombin, De Lucchi, Pastrovicchio, Tridenti), organizan el seminario "*Arquitectura culturalmente imposible*" en Montericco Quarry, Monselice, con el fin de experimentar sobre la realidad de las arquitecturas imposibles.

[❖CR.381] 1975 Bukichi Inoue diseña el *Ikeda Museum of 20th Century Art* en Shiznoka Prefecture, Japan.

1976

[❖CR.191] 1976 La muerte de Mao Zedong pone fin a la Revolución Cultural en China.

[❖CR.192] 1976. Thomas Herzog publica "*Construcciones neumáticas. Manual de arquitectura hinchable*".

[◆CR.193] 1976 Reyner Banham publica "*Megastructure: Urban Futures of the Recent Past*".

[■CR.408] 1976 Alessandro Mendini es despedido de Casabella, de la que fuera director desde 1970.

1977

[●CR.469] 1977 Charles Jencks publica su influyente texto titulado "*El lenguaje de la arquitectura posmoderna*", que fue uno de los primeros ejemplos de uso del término en el contexto de la edificación. Su planteamiento se basaba en análisis lingüísticos que acentuaban la estrategia dialéctica de los arquitectos interesados en lo que Jencks llamaba "multivalencia" (el lenguaje del eclecticismo arquitectónico)

[■CR.310] 1977 Bruno Orlandoni y Giorgio Vallino publican "*Dalla cittá al cucciaio. Saggi sulle nuove avanguardie nell'architettura en el design*" (Torino, Studio Forma, 1977), parodiando la célebre frase "dal cucchiaio alla cittá" con la que Ernesto Nathan-Rogers resumía su intención de diseñarlo todo, desde el edificio hasta su contenido.

[■CR.380] 1977 A. Mendini funda la revista *Modo* junto a Valerio Castelli y Giovanni Cutolo, una especie de publicación "*Global Tools*" que aborda el mundo de la artesanía.

1978

[CR.194] 1978 Natalini publica "*La memoria invece*", catálogo de tres muestras en el Studio Franca Pisani, Florencia.

[CR.195] 1978 Superstudio presenta en la Bienal de Venecia *La Coscienza di Zeno*, resumen de sus investigaciones en torno a la cultura campesina, y uno de los últimos trabajos que elaboran como colectivo. Poco después el grupo se disuelve.

[CR.196] 1983 Natalini, Netti, Poli y Toraldo di Francia publican "*Cultura materiale extraurbana*"

BIBLIOGRAFÍA

Bibliografía general sobre el movimiento radical y fenómenos contemporáneos

Libros

AMBASZ, Emilio. Italy: *The New Domestic Landscape. Achievements and Problems of Italian Design.* The Museum of Modern Art, New York, 1972.

AMBASZ, Emilio. *Architettura Radicale.* En *Emilio Ambasz Inventions: The Reality of the Ideal.* New York: Rizzoli, 1992.

AURELI, Pier Vittorio: *The project of autonomy. Politics and architecture within and against capitalism.* Princeton Architectural Press, 2008.

BANHAM, Reyner. *Megaestructuras: futuro urbano del pasado reciente.* Barcelona : Gustavo Gili, 1978.

BIRELLI, Giorgio; CALDINI, Carlo; FIUMI, Fabrizio; GALLI, Paolo. *Ricordi di Architettura.* Florencia, 1972.

BOORSTIN, D.J. *The image.* London: Weindenfeld & Nicholson, 1962.

BORGONUOVO, Valerio; FRANCESCHINI, Silvia. *Global Tools 1973-1975.* Estambul: SALT/Garanti Kültür AS, 2015.

BOSONI, Giampiero. *Italy. Contemporary Domestic Landscapes.* 1945-2000. Turín : Skira Ed. 2001.

BRAVER, Marie-Ange; ALISON, Jane; MIGAYROU, Fréderic; SPILLER, Neil. *Future City: Experimental and Utopia in Architecture.* Thames & Hudson, 2007.

BRUGELLIS, Pino; PETTENA, Gianni; SALVADORI, Alberto. *Radical Utopias. Archizoom, Remo Butti, 9999, Gianni Pettena, Superstudio, UFO, Zzigurat.* Quolibet, 2017.

BURNS, Jim. *Arthropods: New Design Futures.* London: Academy Editions, 1972.

COOK, Peter. *Experimental Architecture.* New York: Universe Books, 1970.

COLES, Alex; ROSSI, Catharine. *The Italian Avant-Garde, 1968-76.* EP Vol.1. Berlin: Sternberg Press, 2013.

COLOMINA, Beatriz; BUCKLEY, Craig. *Clip Stamp Fold. The radical architecture of little magazines 196X-197X.* M+M Books, Princeton University. Actar, 2010.

CRITICOS, Corinna; KIRSHNER, Judith; LUMLEY, Robert; PINKUS, Karen; CHRISTOV-BAKARGIEV, Carolyn; BONAMI, Francesco. *Zero to Infinity: Arte Povera, 1962-1972*. Minneapolis: Ed. Richard Flood and Frances Morris. Walker Art Center, 2001.

FERNÁNDEZ VILLALOBOS, Nieves. *Utopías domesticas. La Casa del Futuro de Alison y Peter Smithson*. Colección Arquia/Tesis n°37. Fundación Caja de Arquitectos, 2013.

FRIEDMAN, Yona. *L'Architecture Mobile. 10 principes d'urbanisme spatiale*. Paris : Les Presses du Reel, 1960.

GINSBORG, Paul. *A history of contemporary Italy: society and politics, 1943-1988*. Londres: Penguin UK, 1990.

GORDON, Alastair. *Spaced Out: Radical Environments of the Psychedelic Sixties*. New York: Rizzoli, 2008.

HEYNEN, Hilde. *Architecture and modernity*. London: The MIT Press, 1999.

JOSEPH, Branden W. *My mind split open: Andy Warhol's Exploding Plastic Inevitable*. Grey room 8. Summer 2002.

KRAUSS, Rosalind. *The originality of the Avant-Garde*. London: The MIT Press, 1997.

MAUBANT, Jean Louis; MIGAYROU, Fredèric ; JARAUTA, Francisco. *Arquitectura Radical*. Centro Andaluz de Arte Contemporáneo, Sevilla, 2003.

MIGAYROU, Fréderic. *Architecture Radicale*. Institut d'Art Contemporain-IAC, Villeurbanne, 2001.

MORONI, Mario; CHIRUMBOLO, Paolo; SOMIGLI, Luca. *Neovanguardia. Italian experimental literature and Arts in the 1960s*. University of Toronto Press Incorporated, 2010.

NAVONE, Paola; Orlandoni, Bruno. *Architectura Radicale*. Milán, Documenti di Casabella, 1974.

ORLANDONI, Bruno; VALLINO, Giorgio. *Dalla città al cucchiaio. Saggi sulle nuove avanguardie nell'architettura en nel design*. Torino, Studio Forma, 1977.

PARENT, Claude. *Vivir en lo oblicuo*. Barcelona: GGMínima, Ed. Gustavo Gili, 2009 (1964).

PETTENA, Gianni. *Radical Design. Ricerca e progetto dagli anni'60 a oggi*. Catálogo de exposición. Florencia: ISIA, 2004.

PETTENA, Gianni. *Radicals. Architettura e design 1960/75 - Design and Architecture 1960/75.* Venezia, La Biennale di Venezia - Il Ventilabro, 1996.

PORSCH, Johannes. *The Austrian Phenomenon. Architektur Avantgarde 1956-1973.* Wien, Architekturzentrum, 2010.

RILEY, Terence. *The Changing of the Avant-garde: Visionary Architectural Drawings from the Howard Gilman Collection.* New York, The Museum of Modern Art, 2002 (catalogo).

ROUILLARD, Dominique, *Superarchitecture. Le Futur de l'architecture 1950 - 1970*, Paris, Editions de la Villette, 2004.

SACCÀ, Lucilla. *La Scuola di Pistoia. Natura e oggetto.* Pacini Editore, 2004.

SAVIOLI, Leonardo. *Ipotesi de Spazio.* Florencia, 1972.

SAVIOLI, Leonardo; NATALINI, Adolfo. *Spazio di coinvolgimento.* Casabella 326, 1968.

SCHRIJVER, Lara. *Radical Games. Popping the Bubble of 1960's Architecture.* Rotterdam: NAi Publishers, 2009.

SMITH, C.Ray. *Supermannerism. New Attitudes in Post-Modern Architecture.* New York: E.P.Dutton, 1977.

TAFURI, Mafredo; Dal Co, Francesco. *Architettura contemporanea.* Milán, Electa, 1979.

TAFURI, Manfredo. *History of Italian Architecture, 1944-1985.* Cambridge: MIT Press, 1989.

VAN SCHAIK, Martin; MACEL, Otakar. *Exit Utopia: Architectural Provocations, 1956-76.* IHAAU-TU Delft, Prestel, 2005.

WATSON, Steven. *Factory Made: Warhol and the Sixties.* New York: Pantheon Books, 2003.

Artículos

BRANZI, Andrea. *L'Africa è vicina. Il ruolo dell'avanguardia.* Casabella XXXVI, n° 364, Abril 1972, pp.31-38.

BRANZI, Andrea. *Radical Notes. Global Tools.* Casabella XXXVII, n° 377, Mayo 1973, p.8.

BRANZI, Andrea. *Radical Notes. Rock e Rivoluzione.* Casabella 374, 1973.

BRANZI, Andrea. *La casa calda: Esperienze del nuovo design italiano.* Idea Books, 1984.

BINAZZI, Lapo. Fenomeno Radicale. Modo VIII, n°74, Noviembre 1984, p. 58.

CELANT, Germano. *Sulla scena dello S-Space.* Domus n°509, Abril 1972, pp.44-45.

DE ANGELIS, Almerico. *L'antidesign.* Op.cit n°26, Enero 1973, pp.89-109.

DEYONG, Sarah. *Memories of the urban future: the rise and fall of the megastructure.* En RILEY, Terence. *The Changing of the Avant-garde: Visionary Architectural Drawings from the Howard Gilman Collection.* New York, The Museum of Modern Art, 2002 (catálogo).

FOSTER, Hal. *Image building. Radical City 01,* Archphoto 2.0, 2011.

HEYNEN, Hilde. *What belongs to architecture. Avant-garde ideas in the modern movement.* The Journal of Architecture, vol.4, n°2, 1999.

LA PIETRA, Ugo. *Architettura Radicale in Italia.* Domus n°580, Marzo 1978, pp.2-7.

LAVIN, Sylvia. *Andy Architect. Or a funny thing happened on the way to the disco.* Log # 15. Winter 2009.

MENDINI, Alessandro. *Radical Design.* Casabella XXXVI, n°367, Julio 1972, p.5.

MENKING, William; KAZI, Olympia. *Radical Italian architecture yesterday and today.* Architectural Design n°77, 2007.

NAVONE, Paola; Orlandoni, Bruno. *Il disagio delle avanguardie.* Casabella XIL, n°404-405, Agosto-Septiembre 1975, pp.76-79.

RAGGI, Franco. *Radical Story.* Casabella 382, 1973.

RESTANY, Pierre. *Breve storia dello stile YÉYÉ.* Domus 446, 1967.

SCOTT, Felicity. *Architecture or Techno-Utopia. Politics after Modernism.* Cambridge, MA: The MIT Press, 2007.

VINCA MASSINI, Lara. *Firenze.* Domus n° 509, Abril 1972, pp.40.

WOLF, Amit. *Discorsi per immagini: Of Political and Architectural Experimentation.* California Italian Studies Journal, Volume 3, Issue 2, 2012. Pag.4

Bibliografía específica sobre Superstudio

Libros

BYVANCK, Vlantijn. *Superstudio: The Middelburg Lectures*. De Vleeshal + Zeeuws Museum, 2005.

CHIAPPONE-PIRIOU, Emmanuelle. *Superstudio Migrazioni*. Catálogo de la exposición en el CIVA Bruselas. Diciembre 2020-Enero 2021.

GARGIANI, Roberto; LAMPARIELLO, Beatrice. *Superstudio*. Editori Laterza, 2010.

INA. *Superstudio: In-Arch*. Istituto Nazionale di Architettura, Roma, 1978 (catálogo).

LANG, Peter; MENKING, William. *Superstudio: Life without objects*. Milan, Skira, 2003.

MASTRIGLI, Gabriele. *Superstudio. Opere 1966-1978*. Quodlibet, 2016.

PETTENA, Gianni. *Superstudio, 1966-1982. Storie, figure, architettura*. Florencia, Electa, 1982. Catálogo de la exposición en la Galleria dell'Academia de Florencia, 1982.

Artículos

2A+P/A. *La coscienza di Zeno. Notes on a Work by Superstudio*. En *What's wrong with the primitive hut?*, revista SAN ROCCO, n° 8, 2013.

CHIESA, Laura. *Superstudio double-take: rescue operations in the realm of architecture*. En CHIRUMBOLO, Paolo; MORONI, Mario; SOMIGLI, Luca. *Neovanguardia. Italian Experimental Literature and Arts in the 1960s*. University of Toronto Press, 2010. P. 287.

COOK, Peter. *Natalini Superstudio*. The Architectural Review, vol.171, n°1021, 1982.

ELFLINE, Ross K. *Discotheques, Magazines and Plexiglas: Superstudio and the Architecture of Mass Culture*. Delft Architecture Theory Journal Footprint n°8, Primavera 2008, pp.59-76.

ESPUELAS, Fernando. *Un futuro sin memoria.* DC Papers n° 24, Diciembre 2012.

FRIEDMAN, Mildred S. *Sottsass, Superstudio: Mindscapes.* Design Quarterly n°89, 1973.

KLAUS KOENIG, Giovanni. *Deserti naturali e artificiali.* Casabella XXXV, n°358, 1971, pp.18.

ISOZAKI, Arata. *Superstudio and the traces of the flood.* Toshi Jutaku Urban Housing n°41, Septiembre 1971, pp.5-28.

JENKS, Charles. *The Supersensualists.* Architectural Design n° 41, 1971.

ROUILLARD, Dominique. *Monument Continu 1969.* AMC, n°115, 2001. pp.80-86.

VERCELLONI, Isa. *Una cornice nuova per un volto caro.* Corriere della Sera, Mayo 1969.

Bibliografía específica sobre otros actores

Libros

AMBASZ, Emilio; DODDS, Jerrilynn Denise; SORKIN, Michael. *Analyzing Ambasz.* New York: The Monacelli Press, 2004.

BRAYER, Marie-Ange. *Architectures experimentales 1950-2000.* FRAC Centre. Orleans: Hyx, 2003.

CROMPTON, Dennis. *Concerning Archigram.* London: Archigram Archives, 2002.

GARGIANI, Roberto. *Archizoom Associati 1966-1974. Dall'onda pop alla superficie neutra.* Mondadori Electa S.p.A, Milano, 2007.

HOLLEIN, Hans. *Hollein: Méthapores et metamorphoses.* Centre Georges Pompidou, 1987.

MATHEWS, Stanley. *From Agit-Prop to Free Space: The Architecture of Cedric Price.* Londres: Black Dog Publishing, 2007.

PETTENA, Gianni. *Hans Hollein: opera 1960-1988.* Florencia: Accademi delle Arti del Disegno, Idea Books, 1988.

PRICE, Cedric. *Life- Conditioning.* Architectural Design 36, 1966.

QUARMBY, Arthur. *Materiales plásticos y arquitectura experimental.* Gustavo Gili, 1976.

SADLER, Simon. *Archigram. Architecture without architecture.* Cambridge – London: The Mit Press, 2005.

Artículos

EISENMAN, Peter. *Conceptual architecture: towards a definition.* Design Quarterly n°78/79, 1970.

MARTÍNEZ CAPDEVILA, Pablo. *La ciudad interior. Infinitud y concavidad en la No-Stop City (1970-1971).* Madrid: Cuadernos de Proyectos Arquitectónicos n° 04, DPA ETSAM, 2014. Págs. 56-65.

STAUFFER, MarieTheres. *Utopian Reflections, Reflected Utopias. Urban designs by Archizoom and Superstudio.* London, AA Files, Architectural Association, vol.47, 2002.

STAUFFER, MarieTheres. *The unending city. 2nd attempt: Archizoom's No-Stop City.* Architekt n°9/10, 2005.

Libros y artículos publicados por Superstudio (o por alguno de sus miembros)

(Ordenados cronológicamente)

NATALINI, Adolfo. *Arte visive e spazio di coinvolgimento.* Casabella XXXII, Julio 1968, n° 326, pp.34-36.

SUPERSTUDIO. *Superstudio: tre architetture nascoste.* Domus n°473, Abril 1969, pp. 25-30.

SUPERSTUDIO. *Design d'invenzione, Design d'evasione.* Domus n°475, Junio 1969, pp. 28-33.

NATALINI, Adolfo; TORALDO DI FRANCIA, Cristiano. *Dall'industria al tecnomorfismo.* Prospettiva n°4-5, 1969, pp.4-24.

SUPERSTUDIO. *Superstudio. Progetti e Pensieri.* Domus n°479, Octubre 1969, pp. 38-43.

NATALINI, Adolfo. *Abitare con libertà.* Casa Vogue n°3, Noviembre 1969, pp.84-85.

NATALINI, Adolfo; TORALDO DI FRANCIA, Cristiano. *Dall'industria al tecnomorfismo.* Necropoli, n° 6-7, Noviembre 1969-Febrero 1970, pp.13-26.

SUPERSTUDIO. *Discorsi per immagini.* Domus n°481, Diciembre 1969, pp. 44-45.

SUPERSTUDIO. *Superstudio: lettera da Graz. Una mostra sul tema: Architettura e Libertà. Trigon 69.* Domus n°481, Diciembre 1969, pp. 49-54.

SUPERSTUDIO. *The Continuous Monument series. An architectural image for total urbanization.* Japan Interior Design n°140, Noviembre 1970, pp. 21-34.

SUPERSTUDIO; 9999. *S-Space.* Domus n° 496, Marzo 1971, pp.56.

SUPERSTUDIO. *Distruzione, metamorfosi e ricostruzione degli oggetti.* IN. Argomenti e immagini di design, II, n°2-3, Marzo-Junio 1971, pp.14-25.

SUPERSTUDIO; 9999. *S-Space presents: vita, morte e miracoli dell'architettura.* Catálogo Festival n°1, Noviembre 1971. Space Electronic, Florencia. Coproducción 9999-Superstudio. Florencia, 1971.

SUPERSTUDIO. *Twelve Cautionary Tales for Christmas. Premonitions of the mystical rebirth of urbanism.* Architectural Design n°12, vol.XLI, Diciembre 1971, pp. 737-742 y 785.

SUPERSTUDIO. *Il Monumento Continuo/storyboard per un film.* Casabella XXXV n°358, 1971, pp.19-22.

SUPERSTUDIO. *New furniture – Superstudio: Destruction, Methamorphosis and Reconstruction of objets.* Japan Interior Design número especial, 1971, pp. 49, 129-132, 138-139.

NATALINI, Adolfo. *The 13th ideal city.* AA Newsheet n°5, Enero 1972.

SUPERSTUDIO. *The Misura series. Single Design.* Japan Interior Design n°155, Febrero 1972, pp. 54-59.

SUPERSTUDIO. *Superstudio: Salvataggi di centri storici italiani.* IN. Argomenti e immagini di design, n°5, Mayo-Junio 1972, pp.4-13.

SUPERSTUDIO. *Supersuperficie.* Casabella XXXVI n°366, Junio 1972, pp.18-19.

SUPERSTUDIO. *Vita, Educazione, Cerimonia, Amore e Morte: cinque storie del Superstudio.* Casabella XXXVI n°367, Julio 1972, pp.15-26.

NATALINI, Adolfo. *Italy: The New Domestic Landscape.* Architectural Design vol. XLII, n°8, Agosto 1972, pp.469-473.

SUPERSTUDIO. *Design as a tool for social change.* Design and environment, 1972, pp.43-45.

SUPERSTUDIO. *Utopia, Antiutopia, Topia.* IN. Argomenti e immagini di design, n°7, Septiembre-Octubre 1972, p.42.

SUPERSTUDIO; ARCHIZOOM; CASTELLI,Trini; SOTTSASS Jr.; SOWDEN. *L'invenzione della superficie neutra.* Elementi. Quaderni di studi n°2, 1972 (revista de la empresa Abet Print).

SUPERSTUDIO. *Premonizione della parusia urbanistica.* Casabella XXXVI n°361, 1972, pp.45-55.

SUPERSTUDIO. *Fragmente aus einem persönlichen Museum.* Catálogo de la muestra en la Neue Galerie am Landes-museum Joahneum, Graz, 1973.

SUPERSTUDIO; SOTTSASS. *Mindscapes.* Design Quarterly n°89 (monográfico), 1973.

NATALINI, Adolfo. *Com'era bella l'architettura nel 1966(Superstudio e l'architettura radicale dieci anni dopo.* L'Architettura Radicale è morta: viva l'Architettura Radicale, Spazioarte IV n°10-11, Junio-Octubre 1977, pp.6-11.

NATALINI, Adolfo; POLI,Alessandro;TORALDO DI FRANCIA, Cristiano. *Viaggio con la matita tra gli artefatti del mondo contadino.* Modo II, n°7, Marzo 1978, pp.49-53.

SUPERSTUDIO. *Architettura didattica.* Domus n°585, Agosto 1978, pp.36-37.

NATALINI, Adolfo. *La memoria invece.* Catálogo de tres exposiciones celebradas en el Studio Franca Pisani, Florencia 1978.

SUPERSTUDIO. *La moglie di Lot e la Coscienza di Zeno.* La Biennale di Venezia Ed., 1978.

NATALINI, Adolfo. *Superstudio. Storie con figure 1966-1973.* Catálogo de la muestra celebrada en la Galleria Vera Biondi, Florencia 1979.

TORALDO DI FRANCIA, Cristiano. *Superstudio & Radicals.* Japan Interior Inc., 1982.

NATALINI, Adolfo; NETTI, Lorenzo; POLI, Alessandro;TORALDO DI FRANCIA, Cristiano. *Cultura Materiale Extraurbana.* Alinea, Florencia, 1983.

FRASINELLI, Piero. *Journey to the End of Architecture.* Florencia, Diciembre 2002. Reproducido en LANG, Peter; MENKING, William. *Superstudio: Life without objects.* Milan: Skira, 2003. Págs. 79-83.

Otros textos consultados

BANHAM, Reyner. *Teoría y diseño en la primera era de la máquina.* Barcelona: Ed. Paidós Ibérica, 1985.

BARTHES, Roland. *El susurro del lenguaje. Más allá de la palabra y la escritura.* Barcelona: Paidós, 2009.

BAUDRILLARD, Jean. *El sistema de los objetos.* Mexico: Siglo XXI Ed. 2004.

BEUYS, Joseph, BODENMANN-RITTER, Clara. *Joseph Beuys: cada hombre, un artista: conversaciones en Documenta 5-1972.* Madrid: Editorial Visor, 1995.

BUCHLOH, H. D. *Formalismo e historicidad. Modelos y métodos en el arte del siglo XX.* Madrid: Akal, 2004.

CALVINO, Italo. *Le città invisibile.* Turín: Einaudi, 1972.

ECO, Umberto. *Obra abierta.* Barcelona: Ed. Planeta-De Agostini, 1992.

FOSTER, Hal; KRAUSS, Rosalind; BOIS, Yve-Alain; BUCHLOH, Benjamin H.D. *Arte desde 1900. Modernidad, Antimodernidad, Posmodernidad.* Madrid: Ediciones AKAL, 2006.

FOUCAULT, Michel. *Vigilar y castigar. Nacimiento de la prisión* (1975). Madrid: Biblioteca Nueva, 2012.

GREGOTTI, Vittorio. *Il territorio dell' architettura.* Milano: Feltrinelli, 1966.

ILLICH, Ivan. *Deschooling Society. Introduction.* New York: Harper & Row, 1971.

KAPROW, Allan. *Essays on the Blurring of Art and Life.* Berkeley, CA: University of California Press, 1993.

KOOLHAAS, Rem. *Delirio de Nueva York. Un manifiesto retroactivo para Manhattan* (1978). Barcelona: Ed. Gustavo Gili, 2004.

KOOLHAAS, Rem; MAU, Bruce. *S,M,L,XL.* Rotterdam: 010 Publishers, 1995.

KOOLHAAS, Rem; OBRIST, Hans Ulrich. *Project Japan. Metabolism Talks....* Köln: TASCHEN, 2011.

KRAUSS, Rosalind. *La originalidad de la vanguardia y otros mitos modernos.* Madrid: Alianza Editorial, 1996.

LAPSLEY, James. *A Psycho-theological appraisal.* Theology Today, Enero 1969.

LIPPARD, Lucy. *Six Years: The Dematerialization of the Art Object from 1966 to 1972: A Cross-Reference Book of Information on Some Esthetic Boundaries.* New York: Praeger, 1973.

MARCUSE, Herbert. *Eros y Civilización.* Barcelona: Ariel, 2003.

MCLUHAN, Marshall. *The Gutenberg Galaxy: the making of typographic man.* Toronto: University of Toronto Press, 1962.

MCLUHAN, Marshall; FIORE, Quentin. *The medium is the massage: an Inventory of effects.* Londres: Penguin Books, 1967.

MCLUHAN, Marshall. *Comprender los medios de comunicación. Las extensiones del hombre.* Barcelona: Paidós, 1996.

MONTANER, Josep María. *Después del Movimiento Moderno. Arquitectura de la segunda mitad del siglo XX.* Barcelona: 1993.

OBRIST, Hans Ulrich. *Breve historia del comisariado.* Madrid: EXIT Publicaciones, 2010.

PAPANEK, Victor J. *Design for the Real World: Human Ecology and Social Change.* New York: Pantheon Books, 1971.

ROBERTS, Jennifer L. *Mirror-Travels. Robert Smithson and history.* New Haven: Yale University Press, 2004.

ROSSI, Aldo. *La arquitectura de la ciudad.* Barcelona: GG, 2013.

SPARKE, Penny. *Diseño y cultura. Una introducción.* Barcelona: GG Diseño, 2010.

TAFURI, Manfredo. *La esfera y el laberinto. Vanguardias y arquitectura de Piranesi a los años setenta (1980).* Barcelona: GG, 1984.

TURNER, Fred. *From Counterculture to Cyberculture: Stewart Brand, the Whole Earth Network, and the Rise of Digital Utopianism.* University of Chicago Press. 2006.

VANEIGEM, Raoul. *Tratado del saber vivir para uso de las jóvenes generaciones.* Barcelona: Anagrama, 1998.

VOSTELL, Wolf; HIGGINS, Dick. *Pop Architektur, Concept Art.* Dusseldorf: Droste Verlag, 1969.

WRIGHT, Steven. *Storming Heaven: class composition and struggle in italian Autonomist Marxism.* Pluto Press. London and Sterling, Virginia. 2002.

ZEVI, Bruno. *Towards an organic architecture.* Londres: Faber & Faber, 1950.

www.ingramcontent.com/pod-product-compliance
Lightning Source LLC
Chambersburg PA
CBHW021239240426
43673CB00057B/619